ACCESSORIES OF DRESS

アクセサリーの歴史事典 ㊦

脚部・腕と手・携帯品

K. M. レスター＆B. V. オーク 著／古賀敬子訳

八坂書房

本書は Katherine Morris Lester と Bess Viola Oerke による共著『*An illustrated history of those frills and furbelows of fashion which have come to be known as : Accessories of Dress*, Chas. A.Bennett Co., Inc., Peoria, Ill., 1940』（2004 年には『*Accessories of Dress : An Illustrated Encyclopedia*』のタイトルで Dover 社からペーパーバック版が出版されている）の翻訳である。

原書は本文 575 頁、図版 703 点という大著であるため、日本語版では 2 分冊とした。

まえがき

装身具としてのアクセサリーの歴史を紐解くと、その誕生は衣服のはじまりの時点にまでさかのぼる。ボディーペインティングや刺青で身体を飾ることで満足していた原始時代の人々が、さらに装飾を求めて、耳に下げるリングや首にかけるチェーン、腰に巻くガードル、腕や脚にはめるリング、髪に飾る鳥の羽根などをつけるようになり、アクセサリーが登場したのである。

最も初期の段階から、飾りは身体のいたるところにつけられた。大きな骨や筋肉の上部にあってくびれたり細くなったりした場所、つまり額とこめかみ、首と肩、ウエストとヒップ、膝の上下、くるぶし、上腕、手首、その先端の指などに、ヘッドバンド、ネックレス、ガードル、ブレスレット、アンクレットなどが飾られた。おもしろいことにそれらの箇所は、あたかも装飾のためにあるかのごとく、アクセサリーがすんなりとおさまるように見える。また、体内に邪悪な力が及ばないように耳や唇や鼻にぶら下げた魔除けの飾りは、イヤリング、ノーズリング、リップリングとなって多数の装飾品に加わった。

その後衣服が身体を覆うようになると、頭、首、肩、ウエスト、脚、腕につけるさまざまなアクセサリーが現れた。近代の帽子、ボンネット、ショール、ベルト、ガードル、靴、靴下なども、太古から続く人間の根源的な装飾願望から生まれたものである。

本書の構成は古くからの順序に従って、頭部、首と肩、足や脚、腕と手につけるアクセサリーの順とした。発展途上地域の文化・文明や様式を受け継いだもの、例えば手に持つアクセサリーや服につけるアクセサリーもそれに加えて記述した。時代とともに洗練されていった扇、手袋、パラソル、レース、ハンカチーフ、リボンなども古来の装飾品とともに広範囲に利用され、現代のファッションを美しく豊かに彩っている。

家政学の指導や家事に携わる者、クラブに所属する女性たち、演劇や服飾の研究生、そして歴史を愛するすべての方々が、今日の各種のアクセサリーについて、より多くの新たな真価を本書のページの中に見つけ出してくださることが著者の切なる願いである。アクセサリーは非常に身近なものではあるが、研究をはじめたばかりの者にとっては、まだまだ思いもよらない多くの意味に満ちているからである。

掲載した資料の多くは決して新しいものではないが、著者の意図はむしろ個々の装飾品に関する来歴や逸話を連続してたどることにより、それらの包括的な概観とファッション史における位置づけを研究者たちに示そうというものである。服装に関するいかなる文献にも豊富な図版は必須であるから、本書にもドローイングや写真を多用した。ドローイングは、信頼性の高い資料を出典として注意深く選んだものであり、肖像画は、欧米各地の美術館で見ることのできる有名な作品である。★

服装における魅力的なテーマを扱った先学たちのすばらしい研究成果は、決して忘れてはならないものである。アクセサリーの分野に多大な貢献をもたらした数々の著作は、参考文献一覧に記させていただいた。

著　者

★図版について

- 日本語版では原著の図版に加え、本文で言及されている肖像画やアクセサリーなどの写真を補って掲載した。また、カラー頁は日本語版のオリジナルである。
- 特に断っていない場合も、ほとんどの絵画・彫刻作品は部分図を掲載している。
- キャプションにおいて省略した画家名・作品名・所蔵先などは、巻末のクレジット一覧にまとめて記した。

アクセサリーの歴史事典◉下

目　次

アクセサリーの歴史事典●上

【掲載項目一覧】

第I部

頭部のアクセサリー

第II部

首・肩・ウエストのアクセサリー

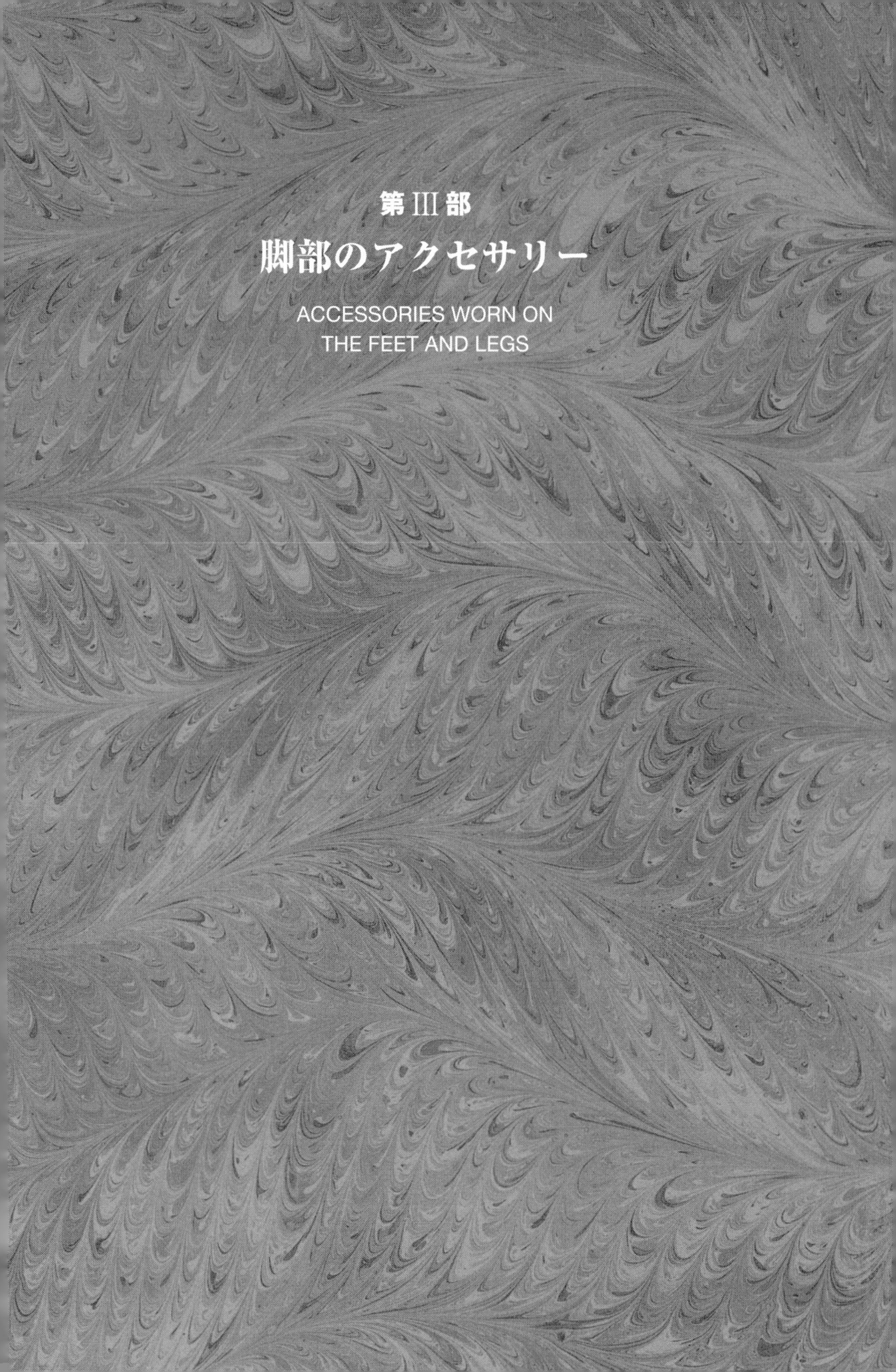

第III部

脚部のアクセサリー

ACCESSORIES WORN ON
THE FEET AND LEGS

C1　シャルル7世の時代のプーレーヌ（1455年頃の写本より）

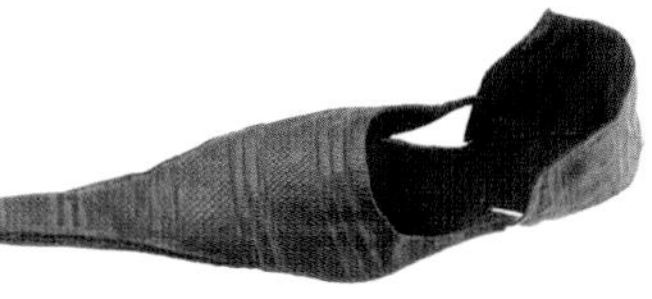

C2　14世紀後半のプーレーヌ

C3　14世紀前半のクラコウ

C4　15世紀半ばの様々な履物
（15世紀の写本より）

C5　15世紀のプーレーヌ
（革製、長さ32㎝）

C6　中世のホーズ
（14世紀の写本より）

C7　スラッシュ入りの靴を履き、ガーター勲章を着けたヘンリー8世（1537年以降）

C8　スラッシュの入った革製の靴
（ロンドン製、1520-40年頃）

C9　スラッシュ入りの靴を履いたフランドルの貴族。金のレースで縁取ったリボンを靴飾りとガーターに使用している（1610 年頃）

C 10　金のリボンとレースでできたガーターとシュー・ローズ（1632 年）

C 11　金の刺繍入りのホーズとシュー・ローズ（1616 年）

C 12　金銀の刺繍入りのホーズとシュー・ローズ。黒いガーターにも同様のレースが下がり、靴には刺繍が施されている（1613 年）

C 13　銀の刺繍を施したホーズとシュー・ローズ（1615 年頃）

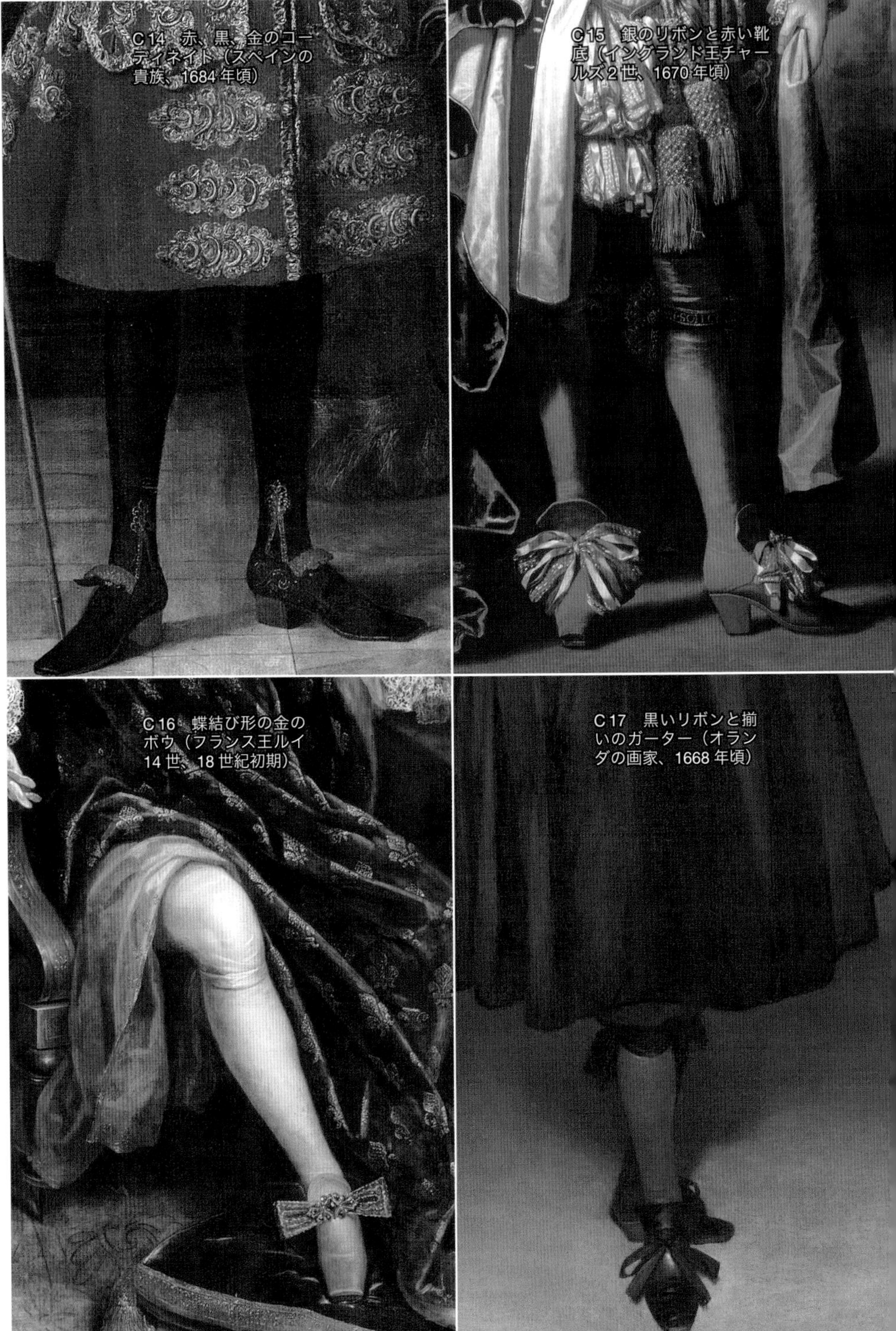

C 14　赤、黒、金のコーディネイト（スペインの貴族、1684 年頃）

C 15　銀のリボンと赤い靴底（イングランド王チャールズ 2 世、1670 年頃）

C 16　蝶結び形の金のボウ（フランス王ルイ 14 世、18 世紀初期）

C 17　黒いリボンと揃いのガーター（オランダの画家、1668 年頃）

C18　ガーター勲章を着けたイングランド王ジェームズ1世（1605年頃）

ブリーチズと揃いの刺繍が施された靴

C 19　ホーズのレースとブーツの赤い折返しを重ねたファッション（1632 年頃）

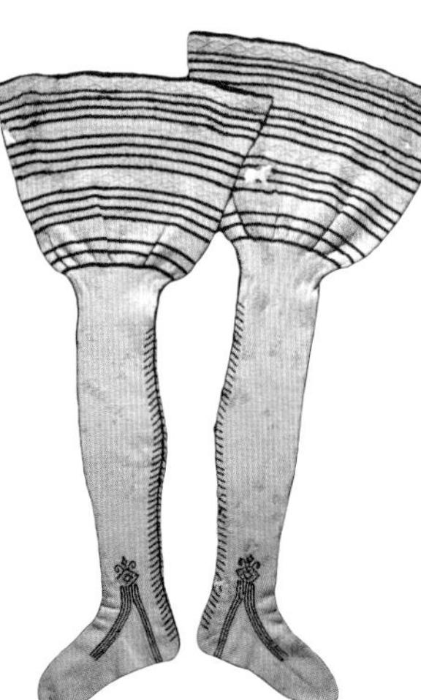

C 20 ブーツ用のホーズ（イングランド製、1640 年代）

C 21 ブーツ（フランス製、18 世紀初期）

C 22 ジャック・ブーツ（イギリス製、18 世紀）

C23　キャヴァリエ・ブーツにホーズのレースとブリーチズのリボンを重ねたイギリス貴族（1638 年頃）

C24　スカートと揃いのリボンとカットワークを施した靴（1619 年頃）

C25 シュー・ローズの
ついた女性靴（1613年）

C26　豚革に赤い絹のレースを縫いつけた女性靴（イングランド製、1660-80 年）

C27　刺繍を施した絹の靴（フランス製、1690-1700 年頃）

C28　チョピン（イタリア製 1550-1650 年頃）

C29　銀糸の刺繍が施されたベルベットのスリッパー（イングランド製、1660 年頃）

C30　女性用の革靴（イングランド製、1640-50 年代）

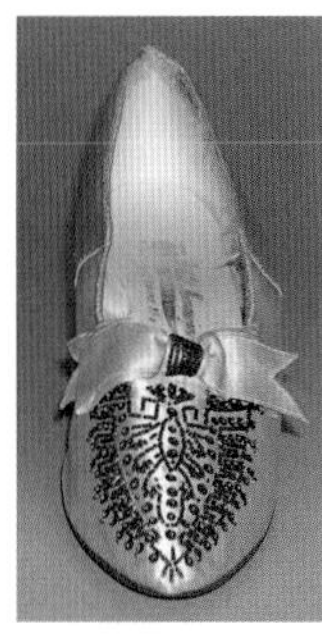

C 31　絹のスリッパー（フランス製、1890 年代）

C 32　先の尖った革の女性靴（イギリス製、1790 年代）

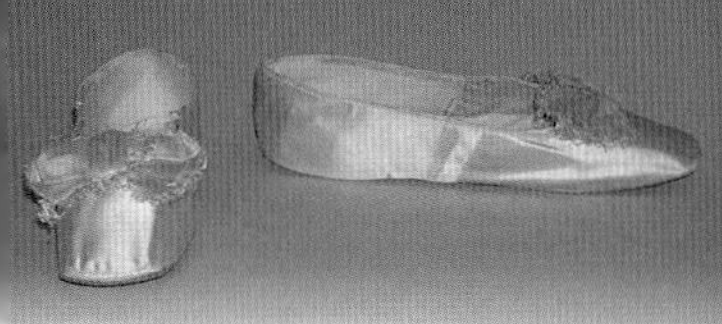

C 33　絹のスリッパー（アメリカまたはヨーロッパ製、1800-09 年）

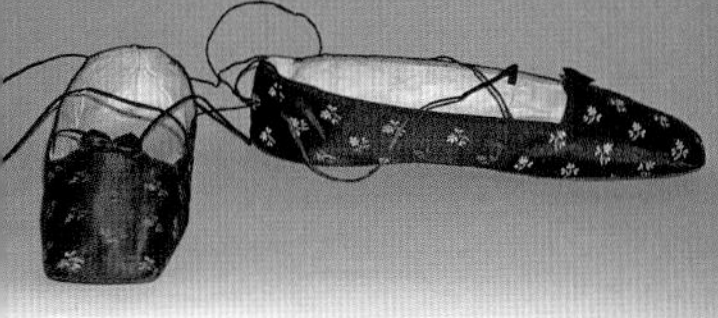

C 34　金の模様が入ったスリッパー（イギリス製、1830-49 年）

C 35　ウエストのサッシュに合わせた水色のスリッパー（1780 年頃）

C 36　ドレスに合わせた銀と赤色の靴（1720 年頃）

C 37　茶色のリボンと縁取りのついた細いヒールの靴（1779 年）

C 40　絹のスリッパー（イギリス製、1840-49 年）

C 41　絹と木綿のスリッパー（フランス製、1870 年頃）

C 42　絹のブレードを飾ったサテンの靴（イギリス製、1710 年頃）

C 38　金のリボンがついた靴（1820-37 年）

C 39　レースのストッキングとリボンのついた黒い靴（1818 年）

43　絹のイブニング・シューズ
フランス製、1885-90 年）

C 44　革のスリッパー（フランス製、1855-65 年）

C 45　絹ブロケードの女性靴（イギリス製、1720 年頃）

C 47 ウェッジウッド社製のバックル（1776-1820 年頃）

C 48　ブリリアント・カットのダイヤとサファイアを金銀にセットしたバックル（バーミンガム製、1750-60 年頃）

C 49　銀にペーストとアメシストをセットしたバックル（イングランド製、1760 年頃）

C 50 バックルのついたダマスク織の女性靴（1740-50 年）

C 51 布製の女性靴とバックル（1770 年代）

C 46 1790 年代のイギリス紳士の正装

C 53 ペーストのバックルがついたヒールの赤い男性の革靴（長さ 25cm、イギリス製、1851 年）

C 52 小型のバックルがついた女性靴（1870-80 年）

服装の一部として、靴はつねに重要な役割を担ってきた。おとぎ話では、ガラスの靴がシンデレラと王子を再会させたように、もしかしたら、現代にも奇跡をもたらすのは美しい靴かもしれない。ともかく、長く変化に富んだ靴の歴史を紐解いてみよう。

先史時代の履物は、地球上のあらゆる地域でだいたい似たような作りをしており、樹皮や獣皮または織ったイグサを巻きつけて足の裏を保護していたらしい。防寒が必要な北方では、獣皮を足に巻いて皮ひもなどで縛った。しかしこのままでは足の前後の余分な皮がもたつくので、古代のブリテン島やガリアの人々は、ひだになって余った部分の皮を切り取ってかかと後部を皮ひもで縫い合わせ、甲の部分の革は皮ひもで絞り寄せていた。[20-1] 気候が温暖なメソポタミアでは、足を包み込む必要はなく、動物の皮か織物で底革だけを作って足に縛りつけていた。アッシリア帝国の首都ニムルドの遺跡から出土したレリーフには、甲にひもを渡したサンダル風の履物をはいた王の姿が描かれている。[20-2] 少し後代のエジプトでは、ヤシやパピルスの葉を編み合わせてサンダルを作った。[20-3] これに布を張り、バックルで留めるようにしたものが多い。上流階級の男女は、サンダルのつま先を尖らせて反らせ、美しく見せることに心を砕いた。また、平らで尖ったつま先、丸いつま先もあった。第1王朝初期の浮彫りに、裸足の王の傍らに、王のサンダルを携えた家来が控えている図がある。[20-4] サンダルは屋外で必要なときだけに履き、それを持ち運ぶ家来が必要だったらしいということがわかる。

20-4 裸足のナルメル王とサンダルを持った従者（ナルメル王の化粧パレットに描かれた浮彫り、紀元前3000年頃）

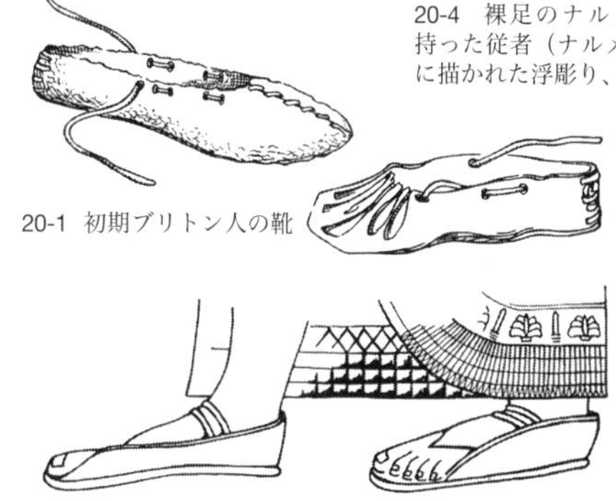
20-1 初期ブリトン人の靴

20-2 アッシリア王のサンダル

20-3 パピルスを編んで作ったエジプトのサンダル（復元） 前1500年頃

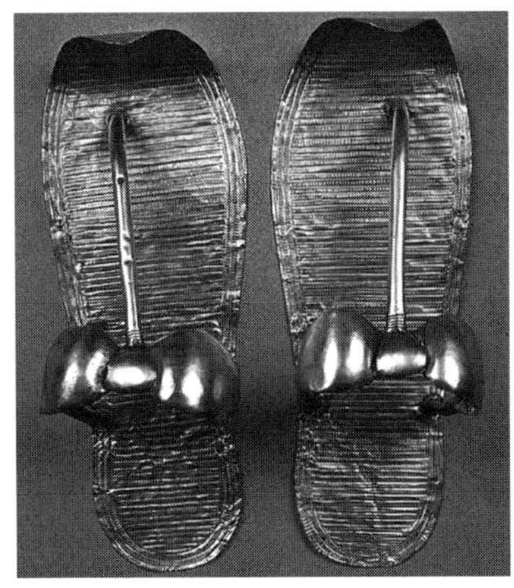
20-5 ツタンカーメン王のサンダル（前1350年頃）

20-6 ツタンカーメン王のサンダル（前1350年頃）

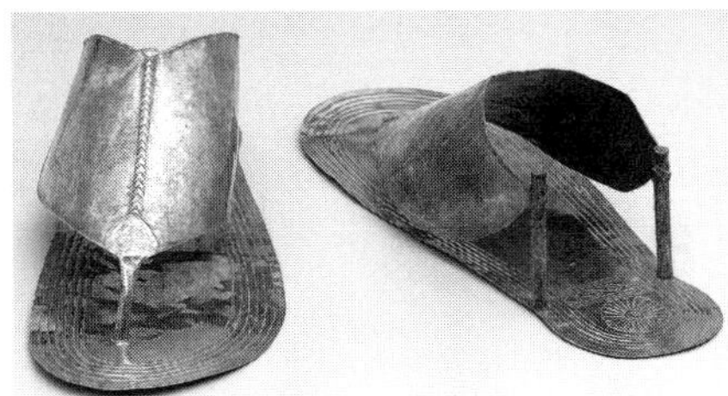
20-7 エジプトの金製サンダル（前1450年頃）

◇古代

古代の履物は足の保護が第一目的だったとはいえ、その美しさも見逃してはならない。履物に美しさが求められるようになったのはいつ頃かわかっていないが、エジプト王家の美しいサンダルにすでにその形跡を見て取ることができる。ツタンカーメン王の墓には数足のサンダルが埋葬されていたが、そのうちの何足かは金と準宝石で非常に手の込んだ装飾が施されており、おそらく宮廷内や室内で履かれたものだろう。ツタンカーメン王のミイラは、金の薄板に模様を打ち出したサンダルをはいていた。尖ったつま先は足の指の上に反り返り、親指と人差し指の間に通したひもが、くるぶしに渡したベルトにつながっている。[20-5] もうひとつのサンダルは、甲に渡したバンドの中央に、精巧に作られた金の蓮の花と、その両側に小さなロゼットが飾られ、あちらこちらに準宝石がはめ込まれていた。[20-6] そのほかのエジプト王族の墓からも、古代の人々が美しく作り上げたサンダルが多数見つかっている。[20-7]

20-8 エジプトの靴職人（テーベ神殿の壁画より）

エジプト中王国のファラオと妃はサンダルを履いた姿で描かれることが多いが、当時はまだ室内ではめったに履物を履かなかったものと思われる。サンダルが頻繁に描かれるようになるのは、新王国の初期（前1495）からである。テーベの神殿の壁画に、サンダル作りに励む原初の靴職人が描かれている。[20-8] ひとりは低い腰掛けに座り、底革の側面にストラップを通す穴を錐で開けている。もうひとりは縫いひもを歯で引っ張りながら、せっせとサンダルを縫っているようだ。

フリギア、ペルシャ、メディア、シリア、パルティアを含む近東や地中海沿岸地域（とくにクレタ）の人々は、古代の履物にさまざまなバリエーションをもたらした。エジプトのサンダルとは対照的に、この地方の人々の靴は革で足全体をくるぶしまで覆い、たいてい長い皮ひもを足首に数回巻きつけて留めていた。[20-9] 東方で次によく見られたのは、編み上げ式の革製のハーフブーツで、動物の脚を思わせる長い垂れ飾りがついていた。[20-10] 編み上げブーツはサンダルをひもで縛っていた従来の習慣が発展したもので、地中海地方では珍しいものではなかった。古代のクレタ島では、男女ともに靴、サンダル、ブーツを履いた。驚いたことにヒールがついたものまであったが、これは古代におけるヒールの唯一の例だろう。

東洋では、履物を脱ぐのは敬意を表す一般的な習慣である。今日でもイスラムの国々では、モスクに入る前に必ず靴を脱ぐし、「礼拝への呼びかけ（アザーン）」を聞いたムスリムたちは敷物を広げ、靴を脱ぎ、東の方を向いてひざまずくのである。イスラムの教えはユダヤ教の旧約聖書に基づいており、この習慣は、神からモーセへのことば「足からくつを脱ぎなさい。あなたが立っているその場所は聖なる地だからである」に従ったものである（出エジプト記3：5）。聖書外典ではユデトが、「そのサンダルは彼の目をうっとりさせ、その美貌は彼の心を虜にした」と勝ち誇って歌っている。

ホメロスの時代（前8世紀頃）のギリシャでは、自宅または訪問先の家に入るとすぐに靴を脱ぐのが慣わしで、室内では履物を履かなかった。ギリシャ初期のサンダルは、フェルト、木、革製の簡素な靴底にひもをつけて縛るだけの単純な形だったが、その後、靴底に革のストラップがついたり、かかと後部に革の覆いとストラップがついたりして、さまざまな方法でストラップが渡されるようになった。このストラップが、ギリシャのサンダルの際立った特徴である。やがて、あらゆる階層の人々がサンダルや靴やブーツを一般に履くようになり、靴は、足にぴったり合ったものをくるぶしや甲で結んだり縛りつけたりした。ブーツは膝下まであり、底は木製、本体は革製で、正面をひもで編み上げた。[20-11] 生活レベルが最も高かった紀元前480年頃には、履物はほぼすべてサンダルになり、この時代のギリシャを特徴づける履物となった。古典期のサンダルは通常染色しない革で作られたが、貴族たちは服装を際立たせるために革を金に染めることもしばしばあった。女性は履物にも細心の注意を払い、刺繍などで足もとを飾ったので、サンダルは非常に高価な装飾品になった。美しい服装や化粧品に対する女性たちの思い入れは、『イリアス』などのギリシャ文学からも多々うかがい知ることができる。

紀元前600年頃のギリシャの女性詩人サッフォーは、「鮮やかな多色の刺繍をしたリュディア様式の靴」を詠っている。サッフォーは、ギリシャ・エジプト版シンデレラ物語ともいえる『ロドピスの物語』を書いたとされている。ギリシャ生まれの美しい女奴隷ロド

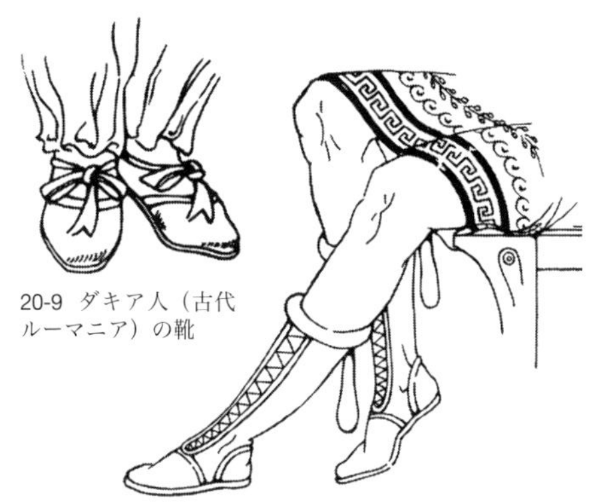

20-9　ダキア人（古代ルーマニア）の靴

20-10　フリギア人のブーツ

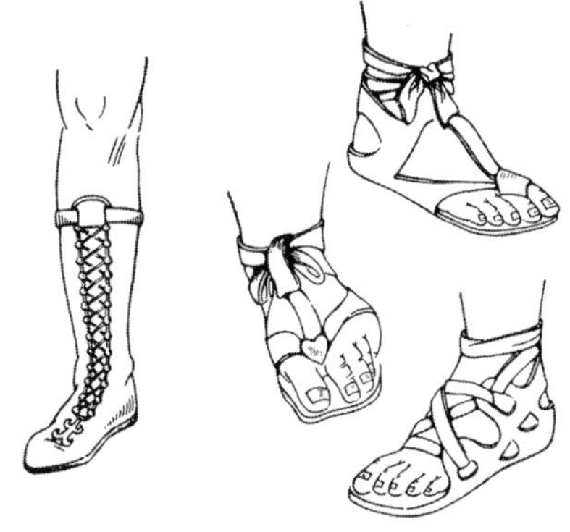

20-11　ギリシャ人の編み上げブーツとサンダル

ピスは、高値で取引されるために金持ちの主人クサンテスに連れられてエジプトにやってきた。ある日ロドピスが、ナイル川の岸にサンダルを脱ぎ揃え、水を浴びに川に入っていくと、一羽の鷲が舞い降りてきて、サンダルの片方をつかんで飛び去った。そこから程近いナイル川辺の都市メンフィスでは、偉大なファラオ、サメティクスが裁判を行っていた。都まで飛んできた鷲は上空で輪を描き、王の膝の上にサンダルを落とした。王は突然のできごとに非常に驚いたが、可憐なサンダルにたちまち心を奪われ、持ち主を探し出すために使者を遣わした。まもなく、慎み深いロドピスが王の前に連れてこられると、彼女の美しさに感銘した王は、すべて神の思し召しに違いないと考えて、彼女を王妃に迎えたという物語である。

ローマ人は、ギリシャのシンプルな服装とサンダルに魅了されたが、共和政初期のローマでは、いかにもギリシャ的なサンダルを受け入れるには愛国心が強すぎたらしく、ギリシャの靴よりも履き込みの深いエトルリア式のサンダルとハーフ・シューズが広く普及した。靴に左右の別ができたのは、一般にその後何世紀もたってからとされているが、共和政初期のローマで左右別形の靴底が作られていたことは確かな事実である。ローマ人は屋内でも屋外でも、たいてい何かしらの履物を履いていた。室内ではサンダルなどの軽い履物、屋外ではサンダルか靴かバックスキンで優雅に足を包んでいた。ローマでは、靴が社会的地位を表すこともあった。農夫はエジプトのサンダルに似た、ヤシとパピルスを織った履物を履いたが、神官や学者が謙遜のしるしにこれを履くこともあった。「ソックス」は、ゆったりとして軽いスリッポン式の履物で、履き心地もよく着脱が容易だった。「クレピダ」は、室内外で履くサンダルかハーフ・シューズ形の軽い履物で、足の側面とかかとに覆いがあり、側面の革にあけた鳩目にひもを通して甲で固定した。[20-14]「カルセウス」[20-15]は、くるぶしの少し上まである革靴で、履きやすいように側面の革に切り込みが入り、後部の革につけたストラップを前に回して結んで固定した。ストラップを長くしてふくらはぎの下あたりまで巻いた例も多く見られる。また、

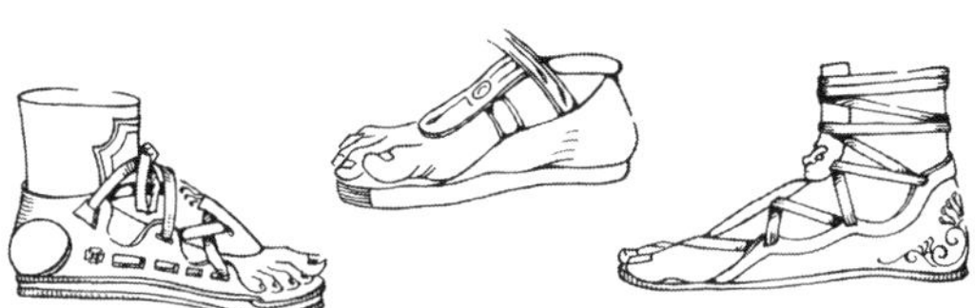

20-13　ローマ人のサンダル

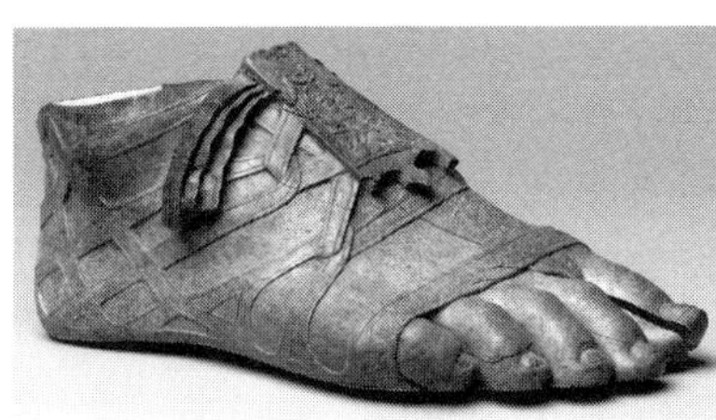

20-12　サンダルをはいた象牙の彫刻（前 31- 後 14 年頃）

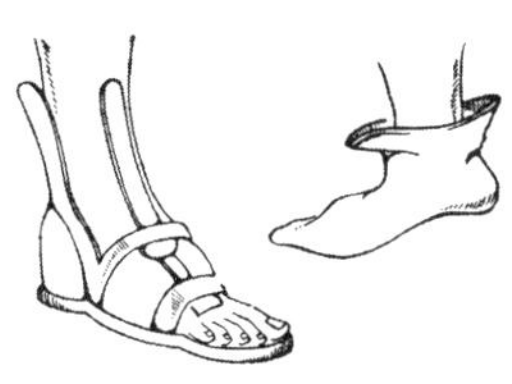

20-14　ローマ人のサンダル、ソックス、クレピダ

底革のいちばん幅の広い部分に、もう1組のストラップがついて、これを甲で交差させて足首にまわして前で結んだ。「カルセイ」[20-16]は上層階級のステイタス・シンボル、「バスキン」[20-17]あるいは「コルトゥルヌス」[20-18]は高位の男性が履いた編み上げの深めのハーフブーツである。コルトゥルヌスには動物の頭部や鉤爪が飾られることもあり、ローマの元老院議員はこれを履いた姿で描かれることが多い。また、厚いコルクの中敷を敷いて背を高く見せることもあり、これを着けた者は下層の人々に畏怖の念を抱かせた

富裕層は最上質の革で作らせたサンダルや靴やブーツに、金、銀、宝石を飾っていた。ヘリオガバルス帝（在位218-222）は、ダイヤモンドやその他の宝石をほしいままに飾った。女性はそうした贅沢を禁じられていたが、皇帝ネロ（在位54-68）の妻ポッパエアは、宝石を散りばめたサンダルを履いていたといわれている。ユリウス・カエサルの靴は金底だったと、セネカは記している。贅沢好みのローマ人には、宝石だけでなく彩色した靴も重要だった。編み上げブーツ形のバスキンは、革を紫色に染めたものが多かった。元老院議員は赤い靴を履き、執政官は足首の内側に三日月形の飾りがついた赤い靴を履いた。ローマのおしゃれな既婚女性は、染色または彩色したサンダルを履いた。染色した絹の細いバンドをストラップ代わりにして、華やかさを添える者もいた。アウレリウス帝（在位161-180）は、白、緑、赤を女性靴の色とし、男性がこの色の靴を履くことを禁止した。ローマの兵士は、頑丈な靴で足もとを固めた。大英博物館にその例を見ることができる。それは、今日の私たちがブーツとしてイメージする形によく似て底が厚く頑丈で、足全体を保護するように覆っている。

初期の多数の記述から、ローマの男女が靴に大きな関心と注意を払っていたことが推測できる。ギリシャの将軍フィロポイメンは、「平服に気遣いは無用」、つまり「サンダルに凝る必要はないが、鎧のすね当てはつねにぴかぴかに磨き上げ、脚にぴったり合うように細心の注意を払え」と部下の兵士にアドバイスした。

食事のときにサンダルを脱ぐローマ人の習慣は、誰もがイメージしやすい光景のひとつである。宴会に招かれた客が長椅子に横たわり、奴隷は食事の前に客の脱いだサンダルをそっと片付けるように命じられる。客人の足を洗うのも奴隷の仕事である。ペトロニウスの『サテュリコン』では、解放奴隷のトリマルキオが自分の富を見せつけるために、客の足をブドウ酒で洗うように命じたと書かれている。

ローマ帝国の衰亡（476年）とともに、文明の中心は西方に移動し、現在のフランスにあたる広い地域にローマ人、ガリア人、フランク族、サクソン族が入り交じって住むようになった。やがて近代的な服装として現れる新しいタイプの衣服は、中世のこの地域で始まったとされる。しかし靴はまだ特別な関心を引

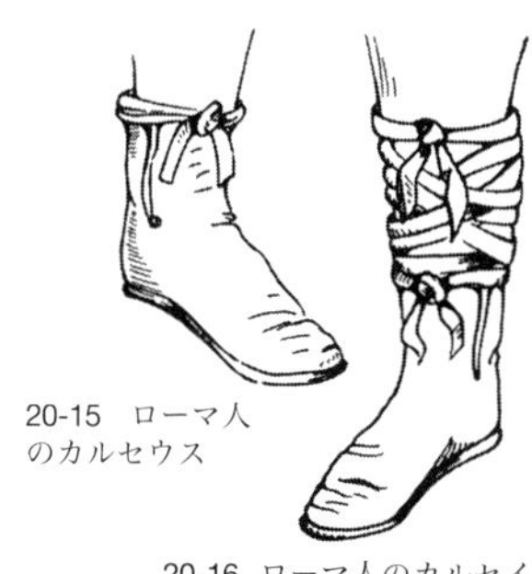

20-15　ローマ人のカルセウス

20-16　ローマ人のカルセイ

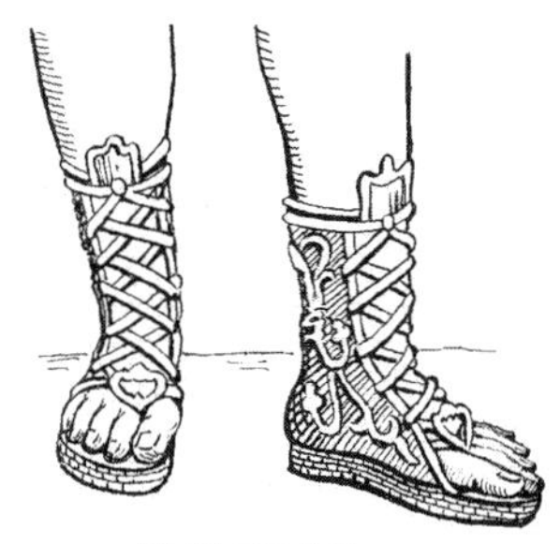

20-17　バスキン

20-18　コルトゥルヌス

くアクセサリーではなかった。というのも、靴もまた変化を繰り返して新しい形態をとり、のちの近代的な靴へと移り変わってゆくからである。

◇中世

中世の服装の研究は楽しい仕事だが、どの時代にもとりわけ靴の歴史は人を夢中にさせる。多くの人々に愛されるシンデレラの物語はこの時代に生まれ、靴にまつわる幾多の古い迷信もまたこの時代から伝わったものである。旅立つ花嫁の後ろに古い靴の片方を投げる習慣は、新婦の父が新郎に娘の靴を贈ったアングロ - サクソンの婚礼に起源があり、父親の権限を婿に譲り渡すことを象徴している。幸運のしるしに靴の片方を投げるのも、何世紀も続いてきた習慣である。

中世初期の典型的な履物は、足首までを包むしなやかなモカシンタイプの靴で、ストラップやひもやリボンなどで足に合わせて簡単に調節ができた。[20-19] 側面を V 字形に切り込んで着脱を容易にしたものもあった。男女ともに、刺繍の飾り帯を甲に縫いつけたものが多く見られた。フランスの作家ラブレーは、上端が蟹のはさみのような形に切り取られた靴もあったと書いている。

貴族たちが履いた足首までの靴とハーフブーツは、革に金の装飾が施されたものが多く、服装のなかでもとくに美しさで目を引いた。[20-20] イングランド王ヘンリー 2 世の墓像は、金の装飾をした緑色のハーフブーツを着けている。ウェストミンスター寺院にあるヘンリー 3 世の墓像のブーツには、甲全体に直角に交わった金のバンドが飾られ、バンドの各交差部分にライオンが描かれている。シチリア国王となったハインリヒ 6 世（1197 年没）の遺体が着けている靴は、金の布に真珠を縫い取りしてあるように見える。ハインリヒの 1 年後に亡くなった王妃の靴も、金の布製で革のストラップがついていた。刺繍のほかに小さな穴がいくつかあいているのは、宝石が飾られていた形跡である。中世初期の靴は、「ギリシャ、ローマの靴も及ばないほど美しかった」といわれるように、すばらしい装飾と最高の職人技で作られていた。

鞍作りや靴作りなど、さまざまな技能に携わる専門職人が出てきたのも中世だった。職人の数は徐々に増え、やがてギルドという同業者組合を結成するまでになり、種々の履物が広く一般に履かれるようになった。当時の靴職人は、スペインのコルドバから輸入した特製の革を使用したことから、「コブラー」または「コードワイナー 」と呼ばれ、彼らの組合は聖クリスピヌスを守護聖人として祭っていた。クリスピヌスはグレートブリテン島のログリッド王の息子で、3 世紀末に諸方を旅してまわり、昼はキリストの教えを説き、夜は貧しい人々のために靴作りに励んだが、287 年にキリストの教えを説いたかどで殉教したと伝えられている。

中世後期の人里離れた村や町では人々はそれぞれ自給自足で成り立っていたから、靴職人は非常に貴重な存在だった。村や町の共同体で靴を手に入れるには、彼らに頼るしかなかったからだ。地元の皮なめし工は近隣の農家から獣皮を提供してもらい、なめした革を

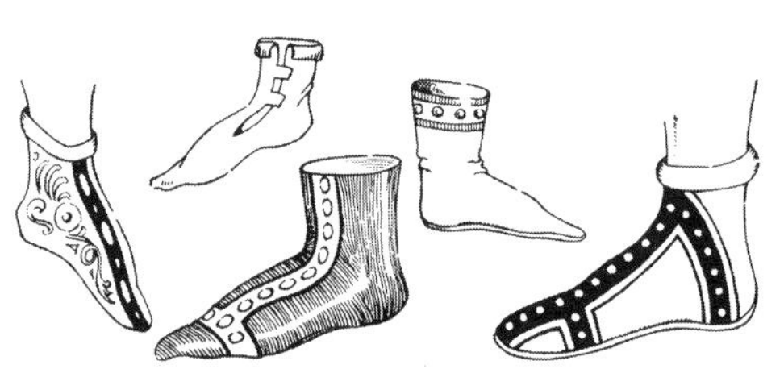

20-19　11-15 世紀のハーフブーツ

20-20　柔らかくしなやかに足を包む中世の優雅な靴

靴屋に供給する。靴屋は町や村の人々の注文に応じて足のサイズを測り、靴を生産した。

男女の靴に使われる皮革の量は年々増加したが、金の布やビロードなどの柔軟な素材も変わらない人気があった。13世紀の末、靴の形に著しい変化があった。つま先が伸びはじめ、尋常でない長さになった。[20-21] この靴はポーランドの都市クラコウに最初に現れ、イングランドに伝わって「クラコウ」と呼ばれるようになった。[20-22, C3] イングランド王リチャード2世の妻ボヘミアのアンの祖父が、ボヘミアをポーランドに組み入れたばかりだったという経緯があり、中世のファッションの盛衰にも少なからず政治の影響があったことが明らかである。流行を追う者の多いフランスやイタリアでは、クラコウはおしゃれに欠くことのできない靴になった。靴先はますます伸び、やがてつま先の長さが男性の富を測る指標になった。しまいに扱いに困るほど長くなると、先端に鎖を取りつけて適度な角度に持ち上げ、鎖のもう一端を足首に留めるというアイディアが生まれた。先端にはさらに鈴までついたので、男性が歩くたびにちりんちりんと音がした。この靴の流行は長期間続き、リチャード2世の死後に一時期衰えたものの、やがてさらに極端な形で再び流行した。イングランドのヘンリー6世、フランスのシャルル7世の時代（1422-61）には針のように細長くなり、後方に留めなければ歩くこともできなくなった。[20-23, C1] 今では一般に「プーレーヌ」と呼ばれているこの靴のつま先の内部には干草や麻くずや苔などを詰めて形をキープしていた。[C2, C5] この形状は雄羊の角のように見えた。先端を後方に反らせて金や銀の鎖で留め、派手な色の裏革を見せることも多かった。フィリップ・スタッブスによれば、このような靴を履いていたのは男性だけで、女性の靴のつま先はもっと控えめだった。

20-23 シャルル7世の時代のプーレーヌ

まもなく、つま先の長さを規制する法律が必要となり、王子は2フィート（約61 ㎝）まで、一般の人々は6インチ（約15.2 ㎝）までと決められた。1483年頃に再び長くなりはじめたが、その後この流行はしだいに廃れていった。

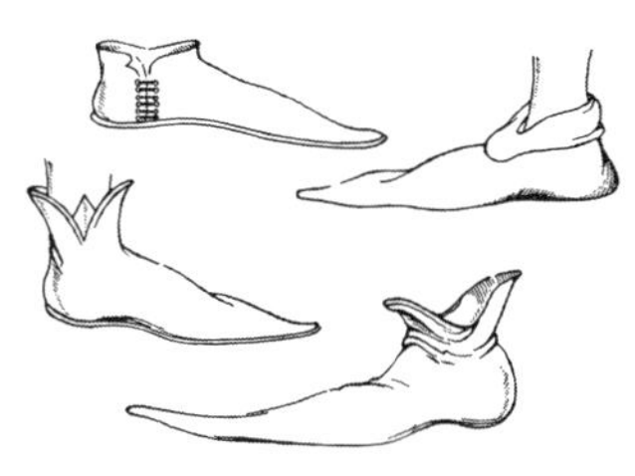
20-21 流行のつま先が長い靴

20-22 クラコウ（イングランド製、1300-1450年頃）

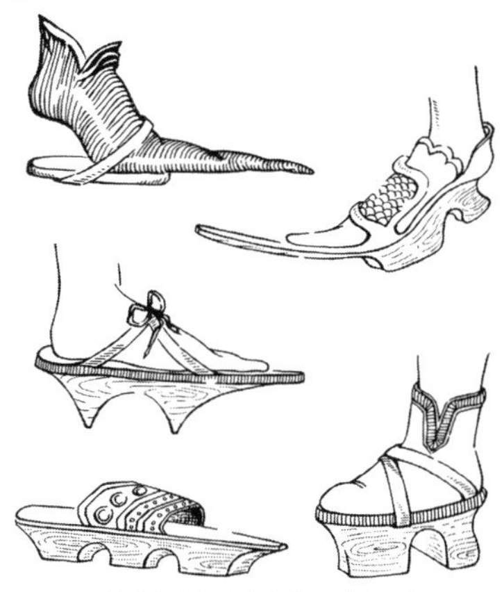
20-24 さまざまなタイプのパトン

この間に、やはり長く先細りになった木靴も作られた。これは近年のヒールを予感させる新しいタイプの靴で、同じく「プーレーヌ」と呼ばれたが、のちにつま先が短くなって「パトン」と呼ばれる保護靴になった。[20-24] ぬかるみや硬い石ころの多かった中世の道では、高価で美しい靴を保護する履物が考案されたのも当然で、1377年頃に登場して以来、いろいろと形を変えながら18世紀まで履き続けられた。プーレーヌとパトンには、コルクまたは木製の厚い靴底の下に2.5 cmほどのヒールがつけられた。こうして貴婦人も紳士も、冷たく湿った地面でも靴を汚さずに歩くことができるようになった。

これに似たヒール付きの履物にチョピンがある。高下駄風の装飾的な履物で、トルコからイタリアに伝わり、さらにフランスにもたらされた。[20-25] チョピンは、装飾的な竹馬のようなもので、単品（各足用）でも、1組（かかと用と拇趾球用）でも買うことができた。「白、赤、青などさまざまな色の革をかぶせた木製の履物」とも表現された。革をかぶせずに、色を塗ったり金をかぶせたりしたものもあった。チョピンは16世紀のヴェネツィアで大流行し、高さが45 cm以上あるものもあったといわれている。[20-26, C28] しかし歩くのは至難の業だったので、これを履いた女性は夫か侍女の支えが必要だった。

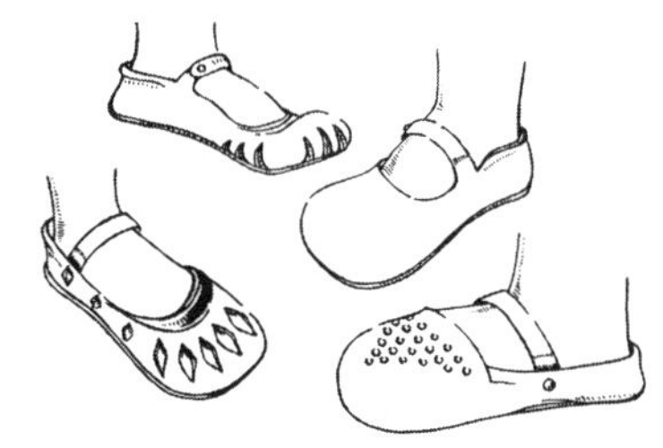

20-27 柔らかく、つま先が幅広でヒールのない靴

◇16世紀

1500年頃までは、柔らかい革、ビロード、絹布、サテン、ブロケード製でヒールのない、くるぶし丈の靴が引き続き履かれていたが、形は大きく変わってきた。それまで誇張されてきた長いつま先は流行から外れ、こんどは靴の先が丸くなり、極端な幅広さが強調されるようになった。[20-27] 靴先の幅が30 cmに満たない靴はおしゃれとはみなされなくなった。靴の先を丸く広がった形にするために、苔を丸めて幾重にも詰めた。幅はどんどん広がり、またもや法律で規制しなければ収拾がつかなくなった。

横広がりの靴とともに、甲とつま先にスラッ

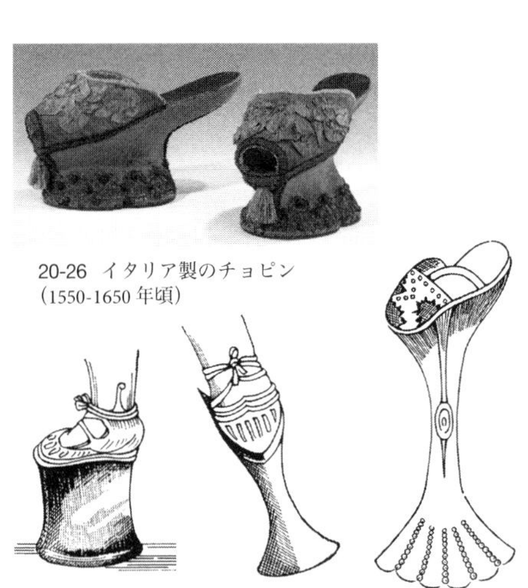

20-26 イタリア製のチョピン
（1550-1650年頃）

20-25 さまざまなチョピン

20-28 スラッシュ入りの靴をはいたヘンリー8世
（ハンス・ホルバインの作品に拠る、1537年以降）

20-29 エリザベス1世とジェームズ1世時代の一般的な女性靴（1590-1620年）

20-30 ヒールが板でつながったエリザベス1世の靴

シュを切り込むという新たな装飾様式が現れた。[C8] ダブレットと袖の装飾として大流行したスラッシュが、靴にも及んできたのである。この一風代わったファッションは、ハンス・ホルバインとその同時期の画家たちの作品に描かれている。[20-28, C7]

16世紀後半に、チョピンとパトンが一緒になってヒールが現れた。ヒールのある靴を最初に履いたのは、フランス王アンリ2世の王妃カトリーヌ・ド・メディシス（1519-89）だといわれている。ヒールはまだそれほど高くなかったが、靴の前方とヒールのあいだに渡された第二の靴底ともいえる奇妙な板が、パトンから発展したヒールであることを暗示している。[20-29, 30] それに続くヒールは、博物館に納められているスコットランド女王メアリーとエリザベス1世の靴に見ることができる。このふたつは、ヒールと前方が板でつながっていない最古のハイヒールであるとされている。メアリーの靴は、ヒールがわずかに曲線を描いた黒いサテン製、エリザベス1世の靴も、やはり曲線を描いた低いヒールがついた、白いサテン製のスクエアー・トウである。

◇ 17-18世紀

靴底に新たにコルクを使ったものが多くなった。上革と底革の間に、かかとの方がかなり高くなったコルクのパッドが入った。今のミュールに似た、コルク底でかかと部に上革がないものは「パントフル」と呼ばれ、16世紀後期の宮廷で非常に人気があった。コルク底の靴は1650年にもまだよく履かれていた。1615年のある喜劇で、「町の人たちはなぜ靴の中にコルクを入れているのかしら」とたずねた女性に対して町民が、「きびきびと歩く（to be light-heeled）のがこの町の習慣なんでね」と答えている〔light-heeledには「尻が軽い」という意味もある〕。また1623年の喜劇では、田舎の少女が新しく買ったコルク付きの靴を見せたくて、ペチコートの裾を持ち上げて歩く、と言っている。男性もコルクの靴を履いたが、フィリップ・スタッブスは、「男までがコルク底の靴を履いて地面から5㎝以上も身体を持ち上げている」と冷評している。

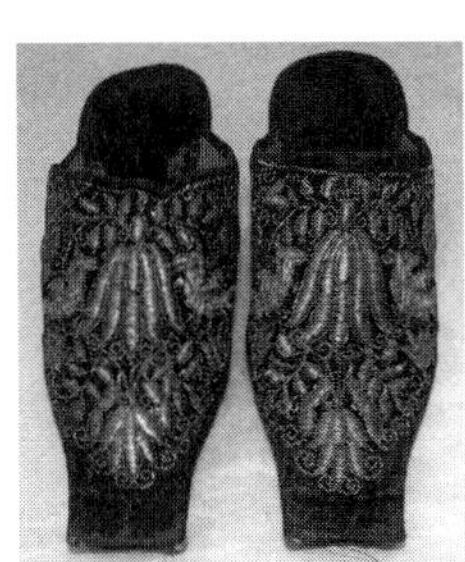
20-31 銀糸の刺繍が施されたベルベットのスリッパー（イングランド製、1660年頃）

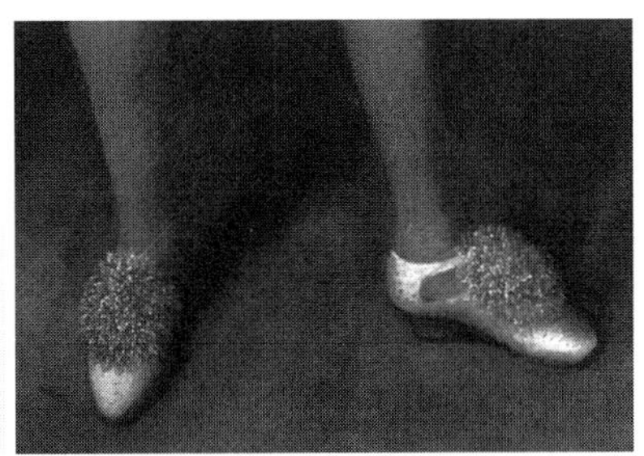
20-32 金レース飾りのついたチャールズ1世の靴

不思議なことに16世紀後半のエリザベス1世時代以前には、いわゆるスリッパーの例がまったく見当たらない。スリッパーの語源はアングロ-サクソン語のslipor だから、その種の履物が彼らに馴染みがなかったはずはないのだが、古い写本にはそれに類する履物がひとつも描かれてない。16世紀までの靴は短いものでも足首まであり、スリッパーがたびたび言及されるようになるのはそれ以降である。[20-31, C29]

エリザベス1世時代に登場したヒールがひとたび流行になると、ヒールはますます高く派手になった。金や銀や絹で刺繍した靴に、赤、青、紫、黄のヒールをつけるのが流行の最先端だった。[C14, C15] リボンを薔薇の花の形に束ねた「シュー・ローズ」と、金銀レースのふわふわした飾りが新しいファッションになり、[20-32, C9-C13, C25]当時の戯曲作品にもしばしば取り上げられている。ジェームズ1世は、衣装係の侍従たちが持ってきた手の込んだシュー・ローズを見て、「私を“ひらひら靴の優男”にするつもりか？」と言ったという。1638年にはイングランドの作家ピーチマンが、この新しいアクセサリーは途方もなく高価だと語っている。

17世紀後半には、2本の短いストラップをリボンで結び合わせて靴を留めるようになった。[C17] 衣服にふんだんにリボンを飾りつけるのがこの時期のニューモードだったが、それと同色のリボンが靴にもつけられた。「パンプス」ということばが使われるようになったのはエリザベス1世の時代からである。1728年のイングランド男性の使用人への賃金の報告書に、仕着せの一部としてドロワーズ、ストッキング、パンプス、キャップ、サッシュ、ペチコート・ブリーチズなどが列挙されている。パンプスとは、足にぴったりした結びひものない短靴を指し、おもに召使や従僕の履物だったと書かれている。

フランスではアンリ3世の時代（1574-89）に、ヒールの低い長いブーツを履くようになった。やがて履き口を大きくラッパ形に開いたり、広い履き口を折り下げたりして、当時大流行していた絹のホーズをこれ見よがしに見せるようになった。「上流紳士のすばらしいブーツのひだは女性の心を奪う」といわれた時代だった。[20-33] 履き口を折り下げたのはスペイン発祥のファッションで、スペイン王フェリペ3世の王女アンヌ・ドートリッシュが、ルイ13世と結婚したときにフランスにもたらされた。ブーツのヒールはしだいに高くなり、しばしば赤く塗られて、このファッションに華やかさを添えた。折り返したブーツは、アンソニー・ヴァン・ダイクとオランダの画家たちの作品に描かれて、私たちにも馴染みの深い騎士の服装となった。[20-34, C19, C23]

1660年にはブーツの流行は下火に

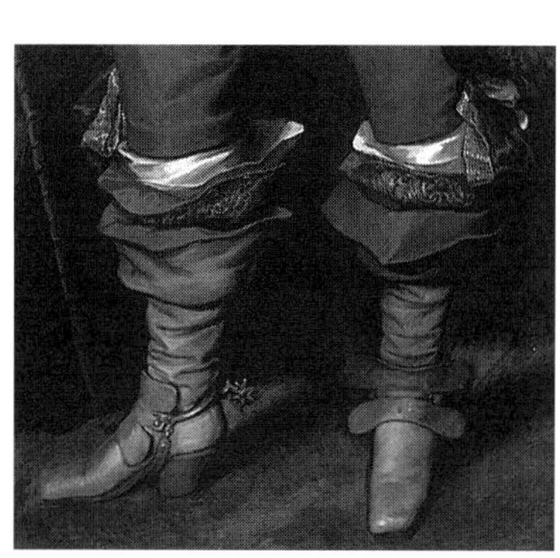

20-34　ヴァン・ダイク画《トマス・ウォートンの肖像》に描かれたブーツ（1639年）

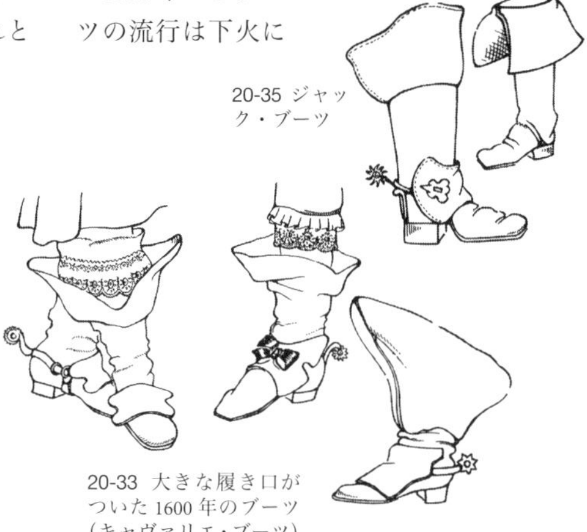

20-35 ジャック・ブーツ

20-33 大きな履き口がついた1600年のブーツ（キャヴァリエ・ブーツ）

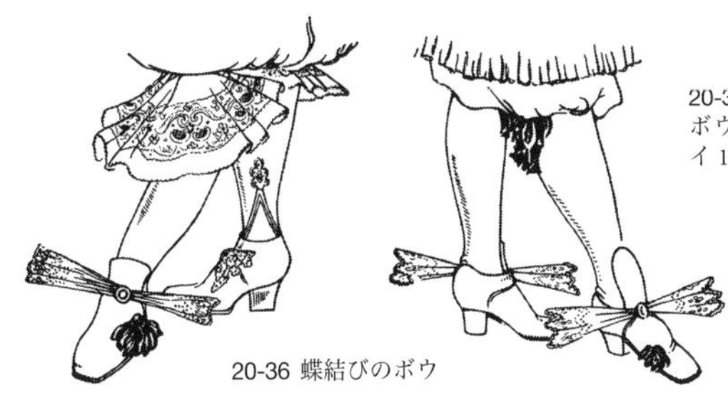

20-36 蝶結びのボウ

20-37 蝶結びのボウがついたルイ 14 世の靴

なったが、1665年頃に硬い感じのジャック・ブーツが現れた。[20-35, C22] このブーツは、馬上で過ごす時間の長いアメリカの初期入植者たちに評判がよく、広く受け入れられた。ボタンかバックルで留めて脚にフィットさせる革のレギンスやスパッターダッシェズも着用された。17世紀末には、舌状の高い突起物と赤いヒールと蝶結び形の硬いボウのついたスクエアー・トウの短靴、というファッションが注目を浴びた。蝶結びのボウは極端に長く、靴の幅よりも大きく左右に突き出していた。[20-36, 37, C16]

当時のダンディズムを物語るのが、蝶結び飾りと赤いヒールである。赤いヒールは18世紀まで続き、「靴に赤いヒールをつけること」が1727年の伊達男の必要条件のひとつだったが、一般のおしゃれな人々はつけたがらなかったようだ。

18世紀初期には、極端に角ばったスクエアー・トウと、前面が深い靴がまだ流行していたが、派手さは抑えられて一般的な靴の形に近くなった。[20-38] 奇抜な蝶結びの次は大型のバックルが流行し、[20-39] 赤いヒールはフランス革命まで続いた。騎士道の時代以来、ブーツは時々履かれてきたが、18世紀の半ばころに一時的に人気が戻り、19世紀初期になってから一気に大流行した。

波瀾の18世紀の女性のファッションは、初めのうちは時代の激動に伴い、その後は歴代ルイ王の気まぐれに左右されてあれこれと変

20-40 18世紀初期の女性の靴

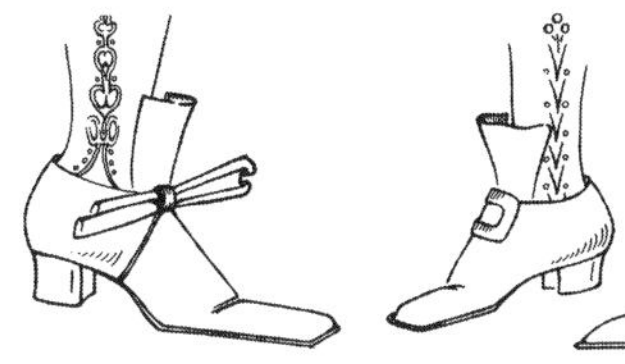

20-38 17世紀後半の靴

20-41 18世紀初期の女性の布製靴

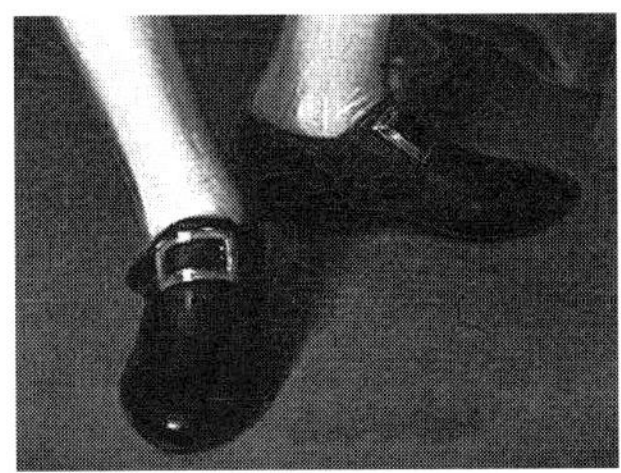

20-39 バックルのついたイギリス王ジョージ3世の靴（18世紀中頃）

20-42 刺繍を施した絹製の靴（フランス製、1690-1700年頃）

20-43 極端にヒールの高い革製の靴（フランス製、1660–1760 年頃）

20-44 ポンパドゥール夫人のスリッパー（1752-55 年頃）

化した。モンテスパン夫人、ポンパドゥール夫人、デュバリー夫人、マリー・アントワネットたちが、あらゆる方面で後代のモードに影響を及ぼした。女性たちのハイヒールは、廃れるどころかさらに高くなった。モンテスパン夫人の影響力が大きかった 18 世紀初頭には、端正な刺繍と豪華なバックルがついた靴が流行になった。バックルは、名匠がデザインして制作する非常に高価なアクセサリーとして人気があった。しかしまもなく、極端に大きなシュー・ローズと蝶結びのボウにその座を奪われた。女性靴のヒールは前にのめりそうなほど高くなり、歩くのは困難だった。[20-43] やがて、生来の優れたセンスを持ち合わせたポンパドゥール夫人の時代（1721-64）になると、靴はドレスと合わせて誂えるエレガントな服装の一部となった。[C227] サテン、絹、ブロケード、またはさまざまな色の革のハイヒールが作られた。ヒールは高く細く、宝石を散りばめたバックルは正真正銘のジュエリーだった。パリのクリュニー中世美術館が所蔵する黄色い水玉の絹で作られたハイヒールのスリッパーは、ポンパドゥール夫人のパステル肖像画に描かれているスリッパーとよく似ている。[20-44] ファッションの舞台にマリー・アントワネットが登場すると、服装のあらゆる細部がめざましく発展した。彼女のドレスとそれに合わせた靴は非常に複雑で手の込んだものばかりで、[20-45] 色や日付やスタイルごとの目録が必要なほどだった。革命が迫った 1780 年頃、

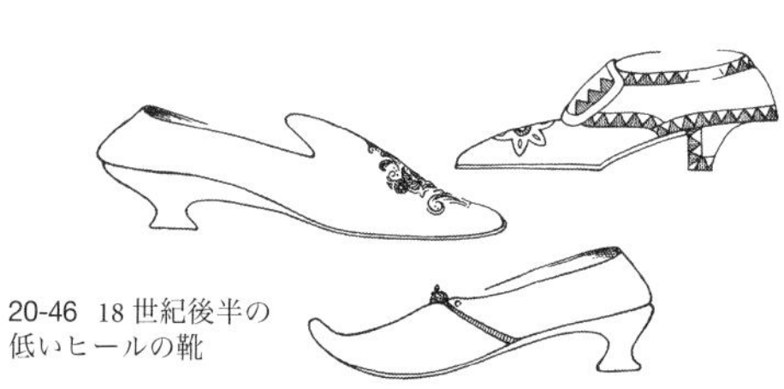

20-46 18 世紀後半の低いヒールの靴

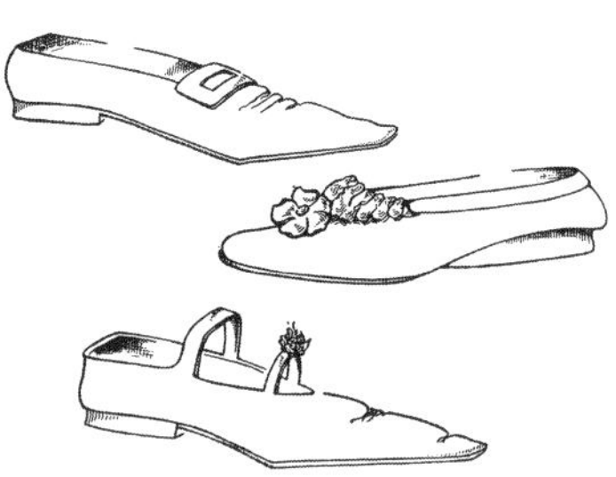

20-47 18 世紀末のヒールがほとんどなくなった靴

20-45 マリー・アントワネットが使用したとされるシルクの靴

20-48 ヒールが低い絹の靴（イタリア製、18 世紀）

ヒールは低くなり、靴の中ほどに寄ってきた。[20-46] 翌年には、靴底を厚くしたような低いヒールが、足をわずかに地面より高くしたが、これはヒールと呼べるようなものではなかった。[20-47, 48, C35] 当時の政治家は古代ギリシャの民主主義を行政のモデルとし、一般国民もギリシャ的なものの考え方に心酔していたので、古典的な事物が熱狂的に流行しはじめた。ドレスは膨らみがなくなり、生地の用量の少ない、長く透けるようなデザインになった。ヘアスタイルはミネルヴァ風、ディアナ風、サッフォー風になり、靴は古典期に理想とされたヒールのないサンダルになって、リボンを結んで留めた。履物を履くこと自体を潔しとせず、古代ギリシャ人のように裸足で歩く者までいた。立派だった男性靴のバックルは、融通のきく靴ひもに代わったが、これには不満を示す者も多かった。18世紀末には、ブーツ人気が再来した。

銀のバックルのついたローヒールの靴は、アメリカではつねに植民地時代の服装を連想させる。アメリカで最初に履かれた先住民のモカシン・シューズは、あらゆる原始民族に共通する、ゆったりと履きやすい履物の流れを汲んでいた。当時すでにフランスのモードが世界を支配するようになっており、1620年にアメリカ大陸に移住したピューリタンたちの靴とブーツも、全般にパリのスタイルを追っていた。パリからイギリスに入ったモードが新大陸にも伝わっていったのである。もっともアメリカでは、フランスのような極端な華美さはなく、木製のヒールがついた丈夫で耐久性のある靴が一般的だった。ニューヨークのセントラルパークにあるジョン・クインシー・アダムズ・ウォードによるブロンズ像《ピルグリム》には、ヨーロッパの華美をそぎ落とした、17世紀アメリカの服装の細部が再現されている。[20-49] 羽根飾りのない山高のビーバー帽、レースも刺繍もないダブレット、絹のホーズやフリルを見せるでもない大きなトップブーツなどが、質実な開拓者精神をよく表している。

20-49 ウォードによるピルグリム記念像

入植者たちの暮らし向きが年々向上し、ドレスが贅沢になってくると、クエーカー教徒たちは、「ストライプの靴、赤白のヒールやクロッグ、派手な色の靴を慎重に避けよ」という勧告を発しながら華美を抑えようと動き出した。しかしこうした抵抗にもかかわらず、ウィリアム・ペン〔1644-1718。イングランドのクエーカー教徒でペンシルヴェニアの創建者〕の時代でさえ、フィラデルフィアは流行の先頭に立ち、大農園主やその家族ら富裕層は、誇らしげにパリやロンドンの最新流行を取り入れた贅沢な服装をしていた。

アメリカで靴屋という業種が事実上誕生したのは、1680年のマサチューセッツ州セイラムだった。市街地から遠いボストン南北の農家では、冬の夜長に一家で靴を作り、それを売ったのがはじまりだった。合衆国独立後に靴屋は大きく発展し、進取の気性に満ちた靴屋が村に出店して従業員を雇うまでになった。地方の靴屋に部品を送って縫製させたものに、店で靴底をつけて仕上げをした。靴屋やなめ

20-50　特徴的なナポレオンのブーツ

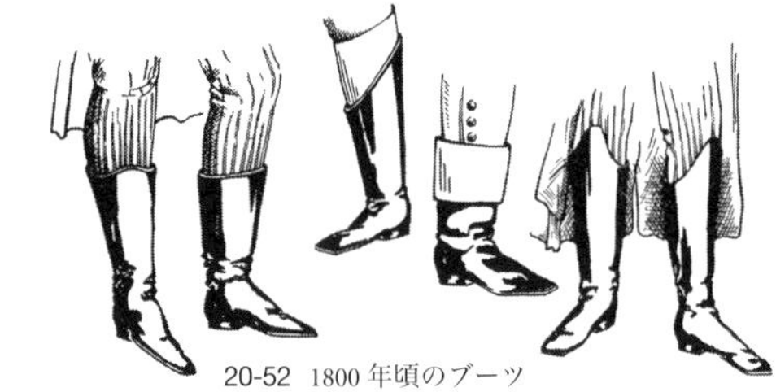

20-52　1800 年頃のブーツ

20-51　1785-1800 年のブーツ

し革業者はニューイングランドに集中し、その中心都市ボストンは早くから製靴業の中心地として栄えた。今日でも、ボストンは靴と革製品において世界有数の市場である。

◇ 19 世紀

ナポレオンが皇帝となったフランスでは、ナポレオンと皇妃ジョゼフィーヌがファッションリーダーになった。男性のあいだではミリタリーブーツが大流行した。ナポレオンは、履き口の後ろを切り落として前だけを膝当てのように残したブーツがお気に入りで、20-50 これがヘシアンブーツ流行のきっかけになった。ヘシアンブーツに短いブリーチズと白いストッキングを合わせたスタイルが 1804 年の最新モードだった。のちに、ブーツの長さはトゥラウザーズの丈によって決められるようになった。やがてブリーチズの丈が膝下まで下がり、さらに急速に下方に延びてきた。1818 年には、ブーツの長さは 40 ㎝足らずになった。ヘシアンブーツに次いで人気のあったトップブーツは、履き口を折り返して、ベージュや灰色の裏地や色違いの革を見せた。おしゃれな男性は、短ブーツの履き口まである長くぴったりしたズボンを履いて、下層階級の服装をまねることに相応の誇りを感じていた。ブーツは常にピカピカに磨かれていなければならなかったので、オイルとワックスを調合したさまざまな手入れ用品が飛ぶように売れた。とくにドレス・ブーツの黒い革には一点の曇りがあってもならなかった。1820 年から 30 年にかけて、履き口がカーブした短いヘシアンブーツまたはウェリントンブーツが大流行した。これには、タッセルが下がることもあった。大流行とはいえ、もちろん短靴を好んで履く者もいた。靴のヒールは太くて低く、つま先は丸く、短い舌革の上に小さなひもを結んだ。

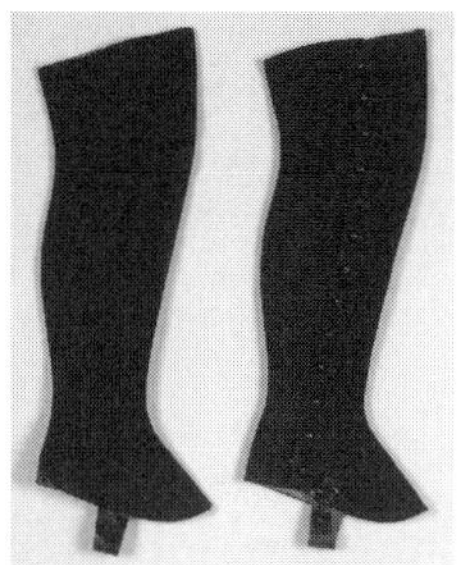

20-53　ウールのゲイター（アメリカ製、1882 年）

20-54　ブーツに固定したトゥラウザーズ（1833 年頃）

1829 年頃には、靴を覆うゲイターとスパッターダッシェズが男性のあいだで流行した。[20-53] 目新しさはすぐに失われたが、変遷する流行のなかにあって、このファッションは長く続いた。1830 年には、粋な男性は下方がゲイターのようにすぼまった、丈夫な綾織（ドリル）のトゥラウザーズを履くようになった。膝まであるぴったりしたウェリントンブーツの流行は続いていたが、やがて長いトゥラウザーズをブーツの上に出すようになり、ブーツの土踏まずの部分にストラップをかけて固定した。[20-54] トゥラウザーズの裾はゆったりと広くなってゆき、靴にかけるストラップはなくなった。長いトゥラウザーズが定着してからもブーツを履く者が多かったが、ブーツはの下に隠れて外からは見えなくなった。

女性は、しなやかでヒールのない浅いパンプス形のスリッパーを履いていた。[20-55, C31, C33-C35, C40, C41] ジョゼフィーヌの時代の靴にはとくに目新しさはなかったが、スリッパーを愛した彼女のワードローブには、何百着ものガウンとスリッパーのセットが並んでいたといわれている。しかし膨大な数のスリッパーも、着用されることはほとんどなかったらしい。というのは、たった 1 日履いただけで穴があいた華奢なスリッパーを専属の靴屋に見せたところ、靴屋は、「これを履いてお歩きになったからです、奥様」と答えたというのだ。

当時のスリッパーはごく単純な形で、素材も足に合わせるのが容易だったので、イギリスでもアメリカでも女性たちは自分の手で靴を作りはじめた。「ラヴェンダー色の子山羊の革靴（キッド）」、「淡い琥珀色のビロード」、「若草色（グラス・グリーン）のビロード」、「淡黄褐色（ペール・バフ）のブロケード」などと記された記録から、先人たちの上品で可憐な好みが想像できる。1810 年に、ブロケード製または刺繍を施したおしゃれなウォーキングシューズが現れた。灰色の花を刺繍した黒いサテンの編み上げ靴や、南京木綿で作られた同類の靴が、ロンドンのヴィクトリア&アルバート美術館にある。明るく淡い色の夜会用スリッパーは、つねに最高におしゃれな履物だった。丸かったつま先は、1830 年以降はスクエアー・トウになった。その多くは、細いリボンを足首に交差させて結び、甲には可憐な蝶結びやロゼットが飾られた。[20-56] こうしたサンダルのようなソフトな靴は長いあいだ人気があったが、1840 年には、外出用の靴のほとんどにヒールがつくようになった。はじめのうちは履きやすい程度に低かったヒールは、徐々に高くなっていった。サイドをく

20-55 柔らかくしなやかでスクエアー・トウをもつヒールのない靴（1800 年代前半）

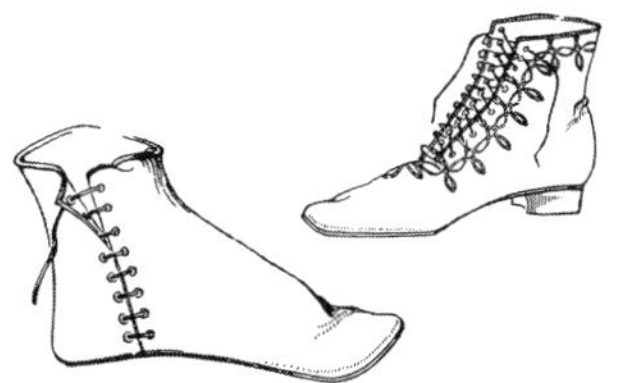

20-57 左：初期の編み上げブーツ（1820-30 年）
右：前編み上げのブーツ（1860-65 年）

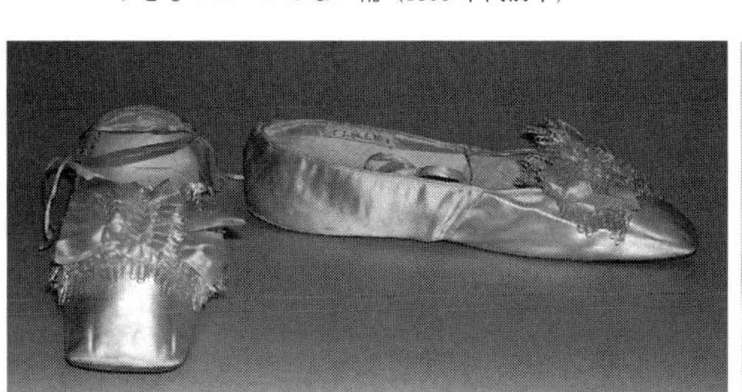

20-56 絹のスリッパー（ヨーロッパ製、1840-59 年）

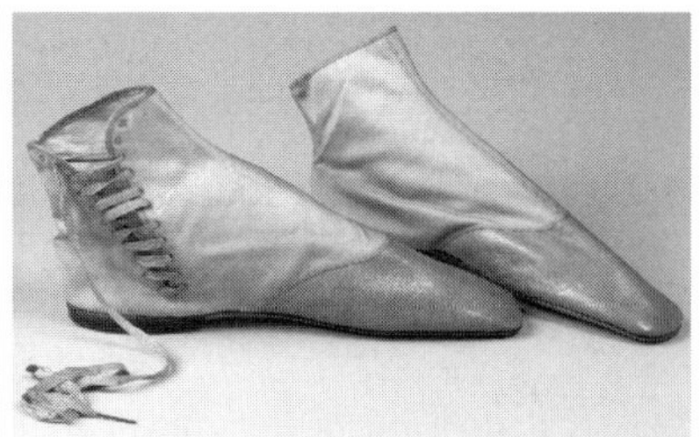

20-58 サイドの編み上げブーツ（1850 年頃）

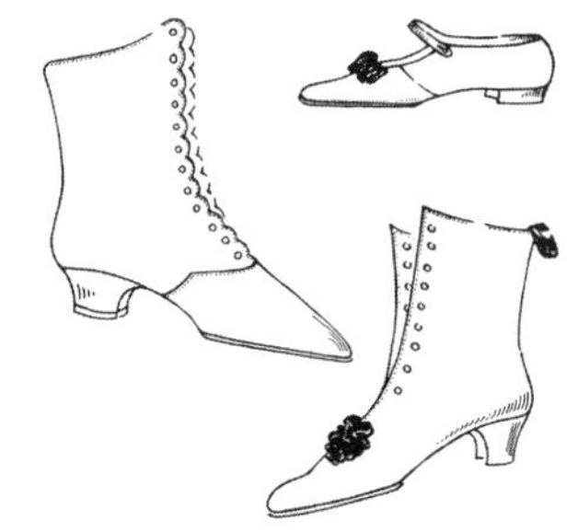
20-59　1870 年代初めの女性靴

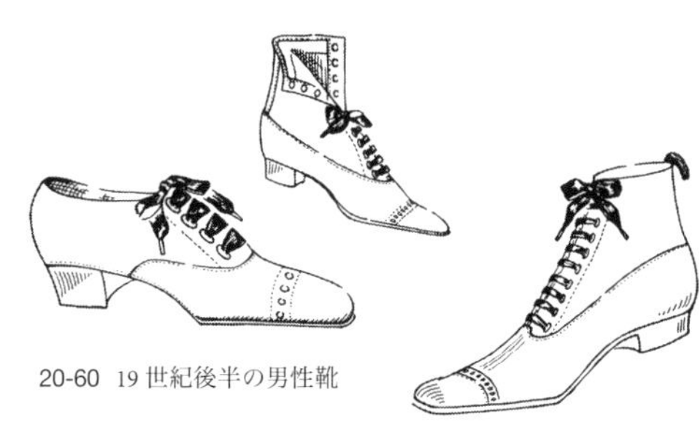
20-60　19 世紀後半の男性靴

るぶしまでひもで締めた靴が初めて登場し、1828 年頃に流行になった。[20-57, 58] 前中央にステッチが入り、たいてい革のトウ・キャップがついていた。また、前にフリンジやタッセルが下がったものも多かった。

工業化が大きく進んだ 19 世紀には、製靴産業が目覚しく発展し、靴作りにも機械が導入された。1833 年、内底と外底を木釘で固定する機械が発明された。1841 年には、アメリカのイライアス・ハウがミシンを発明して、靴作りに新風を吹き込んだ。1861 年にマサチューセッツのライマン・K・ブレークが、外底を内底に縫いつけるミシンを考案して靴作りに革命をもたらし、近代的な製靴産業の幕開けとなった。続いてチャールズ・グッドイヤーが、ミシンに湾曲した針を使用して、細い革片やウェルトを内底に縫いつけたり、外底をウェルトに縫いつけたりすることが可能になった。このウェルト製法は、靴作りに広く採用されるようになった。この間、フランス、イギリス、アメリカの才ある人々は、生産方法の改良とブーツ縫製機の完成に日夜励んでいた。こうして機械生産による靴が大多数を占めるようになってからも、足に合わせて靴を誂えるのは、おしゃれな美女たちの特権であることに変りはなかった。

クリノリンと裾を引く長いスカートが流行した 50 年代から 70 年代には、靴はまったく見えなくなった。女性たちは足を見せることなど考えもしなかったから、極端に高いヒー

20-61　機械化されたマサチューセッツ州 B. F. スピニー社の工場（1872 年）

20-62　マサチューセッツ州の靴工場で働く女性（1895 年頃）

ルはかえってヴィクトリア朝中期の人々に非難の目で見られた。しかし、細い足首に自信のあったフランスの皇后ウージェニーは、オーバードレスの裾をくるぶしまでたくし上げて、決然と美しい足首を見せた。ファッションリーダーだった彼女のスタイルは、華やかなパリでは受け入れられたが、ヴィクトリア朝中期の保守的な人々を仰天させた。オーストリア皇帝フランツ・ヨーゼフは、馬車に乗り込むウージェニーと自分の妻に手を貸していたとき、妻にむかって小声でしかし鋭い忠告をしたといわれている。「お御足が見えています、くれぐれもご注意を」と。

慎み深さを第一としたヴィクトリア朝の精神は、靴にも反映された。キッドまたは絹布などで作られた靴は、底が平らで土踏まずがなく、ヒールが小さく低かった。70年代にスカート丈が地面から上がると、それまでは不道徳とみなされていたハイヒールがまた現れた。つま先の丸い深いブーツも流行しはじめた。このブーツは非常に柔らかいキッドで作られ、靴底は紙のように薄く華奢だった。[20-59]驚くほど小ぶりに作られた馬車用のブロケードの靴は、下から上までひもで締めるかボタン留めされ、タッセルが飾られた。なめし革の表面を光沢加工したエナメル革も現れて、短靴の素材として広く普及した。70年代末から80年代にかけて、フィット性をよくするために靴の側面や甲に弾性素材を縫い込んだコングレスブーツが作られた。一時は流行したが、まだ弾性素材の質が悪く、伸縮性がすぐに失われたためにこの靴は短命に終わり、やがて市場から姿を消していった。

男性靴にも新しいデザインが次々と出た。トゥラウザーズの下にブーツを履くスタイルが長く続いたが、50年代までに編み上げ靴が大量に参入し、[20-60]60年代の男性は、かろうじて足首が隠れる深さの、側面をボタン留めにした靴を履いた。

70年代後半から80年代初期にかけて服装の改良運動が盛んになり、女性の靴にも影響が及んだ。スポーツやビジネスや専門職の世界に女性たちが進出するようになると、女性靴に対する概念も変わり、「快適な靴」をうたい文句にして男女の靴に変化が見られるようになった。男女の新たな需要をもくろんだアフタヌーン用、イブニング用、スポーツ用の靴が市場に供給され、製靴業は大量の雇用を生み出す大産業に発展した。靴には多種の革が使われ、底の厚さもさまざまで、ヒールは日常用に快適な中くらいの高さになった。男性靴はひも締めかボタン留めで、短靴から深靴まであり、靴底の重量はいろいろだった。つま先は一時期尖ったが、また短く丸くなり、先に革のトウ・キャップがついた。世紀末には、男性靴の外観はかなりモダンになった。「良識の靴（コモンセンス・シュー）」と呼ばれた女性用のウォーキングシューズは、中くらいの厚さの靴底に太いヒールをつけた、履き心地のよい靴だった。[20-63, 64]1900年までに実用的な靴のほとんどが革で作られるようになった。正装用には従来どおり絹布やサテン、ブロケードなどの織物が

20-63 19世紀後半の女性靴

20-64 ボタンで留める革のブーツ（フランス製、1883年頃）

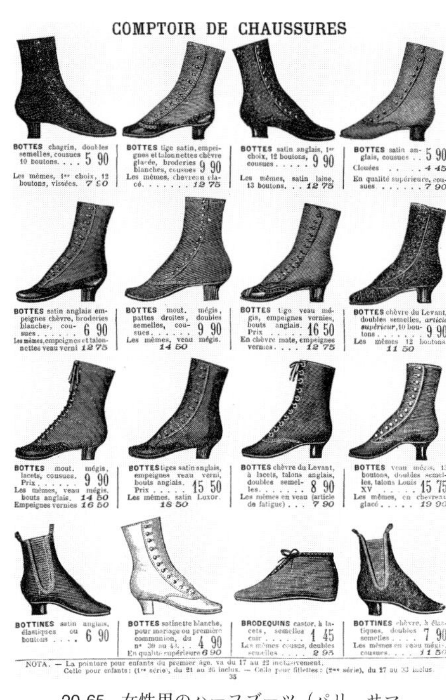

20-65　女性用のハーフブーツ（パリ、サマリテーヌ百貨店の 1886 年夏用商品カタログ）

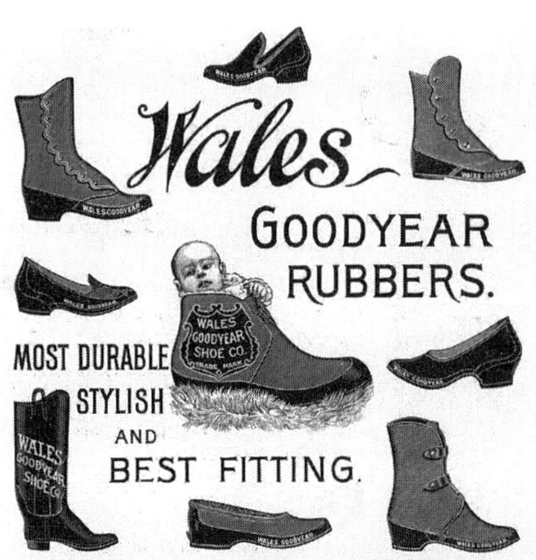

20-66　ウェールズ・グッドイヤー靴会社「ラバーズ」の広告（1891 年）

使われ、ヒールも高かった。

20-67　女性用のガロッシュ（人気のスタイル、20 世紀初期）

20-68　標準的な男性用のガロッシュ（20 世紀初期）

◇ 20 世紀

履き心地のよい靴が順調に売れた。産業面では新たな発明が相次ぎ、靴を 1 足作るのに 80 種以上もの機械が使われるようになった。これにより、縫製、穴あけ、装飾などのさまざまな工程がわずか数分で処理できるようになり、大量生産が可能になった。製靴業に使われるすべての機械は「製靴機械連合会社（United Shoe Machinery Company）」のもとに統括され、ここからあらゆる工場に同じ条件で貸し与えられた。高度な競争市場のはじまりだった。

履物に関連するもうひとつの近代的産業、すなわちゴム製造業も誕生した。1839 年にチャールズ・グッドイヤーが、ゴムの耐久性や弾性を高める加硫処理法を発見した。この製法は 1844 年に特許を取得し、以後の大規模なゴム産業の基礎となった。このゴムを使ったオーバーシューズは一般に「ラバーズ」と呼ばれ、[20-66] そのほかにゴムとゴム引き布を組み合わせた各種のオーバーシューズも作られた。これらはすべて防水靴だった。ゴムやゴム引き布のオーバーシューズは、今日では「ガロッシュ」と呼ばれている。[20-67, 68]「ガロッシュ」という語は、14 世紀のフランスで荒天時に履かれた「ガロッシュ・ド・ブワ」に由来し、当初は革の深靴を指すガリア人のことばだったとされている。ガロッシュは、20 世紀にも同じ用途で使われ、昔のクロッグやパトンの後継物として、戸外を歩く現代人の靴を保護している。

20 世紀初頭には、秋冬はボタン留めか編み上げの深靴、春夏はオックスフォードとパンプスが一般的だった。[20-69, 70, 71] オックスフォードは編み上げか簡単なひもを結ぶが、パンプスにはボタンやひもはついていない。第一次世界大戦後、スカートが短くなるにつれて女性は長いブーツを履くようになり、パールグレー、黄褐色（タン）、青、青銅色のキッドを使ったものがおしゃれの決め手になった。色物が中心で、黒一色の靴は市場から一掃されてしまった。1920年にはまたさまざまな深靴も出たが、最も普及したのは、天候に関わらずオールシーズン履ける短靴だった。予想外に急激に流行が変わったため、大量の在庫を確保していた靴店では、多数の深靴を捨て値で売らざるを得なくなった。短靴はすっかり定着し、今日でもいちばん売れ筋の商品である。[20-72]

近年の靴は、斬新さでは男性靴より女性靴のほうが勝っているようだ。服装と同様に、男性の靴は定型に従って大きな変化がなく、低く大きなヒールと心地のよい底革というスタイルが確立したかに見える。[20-73] 色においても、女性靴の流行が黒からベージュ、赤錆色、グレー、青、緑、白など次々と変化するのに対して、男性靴は従来の黒と茶から外れることはなく、夏に白いキャンバス、カーフ、バックスキン（鹿皮）などの靴が多少の彩りを添える程度である。

車社会の到来、スポーツの普及、多様化する生活様式などが、靴のスタイルを決定する要因となった。デザイナーは、つねに斬新なデザインや装飾を創造するチャンスをうかがっている。過去の履物から新たなインスピレーションをかき集めもするが、世界の注目を集めるような関心事がたまにあったりすると、ある特別なスタイルが閃光のごとく注目を浴びることがある。ツタンカーメン王の墓の発掘がそのよい例だった。発見された希少な遺物が大きな話題となり、1924年には、靴をはじめとしてあらゆる分野のデザイナーがエジプト風のモチーフに飛びついた。ストラップを渡した多様なデザインの革や布製のサンダルが、斬新なデザインとしてとくに夏場に

20-69 女性のおしゃれ靴（20世紀初期）

20-70 1920年代初めのオックスフォード

20-72 1930-36年に流行した靴

20-71 イタリアのピエール・ヤントルニーがデザインしたパンプス（1914-19年）

20-73 男性のスポーツシューズ（1930-36年）

もてはやされ、1932 年まで流行が続いた。

20 世紀の靴のデザインはあまりに多様で、論議をしてもほとんど意味がない。ウォーキングシューズ、ゴルフシューズ、テニスシューズ、キャンプ用シューズ、喪服用の靴やアフタヌーンシューズ、イブニングシューズ、さらに散歩用、オペラ鑑賞用、ダンス用など、時と場に応じたそれぞれの靴があり、ある時期の最新モードはこれであると特定するのは不可能である。インドの蛇、ジャワ島のトカゲ、熱帯地方の蛇（ボアコンストリクター）、南方湿地帯のワニ、深海魚、そしてカンガルー、子山羊、子牛、雄鹿、レイヨウ、馬、雌牛の皮などが世界各地から集められ、美しく快適性の高い女性靴の追及が続いている。

樹皮や獣皮を植物の茎や皮ひもで縛りつけて足を保護していた古代から、遥かな時が流れた。人はその間、必要に応じて優れた才を発揮し、単に実用的で快適というだけでなく、ますます高まる美意識を満たそうと靴を作り続けてきた。こうした謙虚で有意義な実績を積み上げて 19 世紀を迎え、幾多の不利な条件も退けてきた。旧式の履き物を近代的な靴に変える機械を作り出して、製造工程を機械に任せた。そして最も重要かつ不可欠な要素であるライン、形、色は、高度に専門化したデザイナーが担うようになった。デザインするのは王室や上流階級の靴だけではない。今や日常生活のすべてが、本質的な要素つまり現代の靴の「美」をデザインに求めているのである。

20-74 ニューヨークの靴メーカー、エドウィン C. バート社の広告（1874 年）

第21章 バックル Buckle

バックルと聞いてまず思い浮かぶのは、粋で華麗な18世紀のファッションである。高価なバックルと赤いヒールは最上級のファッションの決まりごとであり、際立ったエレガンスを演出するのに欠かすことのできないアクセサリーだった。

✿古代

バックル自体は新しいものではなく、古代からベルトやマントの留め具として多種多様なバックルが使われてきた。

青銅器時代の原初のバックルは、ベルトの片端に開けた穴に、もう一方の端につけたフックを引っ掛ける形式の1対の部品からなるものと、リングとピンが一体になったものがあった。リングが準環状のものは、リングに取り付けたピンを生地に刺し通してから少し回転させ、ピンの先をリングの端に乗せて固定する。完全な環状のリングの場合は、ベルトの端を引き出してピンで留めた。この形からは、「トング・アンド・スロット」と呼ばれる別の形のバックルも生まれた。「リング・アンド・ピン」バックルは、現代のバックルの先駆けである。[21-1]

図21-2は、古代ローマ時代の青銅製「トング」式バックルである。図21-3は、やはりローマで使われたクラスプの片側で、12のセクションに仕切られた模様の部分に、黄、赤、灰色のエナメルが塗られている。

✿中世

中世には、衣服やマントを留める装飾品として、バックル（ブローチとも呼ばれた）が一般に使われた。長さが約20-25㎝もある大型のものから、ごく小さいものまであり、多くはがっしりとしたデザインで、色エナメルや準宝石が散りばめられたり、隆起した青銅の飾りが施されたりしていた。[21-4] とくにフランク族とサクソン族のものは、その大きさと装飾が異彩を放っており、さらにチェイシングや石を装飾した飾り板を接合したものある。[21-5, 6] 14世紀末までに、柔らかいモカシン・シューズ風の靴の甲にバックルを飾ったものが多く見られるようになった。また、当時ファッショナブルなアクセサリーだったガーターにも、装飾的なバックルをつけたものが多くなり、甲冑のあちらこちらを留めるのにも便利で需

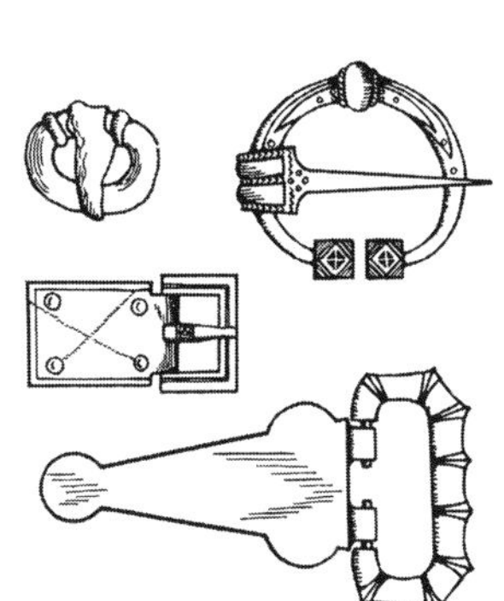

21-1 青銅器時代のバックル

21-2　青銅製「トング」式バックル（1世紀頃）

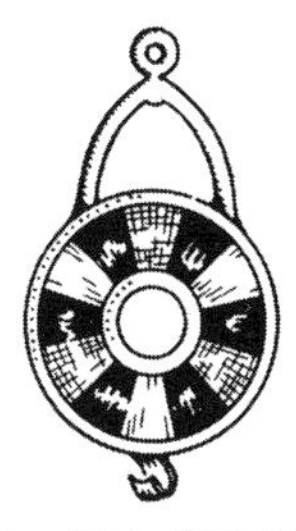

21-3　ブリテン諸島で見つかったクラスプ（または留め金）

21-4　重量感のある青銅製バックル（メロヴィング朝時代）

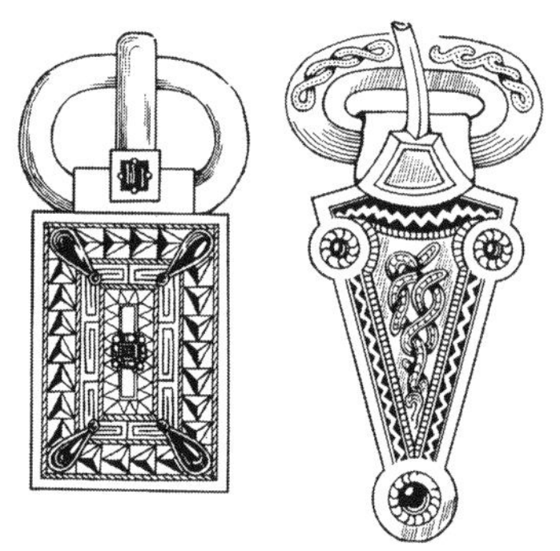

左：21-5　色ガラス（またはカボション・カットの準宝石）を飾った大型の青銅製バックル
右：21-6　アングロ - サクソン人のローマ風青銅製バックル

21-7　ランゴバルド族の金製バックル（600 年頃）

要が増えた。裸足で歩くのを習わしにしていたフランシスコ修道会士たちまでもつけたので、「バックル付きの靴をはいている」と彼らを厳しく非難した 14 世紀の詩もある。

◇ 17 世紀

バックルがファッショナブルなアクセサリーになったのは、靴飾りのシュー・ローズやリボンがバックルに取って代わった 1660 年頃からである。靴にバックルを初めてつけたのはイタリアとフランスだったが、チャールズ 2 世治下のイングランドでもほぼ同時に流行になり、まもなくアメリカにも伝わった。1660 年から 85 年頃まで大流行した大きな蝶結びのリボンとともに、当初は小さなバックルが靴の甲の高い位置につけられた。1685 年以降は靴の留め具はすべてバックルになり、意

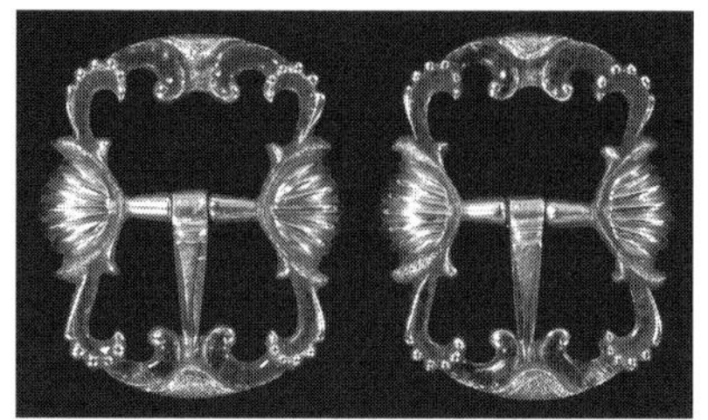

21-8　17 世紀のバックル（金に緑色のエナメル、西ヨーロッパ製、1666-99 年頃）

匠を凝らした金や銀の台に宝石を散りばめたものがほとんどで、サイズも大きく、非常に目立つアクセサリーになった。ルイ 14 世は、靴のバックルとガーター以外には宝石をつけなかったといわれている。

ますます普及したバックルは 18 世紀に流行のピークを迎えた。ロンドンの時計職人クリストファー・ピンチベックは、高価だったバックルのために新しい合金を発明した。彼の名を取ってピンチベックと呼ばれたこの合金は、銅と亜鉛を 5 対 1 の割合で合わせたもので、鋳造バックルの材料として広く使われるようになった。ピンチベックの表面に銀を薄くかぶせ、ブリリアント・カットのペーストや色ガラスをセットし、きらきらとした美しさを出したものが多かった。それより高価なバックルには「チュテーニア」と呼ばれる合金を鋳造した「クローズプレート・バックル」があった。地方によっては町の路上で商売が行われることもあり、客はその場でデザインを選んで目の前で鋳造してもらい、10 分か 15 分もすればおしゃれな新しいバックルをつけて帰ることができた。

◇ 18 世紀

18 世紀には、膝丈のブリーチズの脇を 1 個ないしは 3 個のバックルで留めるのが流行になった。靴のバックルが大型の正方形または長方形だったのに対し、ブリーチズのバックルは小型の楕円形だった。[21-9] フランスでは、

21-9 膝用のバックル（金銀とペースト、イングランド製、18世紀）

ファッションリーダーだったアルトワ伯爵〔ルイ16世の弟でのちのシャルル10世〕が巨大なバックルを好んでつけたため、たちまちそれが流行になった。この大型のバックルは、伯爵に敬意を表して「バックルズ・ダルトワ」と呼ばれた。

アメリカでも靴のバックルは大流行になった。裕福な入植者たちはイギリス本土の流儀に従い、靴には大きなバックルを、ブリーチズの膝にはそれより少し小さいバックルを着けた。[21-10, 11]

バックル製造業は、とくにイングランドでは大きな利益をもたらす産業のひとつだった。製造業の盛んなバーミンガムだけでも年間250万組以上のバックルが生産されたといわれている。[21-12, 13, C47-C49] ところが、まだバックルが全盛だった1771年に、突如として靴ひもが現れてバックルの地位を脅かしはじめた。打撃を被ったバックル製造業者は、英国皇太子に支援を願い出た。皇太子はこれに応えて王室ではバックルを採用したが、効果は短期間しか続かず、靴ひもは徐々にバックルの座を奪っていった。

それでも、靴ひもに不快感を抱く者はまだ多く、優美なバックルには依然として根強い支持者がいた。フランス革命下の1793年、ルイ16世に接見した内務大臣ロランが「ひも靴」で現れたため、王は無礼だとしてひどく立腹し、口を開こうとしなかったといわれている。アメリカでも靴ひもは冷遇された。会員制の

21-12 バーミンガム製の銀のバックル（1780年代）

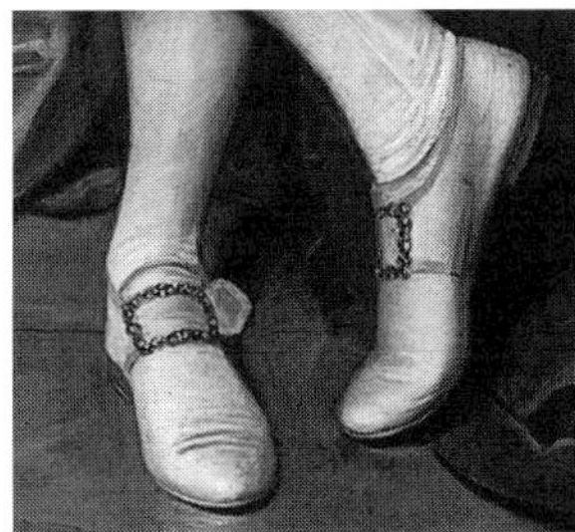

21-13 イングランド貴族のバックル（1765年）

21-11 流行の衣装を着たアメリカの生地商人（1789年）

21-14 フランス製のバックル（金属とラインストーン、18世紀後半）

21-10 アメリカ初代大統領ジョージ・ワシントンのバックル（1796年）

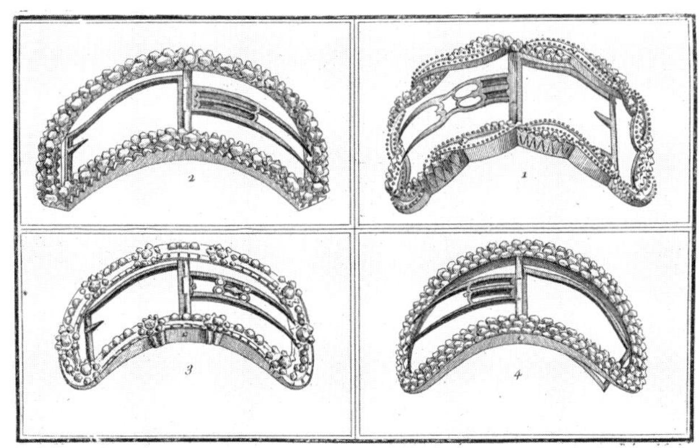

21-15　パリのファッションプレートに紹介された新しい流行のバックル（1786 年）

高級娯楽施設では、チケットに「ひも靴の男性入場お断り」と明示され、「銀のバックルの靴」をはいた者以外は入場できなかったといわれている。靴のバックルは、あらゆる場に通用する特権的アクセサリーだったのである。

◇ 19-20 世紀

1870 年頃、つま先の丸いハイヒールにラインストーンの大きなバックルがついたことがあった。しかしこれは一時的な現象に終わったため、ファッション界の重要な出来事にはならなかった。バックル人気が倍加して再来したのは 19 世紀末から 20 世紀初頭だった。しかしそれは、誰もが予想しなかった展開でもあった。これまで主として男性の足を飾り、今後もそうであろうと思われていた美しい靴飾りが、20 世紀にはすべて女性のものになっていたのである。21-16 ビジネスに従事する 20 世紀の男性の靴は、衣服と同様に日常に即した実用的なものになり、絹のストッキング、赤いヒール、高価なバックルなどが入り込む余地はもはやなくなっていた。他方女性の靴は、さまざまな広がりを見せる女性の関心事を反映して多様なデザインが作られるようになり、女性靴産業は年々拡大していった。

「靴は時と場によって履き別けるもの」といわれてきた 20 世紀には、あらゆる種類の靴にバックルがつけられた。ストラップ付きの浅いスリッパーとパンプスには、象牙や金属や

21-16　リボンと銀のバックルがついた女性靴（ベルギー製、1867 年頃）

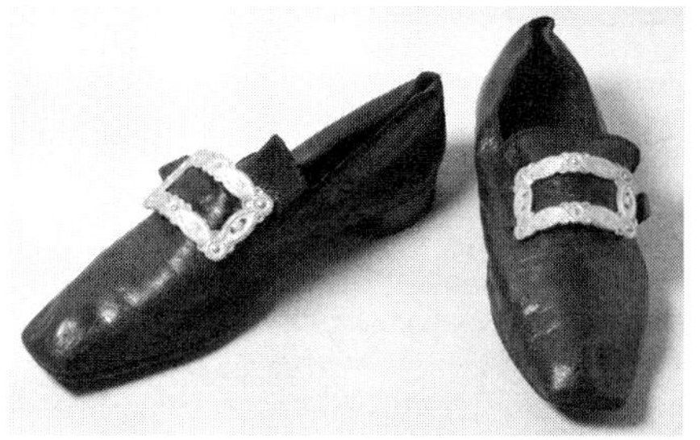

21-17　金めっきのバックルがついた男性の宮廷靴（1897 年）

合成品のバックル。鹿革（バックスキン）、子牛革（カーフ）、ラセット革のスポーツシューズにも、バックルとストラップがついた。シルクやサテンやモワレのアフタヌーンシューズとイブニングシューズには、ラインストーンをセットしたカットスティールや銀のバックルが強い印象を与えた。高度な職人技と非凡なデザインが際立つカットスティールのバックルは、18世紀のバックルにも匹敵するすばらしいジュエリーだった。流行の激しい盛衰のなかにあって、カットスティールのバックルは、つねにアフタヌーンドレスやイブニングドレスに女性らしいエレガンスを添えてきた。

華やかな注目を浴びた靴のバックルの陰で、ベルトやガードルを留めるバックルも、地味ながら便利な装飾品として古代から現代までそれぞれの場で活躍していた。19世紀末から20世紀初頭にかけての男女の服装には、スポーツが大きな影響力を持つようになった。金属のプレーンなバックルをつけた男性の革ベルトは、スポーツ用に限らず日常着にも欠かせない恒久的なアイテムになった。女性服においても、ベルトの使い方が流行のシルエットを演出した。1890年代後半にシャツウエストが流行したときは、ベルトとともにバックルが盛んに用いられ、1930年代にまたファッションとして注目された。変化の速い20世紀のファッションにも、ベルトとバックルは流行のつど現れた。銀、金めっき、エナメル、宝石や模造宝石を飾ったものなど種々のバックルのなかから、女性たちは気に入ったものを選び取った。

バックルが実用を兼ねたアクセサリーとして君臨していた18世紀は、洗練された男女が、銀のバックルを飾った靴で軽やかにメヌエットのステップを踏んだ時代だった。だからこそ、しみったれた靴ひもごときに優美なバックルの地位を奪われそうになったとき、時の指導者たちがそんな状況を認めたくなかったのも当然だったのだろう。しかし、すばらしいバックルは、今もイギリスの豊かな伝統に支えられて誇り高く生き残っている。特別な行事には、重要な役割を担う銀のバックルが判事や主教の靴を飾り、王に拝謁する者が着ける宮廷衣装の大切なアクセサリーとして存在し続けている。

第22章　ホーズ ［靴下］ Hose

「今日の女性は、ごく最近まで女王のために作られてきたものを身に着けている」といわれるが、とくに靴下類はその典型である。というのも、エリザベス1世の治世3年目にあたる1561年に、初めて絹で編んだストッキングが女王に贈られたという事実が、歴史的な出来事だったからだ。当時としてはたいへんな貴重品だった靴下を女王はすっかり気に入り、それからは絹のストッキング以外は着けなかったといわれている。今では絹のストッキングをを履こうと思えば誰でも履くことができる。しかしエリザベス1世時代の人々にとって、最新の透けるように薄いストッキングはあたかも妖精の国の薄衣のように見えたに違いない。

「ストッキング stocking」という用語は16世紀以前にはまだなく、英国の政治家で言語学者のトゥックによれば、「差す」「ピンで留める」を意味するアングロ - サクソン語で「to stock」を意味する prican を語源とし、もともとの綴りは stoken あるいは stocken だったのではないかという。分詞になる接尾辞「en」がついているのは、それが「刺し留め」られていたか、あるいは現在の編み針のようなピンで作られていたからだとも言っている。新しい資料では、「支柱」を意味するアングロ - サクソン語の stocc に由来し、ストッキングとは「支柱を包むもの」という意味だとされている。

22-1　中世のホーズ（大英図書館の写本より）

◆中世

中世に、女性のあいだにストッキングが普及していたのは疑問の余地のない事実である。全身を覆う長いマントに隠されて見えなかったとはいえ、男性が着けた靴下類を女性たちも着けたと推測するのは自然である。チョーサーの生きた時代には、女性はすでにホーズということばを使っており、ほぼ同時期の14世紀の写本（1310-20）には、靴下を履こうとしている女性を描いた図がある。[22-1, C6] この女性が手に持っているホーズは、近代の長いストッキングによく似ている。中世には男女ともに長い靴下類を着けたが、スカートが短くなった18世紀まで女性のホーズは外観上見えなかったので、本章では主として男性たちが着けたものを中心に靴下の歴史を見てゆくことになる。男性のホーズは次々に興味深い変化を見せ、17、18世紀に端正なストッキングになった。

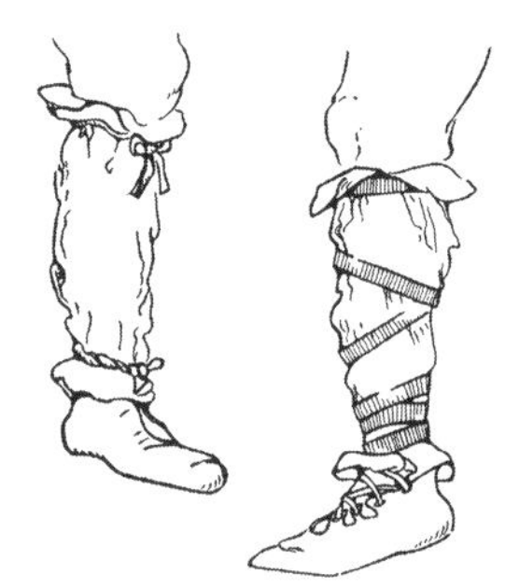
22-2　初期の脚カバー

ストッキングを含むルネサンス以降の衣服は、ローマ人、フランク族、サクソン族、ガリア人が混在していた中世の西ヨーロッパで発展した。獣皮で脚を包んで縛ったのが原初の履物の形態だが、西ヨーロッパでは初期のブリトン人、ガリア人、フランク族などが、粗織りの布や獣皮を膝下まで巻き、ガーターを交差させて留めていた。[22-2] 尊大なローマ人がしばしば「ズボンをはいた野蛮人」と呼んだこれらの人々は、ゆったりした長ズボンの裾をひもで縛っていた。このズボンをアングロ - サクソン人は「ブロック brōc」、ローマ人は「ブラッコ bracco」と呼んだ。[22-3] ほぼ同形で多少ぴったりしたズボンをフランスでは「ブレイズ braies」といい、麻やウールの織物または獣皮で作り、ひもでぐるぐる巻くか、ガーターを交差させて膝下で留めていたようだ。[22-4] ズボンを脚にぴったり着用する習慣がいきわたり、動きが楽になって行動的になった人間が、ローマ時代からの足手まといのマントを脱ぎ捨てたのは必然だった。ゆったりしたズボンまたはホーズは、長いあいだ非ローマ人と結びつけられてきたが、6世紀頃には一般に受け入れられるようになり、上半身には膝丈のシンプルなチュニックを着た。ガーターを交差させたズボンの次はぴったりしたズボン（ブラッコ）になり、やがてブリーチズになった。ブリーチズの膝から下は、しだいに脚にフィットするようになった。11世紀頃にはブリーチズが膝丈になり、露出した膝下を布でぴったりと覆った。この布をフランス語で「ショース」、サクソン語で「ホーズ」といったが、以後は「ホーズ」という語が用いられるようになった。「ストッキング」という語はまだなかった。布のホーズは脚にフィットするように作られてはいたが、どうしてもしわやたるみができるため、バンドやガーターで留めていた。12世紀には、ホーズの先に足を覆う部分ができ、靴底に似た薄い皮もつけられた。足のないホーズには、何らかの足覆いを着けた。ホーズを履かない場合は、脚に帯状の布を巻きつけたりガーターを十字に巻いたりして脚を保護した。図22-5は、10世紀の彩飾写本からの写しである。金糸で織った帯布を脚に密に巻きつけて膝下でひもで留め、タッセルを下げているところを見ると、おそらく王族の子弟か同階級の貴族の服装を描いたものに違いない。この巻き布を現代風にしたのがイギリスの巻きゲートル（パティー）である。

12世紀以降、ブリーチズはますます短くなって脚に密着するようになった。ホーズは逆に長くなって履き口が広がり、ブリーチズを中にたくし込むようになった。短いブリーチズは下着代わりになり、1400年頃には今の短い「トランクス」そっくりになった。チュニックに代わってぴったりしたコタルディを着るようになると、伊達男たちはコタルディと長いホーズをいかに美しくフィットさせ、脚を格好よく見せるかに専心した。靴下業者たちも、裁断と脚に合わせる縫製の技術に熟達し

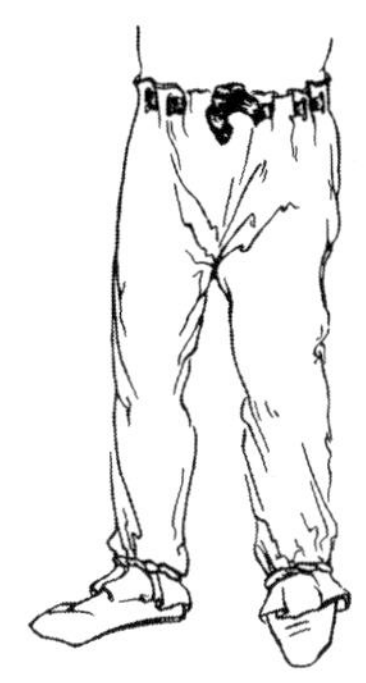
22-3　アングロ - サクソン人の「ブロック」

22-4　ガーターを交差させた「ブロック」

22-5　高価な布を巻きつけた貴族の脚

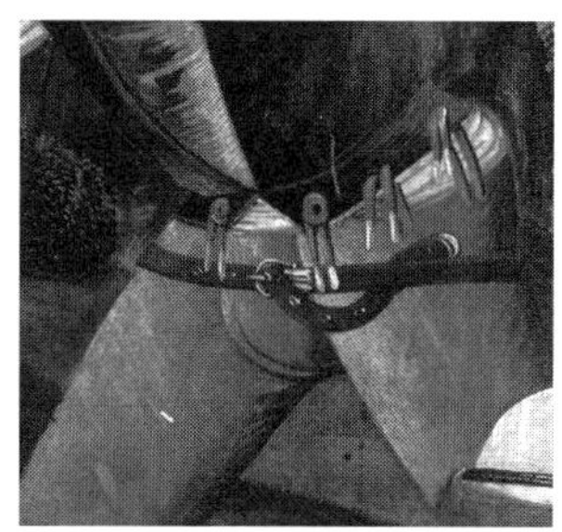

22-8「ポイント」の使用例

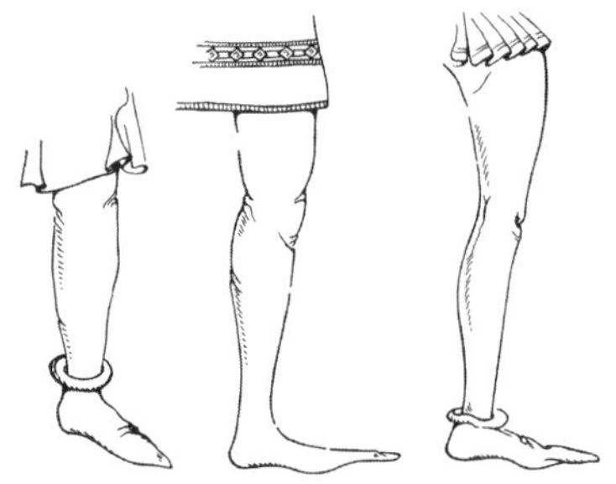

22-9 1300 年、1400 年、1500 年のホーズ

ていった。彼らが脚に合う形を調整する際に、くるぶしのあたりにまちを取り、その縫い目を隠すために刺繍をつけたのが、のちのワンポイント刺繍「クロック」のはじまりだといわれている。

ホーズは、履き口の正面側を先細りに長くして、ブリーチズのガードルかバンドにひもで留めた。15 世紀半ばにはホーズがヒップまで伸びて、「ポイント」でダブレットに留めつけた。[22-6, 7] ポイントとは、先端に金具をつけた絹または平ひもの一種で、一般市民の服のさまざまな箇所を留めるのに用いられた。[22-8]

しだいに脚の上方に伸びてきたホーズは、15 世紀末（1487-90 頃）に左右が縫い合わさって今のタイツに似た 1 枚の衣服となり、「ホーズ」と呼ばれるようになった。[22-9] このホーズには、足首までのものと足先まで覆うものがあった。新しいホーズはニューファッションとして男性の服装に欠かせないものになったが、左右に分かれた従来形のホーズもしばらくのあいだは並存していた。

この頃のぴったりしたホーズには、「ズボンをはいた野蛮人」という古代の面影はもうなかった。他民族との新たな接触や、手工業の発達、技術の導入などが、服に新しい表現をもたらしたのだ。一般には粗織りのウールが使われたが、絹やビロードなどの最上質の生地も使われるようになったことが目録に記されている。

ぴったりと脚を覆うホーズはしだいに派手

22-6, 7「ポイント」で留めた長いホーズ

22-10　長いホーズに丈の短いダブレットを合わせ、山高帽子とクラコウを履いた流行の服装（1400 年）

な色のタイツになり、そのエキセントリックなファッションは保守的な人々を驚かせた。長いダブレットとマントを長年着用してきた人々の目には、ヒップまでしかない短いジャケットやぴちぴちのタイツは、「恐ろしく小さくて窮屈な服」と映り、このような服装に非難を浴びせたのも無理からぬことだった。[22-10] それに加えて、縞模様や刺繍や紋章の色までがけばけばしかった。[22-11, 12] 伊達男たちの脚の片方は白、黄色、緑、もう片方は黒、青、赤と左右が色違いになっているだけでなく、左右の模様まで異なっていた。やがてホーズの上半分はあたかも別のパンツをはいているかのように模様違いになり、飾りのついた軽業師の半ズボンそっくりになった。最初は、ホーズの上部にバンドや細い布片をアプリケのように縫いつけて模様にしていたが、やがてそれはまったく新しい装飾「スラッシュ」と「パフ」に発展した。

22-11　1500年頃のイタリアのファッション

◆16世紀

16世紀初期には、スラッシュ装飾があたかもファッションの掟であるかのように、靴にも袖にもダブレットにも入れられたが、しまいにホーズの膝やヒップまでが切り刻まれた。[22-13] 従来の装飾を施した膝から上と、スラッシュを刻んだ膝周辺という構成は、ホーズを上下分離させるというアイディアを生んだ。[22-14] そして上下が別物になったホーズの上部を「アッパー・ストック」、下部を「ネザー・ストック」と呼んだ。しかしその後上半分は「トランク・ホーズ」、下半分は「ストッキング・オブ・ホーズ」というようになり、やがて単に「ストッキング」と呼ばれるようになった。今日では一般に「ストッキング」も「ホーズ」も同義語である。

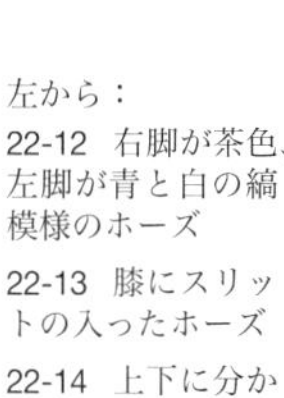

左から：

22-12　右脚が茶色、左脚が青と白の縞模様のホーズ

22-13　膝にスリットの入ったホーズ

22-14　上下に分かれたホーズ

（1502-08年のフレスコ画）

男性の脚衣がこのような変化をたどっていたあいだ、女性は従来形のストッキングを着け、色や刺繍で変化を楽しんでいた。フランソワ・ラブレーは、女性のストッキングは膝上7-8㎝ほどの緋色や深紅色（クリムゾン）で、縁はきれいな形に裁断されているか、みごとな刺繍がしてあり、ブレスレットと同色のガーターを膝の上下に留めていたと書いている。

ラブレーはまた、男性のホーズは赤または少し暗い赤、あるいは黒か白の縮絨したサージで作られていたとも書いている。1485年から1509年にかけて、男女は「カリバー・ウェブ・ホーズ」を着用していたという記録が残っているが、これは綿でできたストッキングを指すと考えられている。

トランクとストッキングに分かれたホーズは、それぞれ別の道をたどって発展した。上半分のトランクは、1600年には苔や毛やふすまを詰めて膨らませたブリーチズになり、次いでゆったりしたニッカーズになり、やがてペチコート・ブリーチズ、ニー・ブリーチズになり、最後に長ズボン（トゥロウザーズ）になった。下半分のネザー・ストックまたはストッキングは、ひもかポイントでアッパー・ストックに留めつけていたが、ニットのホーズが現れてからはストッキングは完全に独立した衣類になった。

染織などの技術に精通していた古代の人々が、編み物も熟知していたと考えるのは自然である。ルーヴル美術館所蔵の古代エジプトのウールニットのストッキングが、その証明である。近代の形に近いウールニットのストッキングは、15世紀末頃にスコットランドで初めて作られたといわれている。ヘンリー8世の妹メアリーの1499年の衣装目録に、ニットのストッキングが2足記載されている。ヘンリー8世も「絹で編んだ黒のホーズ6足」を持っていたとされるが、これはストッキングというよりも長いホーズだろうとする作家もいる。フランスでは、1559年6月に王族の結婚式に参列したアンリ2世が、手編みの絹のストッキングを初めてはいた。しかしまだ大多数の人々は、布を縫い合わせて作ったストッキングを履いていた。

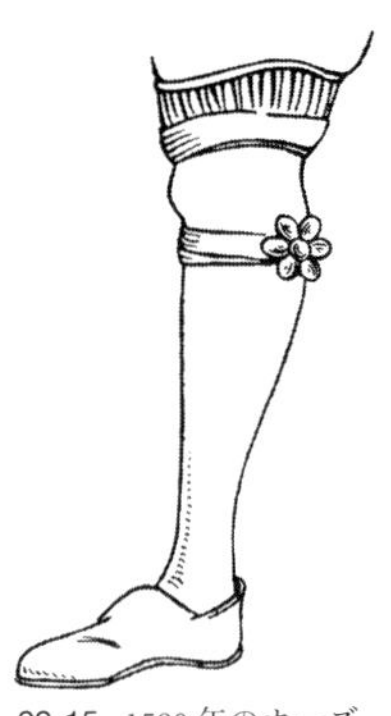

22-15　1590年のホーズ

ニットのストッキングが登場してまもない頃は、ふつうのホーズを2足作るのに1週間かかり、上等なものなら1足に半年は要した。16世紀末には、ニット以外にも毛織物、絹、ビロードなどを使って、脚と足にフィットするように作られた。金糸銀糸や鮮やかな色糸で刺繍したクロックがつくようになり、女性たちも高価な絹のホーズをさっそく着けはじめた。とくに「バス・フラメット」と呼ばれる赤いホーズが流行し、これに赤と青の縞模様のスリッパーを合わせた。ニットの技術が実用化されてからまだ約1世紀ほどと歴史が浅く、技術者もごく少数だったので、手編みのストッキングは非常に高価な贅沢品だった。

1589年に初の編み機が登場した。イングランド中北部ノッティンガムシャーのウィリアム・リーが、針を1回動かすだけで1段全部を一度に編むことができる装置を考案した。続いて彼は、連続した平面が編める機械を製造し、縁と縁を縫い合わせれば円筒形することができた。服飾業界、なかでも過酷な手作業だったホーズ作りに機械を導入して革命をもたらそうと考えて胸を躍らせたリーは、自ら考案した機械をエリザベス1世に差し出した。しかし反応は思いがけず冷淡なものだった。エリザベスは、この機械をフランケンシュタインの怪物のようなものとみなしていたらしく、「手編み職人たちから日々の糧を取り上げるつもりか」と言って彼への援助を拒否したといわれる。その後多少の譲歩をして、「この機械で絹のストッキングが編めるなら援助も考えよう」と付け加えた。リーは早々絹のストッキングを1足編んで宮廷に赴き、編み機の新たな可能性を女王に示した。ところが、援助を得るどころか完全に無視されてしまい、リーは意気消沈した。しかし気を取り直してフランス宮廷に向かい、アンリ4世の後援を取りつけることができた。こうしてルーアンに開設した機械編み工場は成功して靴下産業は急速に発展し、やがて靴下業界に大変革を起こした。アンリ4世が暗殺され、リーもこの世を去ったあと、職工たちはこの貴重な発明品をイングランドに持ち帰り、その後何世紀ものあいだストッキングを作り続けた。シェークスピア作品には、靴下関連の名称がそれぞれ書き分けられていて興味深い。『十二夜』(2幕5場）に「yellow stockings」「cross-gartered」、『空騒ぎ』(5幕1場）に「doublet and hose」、『お気に召すまま』(2幕4場）にも「doublet and hose」が言及されている。

◇17世紀

流行を追う人々は、緑、赤褐色（ラセット）、銀、灰色、淡紅色、黒、白など色とりどりの絹のストッキングを履くようになった。[C11-C13] 長いブーツを履かない男性は、白い絹のストッキングを好んで着けた。[22-16] 真冬には、防寒のために数枚を重ねて履くことがあったらしく、3枚くらいはあたり前だったが、12枚を重ねて履いた紳士がいたとの記録もある。17世紀には、フランスのアンリ4世が履いた深いブーツが流行になった。1620年頃にブーツの履き口が大きく広がり、これを折り返して絹のホーズを見せた。絹のストッキングを保護するために、キャバリエ・ブーツとストッキングのあいだに縁飾りのついたリネンの「ブーツ・ホーズ」を履いた。[22-17, C20] ブーツ・ホーズの履き口も広がって、幅の広いレースのラッフルが飾られるようになった。[C19, C23] このラッフルは、折り返したキャバリエ・ブーツの裏地のようにも見えた。[22-18] やがて伊達男たちは、ホーズを2枚も重ねるのが煩わしくなり、ブーツ・ホーズのレース飾りの部分だけを脚に留めつけるようになった。信じがたい大きさのレースのフリルを飾りつけた者も多数いたという。レースのフリルには小穴を開けてブリーチズの外側か内側にポイントで留めつけ、さらに膝下にガーターを巻いた。膝から上の幅が広いうえにゆとりをもってポイントで留めたので、ガーター上に袋状に垂れたが、この膨らみが好ましいとされた。のちにこれが膝まわりのレースやローンの垂れ布飾りになった。[22-19] 絹のホーズはおしゃれの必須条件だったとはい

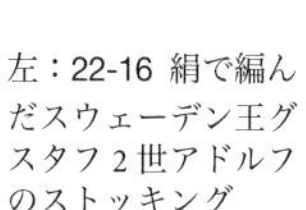
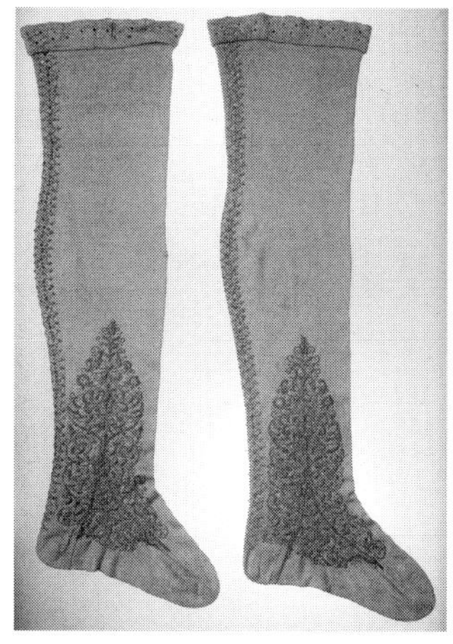
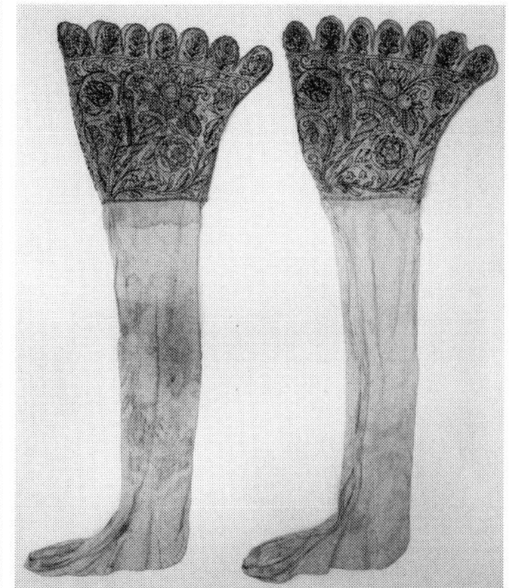

左：22-16 絹で編んだスウェーデン王グスタフ2世アドルフのストッキング

右：22-17 グスタフ2世アドルフのリネン製ブーツ・ホーズ（1632年）

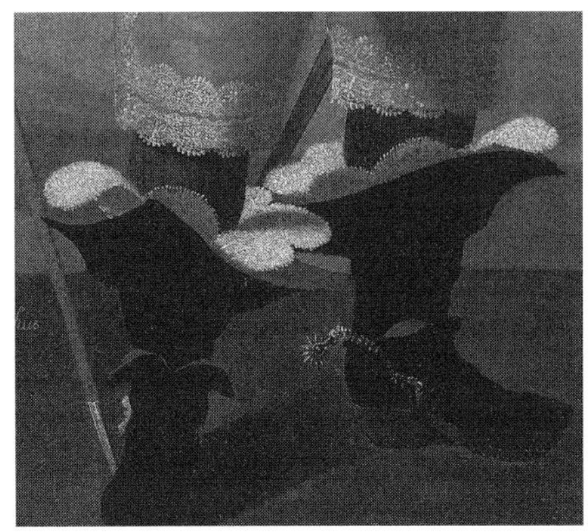

22-18 ブーツの裏地のようなラッフル（1632 年）

22-19 レースのラッフル　1700 年

え、1680 年以後は綿のストッキングが好まれるようになった。綿のストッキングはイングランドで作られ、主として専門の小売商が扱った。17 世紀末にはカージー、ウール、ウーステッドのストッキングも作られた。

◆ 18 世紀

陽気で贅沢な 18 世紀は、歴代ルイ王とその妃や寵妃たちがファッションを支配した。男性服は膝丈のトゥラウザーズと絹のストッキングの全盛時代で、金糸銀糸で美しいクロックを刺繍した赤や青のホーズが、エレガントな服装の決め手だった。この鮮やかな絹のホーズとともに履いたのが、よく知られた赤いヒールの靴である。[C14] ストッキングを引き上げて短いブリーチズにかぶせ、膝下をガーターで留めるという履きかたが 18 世紀初頭から半ばまで続いた。その後こんどは、膝下まであるぴったりしたブリーチズをストッキングの上にかぶせ、ボタンまたはバックルで留めるようになった。色鮮やかな絹のホーズには従来どおり美しいクロックが飾られ、縞模様はとくに人気が高かった。[22-23]

ファッションの中心地パリでは絹のストッキングが流行していた。しかし、アメリカの英国植民地でこれを履くことができたのは少数の富裕層だけだった。一般の人々は、1620 年から 1725 年頃まで厚手のホームスパンの

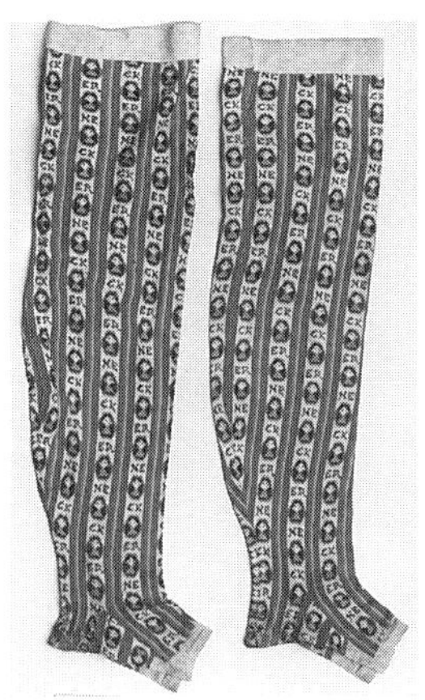

22-20 模様が入った絹のストッキング（フランス製、1788-93 年頃）

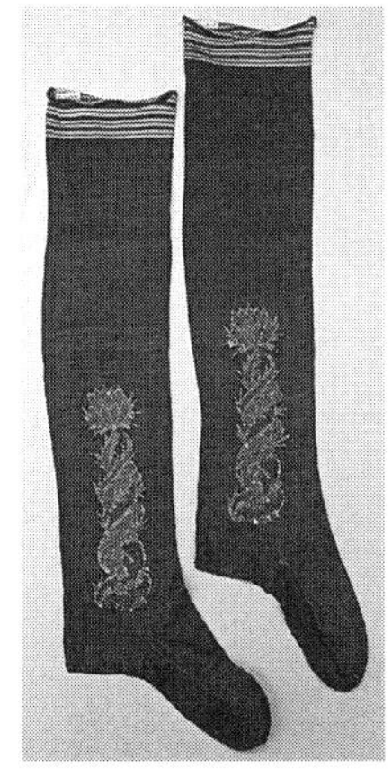

22-21 金の刺繍が入った青色の絹のストッキング（フランス製、18 世紀後半）

22-22 化粧室でストッキングをリボンで留める女性（ブーシェ画、1742 年）

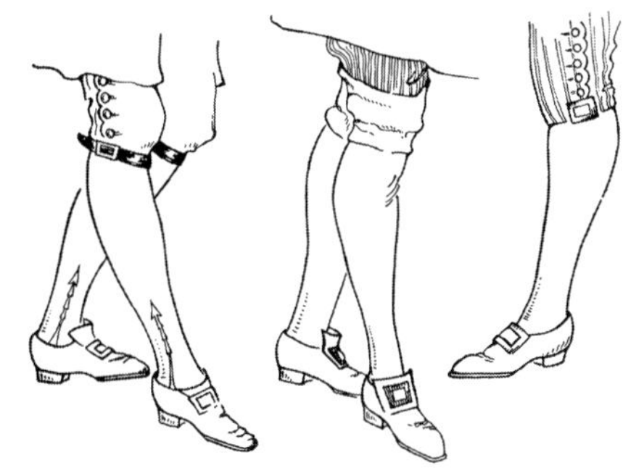

22-23　18世紀の流行

ウールストッキングを履いていた。デザインはフランスとイギリスの流行を採り入れ、色は赤褐色（ラセット）、青、茶、灰緑などだったが、年々さまざまな色が出て、流行の色や組み合わせも頻繁に変化した。独立後まもないアメリカの女性たちは、良識の範囲内でストッキングを選んだ。一方で男性にとって、入念な手入れを要する絹のストッキングは自尊心を大いに満たしてくれる、高価で重要な装飾品だった。とはいえ、大多数のアメリカ人の生活必需品は、布、ホームスパンのニット、そして梳毛（そもう）のニットのストッキングだった。

ウィリアム・リーの編み機は靴下産業の様相を一変させたが、年々新しい機械が発明されたり改良が進んだりするうちに、初期の編み機はしだいに姿を消していった。1790年には筒状のニットが編める機械がフランスで発明された。しかしなぜか一般に使用されるにはいたらなかった。1864年にイギリスのウィリアム・コットンが、種々の近代的な靴下を編むことができる機械の特許を取得した。この編み機はその後も改良が重ねられ、1889年には自動編み機が導入された。1869年、ペンシルバニア州ジャーマンタウンに入植したドイツ人たちがニット工場を建てた。これがアメリカにおけるニット産業の幕開けといえる。それに先立つ1825年に、アメリカ初のニット製作所が設立されたのもジャーマンタウンだった。コネチカット州の数箇所の町にはすでに1790年にストッキング産業が組織されており、1822年には機械類が密かにアメリカに運び込まれて、マサチューセッツ州イプスウィッチにてストッキング産業が開始された。20世紀にも、ニューイングランドとペンシルバニア州は大規模な紡績工場を擁している。

◇19世紀

19世紀初期に、トゥラウザーズが靴の上に何とかおさまる長さになって一般に受け入れられるようになった。長かったホーズは逆に短くなったが、まもなくふくらはぎまで延びて、私たちのよく知る「ソック（ス)」になった。ソックスは新語ではなく、ローマ時代にも現代のソックスに似た軽いスリッポン式の履物「ソックス soccus」があった。9世紀のフランク族とアングロ - サクソン人は、布または薄い皮革製の短いストッキングのようなもので脚を覆っていた。[22-24] これはゆとりのある作りだったので、足やかかとの上まで引き下げることができた。フェアホルトによる挿絵[22-25]は、ホーズの上にソック socque と靴を着けたサクソン族の図だが、すでに近代のソックスを暗示する形になっている。

紡績工場と綿産業がアメリカに確立し、綿のストッキングが一般に広まった。1863年には、上流階級の女性たちはペチコートとホーズを同色に揃えて着用した。とくに紫色（ヴァイオレット）が好まれたのは、度々の洗濯に耐えうる紫色の染

22-24　フランク族とアングロ - サクソン人のソック

22-25　ホーズの上に着けたソックと靴

料が開発されたからである。南北戦争による経済の逼迫は衣料品にも影響し、靴下類は安価な綿やウール製になった。女性の長いスカートからは足首さえ見えなかったし、長いトゥラウザーズで脚を覆った男性も、靴下は簡素なものが一般的だった。1890 年にもまだ絹のストッキングは羨望の的だった。ストッキングが視界から隠されたこの期間には、染料の改良や新色の開発が水面下で進められ、近代の美しいストッキング時代の幕開けが日一日と準備されていた。

◇20 世紀

20 世紀初頭には靴下産業が繁栄し、綿、ライル糸、ウール、シルク、綿シルク、シルクウール、ごく薄いシルクシフォンなどの機械生産品が上流階級の女性の心を誘った。[22-27] 綿のストッキングの価値と品質を決定したのは、使用する綿のグレードだった。ライルのストッキングには梳いたエジプト綿を使用し、軽く撚りをかけた糸をガスの炎にかざして表面の短いけばを焼き、繊維の「肌触り」をよくする。さらに苛性ソーダでマーセライジング加工をして表面に絹のような光沢を出す。扁平な綿の繊維はアルカリに触れると丸くなる性質があり、染色の効果も高まった。20 世紀の絹のストッキングには、「シームレス・ホーズ」と「フルファッションド・ホーズ」の 2 タイプがあった。シームレス・ホーズは、丸編み機で筒型に編んだ靴下のつま先を縫い合わせ、脚、かかと、つま先部には蒸気を当てて型紙に載せて成形した。その後新たな機械が開発されて、編み出しと成形を同工程で行えるようになった。「フルファッションド・ホーズ」とは、近代的な編み機で脚にぴったり沿うように編まれたストッキングのことで、脚や足の形に合わせて自動的に編み目を増減しながら編む。脚部は、平面に編んでから別の機械で縫い合わせた。絹の代わりに化学繊維や植物繊維も使われるようになり、やがて発明された「石炭と水と空気の合成品」ナイロンは、驚異的な化学繊維として高い評価を得た。ナイロンのストッキングの圧倒的な人気は、女性の憧れだった絹の靴下を時代遅れにさせるほどだった。

20 世紀のレッグファッションの流行は変化が激しく、女性を混乱させた。ある時は「素足」、またある時は「絹のストッキング」、スポーツには「絹とウールの混織」などと場当たり的に変化した。1930 年頃にモードとなった「日焼けした小麦色の素足」は、一見、過去の慣習からの決別であるかに見えたが、す

22-26　アメリカの靴下工場（クーパー・ウェールズ社のシームレス靴下の広告、1886 年）

22-27　20 世紀の女性用絹ストッキング

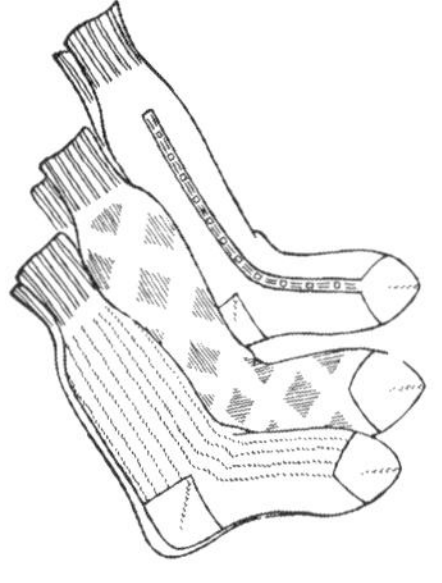

22-28　現代の男性用靴下

でに古代エジプトやギリシャ・ローマの美女たちがよしとしていたファッションだった。長いスカートに脚と足が完全に隠れた中世からネサンス期には、靴下は綿布で充分だったが、スカートが短くなった時期には綿はほとんど消えて、絹の靴下が求められた。そして20世紀には、スカート丈の長短や懐具合に関わらず、女性には絹のストッキングがなくてはならないものになった。贅沢な絹のストッキングがこれほどまでに定着したとなっては、綿やライルの靴下が再び着用される日はもはや来ないだろうとファッション筋は確信した。巻き返しを図りたい綿製品メーカーは女性の経済感覚に訴えて、ガーター部と足底部は綿にすべきと唱えて、それなりには受け入れられた。しかし、近代的な綿製品の利点をいくら強調してみても、はたして女性を綿100%の製品に立ち返らせるだけのアピール力があるかどうかは、時間のみが証明してくれるだろう。近代産業の成果といえる新繊維の開発に向けて、時代の波が大きく動いているなかで、現代のストッキングの領域には、遠からずまた新たな発見が期待できそうである。

女性の靴下で人気を博した素材は、男性ファッションにも受け入れられた。短くなった男性用の靴下には綿、絹、ウール、レーヨン、混紡などが使われ、履き口にはたいてい長いリブ編みがついて、伸縮性が増すとともにずり落ちないようになった。[22-28] 現代のソックスはおもにウール、シルクウール、綿ウールで編まれ、美しい色彩とクロック刺繍が芸術性を高めている。男女ともに大流行した色鮮やかなスポーツソックスは、活動的な生活への関心が高まった時代の典型的なファッションである。

靴下の歴史において、男性の演じてきた役割には驚くべきものがある。何百年間も人々が関心を寄せてきたのは、絹の靴下に包まれた形のよい「男性の脚」だけで、女性の脚には目が向けられなかった。しかし近代になって女性のスカートが短くなり、男性のトゥラウザーズが長くなると状況は一変した。いまや多大な注目を集めるのは女性の靴下であり、男性は傍観者になった。ストッキング産業のねらいは、すべての点で現代女性の要望を満たし、服装全体をより魅力的にする、最大限美しいストッキングを作り出すことである。フランスの作家オーギュスト・シャラメルは『フランスのファッションの歴史』にこう書いている。「ファッションの存在理由を以下の3点に限定してはならない。1つは、変化を求めるわれわれの心。もう1つは周囲の者たちからの感化。3つ目は彼らを喜ばせたいという欲求、つまり一時的な贅沢に寄せる産業界の関心である。しかし、もっと高尚な第4の理由がある。それは、服作りの技術を高め、服装をより魅力的なものにし、その発展を健全かつ知的に促そうとする願望である。」

靴下の歴史を振り返ってみると、現代のストッキングはこの第4の理由で語られているように、「より高尚な理由」の領域に位置づけられている。

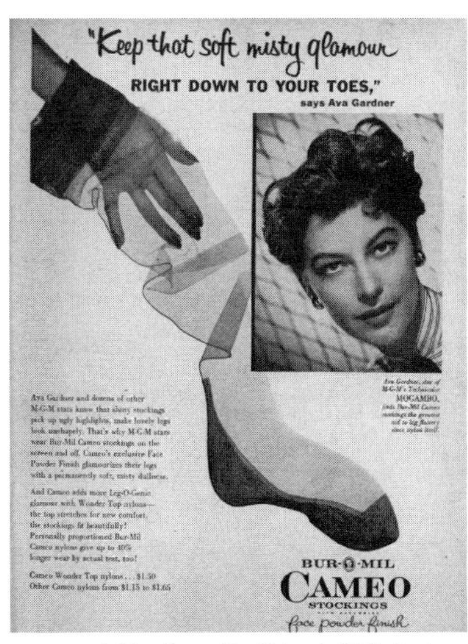

22-29　女優エヴァ・ガードナーを起用したバーミル・カメオ社のストッキングの広告（1953年）

第23章 ガーター

ガーターの原型は、ゆったりしたレギンス〔すね当て。「レギング」とも呼ばれる〕の一種を留めるために膝下または足首に巻いた皮ひもである。時代が進むにつれてリボン、絹地、レース、銀のバックルが使われるようになり、今日では伸縮性に富んだ布製のものが大多数であるが、用途は古代から変わっていない。

◇中世

初期のレギンスは、獣皮または布片で脚を包み、これを皮ひもで固定した。やがて帯状の布をクロスさせて膝のところで巻き留めるようになった。[23-1] バイユーのタペストリーに、ガーターを着けた 11 世紀のノルマンの貴族たちが描かれている。そのうちひとりは、ホーズの上端を丸めてガーターにかぶせているらしく、脚の側面にガーターのフリンジだけが見えている。[23-2] ガーターに言及した最初の文学作品は、1353 年以前に書かれたボッカチオの『デカメロン』だろう。第 2 日第 2 話で、追剥に服から靴まですべてを奪われたリナルドがようやく服を取り戻したとき、「1 組の靴下留め」だけは戻ってこなかったという話である。

男性が長いローブに身を包み、女性が長いドレスの裾を引いていた時代には、ガーターは視界に入らなかった。しかし 1300 年頃に、男性服が腿までの丈のぴったりした上着コタルディとぴったりしたホーズになると、ガーターは非常に目立つようになり、実用品というよりもむしろおしゃれな紳士の装飾品となった。ガーターの流行はイタリアではじまり、まもなくフランスに伝わったとされているから、1365 年にフィレンツェで描かれた肖像は興味深い。[23-3] イタリアの画家アンドレア・ディ・ボナイウトは、ともすると単調になりがちな長いホーズの膝下に流行の金のガーターを締めることによって、すばらしいアクセント効果が生まれることを知り尽くしていたようだ。

14 世紀には、流行を追う紳士は宝石と美しいバックルを飾った凝った作りのガーターを着けていた。女性は、手縫いの絹かビロードの長いストッキングを履き、金糸銀糸の刺繍や宝石やタッセルを飾ったガーターで留め

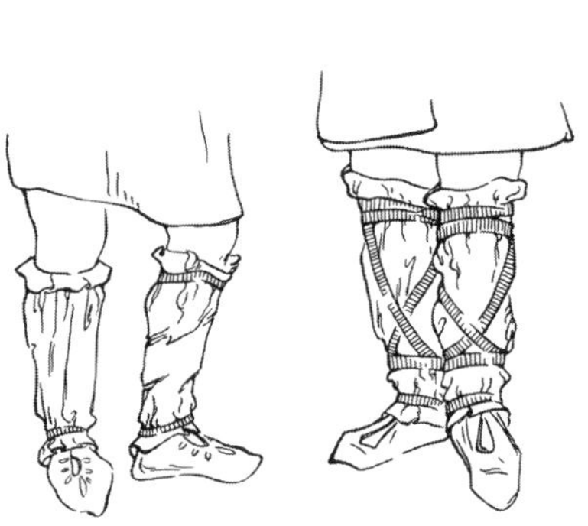
23-1　ガーターの原型

23-2　編み上げホーズと飾りのついたガーター（バイユーのタペストリーより）

23-3　フィレンツェ、サンタ・マリア・ノヴェッラ教会のフレスコ画より

ていた。フランスの作家ラブレーは、女性は緋色（スカーレット）か深紅色（クリムゾン）のストッキングをはいて、ブレスレットと同色のガーターを膝の上下に留めていたと書いている。しかし近代以前の長期間、贅沢で手の込んだガーターをこれ見よがしに着けていたのは、女性でなく男性だった。

英国勲爵士の最高位「ガーター勲爵士」に贈られるガーター勲章は、この時期に制定された。それまでの騎士団は主君への奉仕がおもな目的だったが、イングランド王エドワード3世によって1348年に新たに設けられたガーター勲章は、王が栄誉を授けようとする人物に、さらなる威厳を付与した。当時の作家によると、ガーター騎士団はエドワード3世が催した舞踏会での出来事から生まれたという。舞踏会の招待客のなかにソールズベリー伯爵とその夫人キャサリンがいたが、エドワード3世がこの美しい夫人を慕っていたことはすでに人々の噂にのぼっていた。ふたりがダンスを踊っている最中、キャサリンのガーターが外れて落ちるという、何ともばつの悪いハプニングが起きた。エドワードは周囲の冷笑や無神経なことばには取り合わず、何食わぬ顔で青いガーターを拾い上げて夫人に手渡し、夫人はすばやく退場した。そしてエドワードは会衆に向かって「悪意を抱く者に災いあれ(Honi soit qui mal y pense)」と叱責し、青いガーターを輝かしい名誉あるものとした。最高の名誉であるガーター勲章は、空色のビロード地に王の放ったことば「Honi soit qui mal y pense」が金文字で記され、金の縁取りと金のバックルが飾られている。騎士はこれを左脚に、女性は左の上腕または手首に着けた。[23-4, C7, C15, C18] ガーターの色はジョージ1世（1707-27）の時代に空色から濃青色に変わったが、制定から600年以上を経た今でも、ガーター勲章は英国で最も名誉ある最高位の勲章である。

23-4　ガーター勲章を着けたヘンリー8世

◇16世紀

男性の実用品だったガーターは、14世紀と15世紀の写本にはまったく登場しないが、16世紀から17世紀にはその有用性が際立ってきた。おそらく、ぴったりした長いホーズが上下に分かれて「アッパー・ストック」と「ネザー・ストック」になって、ガーターの使用頻度が増したためだろう。ネザー・ホーズまたはストッキング・オブ・ホーズと呼ばれたホーズの下部は、当初はトランク・ホーズにポイントで留めつけたが、補強のためにしばしばガーターも併用された。スラッシュを切り込んだブリーチズと長いストッキングが流行したフランソワ1世時代（1515-47）には、短期間ではあるがガーターが見えるようになった。次のアンリ2世治下（1547-59）には、大きなトランク・ホーズと「キャノンズ」と呼ばれる筒形の飾りがガーターを覆い隠したが、シャルル9世（1560-74）とアンリ4世（1589-1610）の時代にはまたガーターが目立つようになった。16世紀初頭のガーターは膝下に結んだ単なるリボンだったが、服装全体が華美になるにつれてガーターにも長いフリンジやレースが華やかに飾られ、年々装飾品としての可能性が広がっていった。1525年にはすでにクロス・ガーターの一種が使われて、非常に美しい効果を出していた。これは、膝

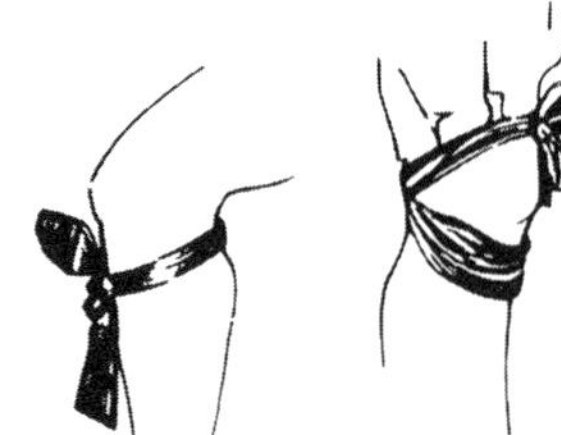

23-5　16 世紀に流行したガーター

下に巻いたリボンを後ろで交差させて膝の前方で結ぶというスタイルだった。[23-5] 16 世紀後半の作家たちは、「金のフリンジがついたガーター」や「豪華な銀の薔薇（ロゼット）を飾ったガーター」にしきりに注意を向けている。女性たちも、当然同じようなガーターを着けていたはずである。スカートに隠れていたとはいえ、つねにファッションに多大な関心を寄せる女性たちが、男性陣に後れを取っていたとは考えられないからである。

◇ 17-18 世紀

ウエストが蜂の胴のように細くくびれ、詰め物で膨らませた短いブリーチズを履くというスペイン風の服装が 17 世紀初期までの特徴的な服装だった。その後ブリーチズのウエストから膝までが細くなり、膝にガーターを巻くようになった。サッシュ状のリボンを膝下で大きな蝶結びにしてレースやローンやリボンの大きなロゼットを飾った。高価なレースの端を長く垂らしたり、外側に蝶結びやリボンの束を飾ったベルト状のものも多かった。[23-6] また、ガーターベルトの外側、あるいは内外両側にリボンの束がついたものもよくあった。続く騎士道の時代には、履き口の広いブーツが全盛になり、ブリーチズ、ホーズ、ポイント、膝の飾りもすべてが贅沢になった。ガーターから脚の中ほどまで、高価なレースのフリルが長く垂れていた。このフリルは、かつて絹のストッキングとブーツのあいだに着けたブーツ・ホーズから発展したものである。[23-7, C9, C10, C12] 絹のストッキングを短いトゥラウザーズにポイントで留めつけ、ブーツ・ホーズは膝下にガーターを巻いて固定した。ブーツ・ホーズのたっぷりとした履き口の部分がガーターを覆って垂れ、フリルのようになった。このレースのフリルがガーターの一部なのかそうでないのかは不明だが、ともかくホーズを留めたガーターの部分にフリルが飾られていた。一世代前には見られなかった軽薄さを増していく服装に対して、容赦ない非難の声も絶えなかった。

17 世紀末には、奇抜な膝飾りは少なくなった。ストッキングをブリーチズの上まで上げるようになり、バックル付きの小さなガーターを膝下に留めるか、またはガーターが隠れるようにストッキングを巻いた。[23-10] 18 世紀には、ブリーチズは膝下まで延びて、両サイドでバックルまたは数個のボタンで留めたので、ガーターは見えなくなった。[23-11] その後ズボンの丈

23-6　17 世紀のガーター

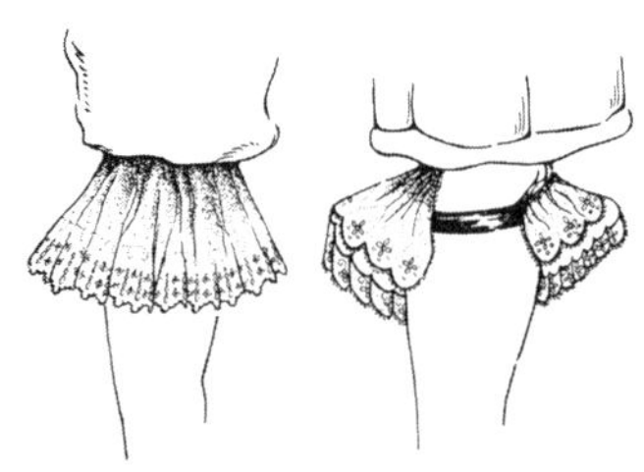

23-7　17 世紀の奇抜な膝飾り

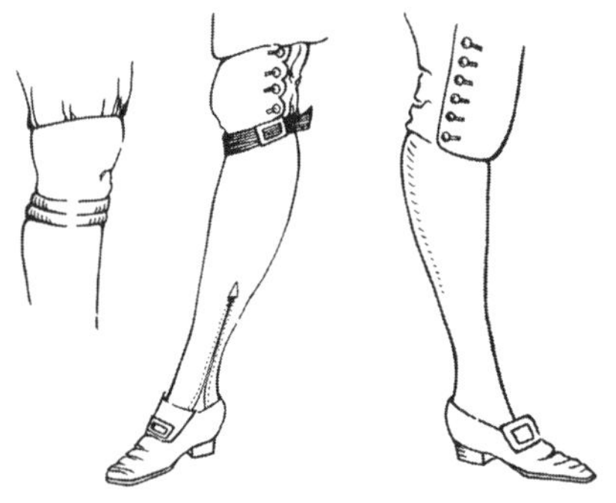

23-10　18 世紀初めの流行　　23-11　1700 年のブリーチズ

23-12　化粧室でリボンのガーターを巻く女性（1780 年頃）

はブーツの上端に届くまで長くなったので、ガーターはあいかわらず見えなかった。

◇ 19 世紀

19 世紀最初の四半世紀に大規模なゴム産業が起り、ビジネス界だけでなく服飾業界にも革命が起きた。ゴムは最初は靴に採用され、続いてゴム引きの防水布が考案されて、オーバーシューズ、レインコート、帽子などに使われるようになった。続いて、伸縮性のある生地の製法も開発された。これは、フレームに張ったゴム糸の上に、綿、麻、絹の糸をかぶせて織った。この布は「ウェビング」と呼ばれ、イングランドで最初に製造されて手袋の手首の部分に使われた。さらに大小さまざまのバンド類が作られて多方面に使用された。

伸縮性のあるバンドの登場で、リボンのガーターは市場から消えていった。ガーターだけでなく、靴下留めに用いるあらゆる器具がゴムを織り込んだバンドに代わった。それ以来、ガーターはまだ他の繊維に取って代わられていない。1875 年頃、イギリス、フランス、アメリカでほぼ同時に服装改良運動が起り、とくに女性の服装は、健康的で快適な方向を目指して改良すべき点が多数挙げられた。ホーズを留める方法もそのひとつで、膝の上下に巻くゴムバンドは血行を悪くして健康を害す

左：23-8　17 世紀の派手なガーター（イギリス）

右上：23-9　17 世紀の派手なガーター（オランダ）

右下：23-13　金糸を使った蝶結びのフランス製ガーター飾り（右は裏面、19 世紀初期）

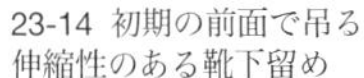

23-14 初期の前面で吊る伸縮性のある靴下留め

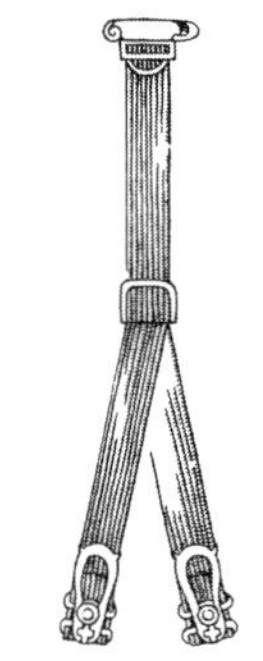

23-15 側面で吊る伸縮性のある靴下留め

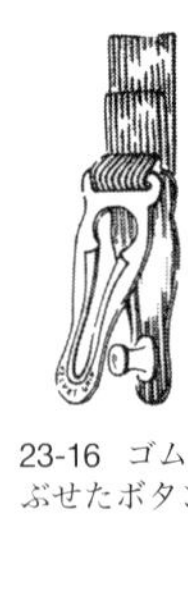

23-16 ゴムをかぶせたボタン

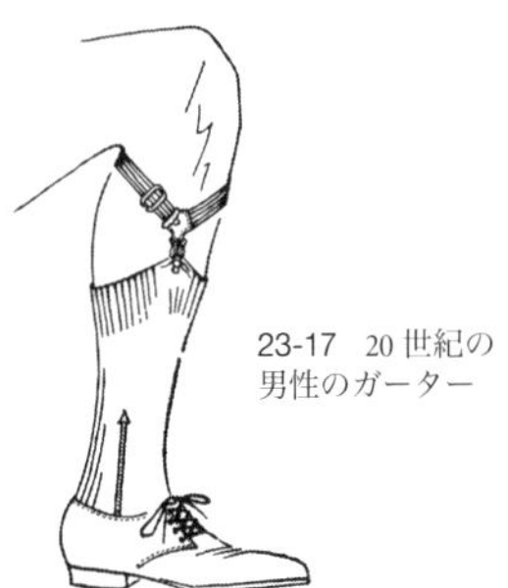

23-17 20世紀の男性のガーター

るといわれ、医師や看護士は、ウエストベルトやステイから吊るすサスペンダー式のゴムのガーターを推奨した。メーカーはすぐに改良した製品を市場に出した。図23-14は、ステイまたはガードルの前面下部に取り付けた鋲から吊るすタイプの製品である。このガーターは、実用性に優れていただけでなく、女性のファッションのキーワードにもなった「軍服のようにストレートなフロント」を作る効果があった。続いて側面で吊るタイプも出て、広い需要があった。[23-15] 色は、黒と白のほか黄、赤、ピンク、薄紫などが揃っていた。ゴムをかぶせた金属のボタンも新たに工夫された。[23-16]

◇ 20世紀

側面で吊る靴下留めは20世紀にも使い続けられたが、それと並んでロゼットや蝶結びやラインストーンなどを飾ったゴムバンド式のガーターもまだ重要なファッションアイテムだった。

男性のガーターは、絹のサッシュにレースを飾った17世紀のガーターに比べると、味も素っ気もない単なる靴下留めになった。[23-17] 17世紀に華麗を極めた装飾品は今やまったく目立たないアクセサリーになってしまった。20世紀に普及した伸縮性あるバンドは、人間が発明や考案を重ねて「古代の皮ひも」を改良してきた結果である。新しいサスペンダー式のガーターも、同じく創意に富んだ努力の成果である。近代の発明や科学は、ガーターのようなごく小さなアクセサリーにまで大きな関心を向け、貢献を続けている。

23-18　ピンクと紫のベリーの飾りがついた黒いシルクサテンの女性用ガーター（ロンドン製、1914-20年）

23-19　ウィスキーボトルをガーターに挟んだフランス人ダンサー、ホーテンス・レア（1926年）

ゲイターの起源は、布や獣皮で膝から足首までを巻き、皮ひもで留めた原初の脚カバーである。これとは別に、1600 年頃から登場したジャック・ブーツもゲイターの原型である。[24-1] ジャック・ブーツは乗馬専用の靴として、革を硬く成形して作られた。脚の形に合わせたものではなかったから履き心地が悪く、しかも垢抜けなかった。その後、足と脚によりフィットした軽くて履きやすいものに改良された。甲に渡した拍車留めの革ベルトはデザインとしてそのまま残された。この軽めのブーツが、やがて側面をボタンやバックルで上下に留める革製のすね当て（レギンス）に発展した。

◆ 18 世紀

この種のレギンス〔「レギング」とも呼ばれる〕は 1710 年頃に歩兵が使いはじめ、一般市民にもすぐに採用されたが、ファッションとして広まったのは 1770 年以降である。ある作家は、1736 年当時のレギンスは「靴底のない軽いブーツのようなもの」だったと書いている。F. W. フェアホールトは、レギンスとは「兵士が着用する脚カバーで、ゲイターと同様に側面で留めるが、膝のあたりにひもかベルトを締めて、より脚に密着させたもの」であると言っている。

中世の絵画に、脚を保護カバーで覆った人物が多く見られるが、外観は靴底のないブーツといった体で、側面で留めるようになっている。「ゲイター gaiter」はフランス語の「guêtre ゲートル」に由来し、英語に現れるのは 1750 年以降である。

側面をボタンかバックルで縦に留める革のレギンスが 1770 年頃に大流行し、とくに悪天候時によく使われた。これは、跳ねかかる（スパッター）雨水や泥はね（ダッシェズ）からホーズを保護するという意味で「スパッターダッシェズ」と呼ばれた。[24-2]

◆ 19 世紀

スパッターダッシェズを短縮した「スパッツ」は、ファッション用語として現在使われているが、当時のイギリスで、すでにこうしたレギンスを「スパッツ」と呼んでいた地域があった。

長いレギンスは 19 世紀に短くなりはじめ、一般にゲイターと呼ばれるようになった。トゥラウザーズが伸びて足首までの長さになると、

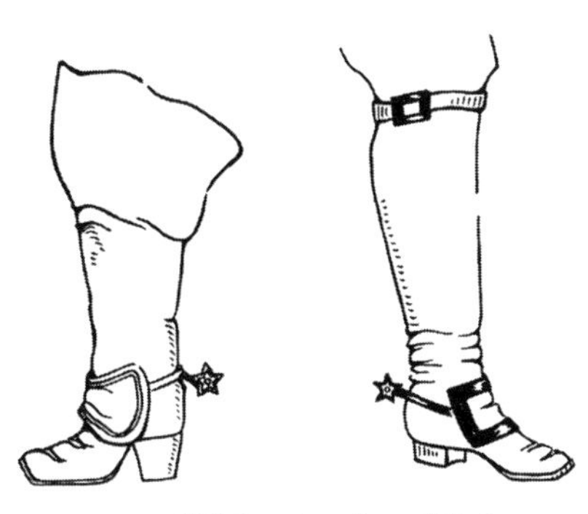

24-1　革製ジャック・ブーツ（左）と脚にフィットしたブーツ（右）

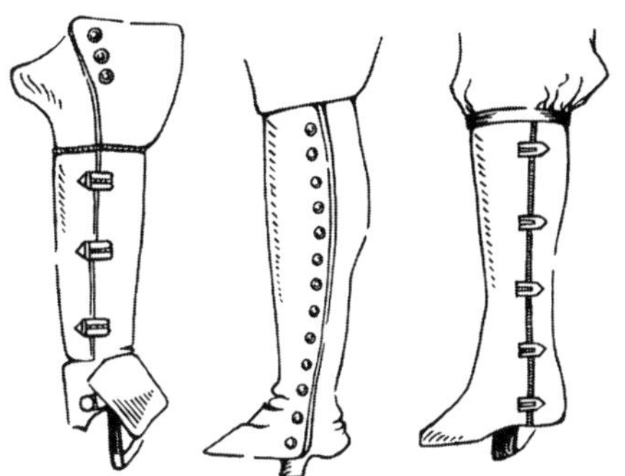

24-2　レギンスとスパッターダッシェズ

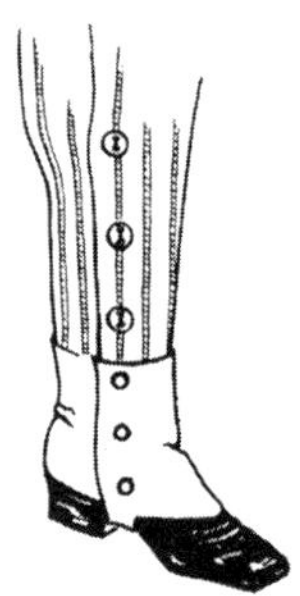
24-3 流行の短いゲイター（19 世紀初期）

24-7 ニューヨークのゴルフウエア（『サートリアル・アート・ジャーナル』1901 年）

長いブーツに代わってゲイターが着用されるようになり、19 世紀初めには紳士の服装のアクセントになった。[24-3] 履き口にグレーやベージュなどの明るい色を使った黒いブーツは粋な紳士のしるしだったが、それさえもグレーの布製ゲイターに黒靴という組合せの流行にはかなわなかった。時流に乗った服装をしたいが、ブーツはあきらめたくはないという若者はみな、足の部分が黒で脚部がグレーのブーツをはいたといわれている。これは、あたかもゲイターと靴を組み合わせたように見えたからである。1820 年には、黒っぽいパンタルーンズとゲイターが大流行した。ゲイターの影響はたいへん大きく、長くなったトゥラウザーズの裾にボタンをつけたり、ストラップを土踏まずにかけたりして、ゲイターのように脚にぴったりフィットさせるのが流行した。[24-4]

ゲイターは地味な存在ではあったが、19 世紀初期から今日まで短くなったり長くなったりしながら、ニッカーボッカーとともに着けるファッショナブルなレギンスとして広く着用されてきた。これも、男女のあいだに急速に浸透したスポーツの影響の表れである。

ゲイターは 20 世紀にも時々流行し、女性が着用することもあったが、おもに男性に独特なファッションとして、男性の服装にしばしば採り入れられた。

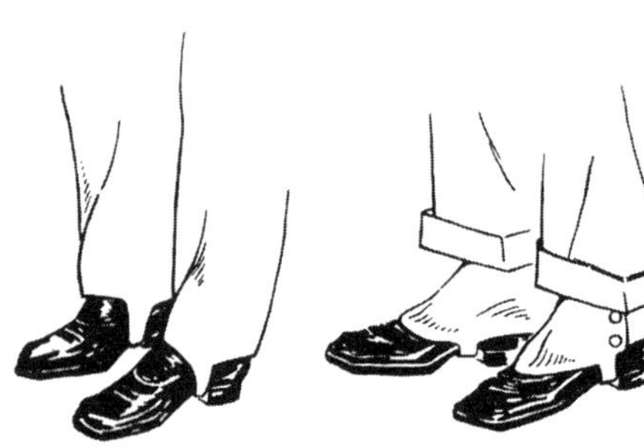
24-4 ストラップ付きのトゥラウザーズ

24-5 20 世紀のゲイター

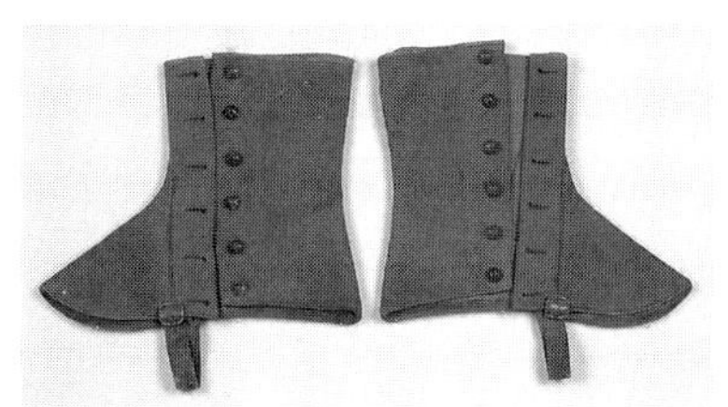
24-6 革製のゲイター（イギリス製、1900-30 年）

第IV部
腕と手のアクセサリー
ACCESSORIES WORN ON THE ARM AND HAND

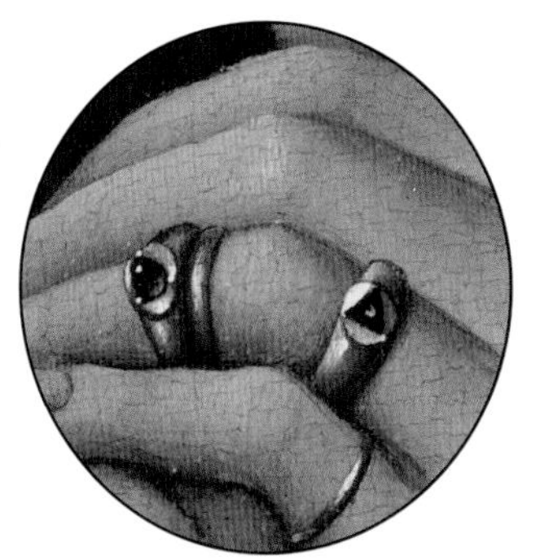

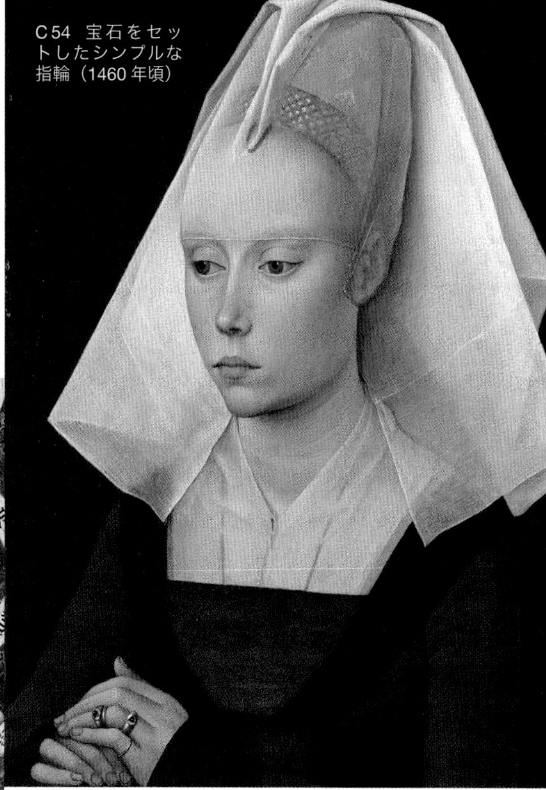

C 54　宝石をセットしたシンプルな指輪（1460 年頃）

C 55　複数の指に指輪をはめた女性たち（15 世紀）

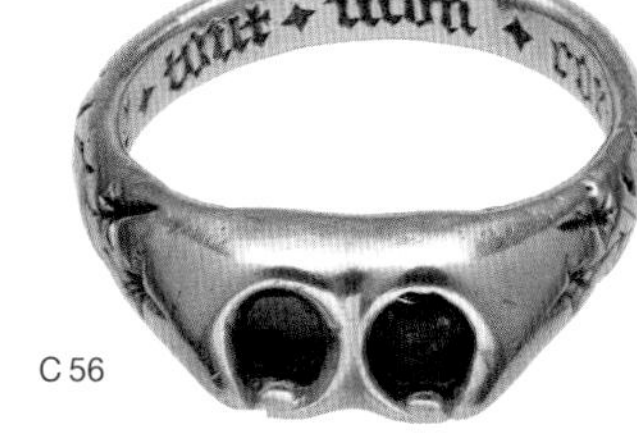

C 56

中世の指輪

C 56　サファイアとガーネットをセットしたポージー・リング（フランス製、1400 年頃）

C 57　アメシストをセットしたポージー・リング（西ヨーロッパ製、1400 年頃）

C 58　カボション・カットのサファイアをセットした金の指輪。「アヴェ・マリア」の文字が刻まれている（ヨーロッパ製、13 世紀）

C 57

C 58

C59　両手の指にはめたシンプルな指輪（1541 年）

C60　左手に指輪を着けたの貴族（1517

C61　紋章の入った指輪（1532 年）

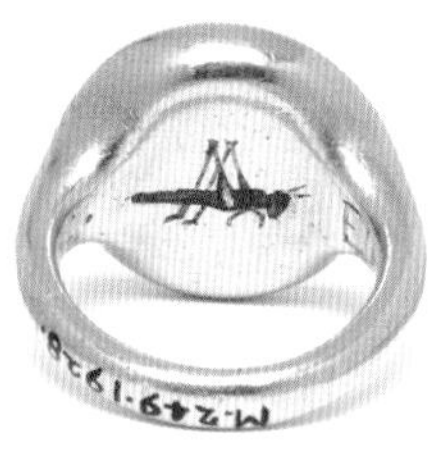

C62 リチャード・リー卿の紋章が刻まれた通称「リー・リング」（イングランド製、1544-75 年）

C 64　フランス、モンモランシー家の紋章指輪

C 63　親指にはめた印章指輪（15 世紀後半）

C 65　金の印章指輪（イングランド製、16 世紀）

C 66　16 世紀のドイツの指輪

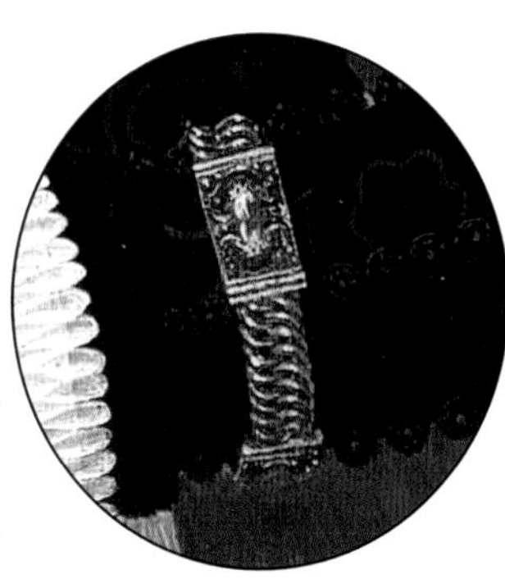

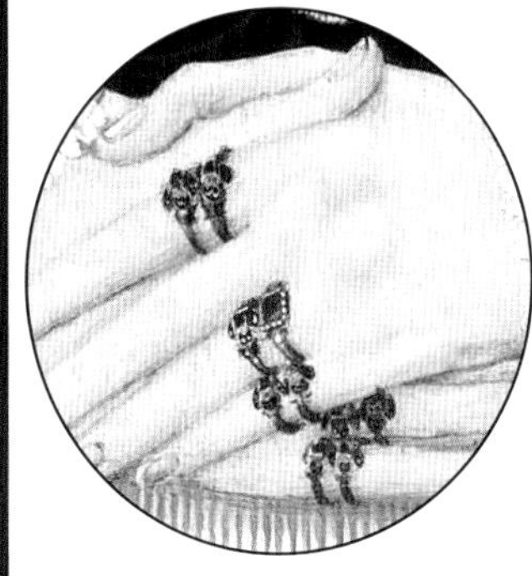

C 67　金のチェーンブレスレットと宝石をセットした四葉形の指輪（1582 年）

C 68　クラスプにエナメルで植物を描いた金のチェーンブレスレット（北ヨーロッパ製、1640 年頃）

C 69　エナメルを施した金にピンクサファイアをセットした四葉形の指輪（西ヨーロッパ製、1550 年頃）

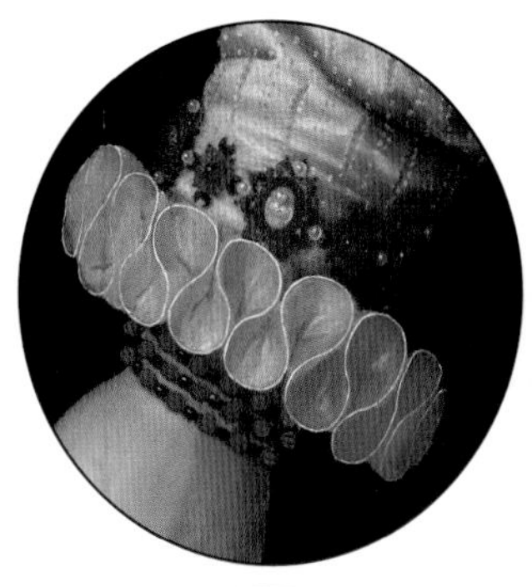

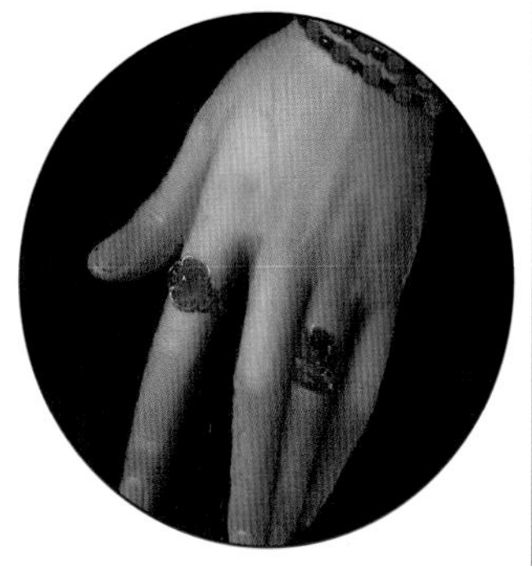

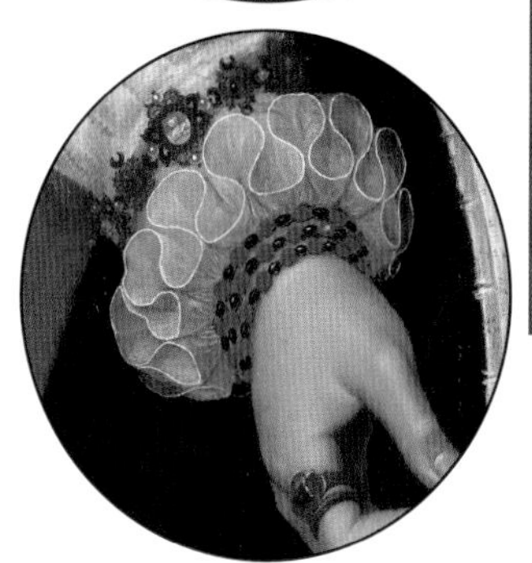

C 70　袖の上と手首に着けたブレスレットと四葉形の指輪（1591 年）

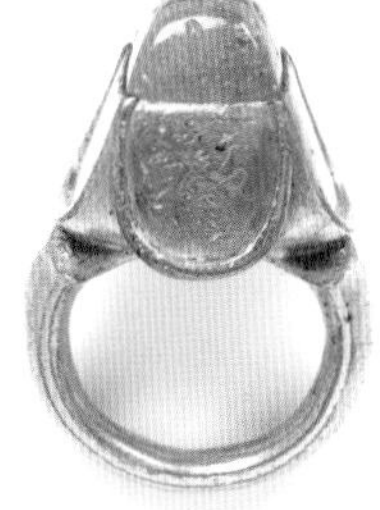

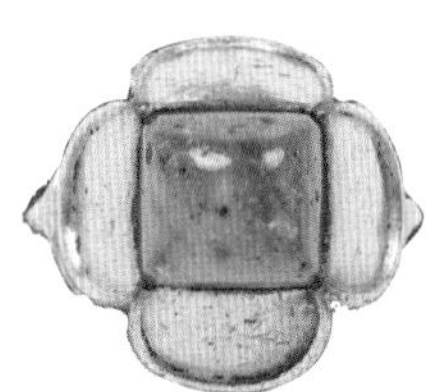

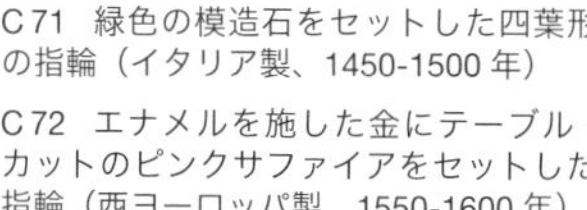

C 71　緑色の模造石をセットした四葉形の指輪（イタリア製、1450-1500 年）

C 72　エナメルを施した金にテーブル・カットのピンクサファイアをセットした指輪（西ヨーロッパ製、1550-1600 年）

C 73　ラフに飾った指輪（1623 年頃）

C 74　時計のついた指輪（アウグスブルク製、17 世紀中頃）

C 75

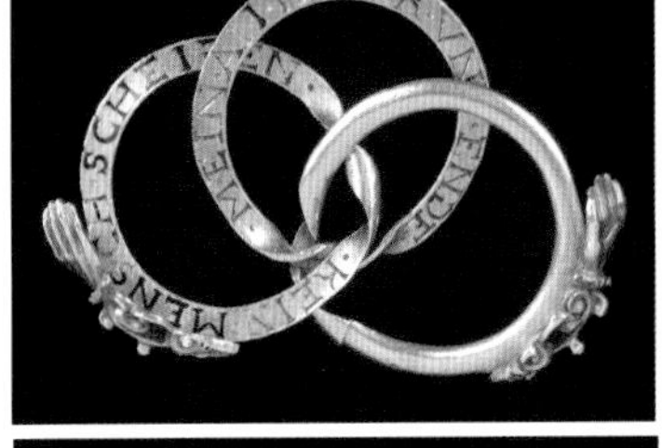

C 76　エナメルを施した金にダイヤをセットしたギメルリング（ドイツ製、1600-50 年）

C 77

C 75　トルコ石をセットした金の指輪（西ヨーロッパ製、16 世紀）

C 77　髑髏と紋章が描かれたモーニング・リング（イングランド製、1661 年）

C 78　エナメルを施した金にメドゥーサのカメオをセットした指輪（南ドイツ製、1580 年頃）

C 78

C79　ポイント・カットのダイヤをセットした金の指輪（西ヨーロッパ製、16 世紀中頃）

C80　エナメルを施した金にポイント・カットの水晶を 5 個セットした指輪（西ヨーロッパ製、1600-50 年）

C81　金、ダイヤ、真珠でできたイングランド女王メアリー 1 世のブレスレットと指輪（1554 年）

C 82　黒いリボンのブレスレットと色調を揃えた指輪（1638 年）

C 83

C 84

C 85

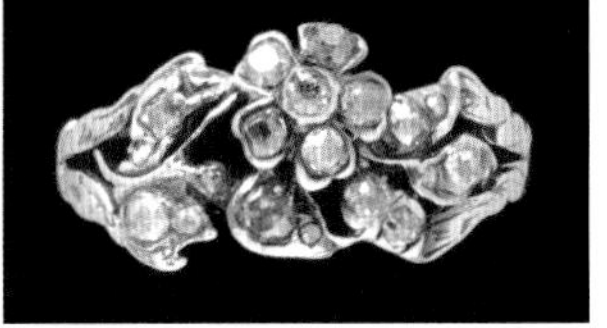

C 86

C 87

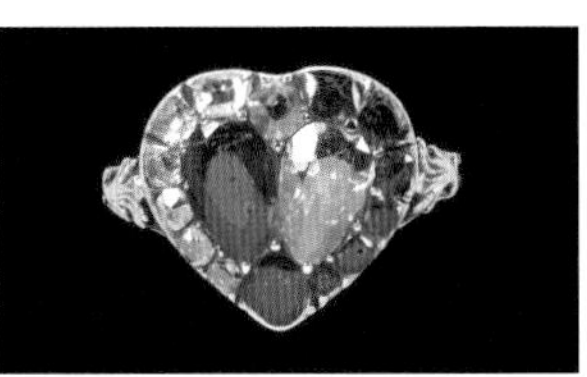

C 88

C 89

18 世紀の指輪

C 83 銀のパズル・リング（西ヨーロッパ製、18 世紀）

C 84　ジャルディネット・リング：ブリリアントカットのダイヤ、ルビー、エメラルド、サファイア、銀（ヨーロッパ製、1734-66 年）

C 85　ジャルディネット・リング：エメラルド、金（サン・セバスチャン製、1750-99 年）

C 86 ダイヤ、金、銀（ヨーロッパ製、1760 年頃）

C 87　ダイヤ、エナメルを施した金、水晶で覆った肖像画（ロンドン製、1730-70 年）

C 88 ダイヤ、ルビー、金、銀（ヨーロッパ製、1780 年頃）

C 89 ローズ・カットのダイヤ、エナメルを施した金（イングランド製、1742 年）

C 90　モーニング・リング：エナメルを施した金、髪の毛（イングランド製、1792 年）

C 91　モーニング・リング：ローズ・カットのダイヤ、ルビー、エメラルド、アメシスト、エナメルを施した金（イングランド製、1787 年頃）

C 92 エナメルを施した金（イングランド製、1791 年頃）

C 93　モーニング・リング：エナメルを施した金、編んだ髪の毛（イングランド製、1791 年）

C 94 モーニング・リング：金、水晶で覆った細密画（イングランド製、1785 年）

C 95　モーニング・リング：エナメルを施した金、ケント公エドワードのカメオ（イングランド製、1788 年頃）

C 96　ローマ風の指輪：金、ギリシャ神話を描いたカメオ（イタリア製、1760 年頃）

C 97 モーニング・リング：エナメルを施した金、ダイヤ、銀、ペースト（イングランド製、1737 年）

C 90

C 91

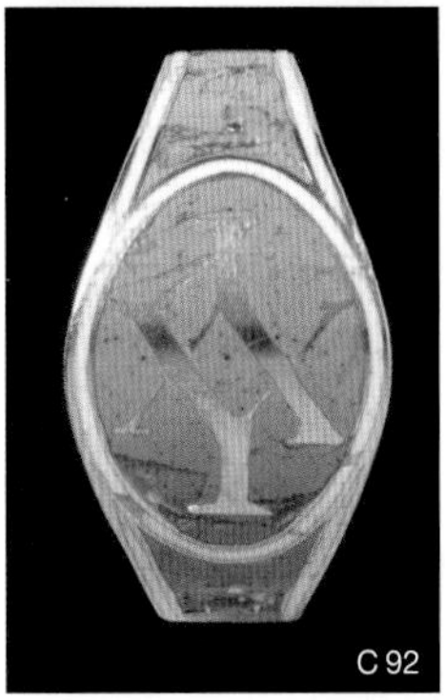

C 92

C 93

C 94

C 95

C 96

C 98　宝石をつけた真珠のブレスレット（1743 年）

C 97

C 99　金を貴重にしたアクセサリーと真珠を手首に着けたフランスの公爵夫人（1852 年頃）

C 100　金線でデザインした指輪（イタリア、ピエモンテ製、1800-50 年）

C 101　ペーストをセットした金の指輪（イタリア製、1880-60 年）

C 102

C 103

C 104

C 105

C 106

C 107

C 108

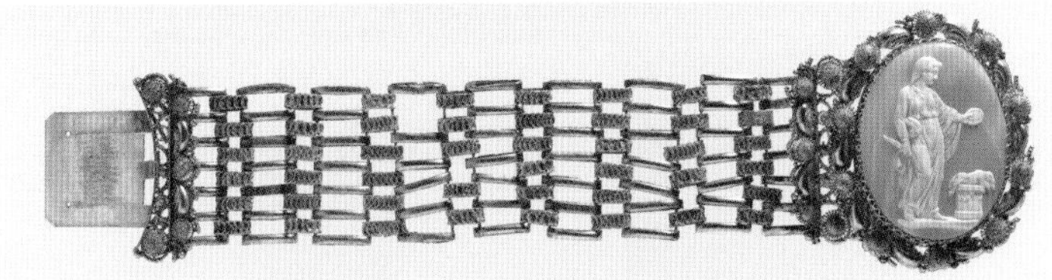
C 109

19 世紀のブレスレット

C 102　金、ダイヤ、サファイア（オーストリア製、1830 年代）

C 103　金（ヨーロッパ製、1860 年代）

C 104　瑪瑙、シトリン、銀（スコットランド製、1855 年頃）

C 105　エナメルを施した金、ローズ・カットとブリリアント・カットのダイヤ、トルコ石、真珠（バーミンガム製、1862 年頃）

C 106　金属、ベルベット（フランス製、1865-70 年）

C 107　珊瑚、金（イタリア製、1850 年頃）

C 108　金めっきとエナメルを施した銀（パリ製、1850 年頃）

C 109　金、シェル・カメオ（ナポリ製、19 世紀半ば）

C 110　袖と揃いのカフスがついた手袋（1650-55 年）

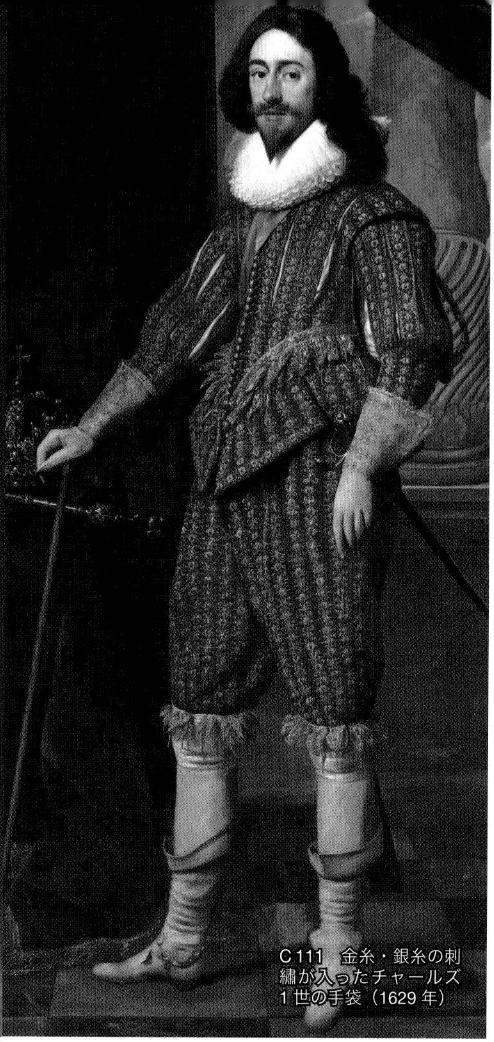

C 111　金糸・銀糸の刺繍が入ったチャールズ 1 世の手袋（1629 年）

C 112　美しい刺繍入りの手袋（1600 年頃）

C 113　イギリス製の革手袋（絹と金糸・銀糸で刺繍、1620 年頃）

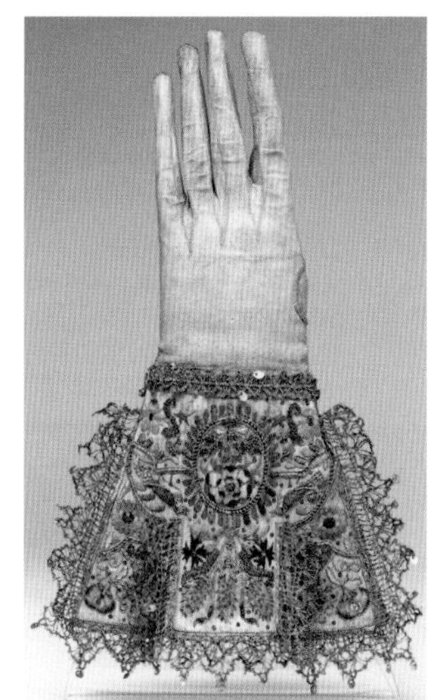

C 114

C 115

C 116

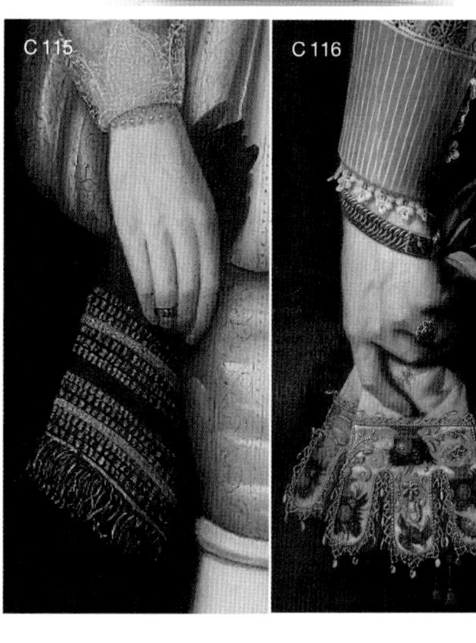

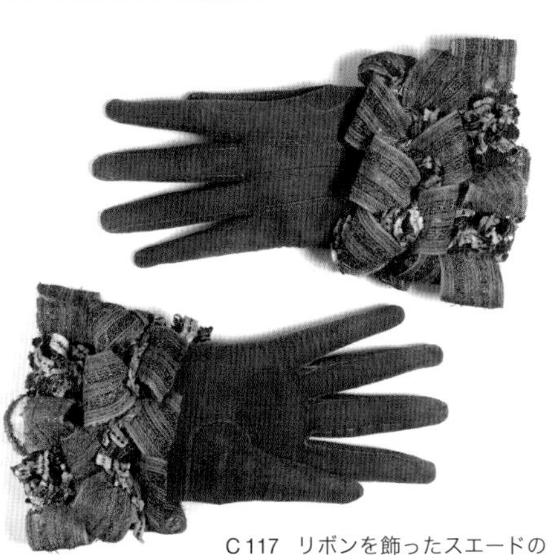

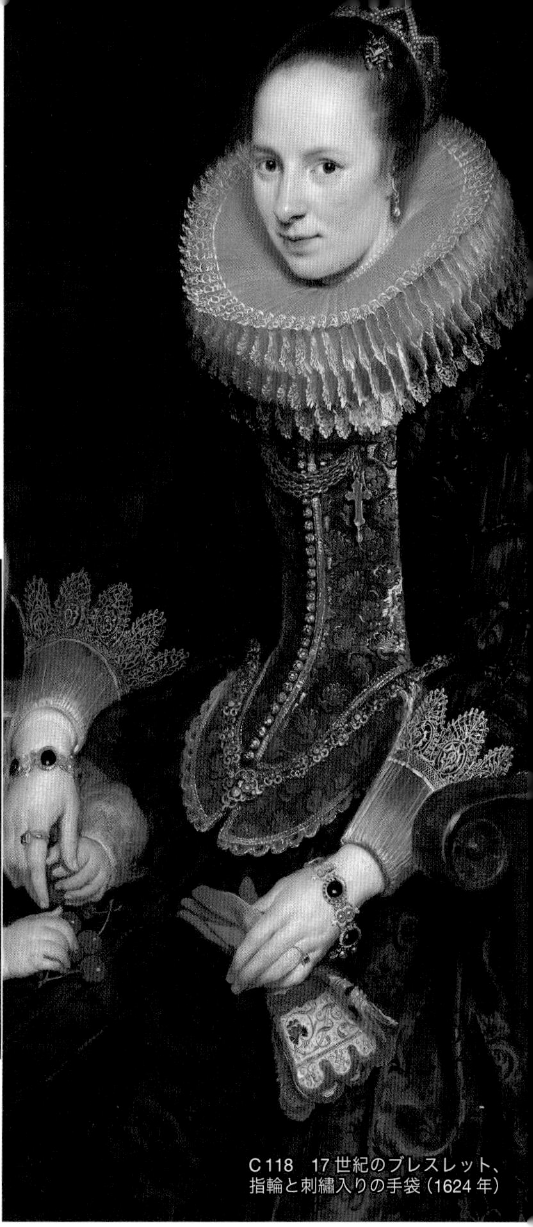

C 118　17 世紀のブレスレット、指輪と刺繍入りの手袋（1624 年）

C 117　リボンを飾ったスエードの手袋（イングランド製、1660-80 年）

C 114　豪華な刺繍とレースをつけた 17 世紀の革手袋（イングランド製、1600-25 年）

C 115　16 世紀の男性用手袋

C 116　チェーンのブレスレットと指輪、刺繍を施した美しい手袋（1634 年）

C 119　レースのカフスの上に着けた白い手袋（1712 年頃）

C 120　刺繍で
インを入れた
の革手袋（1790

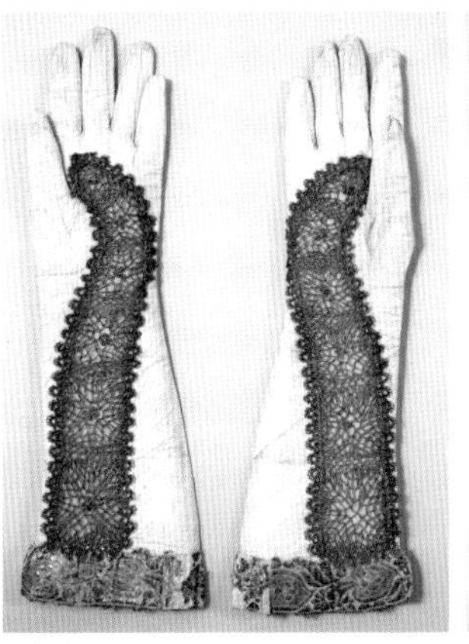
C 121

C 122

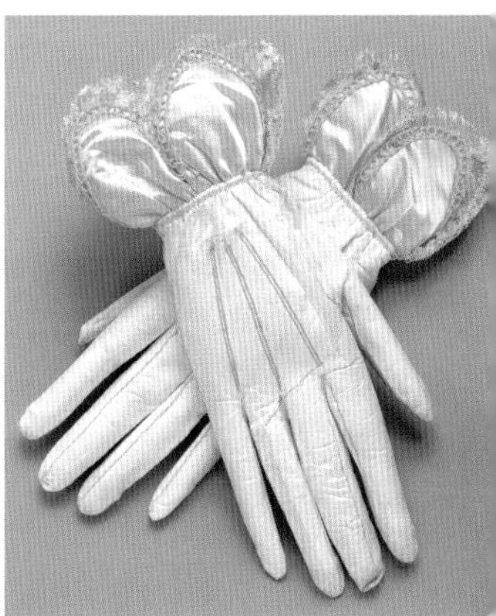
C 123

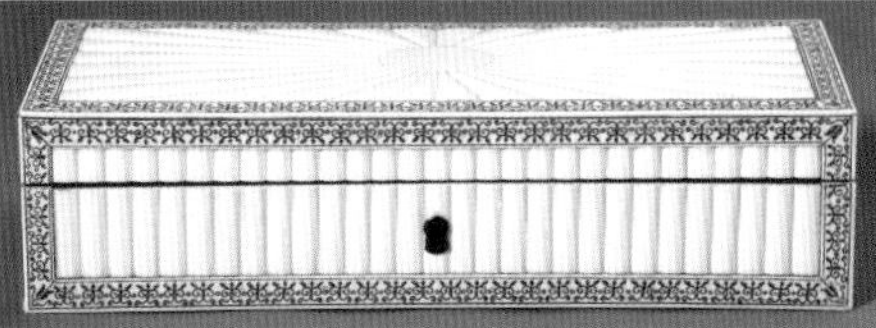
C 124

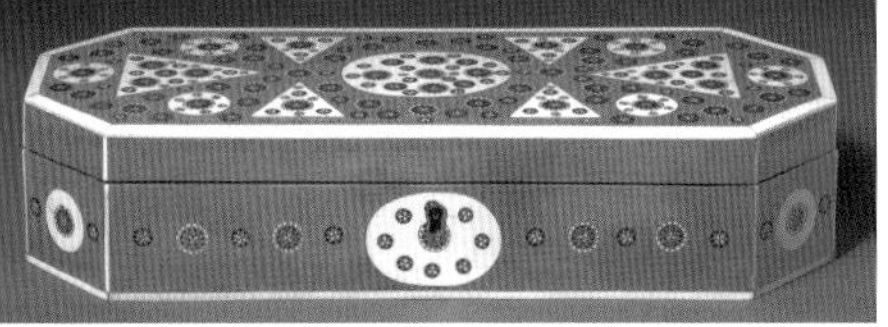
C 125

C 121　金糸のブレードがついた革手袋（フランス製、1735 年頃）

C 122　レース編みの手袋（1860 年頃）

C 123　サテンのウエディング・グローブ（イギリス製、1833 年）

C 124　インド製のグローブ・ボックス（ヴィシャーカパトナム製、1855 年頃）

C 125　インド製のグローブ・ボックス（ムンバイ製、1867 年頃）

C 126　時計を手にしたスコットランド女王メアリー・スチュアート（16 世紀）

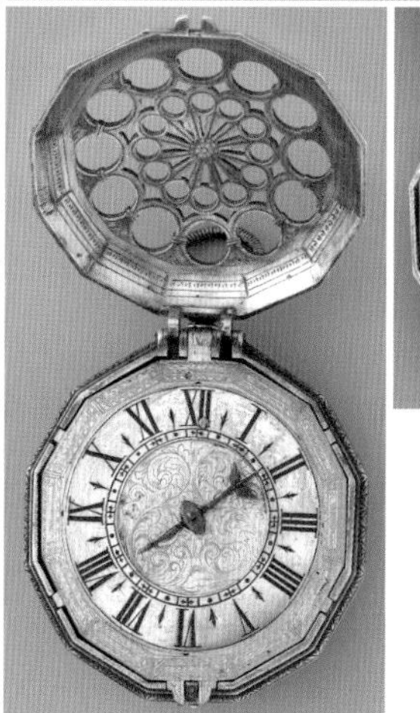

C 127　美しい銀細工のケースに入った 16 世紀の時計（イギリス製）

C 128　エナメルで幼少期のルイ 14 世を描いた金の時計（径 5.6 ㎝、フランス製、1645-48 年頃）

C 129　水晶のケースに入った 17 世紀の時計（フランス製）

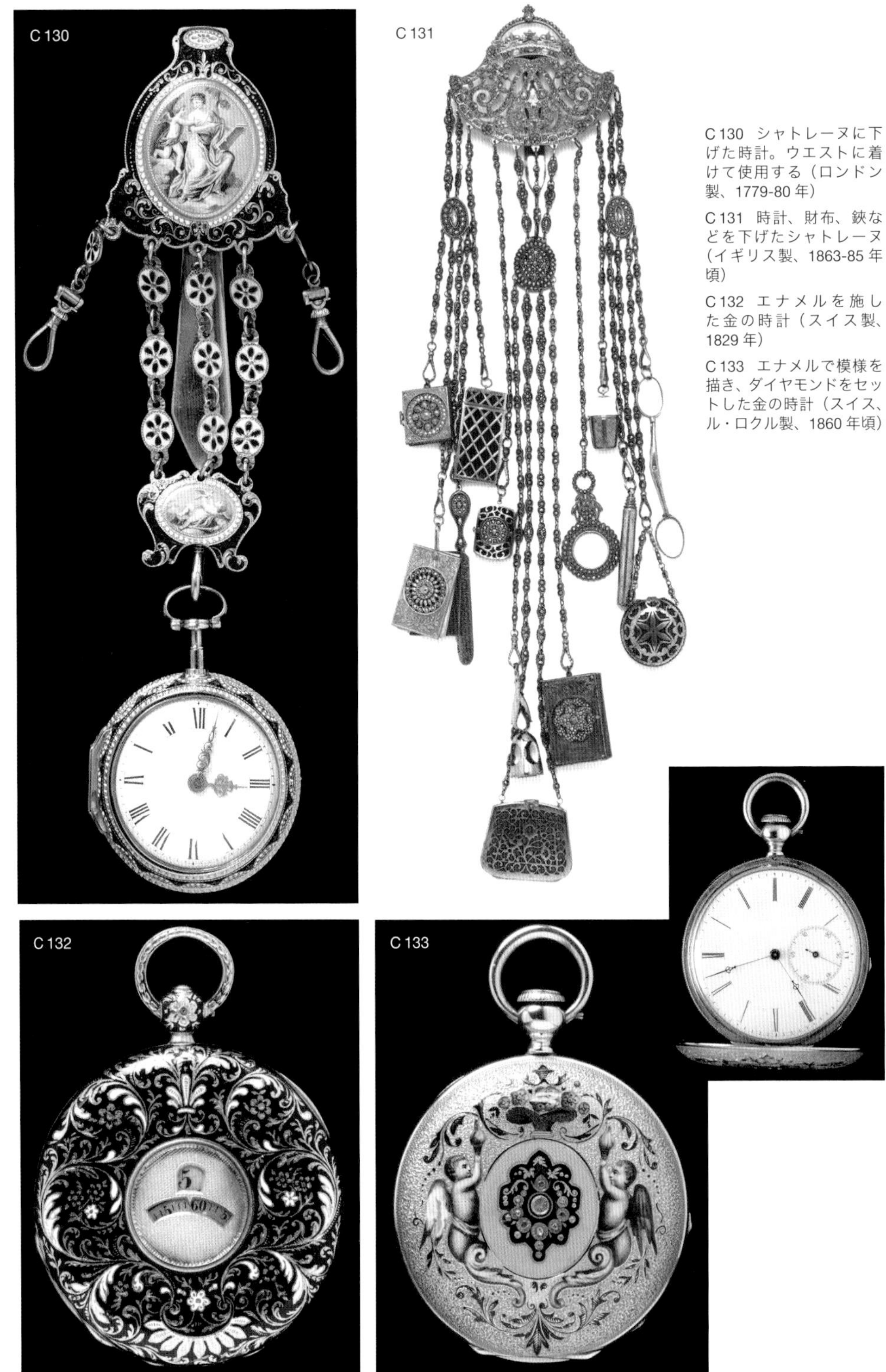

C 130　シャトレーヌに下げた時計。ウエストに着けて使用する（ロンドン製、1779-80 年）

C 131　時計、財布、鋏などを下げたシャトレーヌ（イギリス製、1863-85 年頃）

C 132　エナメルを施した金の時計（スイス製、1829 年）

C 133　エナメルで模様を描き、ダイヤモンドをセットした金の時計（スイス、ル・ロクル製、1860 年頃）

25-2 蛇をかたどったエジプトの銀製ブレスレット（前304-後364年）

25-3 エジプトの銀製アームレットまたはブレスレット（前304-後364年）

腕や手首を飾るブレスレットは、世界各地のほとんどの民族が古代から現代まで身に着けてきた装飾品である。ラテン語で腕を意味するbracumに由来するブレスレットは、ふつうは手首にはめるものを指し、同じくラテン語で腕輪を表わすarmillaに由来するアームレットは、肘の上下にはめるものを指す。

◇古代

古代の未開部族は、貝殻、木、象牙、編んだ草をブレスレットにしていたが、文明が進むにつれて金属が使われるようになり、やがてエングレイヴィングやエナメル、ガラスの象嵌、宝石が飾られるようになった。青銅器時代のブレスレットは、青銅のものには装飾が施され、金のものには装飾がない場合が多い。[25-1] 時代が下って旧約聖書の「出エジプト記」35章、「エゼキエル書」16章に、ブレスレットが言及されている。

古代エジプト人はブレスレットとアンクレットを着けた。ブレスレットもアンクレットも蛇をかたどったデザインが多かったが、[25-2, 3] シンプルな金のバンド形もあり、しばしば宝石やエナメルが飾られた。ライデンの国立古代博物館には、幅4㎝弱、直径約7.5㎝の金のアンクレットがあり、刻まれた銘からトトメス3世のものとされている。[25-4] 古代エジプトではすでに高度なガラス作りの技術が発達

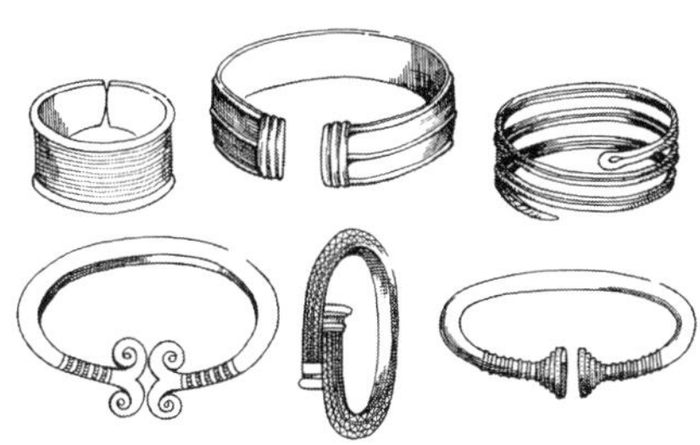
25-1 青銅器時代のブレスレット

25-4 トトメス3世の金製ブレスレット

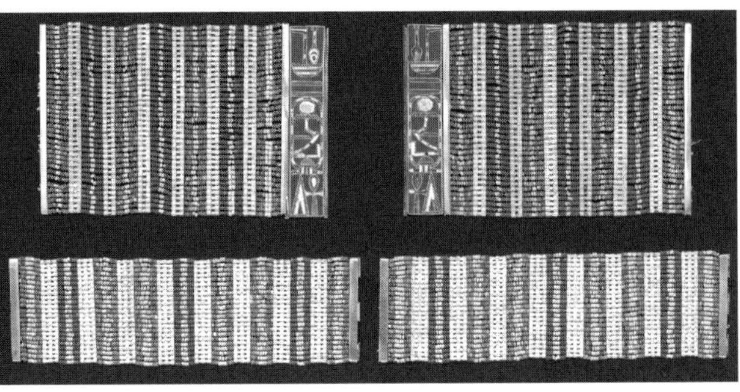

上：25-5　金、カーネリアン、トルコ石のビーズでできたシサトリウネト王女のブレスレット（上）とアンクレット（前1887-前1813年）

左：25-6　蛇のブレスレットを着けたミイラのマスク（ローマ時代のエジプト、60-70年頃）

しており、ガラスビーズ、金のビーズ、濃淡のトルコ石やカーネリアンなどが腕輪や指輪によく使われた。濃淡のビーズを適当な間隔を置いて交互に配した装飾品が多数あり、いずれも優れたデザイン感覚が発揮されている。第12王朝の王女が所有していた1対のブレスレットとアンクレットは、金とトルコ石とカーネリアンのビーズが列ごとに並べられ、凝った作りのスライド式クラスプにアメンエムハト王の名と称号が象嵌されている。[25-5] 若いツタンカーメン王のミイラにも、右の前腕に7本、左の前腕に6本のブレスレットがはまっていた。多くは金銀製で、宝石や色ガラスが埋め込まれ、スカラベ模様も多く見られた。

オリエントでは、古代から男女ともに上腕と前腕にブレスレットをしていた。エジプトに限らず古代ペルシャやアッシリアでも、ブレスレットは富と権力の象徴だった。大英博物館にあるニネベの浅浮き彫りには、チェーン状の幅の広いブレスレットをした王の像が描かれている。これによく似たブレスレットがメトロポリタン美術館所蔵のチェズノーラ・コレクションにあるが、これは1872年にキプロス島から発掘されたかなり古い時代の遺品で、ベルト部分は畝模様をつけた多数の金のビーズを3個ずつはんだ付けしてあり、オニキスをセットした大きな金のメダイヨンが中央に配されている。[25-7] オニキスはもともと銀の台にセットされていたが、こびりついた泥を落とす際に、酸化の激しかった銀の部分がぼろぼろにくずれてしまった。メダイヨンからは4本の鎖が下がり、その先端に金の護符が取り付けられていた。こうした発掘品群は、当時のキプロスが近隣諸国と広範な交易活動を行っていたことを示している。

古代ギリシャにはアクセサリーはあまり見られなかったが、紀元前4世紀頃に金属加工の技術が発達してからは、金・銀・青銅のすばらしい装身具が作られるようになり、ジュエリーを身に着ける習慣が広まっていった。3

25-7　キプロス島から発掘されたブレスレット

25-8　ギリシャ（キプロス島）の金製ブレスレット。かつては色彩豊かな石がはめ込まれていた（前5世紀）

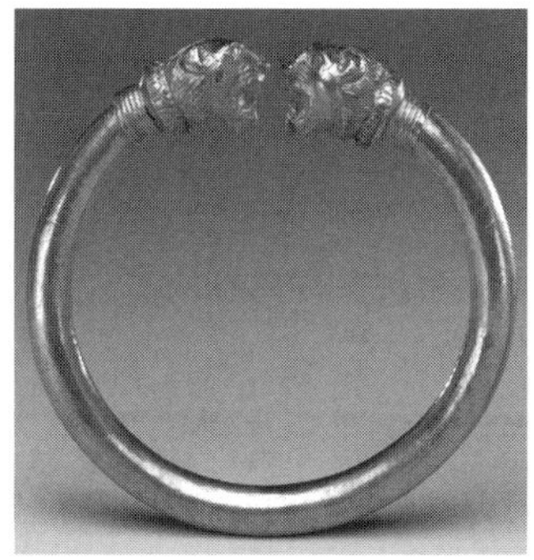

25-9 ライオンの頭がついたギリシャ（キプロス島）の金製ブレスレット（前 450- 前 400 年頃）

上中：25-10 パン神が下がったギリシャの銀製ブレスレット

上右：25-11 クニドスのアフロディーテ（前 4 世紀のギリシャ彫刻をローマ時代に複製したもの）

世紀以前には宝石や準宝石が飾られることはほとんどなく、薄い金属板に模様を打ち出したり、細い金線を曲げてさまざまな模様を表現したりした。古典期（前 600- 前 146）の遺品から、ギリシャの女性がさまざまなタイプのブレスレットをしていた様子がわかる。幅の広い平たい金のブレスレットの多くは、表面に仕切り（クロワゾン）が施され、かつてはその中に石や模造石がはめ込まれていた。[25-8] 巻きつく蛇を模したものと、準環の両端に動物の頭部をかたどった装飾がついたものが最も多い。[25-9, 10] ブレスレットは前腕にも上腕にも着けたらしく、ミュンヘンのグリュプトテーク〔古代彫刻専門の美術館〕にあるアフロディーテ像は、上腕に幅の広いバンド形のリングを着けている。[25-11] 男性はブレスレットを着けなかったようだ。

25-12 ブレスレットを着けた女性（ミケーネのアクロポリス出土の壁画、前 13 世紀）

ローマ人の贅沢と装飾品好きは、将軍ポンペイウスがギリシャから数々の財宝を持ち帰った紀元前 68 年に遡る。美しいギリシャのジュエリーにローマの民衆は目を丸くし、装飾品への欲望が大いに刺激された。ローマに連れて来られたギリシャの職人たちは、ローマ人のためにギリシャ様式や古代エトルリア様式の装飾品を制作したが、やがてローマ独自の嗜好が発揮されるようになり、さまざま

25-13 色ガラスをはめ込んだローマの金製ブレスレット（3-4 世紀）

25-15 ブレスレットを着ける古代ローマの女性（前430-前400年頃）

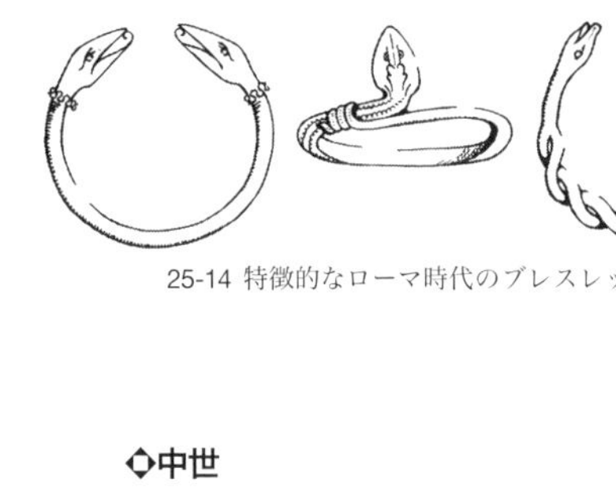
25-14 特徴的なローマ時代のブレスレット

な色石や宝石を飾った、意匠を凝らした重厚なブレスレットが作られるようになった。[25-13] 腕に巻きつく蛇をかたどったデザインに最も人気があり、両端の頭と尾は平たく作られていた。[25-14] 蝶番（ちょうつがい）と留め具で開閉できるように作られたバンド形の金の腕輪や、石を彫りぬいた腕輪を上腕にはめる者も多かった。現存するローマの彫像にもブレスレットはしばしば見られるが、ブレスレットをとくに好んだといわれる皇帝ネロは、手柄を立てたローマ兵たちに報酬や栄誉のしるしとして銀のブレスレットを与えたという記録が残っている。

◇中世

中世にはファッションの中心がローマから西ヨーロッパに移り、この地で現代に通ずる服装が発展していった。ローマ帝国支配下のガリアの女性たちのファッションは、征服者であるローマ人の妻たちに影響を与え、しばらくのあいだブレスレットが流行した。カメオやエナメルが装飾され、蝶番で開閉できるように作られた幅広いバンド形のブレスレットが首都ビザンティウムからもたらされて普及した。9世紀から10世紀にイングランドに侵入したデンマーク人は金と青銅の腕輪をしていたので、しばらくのあいだイングランドでもブレスレットが広まった。ヴァイキングおよびその血族であるジュート族とアングル族は、金と青銅のブレスレットを名誉のしるしとしていたので、イングランドでもしだいに身分や階級を表わす標章とみなされるようになった。初期イングランドから後代の君主国家の時代まで、戴冠式には手袋や指輪と並

25-16 チャールズ2世が戴冠式で使用したブレスレット（1661年）

25-17 クラスプにエナメルで模様を描いた金のチェーンブレスレット（北ヨーロッパ製、1640年頃）

25-18 ダイヤと真珠が飾られたイングランドのメアリー1世のブレスレット（1554年）

25-19 ドイツの女性が着けた金のチェーンのブレスレット（1582年）

んでブレスレットが使われた。リチャード2世、ヘンリー8世、エドワード6世、メアリー1世、エリザベス1世、チャールズ2世の戴冠式では、王家の公式ブレスレットが使われた。チャールズ2世のブレスレットは約3.9 cm幅の金のバンド形で、外側に色エナメルの美しい装飾が施され、内側には豪華な赤のビロードが張られていた。[25-16] ロンドン塔には、そのほかの王の公式ブレスレットも保管・展示されている。

左：25-20 カメオのペンダントがついたシードパールのブレスレット（おそらくイングランド製、1780年代）
右：25-21 ブレスレットを着けた18世紀のスタイル

◇16-18世紀

長く垂らした袖と全身を包み込むマントが服装の主流だった中世には、ブレスレットを着ける者が減り、袖が長くぴったりした16世紀から17世紀には、袖の上に着けた肖像画の例がいくつかあるものの、ファッションとしてのブレスレットは総じて見られなくなった。25-18, 19, C67, C70, C81, C116, C118

18世紀末、革命期のフランスでは、ジュエリーが身に着けられることはほとんどなくなったが、ミニアチュールや髪の束を入れたブレスレットは特別にエレガントなアクセサリーと考えられた。短い袖が流行した1793年頃には、新しいデザインのドレスとともにブレスレットが再び人気を取り戻し、革命期と帝政期には男女ともにブレスレットがファッショナブルなアクセサリーになった。

◇19世紀

1830年から60年にかけて、袖のデザイン

25-22 カメオ付きのブレスレットを着けたイギリスの女性（1841年）

の変化とともにブレスレットは少なくなったが、ノースリーブのイブニングガウンには金のブレスレットが欠かせなかった。大きく豪奢だったジュエリーは、しだいにシンプルで軽快になり、ブレスレットも繊細で女性らしいデザインになったため、もはや男性にふさわしいアクセサリーとはみなされなくなった。C99, C102-C109

「ファッションに新しいものなし、すべては過去の変形か組合せの変化にすぎない」とはよくいわれるが、19世紀末に現れた、手首に巻きつく蛇や両端に動物の頭部をつけたブレ

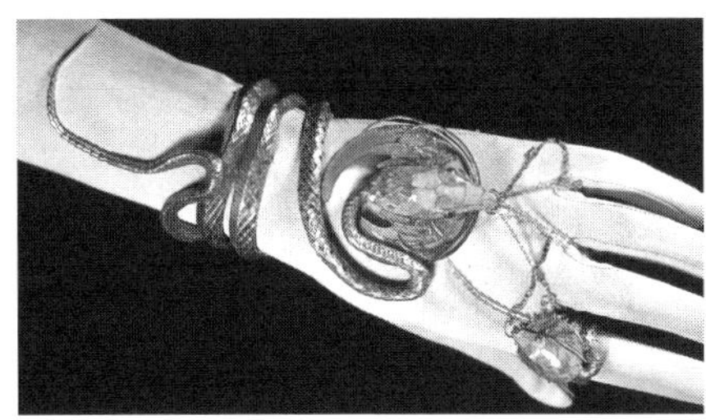

25-24 アルフォンス・ミュシャがデザインした女優サラ・ベルナールのブレスレット（1899年）

25-23 ロシアのゴリチナ王女のブレスレット（1835-36年）

スレットは、まさに古来のデザインの変形である。[25-24] 80年代末から90年代にはジュエリーの「セット」が流行し、ブレスレットとブローチ、ブレスレットとチェーンなどのデザインが揃えられた。カメオの人気もリバイバルし、セットのジュエリーに大量に飾られるようになった。ネックチェーンやブレスレットにはスライドとしてカメオが取り付けられ、スタイルやサイズが調整できるようになっていた。ブレスレットの幅は約2.5㎝、チェーンのリンクは金糸を編んだような柔軟で緻密なメッシュで、端には金のフリンジが飾られていた。これは、優雅な鎖付き時計（ウォッチ・アンド・チェーン）には欠かせない見事なアクセサリーとされた。

◇20世紀

袖の形の変化にともなってブレスレットの流行り廃りはあったが、デザインは従来どおりの環形から大きく外れることはなかった。しかし20世紀初頭には、これまでにない実用性と美しさを兼ね備えた新種のブレスレット、つまり腕時計が登場した。第一次世界大戦直前には男性にも取り入れられ、現在に至るまで広く使われている。男性の場合は銀製ブレスレットか革バンドに時計を取り付けるが、女性の腕時計は金、銀、プラチナで作られ、同素材のブレスレットに取り付ける。とくに華奢なデザインのものは、黒の細いひもかリボンで手首に巻きつけることもあった。腕時計は洗練されたアクセサリーとしてつねに身

25-25 ダイヤモンドとサファイアのブレスレットとイヤリング（エドモンド・パジェットのデザイン画、ロンドン、1908-17 年）

に着けられてきたが、ブレスレットの地位を奪うことは決してなかった。今日の女性は腕時計を着け、しかもブレスレットの使い方もちゃんと心得ている。

20 世紀初頭の多様なブレスレットのなかで、金・銀・プラチナ製が人気の上位を占めたが、それに次いで多種の模造品や宝石や貴石をセットしたものもよく使われた。1930 年には、太いもの、細いもの、環でつないだもの、蝶番をつけたもの、クラスプをつけたもの、手を通すだけのものなどがあった。

ジュエリー全般と同様に、ブレスレットもまた機械生産品が大多数を占めるようになった。もちろん現在でも、手作りの美しいジュエリーを創作するデザイナーや職人には贔屓の顧客がいるが、その人数はきわめて限られている。市場には、それよりはるかに安価で、しかもサイズもデザインもバラエティーに富んだ美しいブレスレットが大量に出回り、消費者を魅了している。

いまだかつてブレスレットが完全に廃れたことはないが、ドレスの袖のデザインによって流行は大きく左右される。ブレスレットの目的は腕を美しく飾ることなので、袖が短くなって腕の露出度が増せば、金や銀や色彩の雰囲気とあいまってその魅力は増す。人はいつの時代にも、そうした装飾品に名状しがたい欲望を抱いてきたことを考えれば、今後もブレスレットがファッション界から消えることはないはずだ。現代のブレスレットは、古代ギリシャやエトルリアにすでにそのデザインの源流が見られるが、金・銀・プラチナ、そして大量の宝石や準宝石類がすぐに入手できるこの時代は、デザイナーやジュエリー作家にとって、創作の可能性が無限に広がっているといえよう。

25-27 バーバラ・カートリッジのデザインによる銀とアメシストのブレスレット（ロンドン、1968-69 年）

25-26 ジャン・フーケ デザインの孔雀石と黒漆を使った金製ブレスレット（パリ、1929 年）

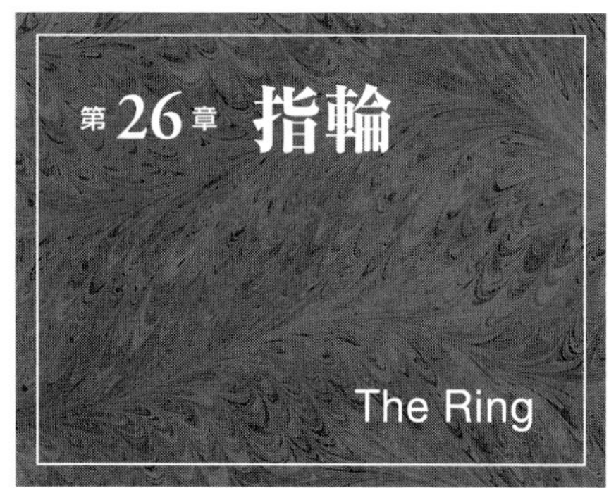

第26章 指輪

The Ring

◇古代

指輪は、個人のアクセサリーとして太古から身に着けられてきた。指輪のきらめきが人々の心を捉えるようになる前は、物々交換品として、その後は貨幣として長いあいだ使われてきた。指輪を最初に貨幣としたのは、おそらく古代エジプトである。彼らは常用金属(コモンメタル)で作ったリング形の貨幣をつないで使用していた。リングが増えればチェーンを長くし、減れば短くすればよかったから、貨幣の扱いはとても楽だった。アフリカなどの一部の地域では、近年でもまだこのシステムが使われていたようだ。たとえば、開口できる大きめの金属の輪に小さいリングを通し、貨幣を出し入れするたびにリングを輪にはめたりはずしたりすれば済む。[26-1]

指輪は、ギリシャ神話のプロメテウスの物語と密接に結びついている。プロメテウスは、聖なる天界の「火」を人間に与えたためにオリンポスの神々の怒りを買い、カウカソス山の巨大な岩に鎖でつながれて、生きながらにして毎日大鷲に肝臓をつつかれるという終りのない責め苦を受けることになった。しかし時が経ち、ゼウスは自分の宣告した罰の厳しさに気が咎めるようになり、刑罰の解釈を巧妙に変えることにした。岩につないだ鎖の環の1つに巨岩のひとかけらをはめ込んで指輪にし、隷属のしるしとしてはめるようにプロメテウスに命じた。こうして彼は永久に巨岩の呪縛から逃れられないでいる。この指輪は、石をセットした最初の指輪であり、カトゥルスが催したペレウスとテティスの婚礼の宴で、プロメテウスがはめていた指輪がそれであるといわれている。

指輪はまた古代から誓約と信頼の証しでもあり、支配者は指輪を印章にしてみずからの権威を知らしめた。古代エジプト、アッシリア、イスラエル（ヘブライ）、ギリシャ、ローマでは、重要な命令書にはすべて公的認可を与える印章指輪(シグネット・リング)が使われた。紋章学が重要性を増したルネサンス期には、印章指輪に各家の紋章を彫る習慣が形成されたが、近代ではモットー、クレスト、モノグラムなどが彫られることが多い。

古代の人々は、円筒形の印章を首や腕に吊るしていた。その印章がしだいに小さくなり、

26-1　スイスの山岳地方の村で使用されていた貨幣を通した青銅の輪

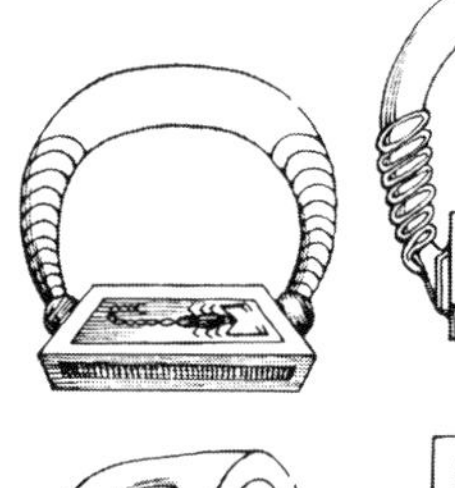

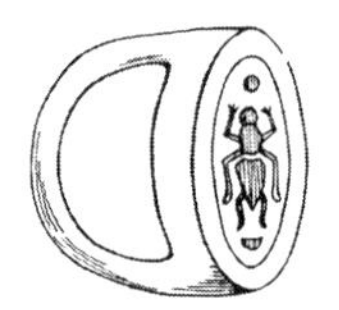

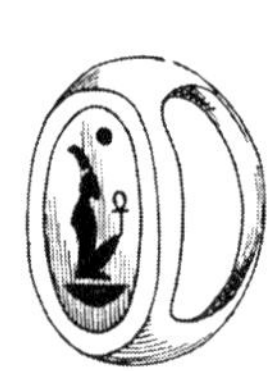

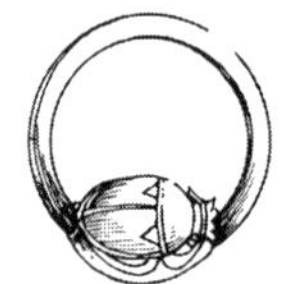

26-2　さまざまな印章指輪

指にはめられる大きさになったものが印章指輪である。取引などの重要書類には必ず持ち主の指輪の印章が押印され、あらゆる書面に正式な認可と法的効力が付与された。[26-2] 旧約聖書「エステル記」第 3 章では、アハシュロス王がモルデカイへの報復として、すべてのユダヤ人を滅ぼしてもよいという権限をハマンに与えた。このとき王はハマンに指輪を託し、これが正式な命令であることを示した。古代には、権力を委任する最も簡潔な方法が指輪を与えることだったから、印章指輪を人に託すことはすなわち、その人物に対する信頼の証しであった。男性から指輪を渡された女性は、あらゆる面において彼の代理人であり、彼の持つ権限のすべてが彼女にも与えられたことを意味した。こうした指輪は旧約聖書にも多数言及されている。「列王記上」第 21 章では、サマリアの王アハブの妻イゼベルが夫の名で手紙を書き、夫の印を押して封をし、ナボトのブドウ畑を手に入れようとした。「ダニエル書」第 6 章では、王は石で洞窟の入り口をふさぎ、王の印と大臣らの印で封印した。「創世記」41 章には、ファラオ（パロ）は印章のついた指輪を自分の指からはずしてヨセフの指にはめ、亜麻布の衣服を着せ、金の首飾りをヨセフの首にかけたと書かれている。

ファラオの印章に用いられた石は、スカラベ形にカットした赤いカーネリアンが最も多かったが、そのほかに瑪瑙（アゲート）、花崗岩、ラピスラズリ、蛇紋石、アメシストなどもよく使われた。古代エジプトでは甲虫スカラベが不死の象徴として崇拝されたので、これをかたどった装飾品が多数ある。ネックレス、ペンダント、指輪、公的印章などにもスカラベ形にカットした石がセットされた。スカラベの下側つまり腹側には、自分の名や同時代の王の名、神の象徴をはじめ、各々の好みに応じてさまざまな図案や意匠（デヴァイス）が彫られた。石が指輪に固定されたものあるが、たいていは印章として使いやすいように、金のワイヤーやピンを通して回転するように作られている。ツタンカーメン王の墓からは、数個の印章指輪のほか、豪華な象嵌が施された純金の装飾品も発見された。[26-3] エジプトの指輪は大多数が金製で、銀や青銅のものはほとんどない。ラムセス 3 世（前 1202- 前 1100）以降の遺跡からは、宝石を丸彫りした指輪も見つかっている。シンボルとしてのスカラベはあらゆる階級の人々に好まれ、富裕層以下の人々は、象牙や磁器でスカラベを作った。

そのほかに蛇、かたつむり、結びひもをかたどって彫られた石も、エジプト女性がしばしば身に着けた。多数の指輪をはめるのが流行だったらしく、古代のミイラ棺からは 1 本の指に 2 個も 3 個もはめた例が多く見られるし、親指にもはめていたことが分かっている。親指にはめる指輪は古代エジプトの習慣に遡り、古代ローマと 16 世紀に目立って流行した。古代エジプトの高貴な女性の木棺に描かれた絵には、両手の親指に指輪がはめられている。[26-4] 左手の親指には印章らしきものがついた指

26-3 ツタンカーメンの王位名が刻まれた金製の指輪（リングの径 3.3cm、前 1336- 前 1327 年頃）

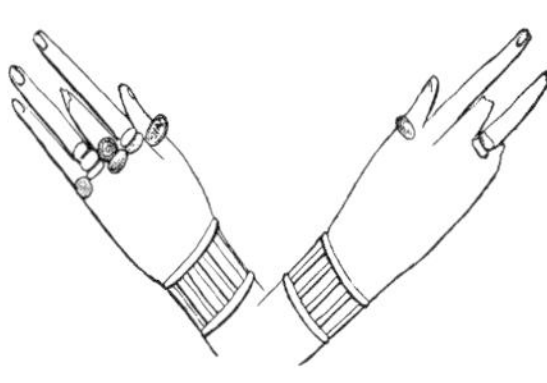

26-4 エジプトの木棺に描かれた指

26-5 さまざまな指輪を着けたエジプトの女性（ミイラの衣の断片、2-3 世紀）

輪、人差指と中指に2個、薬指に3個、小指に1個の指輪が見える。右手は親指に1個と薬指に2個だけである。指の中でも薬指に多数の指輪を着けている例が多いのは、おそらく昔から、薬指は指輪にふさわしい指とみなされていたのではないだろうか。結婚指輪がすでに存在しており、結婚式に指輪を用いる習慣がエジプトで始まっていたからだ。この習慣はギリシャやローマに受け継がれはしたが、指輪は異教的なものとみなされたので、キリスト教の儀式に取り入れられたのは西暦860年になってからである。

エジプトの古文書によれば、結婚指輪を左手の薬指にはめるのは、この指が動脈で心臓とつながっていると信じられていたためだという。もっと一般的な説では、右手は支配と権威を象徴し、左手は被支配と従属を象徴する手であるから、夫に服従する妻の指輪は左手にはめるものとされたとしている。さらに別の理由として、イングランドに伝わる結婚式の古い風習も考えられる。花嫁は、はじめに親指に指輪をはめて「父と」と言い、次に「子と」と言いながら指輪を人差指に移し、次に「聖霊の御名において」と言って中指に移し、最後に薬指に移して「アーメン」と唱えるのである。

北欧では、銀の輪に手を通して約束や誓いを行う習慣が古くからあった。大きな輪や、穴を開けた石に手を通して握り合い、婚約の儀式を行う民族もあった。

ヘブライ人は、キリスト生誕以前から結婚指輪を使用していた。米国の詩人ホイートリーは次のように言っている。「古代から指輪はそれ自体に高い価値があり、権威を付与する印章としても使われてきた。指輪を与えることはすなわち相手に至高の信頼を置く証しであった。だから、結婚のしるしにとりわけ指輪が選ばれてきたのは、夫の名誉や地位や財産を共有する者として、妻になる女性を承認するにふさわしいものだったからである。かつては指輪だけでなく鍵を渡す習慣もあった。」

メトロポリタン美術館内のチェズノーラ・コレクションに、エジプトからの影響を示す古代の指輪がある。多くは回転式で、スカラベが彫られている。図26-7は、同コレクション内の興味深い金の指輪である。下段は3つの石がセットされた指輪。上段は、ベゼル部が小さな容器になっている指輪で、香料または肖像画が入れられていたと思われる。蓋には繊細な金線細工でロゼット模様が表わされている。

ギリシャの指輪は明らかにアジア由来である。西暦1世紀に指輪が流行したが、それ以前には指輪を着ける者は少なかった。左手の薬指にはめることが多かったのは、利き手でない左手に着けたほうが指輪の磨耗が少ないと判断したからだろう。しかしその後は、人差指と小指にはめることが多くなった。初期

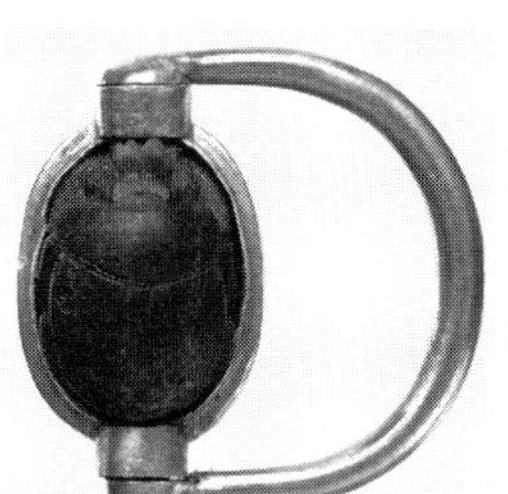

26-6 裏面にトトメス3世とハトシェプスト女王の名が刻まれたスカラベの指輪（金とラピスラズリ製、前1479–前1458年）

26-7 キプロス島で発掘された金の指輪（500年頃）

にはほとんどが単純な金のリングだったが、やがて準宝石を丸彫りするようになり、碧玉(ジャスパー)、水晶、玉髄(カルセドニー)などの指輪が見つかっている。ギリシャでは紀元前 480 年から 400 年頃に石を彫刻する技術が高度に発達し、印章指輪が作られるようになった。石の彫刻には沈み彫りで模様を表すインタリオと浮き彫りで表わすカメオの 2 種類があり、どちらもギリシャ人の生活と深く結びついていた。インタリオのほうが技法的には古く、カーネリアン、石英(クオーツ)、碧玉(ジャスパー)などが使われた。カメオには紅縞瑪瑙(サードニクス)、玉髄(カルセドニー)を使ったものが多い。図柄は人物の肖像が最も多く、肖像カメオの技術にかけてギリシャ人を越える者はまだ現れていない。カメオは、ペンダントやブレスレットなどにも使われた。ヘレニズム時代には、インド産の硬度の高い宝石を彫刻して金属の台にセットし、印章として使用した。濃厚な赤褐色をしたヒヤシンス石（ジルコンの一種）が好まれた時代でもあった。

古代からすでに模造石があり、それを使った指輪が記録されているのは興味深い。透明な石をオリジナルの台座からはずしてみると、下に金箔が張られていることがよくある。価値の低い石も金箔によって石の色が引き立ち、高価な宝石に見せかけることができたからだ。時代が下るとこの行為は詐欺とみなされ、罰金または鞭打ちの刑が科せられた。

古代ギリシャでは、魔除けや護符としての指輪が盛んに身に着けられたが、中世にもこの習慣が復活した。ローマ神話では、魔力のある指輪はメルクリウスから授かるものとされていた。健康を維持する指輪、十人力が得られる指輪、はめると姿が見えなくなる指輪、愛や富や幸せを運ぶ指輪など、さまざまな魔力を持った指輪があった。ギリシャ女性は護符のついたアクセサリーを大切にしたので、それを入れる宝石箱も素晴らしいものが作られた。宝物や美しいジュエリーを慈しんだ貴婦人の生前の姿が描かれた《ヘゲソの墓碑》は、この時代に彫られた美しいレリーフとして有名である。[26-8]

共和政ローマ（前 527- 後 9）の初期には、ほとんどの指輪が鉄製だった。金の指輪が作られるようになってからも、帝政ローマ後期まで鉄の指輪が使われた。プレーンなリング形かとぐろを巻いた蛇をかたどったものが多かったが、芸術的なカットを施した石をセットしたものもあった。[26-9, 10, 11, 12] 印章として男性だけが身に着けた指輪も多数あった。結婚指輪にもまだ鉄製の指輪が多かったのは、鉄の強靭さが夫婦の絆の不朽性を象徴すると考

26-8 ヘゲソの墓碑のレリーフ（前 5 世紀末）

26-9 ローマ時代の指輪（古代からの蛇の形）

26-10 ローマ時代の指輪（右は印章指輪）

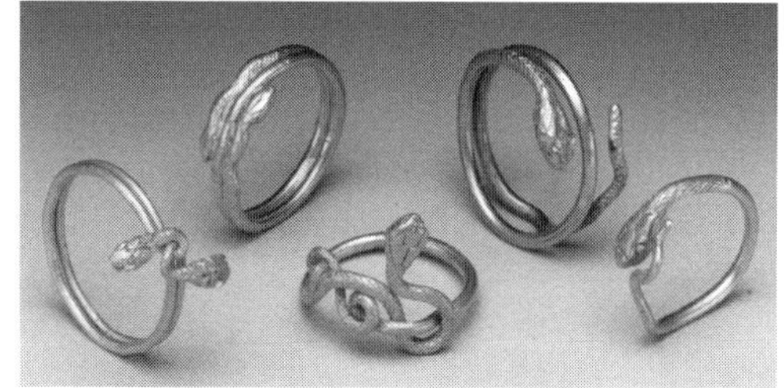

26-11 蛇をかたどったローマ時代の金製指輪（1世紀）

26-12 ローマ時代のカルセドニーの指輪（1世紀前半）

えられたためだろう。互いを強く引きつけ合う力を暗示する天然磁石（ロードストーン）がセットされることも多かった。ローマ帝国の繁栄期に、若い未婚女性の関心を最も集めたのが金の婚約指輪だった。紀元前3世紀には、金の指輪をはめることを許されたのは、外交の任務を負ったローマの元老院議員だけだったと記録されている。その議員でさえ、私生活ではまだ鉄の指輪をはめていたというから、その他の人々は推して知るべしである。ティベリウス帝の時代には、騎士の身分を得た若者に金の指輪が与えられ、騎士はすべて金の指輪を着ける名誉に浴することができた。金の指輪は、市民階級と軍人階級の象徴として非常に名誉あるものとみなされ、何世代にもわたって相続された。

ローマとカルタゴが覇権をかけて争った第2回ポエニ戦争（前218）の時代、社会的地位の象徴である金の指輪は、貴族と騎士の最高位の者だけに許された装飾品だった。ローマを破壊したカルタゴの軍人ハンニバルは、陥落したローマの貴族階級を壊滅させる証として、ローマ人の指から金の指輪をはずすように命じた。ローマ人たちは耐え難い屈辱を感じ、丸1日のあいだ喪に服すると宣言し、その間にすべての金の指輪を隠し、代わりに鉄の指輪をはめたといわれている。この行為は国民的な習慣となり、その後何世紀ものあいだ、喪の期間には鉄の指輪をはめるようになった。やがて金の指輪の使用が法で認められたが、その後また別の法が出て、金の指輪を着けてよいのは自由民の男女のみ、解放奴隷は銀の指輪、奴隷は鉄の指輪、という決まりができた。解放奴隷が金の指輪をする特権を得るには、元老院の特別令が必要だった。ローマの黄金時代（前27-後400頃）には、男女は無制限に大量の指輪を着けていた。石のなかでは紅縞瑪瑙（サードニクス）が最も珍重された。

ローマ人は親指に指輪をすることが多かったが、親指用の指輪は重量もかさも大きかったので、高位の者たちは季節によって指輪を取り替えるようになった。[26-13] 夏季には「サマー・リング」と呼ばれる比較的軽い指輪、冬季には「ウィンター・リング」と呼ばれる大型で重量感のある指輪をするのが流行になった。トラヤヌス帝は、幅が約9㎝もある

26-13 ローマ皇帝一族の親指用指輪

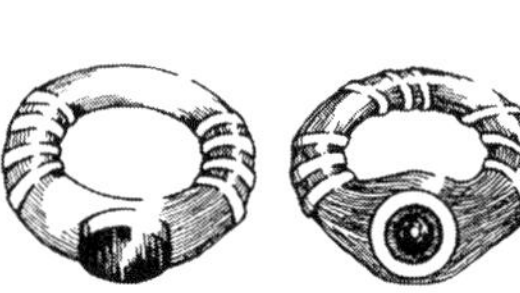

26-14 ローマ時代の琥珀とガラス製指輪

26-15 オニキスのインタリオがついたローマ時代の金製指輪（2世紀後半-3世紀前半）

指輪を親指にはめていたといわれている。アントニヌス・ピウス（86-161）の妻、大ファウスティナのものとされる親指用の美しい指輪は、丸彫り（カボション・カット）にしたサファイアの内側に磨耗を防ぐための金の輪がはめ込んであった。この時代には、そのほかにも琥珀などの準宝石を丸彫りした指輪が多数作られた。[26-14] 大量のダイヤモンド、真珠、バルト海産の琥珀、金、銀などが毎年ローマに運ばれ、ギリシャの高度な技術を身に着けたローマの金銀細工師が、宝石を飾ったさまざまなアクセサリーを盛んに制作した。この時代のローマの人々は、その着け方にも長けていた。印章指輪は、サファイアかルビーに家紋を彫って金の台にはめたものが人気があり、名家の印章は代々受け継がれた。そのほか、宗教や神話に因んだ主題や家族、友人、先祖の肖像なども彫り込まれた。[26-15, 16] ウェヌスの子孫を自称したユリウス・カエサルの指輪には、武器を持った女神ウェヌスが彫られていた。アウグストゥス帝の印章は、最初はスフィンクス、次にアレキサンダー大王の肖像、最後は自身の肖像が彫られていた。ローマの将軍ポンペイウス（前 106-前 48）の指輪には、彼が戦ったヨーロッパ、アジア、アフリカでの 3 回の戦争の図柄が彫られ、カリグラ帝の鉄製の指輪は、回転式の石に自身と妹ドルシッラの肖像が彫り込まれ、裏面も見えるように作られていた。[26-17] ローマでは、指の第二関節の上にも指輪をするという一風変わった流行が見られたが、これは明らかに富を誇示する目的だった。[26-18] セネカはこの贅沢な習慣について、「我々は指に多数の指輪を着け、すべての関節に宝石が飾られている」と言っている。16 世紀にも同じ着け方が流行した。

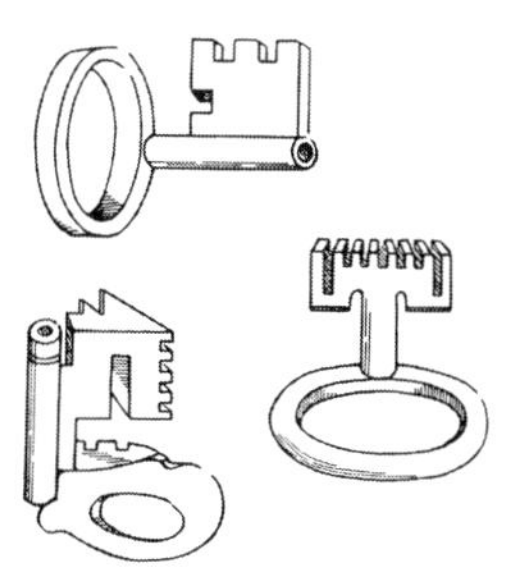

26-19 ローマ時代の鍵付き指輪

26-20 ローマ時代の青銅製鍵付き指輪（3-4 世紀）

ローマの女性は装飾品に大金を費やした。金の指輪や、ラピスラズリ、水晶、琥珀などの貴石を丸彫りした指輪が流行した。肖像を彫ったカメオとインタリオは最も人気があり、宝石では真珠がつねに好まれた。ユリウス・カエサルは、ブルートゥスの母セルウィリアに 1 粒 600 万セステルスもする真珠を贈り、カリグラ帝の妻は 4000 万セステルスの真珠のセットを持っていたといわれている。大ファウスティナの 5 万セステルスの指輪、ドミティアヌス帝の妻ドミティアの 1 万 5000 セステルスの指輪も、ローマ時代の高価な指輪である。

宝石をセットした指輪が広くいきわたり、流行を追う男女が大量に所有するようになると、宝石箱が再び流行しはじめた。記録に残る最古の宝石箱のひとつは、ローマの将軍スラ（前 138- 前 78）の義理の息子エメリウス・スカウリウスが持っていたもので、形は古代

26-16 ガルバ帝の肖像が彫られたローマ時代の指輪

26-17 カリグラ帝の鉄製の指輪

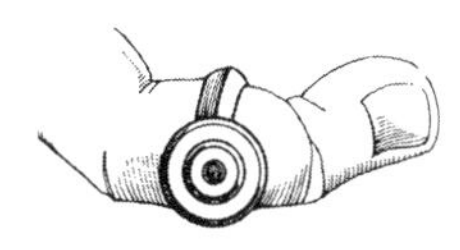

26-18 第二関節に着けた指輪

ギリシャの宝石箱と似て、同じく指輪以外のアクセサリーも入れていたと思われる。

ローマだけに見られる特徴的な指輪は、鍵付き指輪である。[26-19, 20] これは、ローマの妻たちが、家事を取り仕切る主婦の地位と、食器棚やワインボトルを封印する権限とを明示するためのものだった。最初は印章指輪を着けていたが、やがてその印章が鍵そのものに変わっていった。鍵付き指輪が実際どのように身に着けられていたのか今ではよくわからないが、当初は5本の指のどれかにはめていたはずである。ところが現存する指輪の多くは、指にはめるには不都合なほど大きすぎることから、おそらくガードルから吊るしていたのではないかと考えられている。

さて唐突ではあるが、ここで歴史上有名な毒入り指輪にも触れておこう。毒入り指輪は、もともとは死や拷問や屈辱的な隷属を強いられた者が、みずから命を絶つ手段として作られたと考えられる。古代ローマ時代から存在していたが、16-17世紀になってもまだ珍しいものではなかった。ローマ側に引き渡されることが決まったカルタゴの将軍ハンニバルの最期は、服毒自殺だったことが知られている。ローマ皇帝エラガバルスは、万一に備えて毒入り指輪を身に着けていたが、それを使うまでもなく突然暗殺された。プリニウスの『博物誌』には、盗難の容疑をかけられたカピトリヌスの神殿の管理人が、拷問を免れるために指輪の毒をかみ砕いて自殺したと書かれている。その指輪は、薄い貝殻でできた容器の中に猛毒が入れてあった。1503年の日付のあるチェーザレ・ボルジアの印章指輪には、ベゼルの裏にスライド式の蓋がついた小さな浅いくぼみがあり、かつてそこに毒が入れられていた。また、ヴェネツィア職人の手になる精巧な毒入り指輪は、2つのルビーに挟まれて高く尖ったダイヤモンドがセットされ、その横に外からは見えないスプリングがついていて、台座とダイヤモンドを蓋のように開くと、数滴の毒薬が充分に入る小さなくぼみがある。[26-21] 元来は、短時間に楽に自殺できる手段として身に着けられた指輪だったが、やがて殺人の道具になっていった。横たわったライオンをかたどったベゼルをもつ指輪もそのひとつで、ライオンの鋭い鉤爪が毒を入れる小さな容器と連結していて、ベゼルを手のひら側にまわして堅い握手を交わすと、鉤爪が相手の手に傷をつけ、そこから毒が入り込む仕掛けになっていた。パリの骨董品店にこの種の指輪が持ち込まれたことがあり、仕掛けを知らなかったコレクターがうっかり手に傷を負い、すんでのところで難を免れたといわれている。

26-22 ローマ時代のシリア地方で好まれた三連の指輪（金に真珠と色ガラス、3-4世紀）

◆中世

コンスタンティノポリスがローマ帝国の首

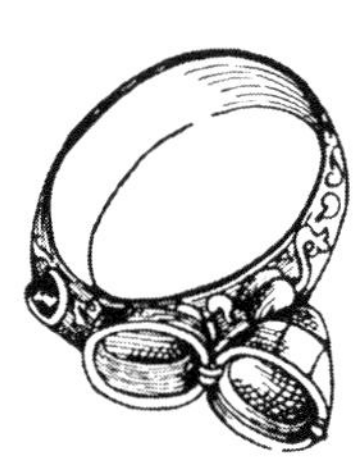

26-21 毒入り指輪

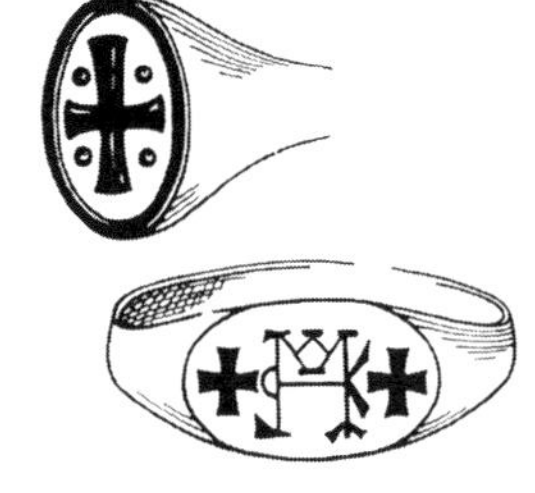

26-23 初期のビザンティンの指輪

26-24 ビザンティンの金の印章指輪（10世紀）

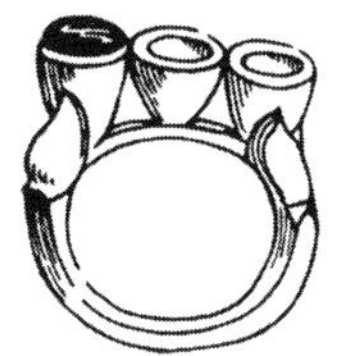
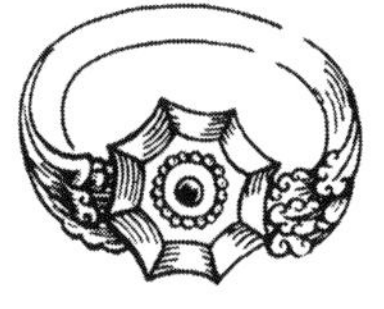

26-25 リヨンで見つかったビザンティンの指輪

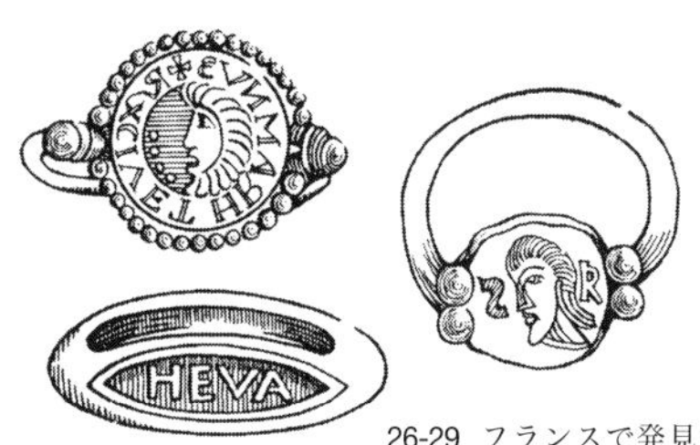

26-29 フランスで発見された西ヨーロッパの指輪

都になり、ビザンティウムの町はファッションの都として繁栄した。この地で作られた衣装やジュエリーのデザインはすぐに西ヨーロッパに伝わり、つねに需要があった。指輪はがっしりと大きく、銘が刻まれたり、紋章のあいだに所有者のイニシャルと十字架が刻まれたりした。[26-23] 少し時代が下ると、ビザンティンの指輪はそれまでの古典的な簡素さとは大きく趣を変え、華美で装飾的なデザインになった。1841 年に、ローマ時代の女性の宝石箱に入った古い指輪がリヨンで見つかった。ベゼルは、2 枚重ねの葉がカップ形の宝石台座 3 個を両サイドから支えるデザインだった。台座 3 個のうち 2 個の宝石は失われていたが、端の 1 個にはアラビア産のエメラルドが無傷のまま残っていた。[26-25]

中世の教会の高位聖職者がはめた指輪は、権威の誇示という性格において王の指輪と近似しており、権力と同時に聖職と教会との神秘的な結合をも象徴するという二重の意味があった。なかでも教皇、枢機卿、司教、あるいは大修道院長の指輪は、歴史的にも重要である。教皇の叙任に使われた金製の「漁夫の指輪」は、漁船上に座したペテロが網を投げている図と時の教皇の名が石に彫られている。[26-26] 教皇の死去にともなって指輪を破壊する習慣が、かなり古い時代から記録されている。これは教皇座が空席のあいだ、いかなる書類にも署名が行われないようにするためだった。しかし歴代の教皇は、実際には自身の名を刻んだレプリカを持っていた。教会用の指輪では、ルイ 12 世からカンタベリー大司教トマス・ベケットに贈られた大きなルビーの指輪が有名である。ローマ教皇の座に就く前のパウルス 4 世が 1536 年にローマ入りした際、神聖ローマ帝国皇帝カール 5 世から大粒のダイヤモンドをセットした指輪が贈られた。ベンベヌート・チェリーニはこの非凡な指輪について、「ダイヤモンドを美しい色合いに仕上げることができたのは空前の大成功だった」と『自伝』に書いている。キリスト教徒の王や女王たちは教会の習慣に倣って、即位の際に戴冠式用の指輪を司教から受け取るようになった。

図 26-29 は、フランスで発見された同時代の 3 点の指輪である。そのうち 1 点の金のベゼルに刻まれた文字 S.R. は、Sigbert Rex のイニシャルと考えられ、メロヴィング王家の東部領地を治めていた Sigbert という名の 3 人の

26-26 漁夫の指輪

26-27 初期キリスト教徒の青銅の指輪（イタリア製、4 世紀）

26-28 教皇の印章のついた銀の指輪（イタリア製、1725–50 年）

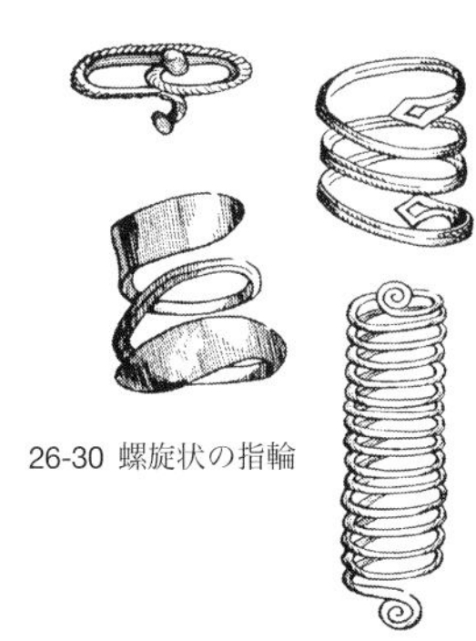
26-30 螺旋状の指輪

26-31 建築物の飾りをセットしたメロヴィング朝時代の指輪（ガーネットと金、ガリア製、6世紀中頃）

26-32 オニキスのインタリオをセットしたメロヴィング朝時代の金製指輪（6-7世紀）

王のうち誰かのものだったと思われる。もう1つの指輪には「Helva」の文字が、もう1つには堂々とした印章が刻まれている。北方のブリテン諸島からも、螺旋状の指輪と、金線をさまざまにねじった指輪が多数発見されている。[26-30] 中世後期には金細工の技巧が完成の域に達し、かつてないほど多種多様の指輪が作られた。ほとんどが印章指輪あるいは儀式用の指輪だったが、ファッションとしても確実に大きな需要があった。持ち主の肖像を刻んだインタリオとカメオが最も多く、婚約、結婚、贈り物にしばしば使われた。中世のロマンスにも指輪の贈り物が盛んに登場する。

指輪は大ブームとなった。『農夫ピアズの幻想』（1363）には、ダイヤモンドやルビーやサファイアの指輪をたくさん飾った婦人が登場する。マリー・ド・フランスの『レー』には、文字を刻んだ高価なガーネットをセットした、1オンス（約31g）もある純金の指輪が書かれている。オックスフォード大学にある羊皮紙の巻物に描かれたマーガレット・オブ・アンジュー（1429-82）の肖像では、薬指を除いたすべての指に指輪が2個ずつはまっている。このように度を越した指輪の流行を規制する法が1363年頃に可決され、騎士階級以下で財産が200ポンドに満たない者は指輪をしてはならないと定められた。

バッキンガム公ハンフリー・スタッフォードの妻の墓像（1450）は、小指を除いた右手のすべての指に大量の指輪がはめられている。[26-33] 変化に富んだそれらのデザインも注目に値する。この時代にはまた、古代ギリシャで流行した魔除けとしての指輪が、貴族にも平民のあいだにも再び流行していた。[26-34] 古代リュディアの王ギュゲスの指輪は、石のついたほうを手の内側にまわすと姿が見えなくなり、外側に戻すとまた姿が現れるという魔法の指輪だった。チョーサーの『郷士の物語』には、親指にはめるとあらゆる薬草の知識が得られ、小鳥と話のできる指輪が書かれている。魔除けやまじないの効果があると信じられたものなら何でも指輪にセットされた。たとえば、狼の歯は攻撃から身を守る力があり、アナグマの歯は富と幸福をもたらすとされた。またヒキガエル石（トード・ストーン）には特別の魔力があり、飲食物

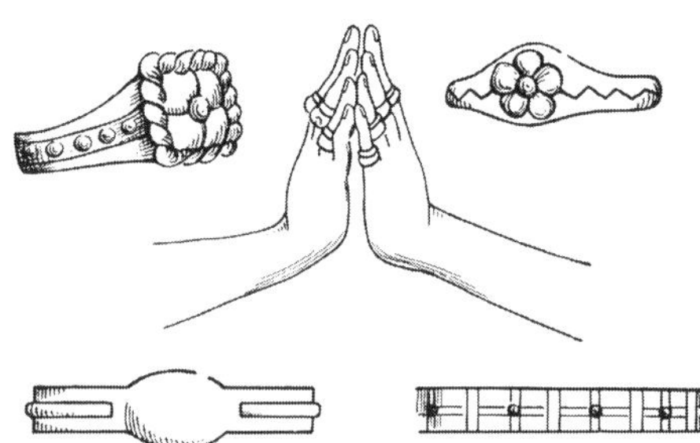
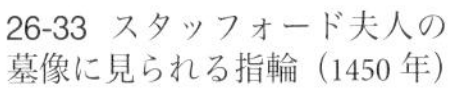
26-33 スタッフォード夫人の墓像に見られる指輪（1450年）

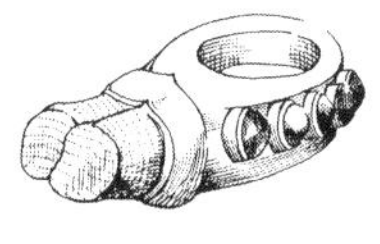
26-34 魔除けの指輪

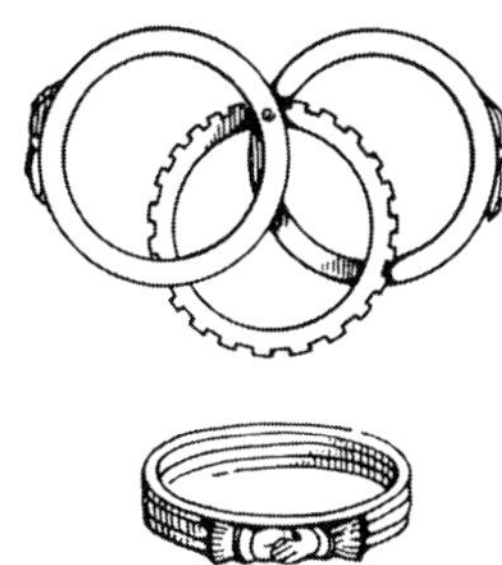

26-35 三重のギメルリング

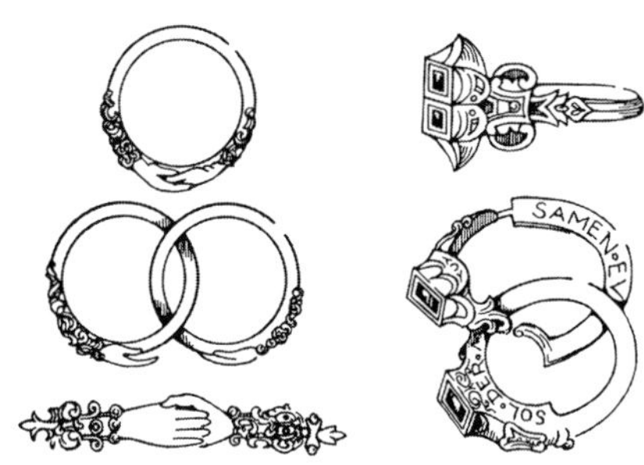

26-36 ギメルリング

の中に毒が入っていると石の色が変わって危険を知らせ、解毒の力もあると信じられた。指輪に刻まれた文字や言い伝えにも魔除けの力があった。癲癇や痙攣の発作の予防には、古くからの迷信に因む「anamyaptus」の文字が刻まれた。痙攣に効く指輪は、盛式ミサで王や主権者によって聖別されてから患者に渡された。エドワード懺悔王の巡礼用指輪（ピルグリム・リング）にはまっていたサファイアは、のちに英国王冠にセットされて、痙攣予防の指輪を聖別することのできる魔力を歴代イングランド王に与えたと言い伝えられている。ヘンリー8世時代のカルトゥジオ修道会僧アンドリュー・ボードは、ヨーロッパ大陸のガイドブックに、イングランド王の痙攣用の指輪について書いている。東方の三博士、カスパール、メルキオール、バルタザールの名を刻んだ指輪も、病気から身を守る護符として人気があった。そのほか、神秘的な鉤十字を刻んだ指輪もあった。

中世後期には、複数のリングを組み合わせた「ギメルリング」または「ツインリング」と呼ばれる指輪が大流行した。[26-35] これは古代に結婚指輪として好まれたデザインで、ギメルは双子を意味するイタリア語gemelliに由来し、当初は2個のリングを組み合わせたものだった。のちに3個、4個を組み合わせたものが作られるようになったが、名称はもとのまま残った。2個のリングを合わせると両手を組んだ形になるものや、[26-36] 複数のリングの一箇所を回転軸で留めたものなどがあった。こうした指輪は、14世紀から16世紀にかけてのフランス、イタリア、イングランドで大流行した。[26-37, C76]

現代ではあまり馴染がなくなったが、「信仰の指輪（デヴォーショナル・リング）」も流行した。[26-38] 素材は金、青銅、象牙などがあり、天使祝詞（アヴェ・マリア）を唱える10個の丸い突起と主の祈りを唱える十字架がついているのが特徴である。そのほか、ベゼルが蝶番（ちょうつがい）で開閉し、神聖なシンボルや銘、肖像などを刻んだ宝石が隠されているものもあった。

指輪の保管には、たいてい「バキュラ」と呼ばれた細い棒が使われた。とくに大量の指輪を所有する者は、種類ごとに分けた何本ものバキュラを使っていた。ジョン欠地王の財産目録（1205）には多数のバキュラが記載されており、それぞれにダイヤモンドの指輪26

26-37 エナメルを施した金にルビーとエメラルドをセットしたギメルリング（南ドイツ製、16世紀中頃）

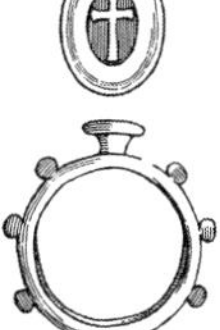

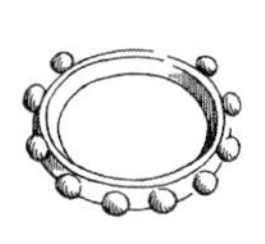

26-38 信仰の指輪

26-39 ホルバイン《ベネディクト・フォン・ヘルテンシュタイン》1517 年

個、エメラルドの指輪 40 個、エメラルドの指輪 47 個、トパーズの指輪数個、トルコ石の指輪 9 個が通されていた。ジャック・ルイ・ダヴィッドの《金細工師》に、宝石細工師とともに指輪をかけておく棒が描かれていることから、宝石商や細工師もバキュラを使っていたようだ。

◇16 世紀

16 世紀から 18 世紀の男女はつねに指輪を着け、衣装とともにその優雅さを競い合った。[26-39] 指にはめきれないほど多数の指輪を所有している者は、鎖やひもに通して首から下げたり、帽子につけたりした。ルカス・クラーナハの描くドイツ女性の肖像は、8 個の指輪を鎖に通し、5 個を手に着けている。16 世紀のイングランドでは指輪が広く一般に普及し、行商人が扱う主要商品にもなっていた。

26-40 ポージー・リング

26-41 エナメルを施した金製のポージー・リング(イングランド製、1700 年頃)

16 世紀には、ポージー・リングが盛んに着けられた。[26-40, 41] ポージー・リングとは、愛の言葉や 2 行詩句を刻んだ指輪のことで、中世にも流行した。[C56, C57] シェークスピアの『ヴェニスの商人』に、ポーシャとネリッサがそれぞれバサーニオとグラシアーノに指輪を贈り、何があっても絶対はずさないと約束させる場面がある（第 5 幕第 1 場）。

宝石の頭文字を並べて好きなことばや恋人の名前を表わす「リガード・リング」も同類の指輪である。ラピスラズリ、オパール、蛇紋岩（ヴェール・アンティーク）、エメラルド、マラカイト、エメラルドと並べれば「LOVE ME」、サファイア、アメシスト、ルビー、アメシストは「SARA」、ダイヤモンド、オパール、ルビー、アメシストは「DORA」となる。また、2 つのパーツに分かれて恋人が片方ずつはめることができる婚約指輪もよく使われた。

親指にはめる指輪は古代に流行し、13 世紀頃にいったん廃れたが、カンタベリー大聖堂にあるトマス・ベケットの聖廟が破壊された直後からまたはやりはじめた。カンタベリーをはじめ近隣の聖堂から次々と財宝が没収されてヘンリー 8 世のものとなったとき、そのなかでひときわ大きい宝石「リゲール・オブ・フランス」は、ヘンリー 8 世の親指用の指輪にセットされた。この宝石は、ヘンリー 8 世の娘メアリー 1 世がネックレスにセットしたのを最後に、記録から消えている。

ヘンリー 8 世に倣って、流行に敏感な男女はすぐさま親指に指輪を着けるようになっ

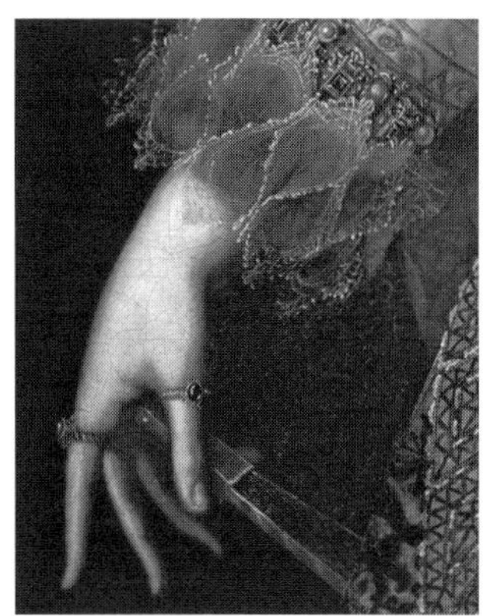

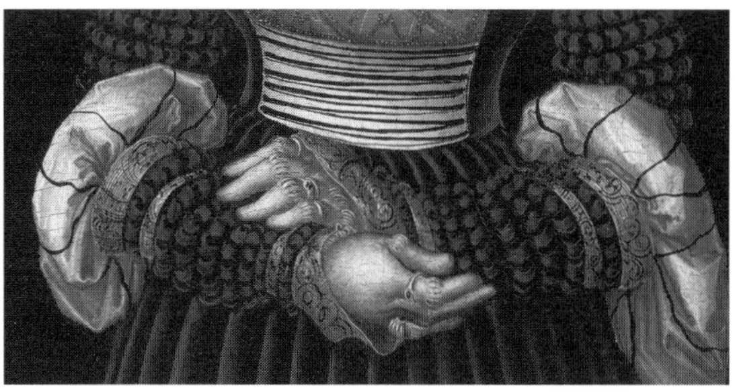

26-43　クラーナハの描いたドイツの女性は、指輪をはめた関節にスラッシュを入れた革手袋の上からさらに指輪を着けている（1525 年頃）

26-42 親指に指輪をはめたブルボン家のイサベル王女（1620 年頃）

た。ボリュームのある指輪を親指にはめている男女の肖像画が数多く残っている。[26-42, 44, C63] 16 世紀に流行した魔除けの指輪は親指にはめらることが多く、イングランド女性は結婚指輪をつねに親指にはめていたといわれている。プレーンな金の結婚指輪は 16 世紀から着けられるようになったらしい。1553 年、メアリー王女とスペインのフェリペ（のちのフェリペ 2 世）との結婚を控えて、両王家の結婚指輪をどのようなものにすべきか多くの論議が交わされ、最終的には「皆がしているような飾り気のない金のリング」がいいという王女の意向に沿うことになった。こうしたいきさつが、プレーンな金の結婚指輪の威信をますます高めたことは間違いない。また結婚の記念品として金の指輪が配られることもあった。結婚する召使のために 4000 ポンドもする金の指輪を作ってやった寛大な紳士もいたという。この習慣は 17 世紀以降にもときどき行われ、1840 年のヴィクトリア女王の婚礼では、ロイヤルカップルの金の横顔と Victoria Regina（ヴィクトリア女王）の文字がついた指輪が配られた。指輪の美しい仕上がりに魅せられた女王は、特別な来客たちにも贈ることを思いつき、さらに多数の追加注文をしたという。

アン・オブ・クレーブス、[26-44] ジェーン・シーモア、[26-45] サボイ公爵夫人などの肖像画から、この時代のおしゃれな女性たちがいかに指輪を愛したかがよくわかる。[C67, C70, C81] ドイツのハンス・ホルバインは、精巧に細工された金の装飾品を好んで絵画に描き込み、宝石の美しい色合いまでも細かに再現している。王や王妃はもちろん、それ以下の人々の手も非常に写実的に描かれていることから、[C59, C60] 指輪の細部も実際のデザインを忠実に再現したものと考えていいだろう。ルネサンス期の指

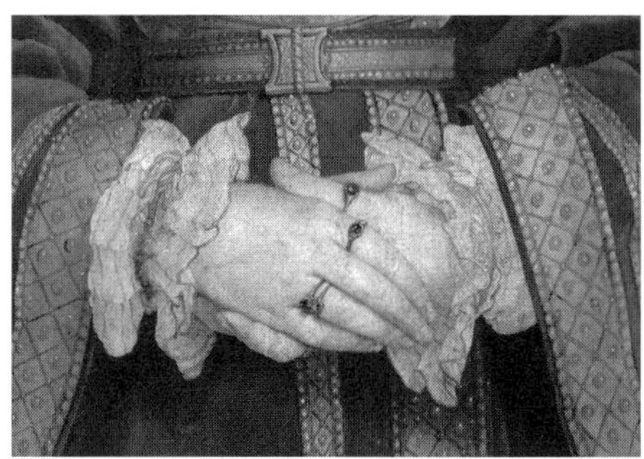

26-44 ホルバイン《アン・オブ・クレーヴス》1539 年

26-45 ホルバイン《イングランド王妃ジェーン・シーモア》1536 年

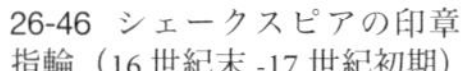
26-46　シェークスピアの印章指輪（16 世紀末 -17 世紀初期）

26-47　キューピッドがついた金の指輪（南ドイツ製、1575 年頃）

26-48　エナメルを施した金にサファイアをセットした指輪（西ヨーロッパ製、1525-75 年頃）

輪に使われた金は、古代の人々が好んだのと同様に純度の高い 22 カラットのイエローゴールドである。22 カラットの金とは、他の金属を 1/12 だけ入れて耐久性を持たせた合金だが、まったく変色しないばかりか年月が経つほどに金色の美しさが増し、磨く必要もなかった。ルネサンス期の高名な芸術家たちは、ジュエリーのデザインや制作にも関わっていた。ベンベヌート・チェリーニ、ギルランダイオ、マンテーニャ、ヴェロッキオ、レオナルド・ダ・ヴィンチ、ミケランジェロ、アルブレヒト・デューラーらは、絵画に勝るとも劣らぬ才能をジュエリーにも発揮した。ルーヴル美術館と大英博物館に、ルネサンス期の著名人たちが所有したみごとなジュエリーのコレクションがある。そのなかには、スコットランド女王メアリーの印章指輪をはじめ、メアリーの 2 度目の夫ダーンリー卿、ジェーン・シーモアの家族、マルティン・ルター、シェークスピアなどの指輪が多数含まれている。[26-46]

26-49　人差し指と小指に指輪を着けたエリザベス 1 世（1562 年頃）

ジュエリー好きだったエリザベス 1 世は、とりわけ指輪を愛好したことが知られている。[26-49] 格別の好意や恩寵を示すときには必ず手袋をはずし、指輪のきらめく素手を相手に差し延べて口づけをさせたといわれている。なかでも興味深いのは「エセックス・リング」の逸話である。エリザベスは、かつて寵臣のひとりだったエッセックス伯に指輪を与え、助けが必要になったときはこの指輪を送り返せば、必ずや窮地を救うと約束した。それから何年かたち、反逆罪で投獄されて死刑を宣告されたエッセクス伯はこの約束を思い出し、看守ではなくひとりの少年を呼んで、女王に渡す指輪を託した。ところが不運なことに、この指輪はエッセックス伯の宿敵ノッティンガム伯爵夫人の手に渡ってしまった。エリザベスは、エッセクス伯から音沙汰がないのは、自分の支援を頑なに拒んでいるからだと判断し、彼を運命のなすがままに任せることにした。それからしばらくしてノッティンガム伯爵夫人が病に倒れ、死が間近いことを悟った夫人はエリザベスを呼び、エッセックス伯の指輪のいきさつを打ち明けた。これを聞いたエリザベスは激怒し、死の床にある夫人を激しく揺さぶって平手打ちを食わせ、「神がお許しになっても、私は絶対に許さない」と叫ん

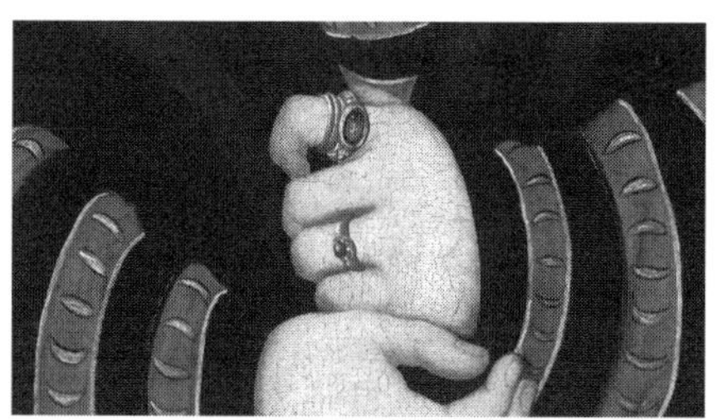

26-50 紋章入りの指輪を着けたドイツの男性（1532年）

で部屋を出た。この件で大きなショックを受けたエリザベスもまた病に伏し、数週間後に嫉妬と陰謀にまみれた現世を去っていったといわれている。

ルネサンス後期には紋章学が発達し、盾形に描く紋章の図形が重要な意味を持つようになった。そこで高位の紳士はみな一族の家紋に当たる兜飾り（クレスト）を彫った印章指輪を身に着けるようになった。[26-50, C61-C65] 古代から存続する印章指輪が、このように時代によって新たな意味づけをされながらもリバイバルを繰り返すのは、興味深い現象である。

◇17世紀

17世紀には、肖像画に描かれた指輪の数が一転して減少する。肖像画の価値は、高価な指輪に左右されるものではないと画家が判断したとでもいうのだろうか。宮廷の貴婦人や著名な紳士たちの手にも、指輪はほとんど描かれていない。ピーター・レリーの描くイングランドの美女たちの肖像にも指輪はなく、画家の芸術的手腕は美しい手の形を描き出すことに注がれている。指輪が描かれている場合もその数は少なく、ほとんど目立たない。

共和国時代（1649-60）のイングランドでは、指輪は「異教起源」として排除され、結婚指輪さえも使用が控えられた時期があった。王国の歌〔エホバの証人が用いる宗教歌〕の『寝室説法』にも、指輪は迷信的なもので信仰にとって重要性はないと歌われている。『ブリティッシュ・アポロ』紙に、「婚約者たちはなぜ相手の左手の薬指に指輪をはめたがるのか」という講演者の質問に対して、次のような回答が載った。「この習慣は先祖から伝わったものに過ぎない。右手に比べて左手は使用頻度が少ない、つまり指輪に傷をつけることも少ないと考えられたのだ。それに薬指は、他の指とちがって、1本だけでまっすぐに伸ばしたりもしないからだ。なかには、動脈で心臓とつながっているのは薬指だけだからだと唱えた先祖もいるが、現代の解剖学の見地から後者が誤りであることは明らかだ。だから私たちは前者の理由を受け入れたいと思う。」

16世紀から18世紀にかけて、イタリアの金細工師が作った「ジャルディネット・リング」と呼ばれる指輪が流行した。[26-51, 52] ジャルディネットとはイタリア語で「小庭」という意味で、小さな宝石や準宝石、色ガラスや真珠で花を表現し、金細工で茎や葉を作り、花籠や花束や植木鉢などの形にデザインした楽しい

26-51 ジャルディネット・リング

26-52 ルビーとダイヤモンドをセットしたジャルディネット・リング（イングランド製、1734-66年）

指輪である。この種の指輪の珍しいコレクションが、各地の美術館・博物館にある。[C84, C85]

悲運の王チャールズ1世の2つのメモリアル・リングは、17世紀の有名な指輪である。そのひとつには、楕円形の大きなダイヤモンドがセットされ、ダイヤモンドの部分を開くとチャールズ1世のエナメルの肖像画が現れる。[26-53] もうひとつは、中央のダイヤモンドの両側を小さな2つのダイヤモンドが囲み、骸骨をデザインしたシャンクに「C.R. January 30, 1649, Martyr（王チャールズ1649年1月30日殉教）」の文字が彫られている。そのほかにも、ミニアチュールがついたものや銘が刻まれたものなど、チャールズに因んだ指輪は多数ある。それは、チャールズ1世の処刑に激しい衝撃を受けた王党派の人々が、「忘れるな（Remember）」と言った王の最後のことばを心に留めて実行に移し、多数のメモリアル・リング作って指にはめたからである。チャールズ1世の死をきっかけとして、死者の形見にメモリアル・リングを着ける習慣が広く普及した。王妃アンリエッタ・マリアのものとされる印章指輪も現存している。円形のベゼルにサファイアが1つとイングランドの紋章、そしてM.R.の文字がついている。

メモリアル・リングに性格の似たモーニング・リングの習慣も17世紀にはじまった。[C77, C90-C91, C93-C95, C97] 恐ろしげな装飾が施された、大ぶりで黒色のものが多かった。しかしその

26-53 チャールズ1世のメモリアル・リング（左：開いたところ　右：閉じたところ、1650年頃）

26-54 髪の毛を編み込んだモーニング・リング（イングランド製、1796年）

後は、黒ではなく青色のエナメルが使われるようになった。指輪には、死者の肖像画やエンブレムや感傷的な銘文などが刻まれていた。そのほかに、死者の髪の毛を編んだり、何かの形にデザインして水晶やホワイトサファイアのカバーをつけ、指輪やロケットにしたものもあった。[26-54] ジョージ・ワシントンは、この種の指輪を「尊敬のしるし」として友人や親類たちに数点残したといわれ、1783年にボストンで行われた葬儀の際には、1個約7ドルの指輪を参列者に配ったともいわれている。17世紀には、トルコ石を小さなダイヤモンドで囲んだ指輪がイングランドで大いに流行し、サミュエル・ピープスの日記にも言及されている。

◇ 18-19世紀

18世紀初期にはまだ指輪の使用は控えられていたが、世紀後半には再び多数着けられるようになった。流行の先駆けはもちろんフランスで、他国もそれに続いた。メルシエは『タブロー・ド・フランス』で、18世紀末には夥しい数の指輪がはめられ、美しい女性の手を取っても、大量の指輪と角張った宝石を握っている感覚しかないといい、また結婚指輪が隠れて見えないほどだと書いている。フランス革命期には、バスティーユ牢獄の石の破片が指輪やブローチにセットされ、結婚指輪には共和主義者の色である赤、青、白のエナメル装飾が施された。恐怖政治の期間は、その

26-55 セントヘレナ島から持ち帰ったナポレオンの髪の毛を入れた金のモーニング・リング（1822 年頃）

26-56 ナポレオンのメモリアル・リング

間の指導的な人物の肖像をエングレイヴィングした指輪が流行した。指輪は、サンダルをはいた女性の素足の指にも飾られた。

19 世紀初期には、ナポレオンに因んだ指輪があった。大英博物館にある 6 点のうち 1 点は、ナポレオンのエルバ島脱出（1815 年）を幇助した人物が作らせたといわれているもので、ベゼルについた蓋を開けるとナポレオンの横顔のエングレイヴィングが現れ、蓋の外側にはエナメル装飾をともなった簡単なエングレイヴィングが施されている。[26-56] ナポレオンが皇帝の座を追われて以来、フランスでは彼の信奉者たちが秘密裏にこの種の指輪を使い続けてきた。蓋を閉めておけば、誰にも咎め立てされずに忠誠心を証明できたからである。イングランドのジョージ 4 世が摂政皇太子時代に作らせた双子指輪（ジェミナル・リング）も、この時代の有名な指輪である。双子指輪は古代から婚約指輪として身に着けられてきたが、中世に一時復活して大量に作られ、19 世紀にまた皇太子のために新たなデザインで登場した。この指輪は伝統に従って 2 個のリングからなり、ぴったりと合わせると 1 個の指輪になる。2 個のリングにはそれぞれ見えないところにスプリングがついていて、それを押すと片方は美しいフィッツハーバート夫人の肖像、もう片方は皇太子の肖像が現れる仕掛けになっていた。ジョージ 4 世は死の直前にこの指輪の片方をウェリントン公爵に託し、柩に横たわった自分の胸の上に置いてくれるようにと約束させた。それから数年後のある晩餐会で、ウェリントン公爵は美しく着飾ったひとりの婦人の手に光る指輪を見てはっとした。ジョージ 4 世から託されたあの指輪とそっくり同じ形をしていたからだ。公爵は強い好奇心に駆られて婦人に近寄り、指輪のスプリングを操作して蓋を開いて見せた。中から現れたのはジョージ 4 世の肖像だった。婦人は、この指輪はフィッツハーバート夫人から遺贈されたものだが、そのような重大な意味が込められていたとはまったく知らなかったと語った。そこでウェリントン公爵は、この双子指輪の由来と、王の遺言を忠実に遂行したいきさつを婦人に語って聞かせたという。

流行に左右されない印章指輪の人気は不変で、1865 年から 85 年にかけて大量に出回り、19 世紀末にも再び多くの男女が身に着けた。金の円形のベゼルに、クレストやモノグラムをエングレイヴィングしたものや、オニキス、ブラッドストーン、カーネリアンを彫ったものなどに人気があった。印章指輪に続いてカメオが大流行した。[26-57, C95, C96] 褐色の地に白の浮き模様、白地に褐色の浮模様、白地に黒の浮模様、黒地に白の浮模様が好まれた。指輪だけでなく、ブローチやブレスレットにもカ

26-57 シェルカメオをセットした金製の指輪（西ヨーロッパ製、1830 年頃）

メオは究極の装飾品だった。カメオの流行にともなってブラック・オニキス、カーネリアン、暗褐色の紅玉髄(サード)などのインタリオの人気も高まった。続く20世紀初期には、「ディナー・リング」と呼ばれる大型の指輪が大流行した。[26-58]関節と関節の間を埋めるほどの大型の指輪で、ブリリアント・カットのダイヤモンドや色石が散りばめられた。

◇20世紀

古代から、指輪には各時代それぞれの様式があるが、それに左右されることのないスタイルがあるのも事実である。かつて錬金術師が、金を「太陽の金属」、銀を「月の金属」と呼んだ時代に、指輪はこの二種の金属から作られていた。今日ではイエローゴールドと並んでホワイトゴールドがよく使われるが、古代の財産目録を見ると、ギリシャでもかなり昔からこれに似た「エレクトラム」と呼ばれる白色の金の合金が指輪に使われていたことがわかる。キプロス島出土の紀元前5世紀の数点の指輪にも、ホワイトゴールドによく似たエレクトラムが使われていた。しかし20世紀以降に最もよく使われる金属はプラチナである。[26-59]

新時代の美しい指輪には、ダイヤモンド、エメラルド、サファイアをはじめ、昔から親しまれてきたさまざまな宝石が使われる。男性の指輪は、服装一般と同様に地味になった。親指や「指関節全部にはめる指輪」などはすっかり過去のものとなり、古代からかろうじて生き残ったのは金またはプラチナの印章指輪だけになった。円形の金のベゼルに印章を刻んだものが多いが、石に刻んでセットしたものもある。石は、男性的なイメージをもつカーネリアン、ブラック・オニキス、虎目石、ブラッドストーン、ダイヤモンドなどが使われることが多い。印章指輪と同類のものに、大学内や友愛組合などの秘密結社を表す多数の指輪がある。スタイルは多様だが、各団体のシンボルが刻まれている点は共通した特徴である。[26-60]土台には数種の金属が使われ、エナメルや宝石や準宝石などがセットされている。

限られた顧客のためにひとつずつ手作りされるジュエリーもなくなったわけではないが、いまや大多数が機械生産品である。ひとつのジュエリーをひとりの職人が丹念に作り上げることもなくなり、金属加工、宝石加工、セッティング、彫金、研磨と、工程ごとに分業化されて大量生産され、価格も大幅に下がった。工場生産品は質的にばらつきはあるが、美的にも厳密さにおいても従来の手作りの指輪とそれほど大差はない。毒入り指輪や魔除け指輪のように複雑な仕掛けや意味合いを帯びた指輪はもはや作られないが、その代わり現代の指輪には、これまでにない変化に富んだセッティングと新たな魅力が備わっている。

26-60 マサチューセッツ工科大学のクラスリング（1930年）

左：26-58 ブリリアント・カットのダイヤモンドを散りばめたディナー・リング（1930年代）
右：26-59 ダイヤモンドと真珠をセットしたプラチナの指輪（ティファニー社製、1910年頃）

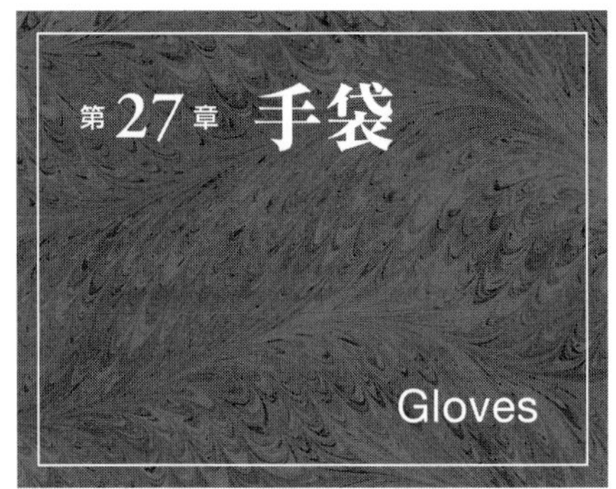

第27章 手袋 Gloves

手袋は、貴族と結びついた由緒ある伝統をもつ装飾品である。洗練された人々の手袋には、今もそうした風格が漂っている。手袋にまつわるさまざまな言い伝えや慣習が発達したのは中世だが、手袋自体の起源は、今からおよそ 24 万年以上も前の氷河期以前に遡る。人々が洞窟に住んでいた期間は正確にはわかっていないが、穴居人たちが寒さから手を守るために使いはじめたのが最初と考えられている。ヨーロッパ各地の遺跡から、動物の皮で粗く作られた袋状の手袋が多数発見されている。長さは肘まであり、指は別れていない。

◇古代

原初の衣服を育んだ古代エジプトでは男性が手袋を使っていた証拠がいくつか見つかっている。女性は着けていなかったようだ。王家の谷からの発掘品に、ツタンカーメン王が生前に着けた手袋が含まれていた。[27-1] 古代の墓の中には、麻の手袋 1 組と、色糸で織った綴れ織りの手袋の片方が、大量の衣類とともに束ねて置かれていた。結んで留めるためと思われるテープが手首の部分についており、5 本の指がすべて分かれている。現代とほぼ同じ形の手袋が、これほどの古代にもすでに存在していたのである。

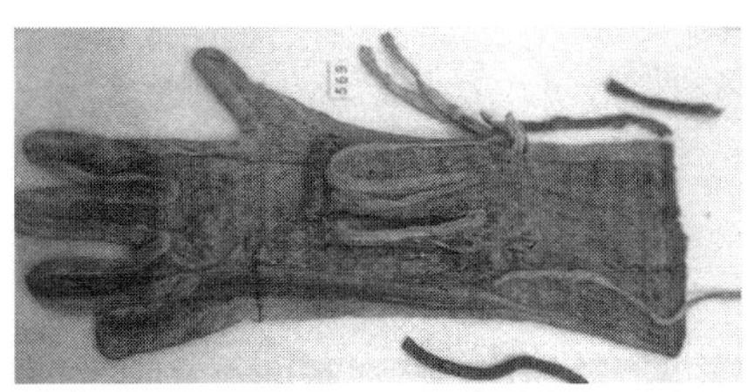

27-1 ツタンカーメン王の手袋

古代ギリシャでも手袋はよく使われていた。イスラエル、カルデア、ペルシャで手袋が使われていた事実が立証されており、これら東方の国々から、初期の古代ギリシャに伝わったに違いない。旧約聖書の「創世記」に、リベカが息子ヤコブの手に子山羊の毛皮を巻いて父イサクを欺き、彼に長子の権利を与えるという逸話が記されている（27 章 16 節）。またカルデア語の「mugubb 」は、手を覆うものという意味だといわれている。クセノフォンは、ペルシャ人たちが頭と体に服をまとうだけでは満足できず、贅沢なことに手や指にも動物の毛で作った覆いをはめていると書いている（『キュロスの教育 第 8 巻』）。

古代ギリシャ初期の手袋の目的は、あくまで手の保護であって装飾品ではなく、靴を履く者がめったにいなかったこの時代に、手袋が一般に行きわたっていたとは考えられない。『オデュッセイア』では、故郷に帰還したオデュッセウスが父のもとを訪ねたとき、老父ラエルテスは手袋をして農園を耕しており、「茨の刺から手を守るために手袋をはめている」とも書かれている。のちのギリシャとローマでは、饗宴で大鉢に盛られた料理を取り分けるときに手袋をしたといわれている。この習慣にはふたつの理由が考えられる。ひとつは食べ物にじかに触れて手を汚さないようにするため、もうひとつは火傷をしないためである。2 世紀の哲学者アテナイオスは、ある大食漢が食卓で必ず手袋をはめたのは、誰よりも大量の食物を食い尽くしたいがためだったと言っている。大プリニウスがヴェスヴィオス山に向かったとき、彼の書生たちは、手がかじかんで筆記具が持てなくならないように手袋をはめていたと甥の小プリニウスは書いている。帝政下のローマでは、手袋の原型であるミトンまたは袋状の手覆いと、5本の指が分かれた手袋との両方があったことがわかっている。いずれにしろ、古代の手袋はあくまで実用品の域を出るものではなく、ファッションとして身に着けられるようになるのは、ローマが覇権を掌握し、手袋が富と品位のシンボルとみなされるようになってからである。

◇中世

中世に、手袋はローマから西ヨーロッパに伝わったと考えられる。征服者であるローマ人の服装や習慣を被支配層が採り入れたのは自然の成り行きであり、手袋の使用が目立つようになったのもこの頃である。「手袋(glove)」の由来は、アングロ - サクソン語で「掌」を意味するglōfとする説が有力だが、ベルガエ（ベルギー）のことばで「忠誠」を表わすgheloove が語源であると主張する語源学者もある。初期の研究者は、「ある意味で忠誠と愛の証しである手袋は､忠義の表明である」と書いている。手袋が示唆するこうした意味と、名誉の証しとしての使われ方は、手袋の伝統の中に深く息づいている。

中世初期に男女が着用していた大きなガウンは、長い袖が手先までを覆っており、手を保護する手袋の役割を果たしていた。しかし486年にはすでに、フランク族の男女は寒い季節にだけ手に覆いをはめていた。親指が分かれた袋状のもので、動物の皮の毛皮のほうを内側にして、形よく作られていた。毛皮を外側にして、裏に保温性のある生地を張ったものもあった。雄鹿、子山羊、山羊の皮がとくに好まれ、甲の部分に金や宝石の装飾がついたものが多かった。12-13世紀の写本には、親指だけが分かれたミトン型の手袋や長いリボン飾りがついた手袋をした女性像が描かれている。[27-2] 古代エジプトには、一般に普及してはいなかったとはいえ、5本の指が分かれた手袋が存在したことが最近の発掘から明らかになった。エジプトに存在したならばアジアの他の地域にもあったに違いないが、おそらく一般には普及していなかったのだろう。ともかく中世の数世紀のあいだは、5本の指が分かれた手袋が記録されるようになるのは11世紀からで、現代と同じような形になったのもこの頃のようだ。

7世紀から9世紀にかけて、王族や高位聖職者が手袋を着けはじめた。7世紀頃に書かれた古英語最大の叙事詩『ベオウルフ』に手袋が詠われ、10世紀の古文書には、ドイツの商人がイングランド王エセルレッド2世（976?-1016）に、5組の手袋を税の一部として納入したと記録されている。エドワード1世時代(1272-1307)の彩飾写本に、若いリチャード1世の暗殺場面があり、不運な若い王子は白い手袋を手に持った姿で描かれている。

27-2　ミトン型の初期の手袋（12世紀中頃-13世紀中頃の写本より）

27-3　手袋を着けたリチャード1世の墓像（フォントヴロー修道院）

初期の王族の手袋にはつねに宝石が飾られていた。フォントヴロー修道院にあるヘンリー 2 世とリチャード 1 世の記念墓像は、手袋の甲に宝石がついていた。[27-3] このような墓像は、故王の姿を忠実に再現した肖像と思われる。同時代の作家がヘンリー 2 世の式典をこう描写している。「翌日、埋葬のために運ばれた王の姿は、王に相応しい装束に包まれていた。頭には王冠、手には手袋、脚には金で装飾されたブーツと拍車、指には大きな指輪がはめられ、手には笏を持ち、剣を刺した腹帯をしていた。顔は覆われていなかった。」

同修道院とウースター大聖堂にあるジョン王の墓像の手袋にも宝石がついている。1797 年にジョン王の棺が開けられたとき、遺体の手にもこれと同類の手袋がはめられていた。エドワード王の墓像は残っていないが、1774 年に彼の墓が開けられた時に、遺体には手袋は見つからなかったが、もとは手袋に施されていたと思われる装飾の跡が手の甲に残っていた。おそらく埋葬された当初にはあった手袋が、長年のあいだに朽ちて消滅したものだろう。

王族に次いで教会にも手袋が採り入れられ、聖職者の名誉のしるしになった。カール大帝は 790 年に、一部の修道師たちが狩をするのを無制限に許可する代わりに、獲物の鹿の皮で手袋やガードルや本のカバーを作るように誓約させた。教会の儀式や典礼において、手袋は特別に重要な意味を持った。初期の司祭たちは、清浄な手でミサが執り行えるように儀式のあいだ白い手袋（おそらくリネン製）を着けた。教会の象徴説は白い手袋に重要な意義を与え、「白い手袋によって、ミサのあいだ手は汚れなく、白く純潔で清潔に保つように定められていた。」埋葬された教皇ボニファティウス 8 世の手には、美しい刺繡と真珠を飾った白い絹の手袋がはめられていた。高位聖職者の手袋は、潔白を象徴する白色と定められたが、のちに祭服の色に合わせた色物も作られるようになった。教会史上最も有名なのは、オックフォード大学ニュー・カレッジに今も保管されているウィンチェスター司教「ウィカムのウィリアム」の手袋で、後光に囲まれた聖なるモノグラムが、赤い絹地に金と黒で刺繡されている。[27-4] この時代の手袋の興味深い実例は、高位聖職者の墓像に多数見ることができる。下位聖職者は手袋の着用を許されていなかった。

最初に王族、続いて聖職者に取り入れられ

27-4　ウィンチェスター司教ウィカムのウィリアムの手袋

27-5　司教用の白い手袋を着けたウィカムのウィリアム

た手袋は、この時から象徴性と深い意味合いが吹き込まれた。王権のシンボルであり聖職の象徴でもある、最も格式ある官服の一品目となった。その後徐々に用途が広がり、厳粛な場面や華やかな場面などにも使われるようになった。

封建時代の初期から、手袋は王者の威厳の象徴だった。王の手袋には王の大使ともいうべき役割があり、王が権力を委任する際には、手袋を持たせた使者を派遣した。品評会や市は、王の手袋が認可を与える最も重要な機会であり、会場の入り口には金色や美しい色に染められた大きな手袋が掲げられるのが慣わしだった。『サクソン人の鏡（Speculum Saxonicum）』に、「市や造幣所を設立するには、誰でもその地の裁治権者や判事の承諾を得なければならない。王もまた同意の印として手袋を送らなければならない」と書かれている。

手袋を保証の担保とする習慣もあり、財産の譲渡や保有に関する取引の多くにも手袋が使われた。

a. 土地の譲渡を承認する際に証文とともに手袋を預けた。

b. 地代の一部としてしばしば手袋が計算に入れられた。ノッティンガムシャーの荘園領主の邸宅は、毎年「クミンシード 1 ポンド、鋼の針、手袋 1 組」の支払いで維持されていたと言われている。

c. 1294 年付のパリの議会の記録に、フランダース伯爵は王フィリップ 4 世に 1 組の手袋を納入したことにより、フランダースの町の許可を与えられたとある。

決闘を申し込む際の道具のひとつとして、「手袋を投げろ」という聞き慣れたフレーズがある。相手に手袋を投げるのが申込みの合図であり、相手がそれを拾えば決闘は受けて立たれたことを意味した。

婚礼や葬儀には客への贈り物としても手袋が配られた。しかしこうした贅沢な習慣はしだいに減ってゆき、親類や友人だけに手袋を贈るようになった。イングランドのフランシス・ピナーという人物は、「私の死後、我が家の使用人すべてに各々 20 シリングと手袋 1 組を譲る」と遺言に書いた。また、「ジョン・スレイ氏に手袋とスカーフとハットバンドの代金として 45 ポンド 5 シリングを」と書かれた遺言も残された。時代が下って 1736 年にボストンで行われた植民地総督ベルチャーの妻の葬儀では、この古い習慣に従って 1000 組以上の手袋が配られた。

婚礼や葬儀で配られる手袋とは別に、友人や傑出した人物に賛辞のしるしとして手袋を贈ることもあった。一年のうちで最も盛大にプレゼント交換が行われる 1 月 1 日には、小さな服飾品を贈り合うことが多かった。なかでも手袋は「ギフト・グラブ」と呼ばれて、とくに好まれた贈答品だった。やがて手袋の代わりにそれに相当する金銭が贈られるようになり、「グラブ・マネー」または「グラブ・シルバー」と呼ばれるようになった。

ロマンスの分野でも手袋は魅力的な役割を担った。この時代、手袋は「真実の愛のしるし」として拘束力ある求愛の贈り物とみなされた。トマス・ダーフィーの『機知と歓喜（Wit and Mirth）』にジョリー・ペドラーの歌「雌鹿のなめし革でつくられた 素晴らしい香りのする手袋を持っている 愛がかなったとき若い男が恋人に渡す贈り物」がある。

馬上槍試合に出場する勇ましい騎士は、恋人の手袋を帽子に留めた。イングランドの詩人ドレイトンの詩『アジャンクールの戦い』にも、駿馬に乗った貴族の若者たちが恋人のガーターや手袋、一房の髪を身に着けたと書かれている。

手袋を交換するようになる前は、騎士は敬愛する女性から贈られた「袖」を愛のしるしとしてヘルメットにつけていた。アーサー王伝説に登場する騎士ランスロットは、キャメロットの闘技場で、「多数の真珠を刺繍した赤色の片袖を身に着けるように」というアストラットの乙女エレインの頼みを受け入れる。1500年に行われた馬上試合では、参加した騎士のひとりは敬愛する女性の片袖を、もうひとりは恋人の手袋の片方を兜につけていたと年代記作家ハルが書いている。このように、厳粛な意味合いと幸福なイメージに満ちた手袋は、いにしえの貴族的な歴史とともに現代まで伝わってきた。

服装に数々の新しい発展が見られるようになった12世紀には、手袋もファッショナブルな衣装の一部となった。以前からあったミトン形の手袋もまだ時々使われたが、ミトンまたは手袋が袖の一部として作られることもあり、そうした例は1300年の記念碑的墓像の何体かに見ることができる。前述したように、手袋はおもに男性だけが着けていたが、上流階級の女性も着けるようになった。当初の女性の手袋はほとんどがなめし革製で、王家の男子や高位聖職者のそれに倣って、甲に貴石や高価な宝石が飾られていた。当時盛んだった鷹狩も、手袋人気の高まりに大いに関係があったと考えてよいだろう。鷹はつねに手首にとまらせたので、鷹の強く鋭い鉤爪で怪我をしないためには保護物が必要だった。[27-6] 技量面では夫たちにはるかに及ばなかったとはいえ、13世紀には女性も鷹狩を楽しむようになった。中世の文献に、「狩猟や鷹狩をし、網で鳥を罠にかけ、白イタチを使って兎を穴から追い出す女性がいた」と書かれている。英国の王室コレクションにある14世紀初期の写本には、鷹狩用の手袋の片方を手に持った女性と、手袋をはめた手に鷹をとまらせている女性が描かれている。

13世紀頃から、武具のひとつとして金属性のガントレットが使われはじめた。[27-7] ちなみにこの手袋は、のちの1600年にガントレット手袋として歴史的に興味深いタイプの手袋に発展していく。初期のガントレットは、皮革の上に金属板を重ね合わせて作られていた。多種のガントレットが1660年頃まで使われ続けた。腕の形に合わせて肘まである長いカフスがついたものが多く、全体を金属で作ったものがほとんどだった。そのほかに板状の皮革を重ね合わせたものもあった。のちのクロムウェル時代の騎兵が「バフ・グラブ」を採用するようになって、金属のガントレットは使われなくなった。バフ・グラブは、手の部分が厚い羊皮で、肘まで延びたカフス部分は丈夫なバッファローの皮で作られた。長いカフスまたはガントレットの多くは動物の皮あるいは角の小片を鱗のように重ね合わせた作りになっていた。[27-8]

12世紀と13世紀には、手袋がファッションの一部として支配階級に受け入れられ、庶民のあいだにもたちまち広まった。新たに手袋の需要が増え、フランスの小都市では手袋商が大いに繁盛した。羊皮や鹿皮（ドスキン）や野兎の皮が使われ、やがて強い香りがつけられて人々の

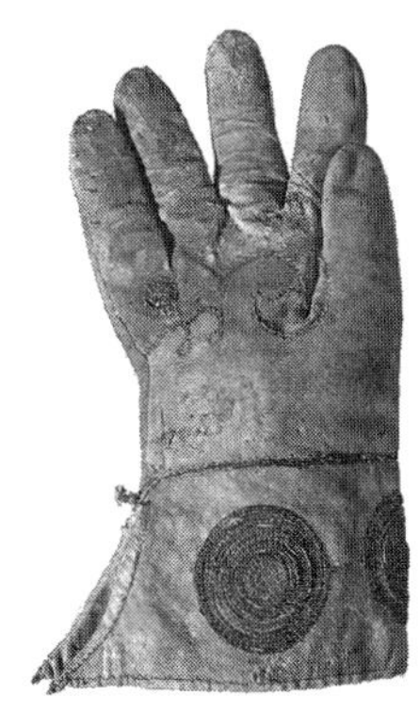

27-6 ヘンリー8世の鷹狩用手袋

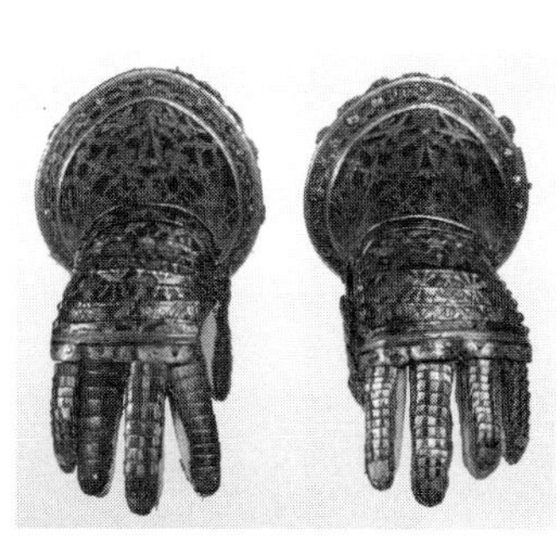

27-7 金属製のガントレット（1614年頃）

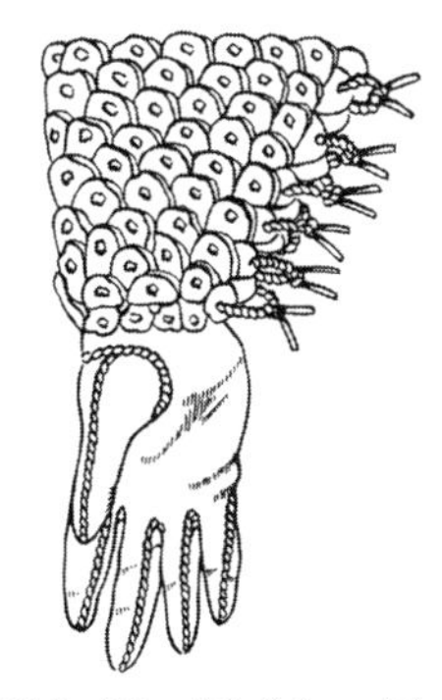

27-8 バフ・グラブ（1600年）

購買意欲をさらにかきたてた。シャルル6世と7世治下の1380-1461年頃、スミレの香りをつけた手袋が現れた。「香り付き手袋」は熱狂的に受け入れられ、その後の200年間はファッションに欠かせないアイテムになった。香り付き手袋は、1071年頃にヴェネツィア総督ドメニコ・シエヴォと結婚した東洋人の妻が、東洋のさまざまな習慣や贅沢な装飾品とともにヴェネツィアにもたらしたといわれている。香りをつけた手袋の流行は時間をかけて徐々に広がり、ファッションとしてあらゆる地域に浸透していった。香りづけの方法は多岐にわたっていた。麝香猫（ジャコウネコ）や麝香鹿（ジャコウジカ）の分泌物や竜涎香などの動物性エキスにオイルを混ぜ、多種の芳香剤やスパイスを加えるのもひとつの方法で、簡単な例に次のようなものがあった。

「丁子（クローブ）の粉、竜涎香、麝香、リグナム・アロエ、ベンゾイン、芳香アザミをアンゼリカ水とバラ水の中に入れ、半量になるまで煮詰めて濾過したものに手袋を浸し、日光に当てて何度も表裏を返しながら乾かす。この浸したり乾かしたりの工程を3回繰り返す。また別の方法は、バラ水に浸した手袋を吊るして九割がた乾かし、ベンゾイン半オンスとアーモンドオイルを混ぜてひいたものを手袋に塗り込み、これを吊るすか懐中に入れて乾かす。使用後も、好みで適宜これを繰り返す。」

27-9 手袋を手にしたイングランド女王メアリー1世（1554-59年）

◇16世紀

手袋には、何としても香りがついていなければならない時代だった。そこで上流階級の男女は、香りづけのあらゆる処方を試してみたに違いない。イングランドでは、ヘンリー8世とその廷臣たちが香りの手袋を使っていたが、おしゃれの約束ごととして広まったのはフランス、イタリア、スペイン、ドイツに遅れること200年、エリザベス1世の時代になってからだった。手袋の黄金時代は16世紀と17世紀で、香りのついた手袋が文献に頻繁に言及されたり、高名な男女の肖像画に描かれたりしたのもこの時期である。ヘンリー8世王室の『四半期支払い帳』には、香りの手袋1組が1月1日に王に贈られたと記されている。1532年には、スペイン製手袋1ダース半の代金7シリング6ペンスが国王の個人支出として支払われている。当時、スペインの手袋は優れた香りづけで有名だった。自然の花から抽出したオイルで作るフランスの香料は香りが長持ちしなかったが、スペインの香料は時間がたっても香りがほとんど消えなかった。これが評判になって、刺繍をした香り付きの手袋と、香りだけをつけた未裁断の皮革は、数世紀にわたってスペインの商業的繁栄を支えたといわれている。

手袋に関するオックスフォード伯爵のよく知られた逸話がある。イタリアに数年間滞在した伯爵は、「スイート・バッグズ（sweete bagges）」と呼ばれた香り付き手袋1組をイングランドに持ち帰り、即位15周年のエリザベス1世にプレゼントした。同時代の年代記作家ジョン・ストゥールによれば、エリザベスはこれを非常に気に入って肖像画に描かせ、この香りを「オックスフォード伯の香り」と名付けたという。1556年に女王に届けられた新年の贈り物のリストには「フランクウェル氏から香り付き手袋1組」、「パスカルから金銀のカフスのある香り付き手袋1組」など、香り付き手袋が多数含まれている。大好きな手袋のプレゼントが多方面から集まり、女王の衣装箪笥はあふれていた。またこれより少し前から、大学や公共団体は、表彰すべき人物に手袋を贈るのが慣例になっていた。オックスフォードのアシュモリアン美術館に納められている美しい刺繍の手袋は、1566年にオックスフォードを訪問した女王に贈られたものである。[27-10] 指の作りがスリムで長く、手の込んだ刺繍が長いカフスから親指の付け根までたっぷりと施され、縁にフリンジが飾られている。古文書にはそのほかにも手袋を受け取った著名人の名が多数記されている。1451年にはオックスフォードのオーリエル・カレッジからリンカンの主教に贈られ、1571年にはモードリン・カレッジからウルジーに6シリング4ペンスの手袋が、1561年にはコーパス・クリスティ・カレッジからベッドフォード夫妻に4シリングの美しい手袋がプレゼントされた。手袋を贈る習慣は、目上の人の前で「かぶり物と手袋を取る」ことを礼儀とした伝統に基づいたものだろう。手袋を贈られた者は、大学の最高権威者の面前でも手袋を着けたままでいることを許された者、つまり傑出した人物であることを暗示し、最高の栄誉が授けられたことを意味していた。ニコルの『エリザベス1世の行幸』には、贈り物として受け取った香り付き手袋の詳細なリストも載っている。

エリザベス1世は、自慢の美しい手に注意を引きつける恰好の小道具として手袋を使った。女王に謁見したデ・モーリエは、「女王は、あだっぽい落ち着きない様子で……会見ではいつも100回以上手袋をはずしたりはめたりして手を見せていた。確かに白く美しい手だった」と書いている。エリザベス1世はまた、

27-10 1566年にエリザベス女王に贈られた手袋

27-11 宝石がついた手袋を手にしたエリザベス女王（1563年頃）

賞賛すべき人物や、逆に賞賛してもらいたいと願う人物に、たびたび自分の手袋を贈った。お気に入りの医師グリッソンには、「私のために着けてちょうだい」と言ってスペイン革のみごとな手袋を外して手渡した。女王が落とした手袋を拾って届けたカンバーランド伯クリフォードには、その手袋を与えた。カンバーランド伯は女王の気遣いをたいへん喜んで得意に思い、つねに万人の目につく兜の正面にこの手袋を着けていた。シェークスピアの一団が劇を上演しに宮廷にやって来たときには女王も臨席した。女王はシェークスピアの絶妙な配役と美貌の男優たちに見とれ、いたくご満悦の様子で、舞台上の俳優めがけて手袋を投げた。しかしこれは女王としていささか分別を欠いた行為だったため、とっさに機転を利かせたシェークスピアは、あたかもハプニングだったかのように手袋を拾い上げ、うやうやしく女王に返したといわれている。

シェークスピア戯曲には、ことあるごとに手袋が描写される。たとえば『冬物語』では「薔薇の香りのする手袋」が歌われ、『から騒ぎ』ではヒーローがベアトリーチェに「伯爵がくださった手袋は素晴らしい香りだ」と言い、『ロミオとジュリエット』では、愛の虜になったロミオが窓辺に現れたジュリエットを見て、「あの手袋になりたい、そうすればあの頬に触れられる」とつぶやく。

16世紀は手袋にとって幸運な日々だった。エリザベス1世によって手袋が流行となり、16世紀後半には人々のあいだに広く定着した。エリザベスと同じウェストミンスター寺院に眠る悲運の女王スコットランドのメアリーは、処刑の日の朝に付き添人だったデイレル家の紳士に、敬意のしるしとして美しい手袋を与えた。この手袋はオックスフォードのサフラン・ウォルデン博物館にある。[27-12, 13] この手袋の詳細が古物蒐集家向けの雑誌に載り、その一部をS・ウィリアム・ベックが著書『手袋の歴史と意味』に以下のように引用している。「寒色系の明るい黄褐色のなめし革製で、ガントレットに多色の絹と銀糸で手の込んだ刺繍が施されている。青の濃淡と2種の深紅色で表現された薔薇の花。色調を違えた2色の緑色で表現された木の葉の模様。模様のポイントは飛翔する尾の長い鳥である。同じ模様が手のひら側にも線描刺繍されているが、ガラスケースに接していた手のひら側は、つねに光にさらされていた表側に比べて退色が少なく、もとの色がよく保たれている。ガントレットの裏に張られたサテン地の深紅色は、当時のままの鮮やか色を保っている。ガントレットの縁を外側に折り返した細い帯状の部分に金のフリンジやレースが縫いつけられ、その先端に、鋼の小さなペンダントや銀のスパングルがついている。脇のスリットに渡された絹

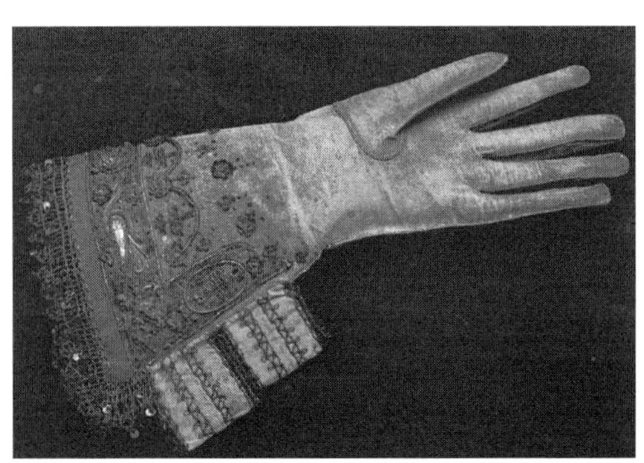

27-12 スコットランド女王メアリーの手袋

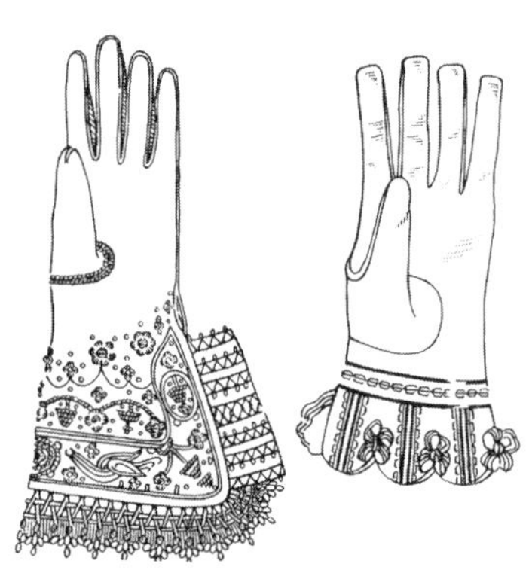

27-13 スコットランド女王メアリーの手袋（左図は27-12の描き起こし）

の2本のテープの深紅色は、かなり退色が進んでピンク色になっている。テープの両側の銀のレースも変色している。」

「9日間の女王」といわれたレディー・ジェーン・グレイは、断頭台の前にひざまずいたのち、手袋とハンカチーフをティルニー嬢に渡したといわれている。処刑台に上がったチャールズ1世は、ロンドンの主教ウィリアム・ジャクソンに手袋を渡したといわれ、ジャクソン家に今も保管されている手袋はその時のものとされている。ヘンリー8世の最初の王妃キャサリン・オブ・アラゴンが、侍女のアン・ブーリンに傾倒してゆく王の愛を取り戻そうと努めたときも、手袋は少なからぬ役割を担った。キャサリンは王のためにカードゲームの席を設け、アンが手袋を脱いで奇形の指を王の眼前に晒さざるを得ないように仕向けたといわれている〔今日ではほぼ否定されているが、アンの左手には指が6本あったという噂がまことしやかに広まっていた〕。

シェークスピアのものとされる手袋も歴史上必見である。[27-14] 頑丈ななめし革に赤と金のスクロール模様のステッチが飾られ、ダブル仕立てのカフスは黄色い絹のリボンで強調され、表側にカットワークが施され、縁には深紅色と黄色のフリンジが飾られている。

手袋が重要な意味をもった16世紀には、「シェヴレル・グラブ」と呼ばれる新しいタイプの革手袋も現れた。フランス語で「山羊」を意味するシェヴレル cheverell は子山羊の革の一種だが、従来のキッドよりきめが細かく柔軟だった。「ニットの手袋」、「絹のニットの手袋」もしばしば記録されているが、ニット自体の歴史はもっと古い。古代エジプトにすでに目の細かいウールニットのストッキングがあり、ボンネットにフェルトが使われる前はニットで作られていた。絹のニットの手袋は、ヘンリー2世（1137-80）と3世（1223-26）の時代にすでにあり、1536年にオランダからイギリスに入った輸入品リストにも「絹のニットの手袋」がある。このリストの商品の各項目には「余剰品」か「必需品」かをチェックする欄があり、おもしろいことに手袋は「余剰品」の項目に入っている。

16世紀の手袋には色糸刺繍と金のフリンジが飾られて、実にゴージャスである。[27-15] 色彩豊かな美しい刺繍がしばしばカフスを覆い、あまりにも巧みな刺繍は「糸で描いた絵画」ともいわれた。長いカフスの裏には深紅色などの華やかな絹地が張られ、金のフリンジで縁取られている。

◇17世紀

香りをつけた手袋の流行は続き、17世紀には新しい香りも加わった。ルイ13世時代の軍曹フランギパニ侯爵が新しい香水を創作し、

27-14　シェークスピアのものといわれる手袋（1500年）

27-15　タペストリーの工房が製作した華やかな革手袋（1590-1610年）

27-16　カフスに宝石を散りばめたスウェーデン王女エリサベトの手袋（1550年代）

それをしみこませた「フランギパニ手袋」がたちまち大評判となった〔「第13章 香水」参照〕。また、橙花油系の香料を創作したネーロラの公妃に因む「ネロリの手袋」もあった。

ルイ14世治下の手袋商には、手袋、なめし革、香水等を製造・販売する特権が与えられていた。17世紀以前には、ひな鶏の皮を使った手袋が作られていた。ひな鶏の皮は非常に薄くて肌理の細かく、手を白くしなやかにするといわれて珍重されたらしい。香水の香りに満ちたフランス宮廷では、紳士淑女たちがひな鶏の手袋の内側に香りのよいポマードをたっぷりと塗って、これをはめて寝た。イギリスではこの習慣がジョージ3世の時代まで続いた。ひな鶏の皮をどのように加工したのかはわかっていないが、この手袋が知られるようになってから、より薄くなめらかな素材が好まれるようになり、子牛の胎児の皮からも手袋が作られるようになった。この製品はおもにアイルランドのリムリックで生産されたので「リムリック」と呼ばれ、小さくたたむとクルミの殻の中におさまってしまうほど薄かったといわれている。当時の店のショーウィンドウには、金色に塗ったクルミの殻の中に華奢なリムリック手袋を入れてディスプレイされていたという。

手袋のカフスの幅が広く作られたのは、古くは長袖の袖口を保護するためだった。手袋と袖には切っても切れない縁があり、この関係は17世紀のファッションにも現れた。女性のガウンの袖が短くなるにつれて、それを追いかけるかように手袋が長くなり、短いパフスリーブが流行すると、手袋はついに肘の上まで伸びた。1675年には、長さが80㎝以上もある手袋が人気を集めた。大きく広がったカフス部に、金糸のタッセルをつけた3本の締めひもが通され、これを引き締めて上腕に2つのパフを形作るようになっていた。流行を追う女性はみな、時と場に合わせた各種の手

27-17　白い革手袋をはめたチャールズ1世（1631年）

27-18　手袋のカフスで袖のレースのカフスを覆っている（17世紀）

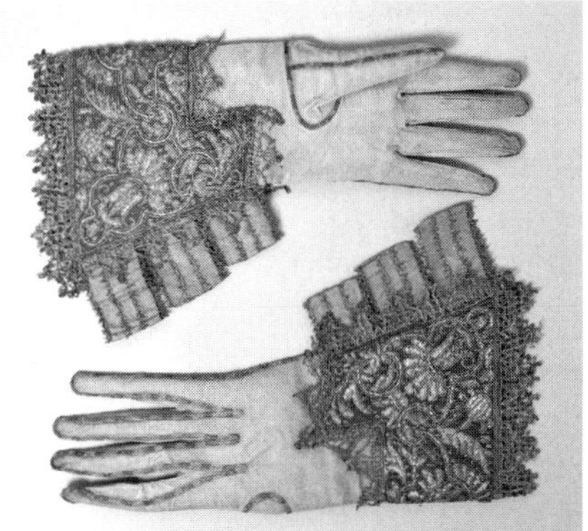

27-21 銀糸で刺繍した手袋（イングランド製、1600-15年）

27-22 銀糸のフリンジがついた男性用手袋（イングランド製、1680-1700年）

袋を取り揃えていた。オーストリアのマリーが1666年に世を去ったとき、300組もの手袋が遺されたといわれている。ヴェンツェスラウス・ホラー（1607-77）の魅力的な版画にも、ぴったりとした長い手袋をした当時の女性が描かれている。[27-19] この時期の颯爽とした騎士たちが着けた白い革手袋は、長く幅広いカフスにたいてい刺繍などの装飾がついていた。[27-20, 21, C111-C114, C116, C118] 刺繍を施したガントレットの流行は長く続いたが、しだいに刺繍の代わりに大量のフリンジを飾るようになった。[27-22] 手袋は手に持つかガードルに差し込むのが、当時のスマートな装いだった。

1675年から世紀末には、男女を問わず衣服の上から下までおびただしい量のリボンを飾るのが流行になり、手袋も当然その対象になった。[27-23, C117] 服装に関する遊び心ある風刺で知られるジョン・イーヴリンは、ウェストミンスター・ホールで見かけたしゃれ男の印象をこう記録している。「先日、すばらしく贅沢な

27-19 ヴェンツェスラウス・ホラー《イギリスの婦人服》1640年

27-20 衣装と揃いの金糸の刺繍がカフスに入った手袋（1633年頃）

27-23　銀糸と絹のリボンを飾ったスエードの手袋（イングランド製、1660-80 年）

ものを見た…それは大量のリボンを身に着けた男性で、その量といったら 6 軒の店から盗んできたのかと思われるほど。田舎で 20 軒の店が開けそうだ。」フランスでもまもなく外国製のレースを飾った手袋が流行し始めた。流行が度を越したため、チャールズ 2 世は、父チャールズ 1 世が制定したレースの輸入禁止令を強化した。しかし王は、一軒の業者にだけ輸入の許可を与えていたことがわかった。「女王である母上や、弟のヨーク公ジェームズその他の王族たちは、このようなレースを着用する者とし、先に輸入禁止令が出されてはいるものの、他の製品もこの例に倣うように……」

このような矛盾した法令に効果があるわけもなく、程なくあらゆるレースが密輸されるようになった。たちまち大量のレースのラッフルが、男性服の袖のカフスから手先までを覆いつくした。こうなると、手袋はあまり必要ではなくなってきた。女性はまだ美しい刺繍をした白いキッドの長手袋や短い手袋をつけていたが、派手な装飾は減り、手袋自体の流行も全盛を過ぎて、全体にシンプルなものになった。

27-24　1830 年代の綿レースのミット

◇ 18-19 世紀

18 世紀末から 19 世紀には、フリンジや刺繍を飾って香りをつけた従来の手袋に比べて、簡素な手袋に一種の美しさが見出されるようになった。C119-C123 新時代の手袋は、華美な装飾よりも完璧なフィット性に価値が置かれるようになった。これは、華美だったエリザベス 1 世時代と対照的である。次世代の者にとって、過度の装飾は扱いにくいとされたのだろう。手袋に対する認識や製法が改まり、靴と同様に採寸して誂えるものになった。18 世紀後半には、つや出し仕上げをしたキッドの長手袋と、絹ニットのミット型手袋が女性のあいだで流行した。高価な長手袋にシミなどあってはならなかったので、汚れの目立たない黄褐色（タン）のものが普及した。この色は熱烈に受け入れられて 19 世紀まで流行した。その後この色に「ヨーク・タン」という気のきいた呼び名がつけられ、長く人気が続いた。男性は一般に手袋を着けなくなったが、形のよい小さな手を自慢にしていたナポレオンは、あらゆる機会に手袋を着用した。1806 年にはクリーム色の手袋 235 組を所有し、同年の 12 月にはさらに裏に毛皮のついた手袋を 42 組購入したといわれている。19 世紀の女性の手袋の長さは、袖の長さに応じて気まぐれに変化した。長袖の町着には手首までの手袋、五分袖のドレスには肘までの手袋、イブニングガウンには肩まである長い手袋を合わせた。黒か白のレースのミットや、レースまたはルーシングをあしらった手袋も流行した。[27-24]60 年代にはボタンが 1 つ付いた手袋が流行して、長袖にも短袖にも使われた。これは革新的な出来事で、露出した腕を見慣れていなかった人々はショックを受けた。しかしやがてこのファッションは万人の心を捉えていった。1875-78 年には、中国産の絹にオープンワークを施した、伸縮性のある薄くて繊細な長手袋が最新流行になった。多彩な色が取り揃えられ、「フィット性は完璧」だったという。19 世紀の最も際立つファッションのひとつは、世界的に有名な女優サラ・ベルナールがもたらした。華奢な腕を持っていた彼女は、人気絶頂の 1870 年に、腕に沿って全体に横にしわを寄せた「ア・ラ・ムスクテール（ムスクテール・グラブ）」を着けて人々の前に現れた。[27-26] この手袋がたちまち大流行になり、誰もが着けるようになったのだ！　つや出し仕上げをしたキッドや柔らかいスエード製のムスクテール・グラブは、この時から今日まで、その魅力的なデザインで繰り返しファッションシーンに現れている。[27-27]

フランスの歴史家オーギュスタン・シャラメルが著書『フランスのファッションの歴史』の中で述べているように、70 年代初期に流行を追う人々の間で奇妙な噂が広まったという。流行に敏感な女性たちが、両手の各指関節にたくさんの指輪をはめること、つまり両手の指に大量の財産（幸運）を着けようという提案だった。しかしこれは、「手袋の廃止」をも意味していた！　陽気なフランス人シャラメルは、「婦人方が、退屈まぎれに新しさを求めて考えついた気まぐれなアイディアに違いない」、「しかし幸いなことに実現にはいたらず、手袋は女性の大切なアイテムのひとつとして生き残った」と書いている。19 世紀末には、手袋といえばひもで締めるスタイルが定番だった。スリットの両側に、4 個から 7 個の小さな金属つまみが縦に並び、一番上のつまみに留めつけられた短いひもを左右に次々と渡して下端までしっかりと締め上げ、タッセル付きのひもの端を垂らしたままにした。しかし 20 世紀には、ひも締めは見られなくなり、スリッポン式の 1 つボタンの手袋に代わった。このタイプは手に合わせて調整するのが楽だった。19 世紀の男性用の手袋は、黒糸で縫ったドスキンやキッドなど、いずれも手首丈の黒っぽいものばかりだった。ファッションの中心地パリの夜会では、男性のあいだで色物の手袋が定着しており、深紅色（ガーネット・レッド）、青、麦藁色が流行していた。

◇ 20 世紀

手袋は年々バラエティー豊かになり、靴や

27-25　肘上まである手袋を着けたフランスの女性（1811 年）

27-26　ア・ラ・ムスクテールを着けたサラ・ベルナール

27-27　ムスクテール・グラブを着けたイギリスの女性（1902 年）

ホーズ、ハンカチーフ、ボタンなどと同様にデザインの種類は限りなく広がった。詳細な統計を取らない限り、20世紀に普及した手袋を列挙するのはとうてい不可能である。手袋は、その時の生活スタイルや用途に応じて選ばれた。自動車や飛行機などのスポーツ用にはそれに適したタイプ、街着用、フォーマル用などにもそれぞれ相応しいタイプの手袋があった。女性は、各種の色や生地のなかから各シーンに相応しい手袋を選んで着けた。スポーツには豚革、ドスキン、手縫いのカーフの手袋を、ドライブにはドッグスキンを、街ではキッド、ドスキン、スエードを、夜会には、非常に薄いキッドまたはビロード製のぴったりとしたソフトな色合いの手袋を着用した。

革の手袋には、世界各地のあらゆる動物の皮が使われた。革の処理工程は、靴その他の皮革製品の場合とは異なっていた。最上質のフォーマルの手袋はキッドで作られたが、「キッド」は子山羊以外の皮を指す場合もある。大多数の手袋には子牛(カーフ)、子羊(ラム)、羊、山羊の皮が、それぞれ異なる方法で処理・加工されて使われた。ドスキン、バックスキン、ドッグスキンと呼ばれる手袋は、鹿、羊、犬の皮をそれぞれの方法で処理したもの、シャモワと呼ばれるのは、オイルでなめした羊の皮である。飛行機が発達するにつれて、毛皮の手袋も需要が増した。この種の手袋には、毛をつけたままの未処理の皮が使われた。

第一次世界大戦中にアメリカで木綿の手袋産業が興ったが、品質ではザクセンやその他のドイツ製品にははるかに及ばなかった。その結果、女性用のシャモア・クロスまたはスエード製手袋の生地はすべて、高い関税を払ってでもヨーロッパから輸入するしかなかった。ウールとニットの手袋は、おもに靴下やメリヤスの業者が生産した。

年々規模が拡大していった手袋産業だが、その黎明期はどのようなものだったのだろうか。手袋職人あるい商人が、いつどのようにして職業として認められるようになったのだろうか。おそらく、手袋が普及してある程度利益が上がるようになると、かつての手袋業者たちは互いの利益と保護を目的として集団を形成していったはずだ。その最初期の本拠地として知られるスコットランドのパースでは、1165年に製造職人が団体に属すことができる自由と特権が初めて与えられた。1190年には、条例のもとに同盟が形成された。フランスの手袋業者たちは、手袋を編んだと伝えらる聖母マリアの母、聖アンナを守護聖人とした。フランスの善良な手袋業者はみなアンナに愛情と尊敬の気持ちを抱いていた。当初イングランドでは、皮革業者や皮なめし職人、靴修繕屋が手袋を作っており、14世紀のロンドンではあらゆる皮革製品の値段が定められ

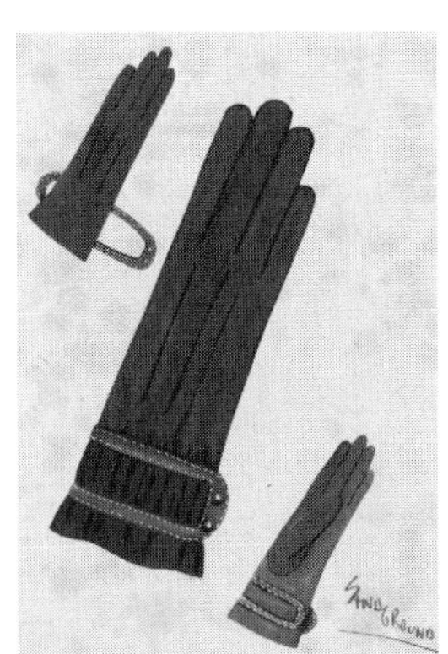

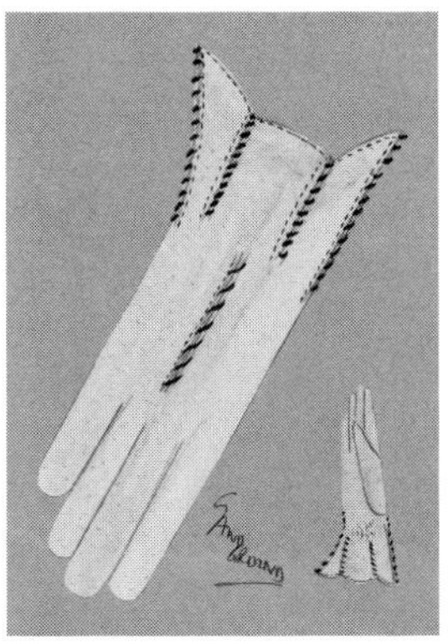

27-28・29　イギリスのルビー・エステル・サンドグラウンドによる手袋のデザイン（1930年代）

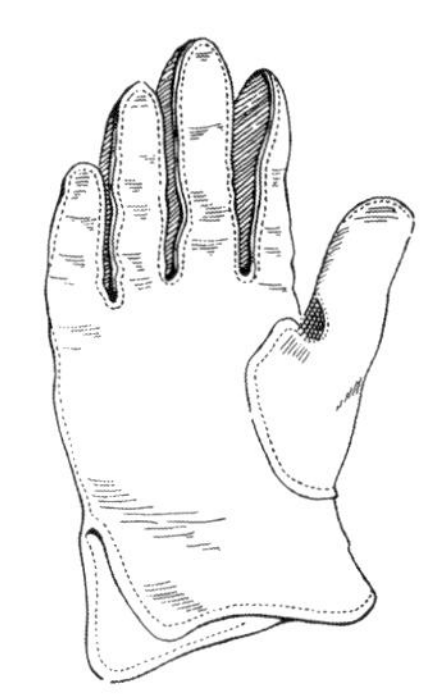

27-30　ステッチが入った紳士用手袋

ていた。アメリカでは1760年頃から手袋産業が始まった。植民地仕官ウィリアム・ジョンソンが、スコットランドのパースで手袋製造業を営んでいた数組の家族をニューヨーク州の彼の土地に呼び寄せた。彼らは型紙や針と糸など制作に必要な道具一式を携えて、今のニューヨーク州フルトン郡に定住した。これが、現在のグラバーズビルの街のはじまりである。冬の夜長を利用して彼らが制作した手袋やミトンは近隣の農家でよく売れ、まもなく小さな工場を建設することができた。最初は村内に供給するだけだったが、1800年には近接の村でも売られるようになり、1825年には、手袋を満載した荷車がボストンに向かった。20世紀にアメリカ合衆国で作られた手袋の半数以上は、グラバーズビルとその隣町ジョンズタウンで生産されたものである。

初期の入植者たちが作った手袋は、技術的には未熟だった。厚紙を切り抜いた型紙から大ばさみで革を裁断するのは男の仕事、それを縫うのは女の仕事だった。やがて金属製のダイスや型が裁断に使われるようになり、靴と同様に手袋もさまざまなサイズに対応できるようになった。1852年のミシンの発明により、手袋産業は新時代に突入した。1875年には蒸気機関が採り入れられ、現在は電動ミシンが使われている。

手袋が市場に出されるまでには多数の人の手を経ている。裁断、4本の指と親指の縫製、縁かがり、甲に装飾線を入れるなどの作業はすべて別工程である。手の甲側に入れる3本のV字状のステッチは、昔日の手袋の名残である。初期の手袋は、ファシェットと呼ばれる指の内側の「まち」が長いV字形をしており、その縫い目の先端はかなり甲の下方まで延びていた。長い縫い目の先端に、ちょっとした縫い取り模様をつけることもあった。制作方法が発達してファシェットが短くなってからも縫い取り模様は残り、手袋のデザインがシンプルになるにつれて、さらに丹念に縫いあげたステッチが装飾として残されることになった。最近は手袋と同色の糸でステッチされることが多いが、色違いの糸を使った刺繡やステッチがアクセントにされることもある。[27-30]

多くの職工の手を経て完成した手袋は、最後に「仕上げ」の工程に送られる。手袋と同じサイズに作られた中空の金属の手型に手袋をはめ、中に蒸気を通し、その熱によって柔らかい革のしわを伸ばし、きれいに成形する（この金属の型のおかげで、今では手のサイズと同じくらい多様なサイズの手袋が作られる）。型から外したあと、入念な検査を経て整形され、包装される。

以上、手袋の歴史を概観してきた。王族の使用に始まり、一風変わった使われ方や慣習が生まれ、神聖なロマンスの精神とも結びついた。今日ではいたってプライベートな小物である手袋も、歴史を彩るこうした豊かなイメージを脳裏に描きながらはめれば、より愛着が湧き、手袋をはめるのがいっそう愉しいものになるに違いない。

27-31 クリスマス・シーズンに向けたハンセン社の手袋の広告
（『サタデー・イブニング・ポスト』紙、1920年12月4日号）

何らかの時計をつねに携帯するのがあたり前になった現代では、時計のなかった世界を想像するのは難しい。天を横切る太陽の動きだけが時の経過を知らせた古代人の生活とは、いったいどのようなものだったのか。そんなことを改めて考えてみる現代人もほとんどいないだろう。信頼できる資料によれば、古代世界で最初に時を知らせた日時計の歴史は紀元前700年に遡るといい、最も古い記述は『イザヤ書』38章8節に見られる。バビロニア、エジプト、ギリシャ、ローマ、中国でも日時計は使われていた。西暦1世紀から使われるようになった携帯用の日時計は、その後も長いあいだ使用され、現代でもまだ作られている。[28 1, 2] シェークスピアの『お気に召すまま』第2幕第7場のジェークイズのセリフに「日時計」が出てくる。アメリカの極地探検家バード（1888-1957）は、南極への飛行に日時計を持参したといわれ、アメリカ陸軍の機関士は、第一次世界大戦に携帯日時計を携行した。

◇中世

日時計のほかにも、水時計や砂時計などの測時装置はすでに古代から知られていたが、中世には新しい計時器「クロック」が現れた。「クロック（clock）」は元来「鐘」を表わす語で、時を知らせるために鐘を鳴らした習慣に由来している。したがってその機械部分は「クロック」とはいわず、「ホロロージ horologe（測時器）」と呼ばれた。初期の時計に文字盤はなく、フランスやドイツの多くの都市には、甲冑姿またはグロテスクなメーキャップをした自動式の人形が、特定の時刻に大きな鐘を鳴らす装置が置かれていた。ヴェネツィアのサンマルコ広場の時計塔、ストラスブールの時計塔（1352年）、ミュンヘン新市庁舎の時計などは、この時代の鮮やかな記念碑である。実際に時計（クロック）の名にふさわしい計時器は14世紀に現れた。文字盤の時刻が誰にでも見えるように、塔などの高い場所に設置された。パリのシャルル5世の宮殿（現在は裁判所）に、ドゥ・ヴィークが自ら制作して設置した時計（クロック）が最も有名である。

この時計（クロック）全体の原理は、すでに現代の時計と共通していた。まもなく同時代の芸術家や職人たちも競って新奇な計時器を考案し製作しはじめた。やがて卓上型（テーブル・クロック）の時計が登場し、

左：28-1 携帯用の赤道日時計（アウグスブルク製、1721-26年頃）

右：28-2 象牙と真鍮でできた携帯用の折り畳み式日時計（ニュルンベルク製、1598年頃）

左：28-3 テーブル・クロック（ドイツ製、16 世紀中頃）

右：28-4 テーブル・クロックと旅行用ケース（ロンドン製、1580-85 年）

これがのちの携帯型時計（ウォッチ）の直接の祖となった。
28-3, 4 時計塔（タワークロック）に設置された時計は吊るしたおもりを動力としたが、卓上時計などの文字盤が水平な時計にはおもりは使えない。そこで登場したのがバネを渦巻き状にした「ぜんまい」で、この画期的な動力を発明したのはニュルンベルクの錠前職人ピーター・ヘンラインだった。1511 年にヨハンネス・コックラオスは、「ヘンラインは少量の鉄から多数の歯車をもつクロックを作り出した。振り子は必要なく、ぜんまいを巻くだけで 48 時間動き続けて時を知らせる。ポケットや小袋に入れて携帯することも可能だ」と書いている。この輝かしい業績を記念して、創意工夫の天才ヘンラインの生まれ故郷に彼の記念碑が建てられている。

◇ 16 世紀

誕生して間もない頃の携帯用および卓上用の計時器には、現代の時計との類似点はほとんどなかった。当時の計時器は熟練した職人が作る完全な手工芸品であり、機械仕掛けには鉄を用い、ケースは分厚い円筒形で、ガラス蓋（クリスタル）もなく、針は時刻を示す短針 1 本だけだった。のちにニュルンベルクで作られた楕円形の計時器「ニュルンベルク・エッグ」は、もはや過去のものとなった。精度が求められる現代からみれば、これら初期の計時器は相当に未熟で不正確だった。また手に持つには大きすぎ、ポケットにもおさまりが悪かったので、ガードルに吊り下げるしかなかった。しかしそれでも以前のものに比べれば多少は改善され、ある程度時代のニーズには応えていた。

発明からおよそ 200 年の間、携帯型（ウォッチ）の時計〔以下の「時計」はすべて「ウォッチ」を指す〕は非常に高価だったので、大多数の庶民は、昼間は日時計や時計塔で時を知り、夜間は町を巡回する夜警の声で時刻を知った。時計はまだ一般の必需品とは程遠い「装飾品」あるいは「財産」であり、一部の男性のステータスシンボルだった。時計を鎖に吊るし、アクセサリーとして首にかけているこの時期の男性の肖像画が何点かある。

やがて錠前職人たちは、金・銀・鼈甲に繊細な金の透かし細工を施した、美しく装飾的

28-5 時計を手にした男性の肖像（1558 年頃）

28-6 金箔を施した銀の時計（イングランド製、1565年頃）

左から：蓋を閉じたところ、開いたところ、ケースの裏

な時計ケースを作るようになった。時計装置全体をさらにもう一重のケースにすっぽりと収めたものもあり、文字盤を見るときは、美しい細密画や高価な宝石が飾られた外ケースの蓋を開けた。[28-6, C127] 16世紀後期には、この時期にしか見られない独特の形のケースが多数作られた。チューリップなどの花、蝶などの昆虫、貝殻、十字架などのほかに、死と時に関する文句を刻んだ髑髏もあった。[28-7, 8] スコットランド女王メアリーの持ち物には、金めっきした銀製の髑髏形の時計があった。イングランドで最初に時計を持ったのは、ヘンリー8世の王子エドワード6世だったといわれている。エリザベス1世は、現代女性が服に合わせて帽子を選ぶように、それぞれの衣装に合わせて時計を選んだという。しかし女王の財産目録に記載されている「ウォッチ」と「小さなクロック」は24点だけである。意外に少ない気もするが、いずれも美しいルビーやダイヤモンド、エメラルド、オパールなどが散りばめられていた。手袋や指輪と同じように、時計も愛と尊敬のしるしとされ、エリザベスには希少で美しい時計が多数贈られたといわれている。

インググランドとスイスでは、1580年までに時計の国内生産が開始された。まもなくドイツとフランスにも技術が広まったが、とくにスイスの発展はめざましく、たちまち世界一の時計生産国としての地位を築いていった。16世紀末（1590年）にはチャイムを装備した球形の小さな時計が流行した。流行を映す鏡を自負する若者たちは、奇想を凝らした小形の時計を持ち歩いた。チャイムのついた時計を指輪に取りつけたり、フランスのシャルル5世のようにイヤリングに取りつけた者もいた。16世紀の半ば頃から、水晶のカバーをかぶせ

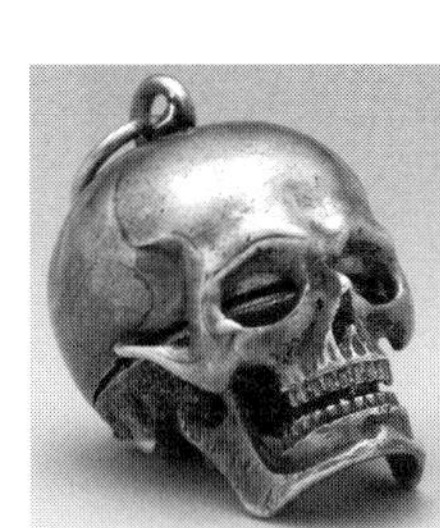

28-7 髑髏形の時計（ジュネーヴ製、1650年頃）　右図は内部の構造

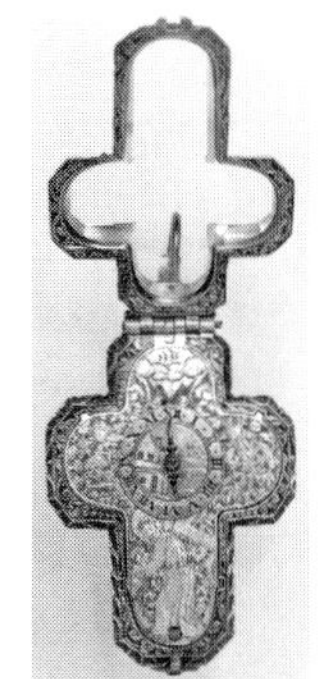

28-8 十字架形の時計（ジュネーヴ製、1630年頃）

28-9　水晶のケースと金にエナメルを施した時計（フランス製、1630-40 年頃）

左から：蓋を閉じたところ、内部の構造、開いたところ

た時計やエナメルで装飾した時計が作られるようになった。[28-9, C129] 16 世紀には、時計は他人から賞賛されるべき高価なアクセサリーとして、つねに目につく場所に着けられた。

◇ 17 世紀

近代的な時計のメカニズムの多くは 17 世紀に考案され、各部品がほぼ完成の域に達したのは、英国の進取の気性に負うところが大きかった。海上で経度を測定するために、船が大きく揺れても狂わない精度の高い時計が求められたからである。イングランドでは、多額の報酬と引き換えに優れた発明を募った結果、1676 年にバランスホイール付きのぜんまいが発明され、11 年後の 1687 年には分針（長針）がつくようになった。

これまでの時計にはつねにチャイムがつけられ、ごく小さな時計は指輪にセットされてきた。[C74] ヨーロッパ王家のあいだで交わす贈り物には時計が定番となり、時計の歴史に名を残す美しい名品も生まれた。1647 年にブランデンブルグ大選帝侯フリードリヒ・ヴィルヘルムは、婚約者であるオラニエ家のルイーゼ・ヘンリエッテに、結婚祝いとして小さな美しい時計をプレゼントした。この時計には 47 個のダイヤモンドが散りばめられ、価格は 400 フロリンだった。時計に施される不透明エナメルの技法は 1650 年までにほぼ完成した。聖書の物語やローマの歴史、神話の主題などの細密画が、多色使いのエナメルで美しく描かれた。[28-10, C128] フランスの細密画家ジャン・トゥータンは、薄い金の板の上に色エナメルを厚く

28-10　蓋にローマ神話の「メルクリウス」がエナメルで描かれた時計（ケース：パリ製、1645 年頃）

置き、熱で溶かしても輝きを損なわない処理法を発見して、エナメル画の技術を向上させた。

◇18世紀

スイス、ドイツ、フランス、イギリスは、技術開発を強力に推し進め、18世紀には時計製造技術が非常に高いレベルに達した。その後、機械式時計としてこれを凌ぐものは出ていない。1700年頃から部品に石が使われるようになり、初の竜頭巻き時計が現れた。1780年頃からは、ひげぜんまいと秒針が使われはじめた。それに先立つ1721年､時計のケースに「ピンチベック」と呼ばれる新しい合金が導入された。これは銅と亜鉛を5対1で混ぜたもので、色と展性が金に近似していたため、これを使った時計は、よほどの目利きでもない限り純金と見分けがつかなかった。発明者クリストファー・ピンチベックの存命中は、この合金の製法が外部に漏れないように厳重に保護されていた。すでに必需品となった時計は大多数のおしゃれな女性が携帯するようになり、とりわけ旅行に出る男女には不可欠だった。センスのよさで定評のあったアルトア伯爵（のちのシャルル10世）は、コートのボタンの1つ1つに小さな時計をセットしていたといわれている。ルイ16世時代の女性たちは、懐中時計用の鎖（フォブ）やリボンに時計をつけて携帯した。男性のウエストコートの丈が短くなるにつれて、鎖をつけた懐中時計がますます普及して必需品となり、ウエストコートの左右のポケットに1個ずつ、計2個の懐中時計を鎖に吊るして携帯するのが流行になった。[28-11] ドイツでも、時計は中産階級のステータスシンボルだった。1745年のこと、オーストリアのある下士官が、占領下のドイツの町の中尉から時計を取り上げた。取り上げたはいいが使い方がわからず、結局、中尉にぜんまいを巻いてもらったという話が伝わっている。18世紀末には時計の精度は全般にかなり向上し、スイスとフランスが美しさと信頼性において他国をリードしていた。もはや時計はポケットに入れて携帯するのがあたり前になり、より薄く軽く、装飾もシンプルになった。フランスの時計職人ルパンが、1776年に初めて薄型の時計を制作した。

大勢の男女が時計を携帯するようになると、時計ケースの中に大切な肖像画やセンチメンタルな詩文を書いた小さな紙片を入れるという一風変わった趣味が現れた。[28-14] ケース

28-11　2つの時計を携帯する紳士(1785年頃)

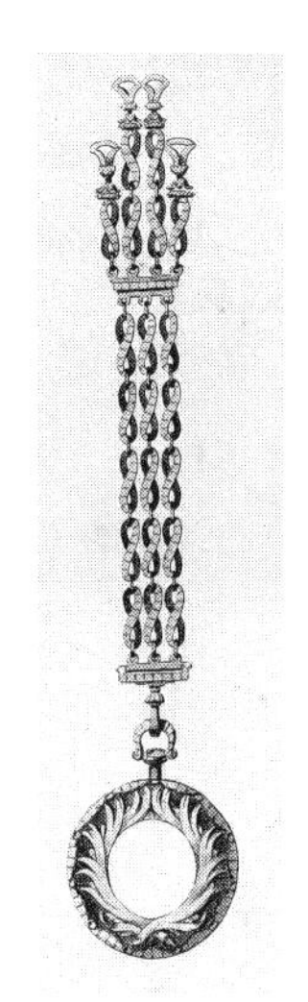

28-12　男性の懐中時計用の鎖のデザイン（1760年頃）

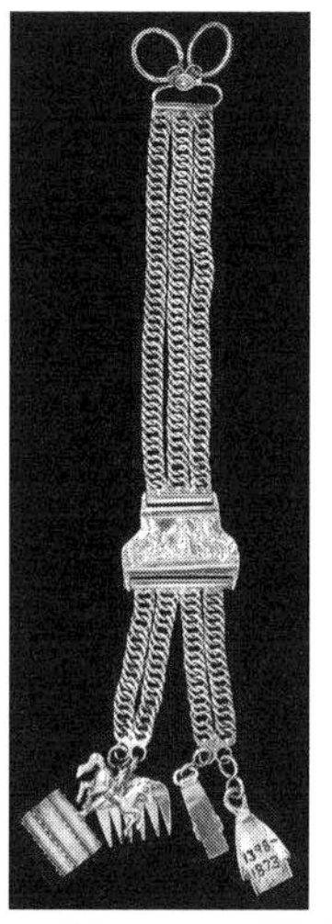

28-13　飾りがついた時計用の銀の鎖（ドイツ製、1850-70年）

ON A WATCH.
I serve thee here with all my might,
To tell the hours by day and night;
Therefore example take by me,
To serve thy God as I serve thee.

28-14　宗教的な詩文が記されたウォッチ・ペーパー(19世紀)

の大きさに合わせて切り抜かれたこの紙片は「ウォッチ・ペーパー」と呼ばれ、1837年頃まで流行した。紙片に描かれた肖像や愛の韻文に目をつけた者がいたらしく、19世紀のイギリスとアメリカで、ウォッチ・ペーパーを蒐集するのが趣味のひとつになった。

◇19世紀

時計はまたたくまに普及し、19世紀を迎える頃には商業ベースに乗っていた。実用性が広く受け入れられた結果、外観は実用的になり、従来の優雅さは大方失われた。手の込んだ装飾や宝石はほとんどなくなり、交差した線模様がケースにエングレイヴィングされる程度になった。19世紀にはまた時計製造の多方面でめざましい進歩があった。アメリカのコネティカット州ハートフォードに住むふたりの兄弟が、1838年に初めて時計を機械生産することに成功し、兄弟の名を取って「ピトキン・ウォッチ」と呼ばれた。しかし当時市場に出回っていたスイス製の時計に比べて価格も高く、製品としてはまだ不完全だった。イギリスでは、1850年頃に機械生産がはじまり、1853年にはアメリカの時計メーカーが大量生産を開始した。これが先駆けとなって、その後30社以上もの時計メーカーがアメリカに設立された。20世紀半ばには、ニューイングランドにある某社の延長800mもある4階建ての工場内で、3000人から4000人の従業員が週に約1万6000個もの時計を生産していた。アメリカは時計を発明したわけではなかったが、初期形の時計を改良して生産効率を上げ、世界に向けて適正な価格で時計を供給した点で、この産業に貢献した。

19世紀末の女性は、時計を吊るした長い鎖を首にかけ、ウエストあたりにある小さなウォッチポケットに時計を入れた。1890年には、外蓋のないガラスケースだけの時計が男女ともに大いに受けた。20世紀には、このタイプの時計と外蓋のある懐中時計の両方を男性は好んだが、女性はみなガラスケースだけの時計を使うようになった。[28-15, C132]

時計は、ステータスシンボルでも単なる「装飾品」でもなく、ビジネスの世界に欠かせない必需品となった。アメリカの時計メーカーは、万人が持つことのできる低価格の時計の生産に野心を燃やしはじめた。そうして作られたのが、ドルを有名にした「ダラー・ウォッチ」である。[28-16] 初期のものはずんぐりとして音もうるさかったが、時計としては信頼できるものだった。多くの実験が繰り返されるうちに大幅な改良が進み、ダラー・ウォッチのコンセプトに対する大衆の反応もよくなって、まもなく大量に使われるようになった。スマートなデザインとはいえなかったが、手ごろな値段と正確性が、大多数の労働者やビジネスマンに、時計というものの概念を改めて認識させることになった。

28-15 外蓋のない時計(19世紀前半)

28-16 ウォーターベリー社のダラー・ウォッチ(1880年代)

28-17 スイスの老舗メーカー、ランゲンドルフ社の腕時計「ランコ」の広告（1945年）

いっぽうこの時期、暗闇でも読める文字盤の必要から、リンを材料として自己発光する塗料の研究と実験が長年にわたって進められていた。しかしそれにも限界が見えて開発が滞っていた矢先の1896年に、世界を沸かせたラジウム発見があった。このおかげで難問が解決され、文字盤の数字や針に塗る夜光塗料が改善された。

◇20世紀

1900年から1908年にかけて、時計をつけた装飾的なブローチをブラウスの左肩のすぐ下に飾るのが女性のあいだで流行になった。それにともなって、宝石やエナメルを施した数々の美しい時計も作られるようになった。20世紀初頭のスイスでは、芸術品と呼ぶにふさわしい美しい時計が作られた。ほとんどが小型の片面ガラスケース式で、青、緑、黄、ラベンダーなど色とりどりのエナメルが施されていた。同色のエナメルを施したブローチまたはチェーンにこの時計を下げて、ブラウスにピンで留めたり首にかけたりするのが流行した。

第一次世界大戦勃発の直前に、フランス人の考案により「腕時計」という新スタイルの時計が誕生した。当時、携帯時計は機械仕掛けの玩具のようなものと考えられていたので、時計製造者も「玩具屋」の一種とみなされていた。しかし20世紀初頭に腕時計の利便性がはっきりと立証されてからは、時計のなかで腕時計がつねに人気の首位を占めてきた。円形や楕円形、四角形などのさまざまな形があった。男性は、革ケースに入れた時計を手首に合わせた革ベルトにつけたり、金または銀製の時計を金か銀の鎖状のメッシュのベルトにつけた。ただし保守的な男性は、依然として両蓋または片蓋式の金の懐中時計をポケットに入れていた。

女性の腕時計は小さく華奢になり、円形、正方形、細長い長方形、細長い楕円形など形の選択範囲が広がった。デザインも、黒いリボンで手首に結びつけるシンプルな金銀製のものから、職人技の粋を極めた手の込んだものまでさまざまだった。プラチナに宝石を散りばめたり、ブレスレット部分にも宝石をセットしたりした、エレガントで高価な腕時計も多数作られた。28-18

携帯型時計への創意工夫は400年余りをかけて推移し、宝飾品のように美しい今日の腕時計に到達した。その過程には、「ニュルンベルク・エッグ」や、不正確で重たい過渡期の計時器もあった。現代人の生活リズムを決定し、日常生活に不可欠となった時計の概念は、20世紀に完成されたといってよい。時計の繊細なメカニズムは、現代の時を刻むと同時に、太陽の位置だけで時を知った太古からの計時器の歩みの跡をも刻みつけている。

28-18 ダイヤモンドとルビーをあしらった金の腕時計（スイス製、1940年代）

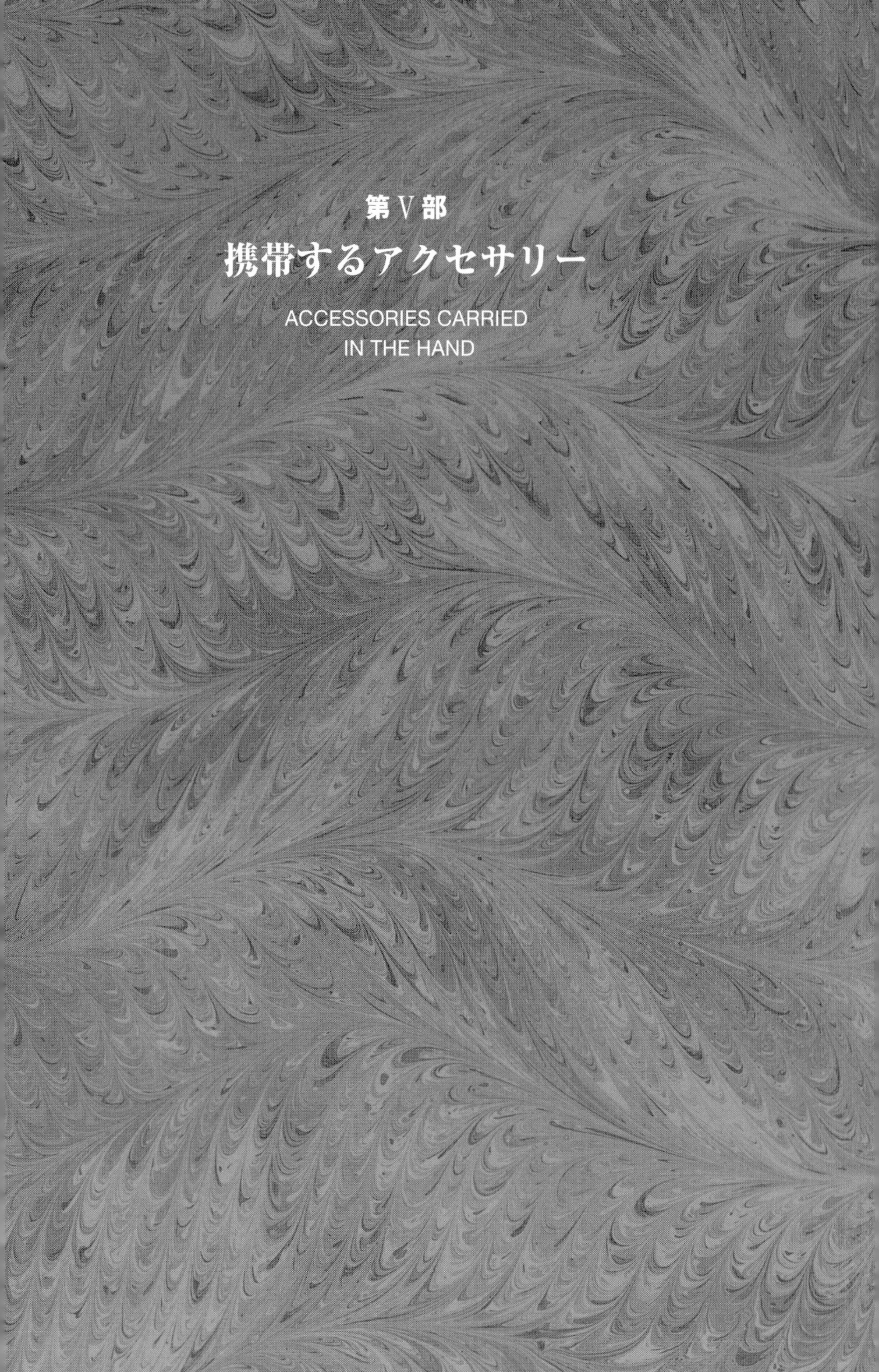

第V部

携帯するアクセサリー

ACCESSORIES CARRIED IN THE HAND

C 134　ステッキを手にしたヘンリー8世（1542年）

C 135　ステッキを手にしたイングランドの貴族（1773年）

C 136　マラッカステッキ
（南インド製、18世紀後期）

C 137　朝の散歩をするフランスの女性（1778年）

C138　イギリス製のシルクの日傘(1775-85年頃)

C 139　シルクのサテン生地にフリンジがついた日傘。軸には真珠母と黒檀がはめ込まれている（イギリスまたはフランス製、1750-74 年）

C 140　象牙の持ち手がついたシルクの日傘（イギリス製、1820-39 年）

C 141 木の持ち手がついたシルクの日傘（イギリス製、1865 年頃）

C 142　上着と揃いの華やかな日傘（1884 年）

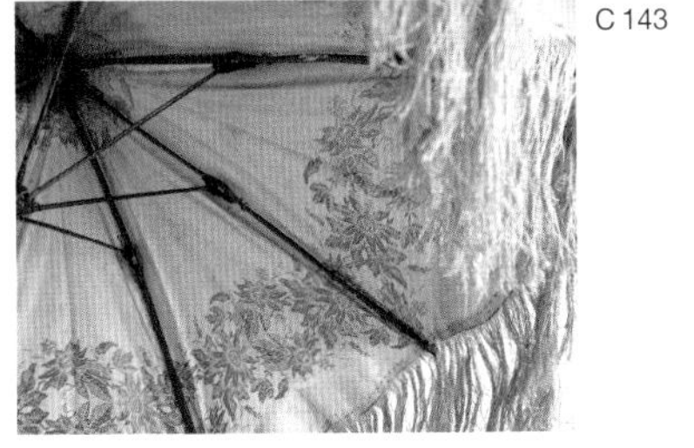
C 143

C 144

C 143　トケイソウをデザインしたシルクの日傘（イギリス製、1840-50 年）

C 144　シルクの折り畳み式日傘（ロンドン製、1810-11 年）

C 145　珊瑚と象牙の軸がついたシルクの日傘（イギリス製、1840-49 年）

C 146　レースの日傘（開いた時の径 40 ㎝、イギリス製、1860-70 年）

C 147　黒いシルクのタフタにレースのカバーをつけた日傘。象牙の柄にはスズランが彫刻されている（イギリス製、1870-80 年）

C 145
C 146
C 147
C 148　小さな日傘を手にした女性（1868 年）

C 149　ベルトから下げたルネサンス期のパース（1557 年以降）

C 150　シルクのサテン生地に金糸・銀糸で刺繡を施したバッグとピンクッション（イングランド製、1625-50 年）

C 151 ループ状のリボンを飾ったパース（フランス製、17 世紀末-18 世紀初期）

C 152 色ガラスを飾ったパース（ヨーロッパ製、17 世紀後期）

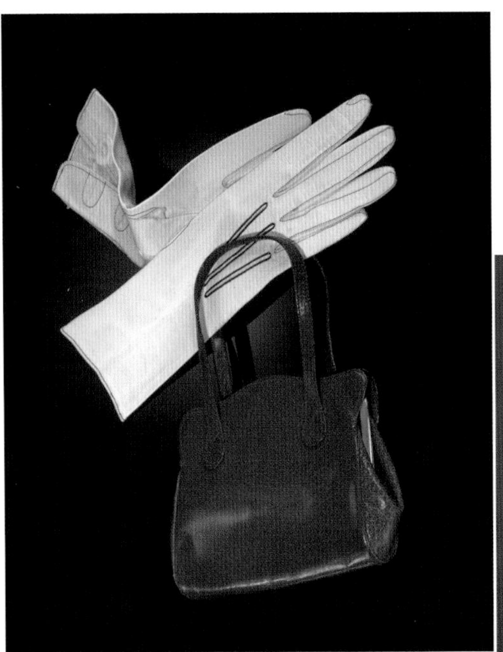

C 153　光沢のある革のハンドバッグ（イギリス製、1890 年代）

C 154　鰐革のポケットがついたハンドバッグ（イギリス製、1889 年）

C 155　絹糸の刺繍とタッセルがついたバッグ（イギリス製、1820-30 年）

C 156　旅行用の大きめのバッグ（1876 年）

C 157 ビーズのシャトレーヌ（幅 18.5 ㎝、アムステルダム製、1880 年代）

C 158　銀のバッグ（幅 11.5 ㎝、アメリカ製、1890 年頃）

C 159 シルク・ベルベットのハンドバッグ（幅 21 ㎝、イギリス製、1880 年代）

C 160 リボンがついた絹のバッグ（幅 25.4 ㎝、イギリス製、1850 年頃）

C 157

C 158

C 159

C 160

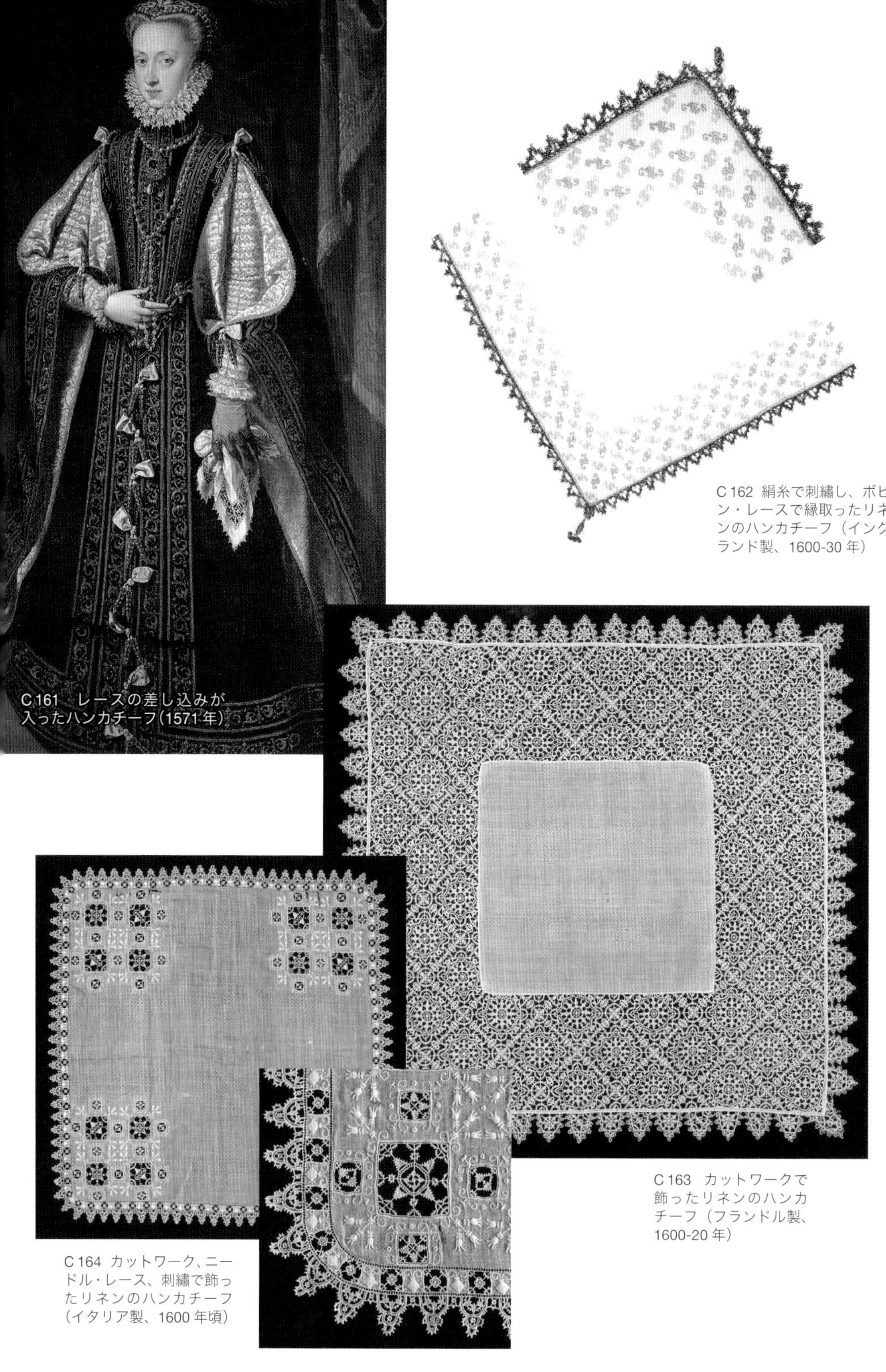

C 161　レースの差し込みが入ったハンカチーフ(1571 年)

C 162 絹糸で刺繍し、ボビン・レースで縁取ったリネンのハンカチーフ（イングランド製、1600-30 年）

C 163　カットワークで飾ったリネンのハンカチーフ（フランドル製、1600-20 年）

C 164 カットワーク、ニードル・レース、刺繍で飾ったリネンのハンカチーフ（イタリア製、1600 年頃）

C 165　金糸の刺繡と縁飾りのついたスウェーデン王女のハンカチーフ（1550 年代）

C 166　レースのついたハンカチーフを持つアメリカの女性（1842 年）

C 167　ボビン・レースを飾った木綿のハンカチーフ（ヘント製、1865 年頃）

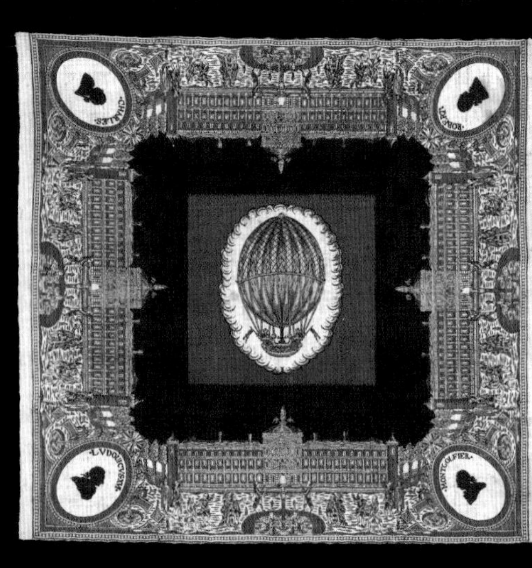
C 168　チュイルリー宮殿での熱気球の初飛行を記念して作られたハンカチーフ（アルザス製、1783 年頃）

C 169　胸ポケットから、ンカチーフをのぞかせたギリス紳士（1809-15 年）

C 170　キャンヴァス生地に刺繍した旗形の扇（旗幅 16.5 cm、フランス製、17 世紀初期）

C 171　旗形の扇を持った少女（1556 年頃）

C 172　団扇型の扇を手にしたイタリアの女性（1556-60 年頃）

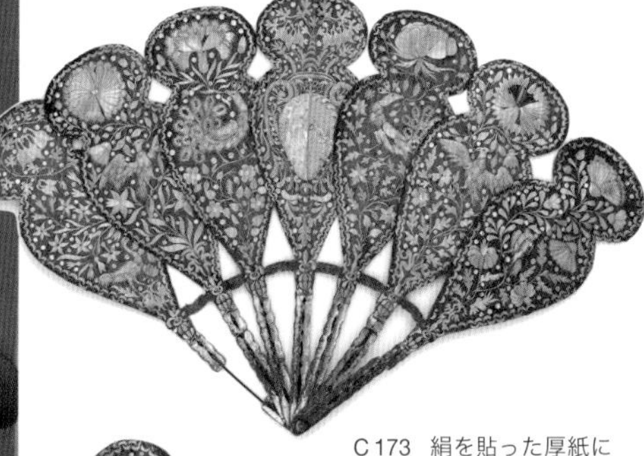

C 173　絹を貼った厚紙に藁と金箔で模様付けした 7 枚の片でできた扇（フィレンツェ製、1620 年代）

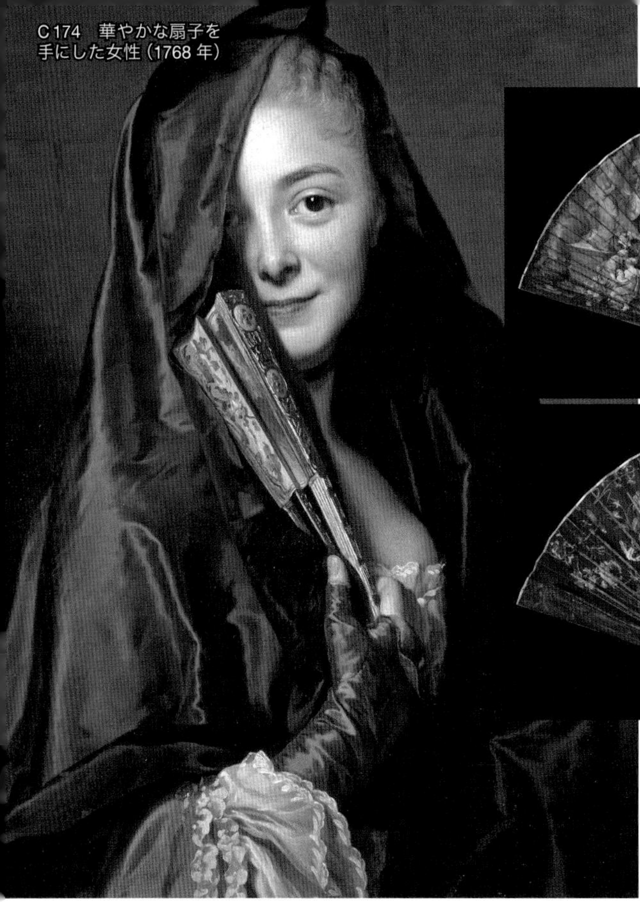

C 174　華やかな扇子を手にした女性（1768 年）

C 175　イタリア製の扇子（1690-70 年）下は裏面

C 176　フランス製の扇子（18 世紀中頃）

C 179　羽根扇を手にしたローマの女性（1861 年）

C 177 オーストリア製の羽根扇（1895 年）下は裏面

C 178　フランス製の扇子とケース（18 世紀中頃）

C 180　リボンと同色の小さなマフ（1755 年）

C 182　絹に刺繍を施したマフ（1770 年頃）

C 181　フランス貴族の豹の毛皮のマフ（1776 年）

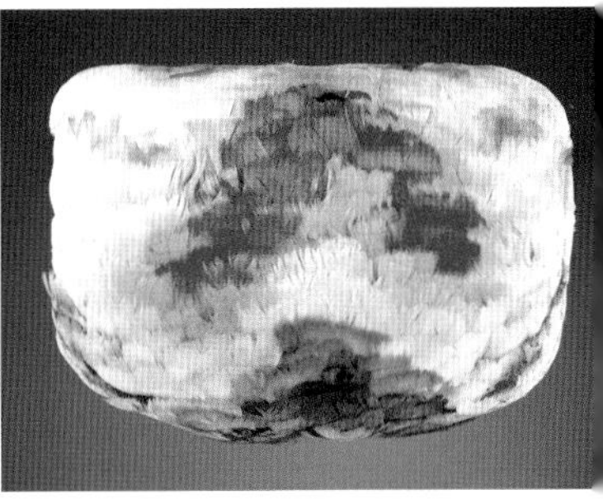
C 183　羽根毛のマフ（イギリス製、19 世紀中頃）

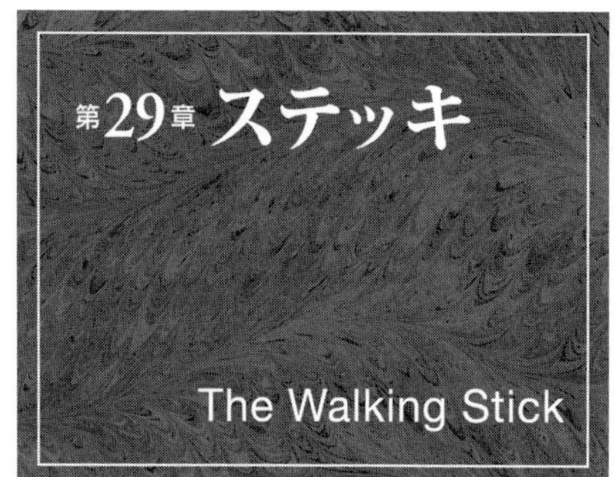

第29章 ステッキ

The Walking Stick

杖あるいはステッキの起源は古く、類人猿も使っていたという説を唱えるスペインの医者もいる。いずれにせよ原始時代の人間が、攻撃や防御のために最も手近な武器として「大きな棒（ビッグ・スティック）」を手にとったであろうことは想像に難くない。この棒がしだいに力や権力の象徴となり、やがて権威のシンボルとなっていった。王権を象徴する王笏や聖職者の杖、そして現代のステッキも、起源はこの「大きな棒」である。これと並行して、もっと生活に密着した歩行補助具としての杖もつねに存在した。はるばる聖地をめざす巡礼者たちが持った頑丈な杖もそのひとつだったが、この種の実用的な杖が「ファッション」になってからは古来の武骨さがなくなり、「重厚感のない手軽なものになった」に大きく様変わりした。

◇古代

古代エジプト、アッシリア、ペルシャでは、国王や全能の神は象徴的な杖を持った姿で表現される。エジプトの発掘品から、高位の人物は長さ約 90-180 cmの杖を持っていたことがわかった。握りの部分に水蓮（ロータス）に似た装飾がついているものが多く、上部の1カ所に、袋や瓶を吊り下げるためと思われる釘状の突起がついたものもある。[29-1] これはエジプトの杖にしか見られない特徴的な付属物である。テーベから出土した杖は、サクラ材に金が塗られていたが、一般には堅牢なアカシア材が使われたと考えられている。当時の習慣では、来客の杖はすべて召使が玄関で預かったので、杖にはそれぞれ持ち主の名やそれとわかる言葉が記されていた。ツタンカーメン王の墓から発見された黒檀の箱に、見事な作りの多数の杖がおさめられていた。湾曲した持ち手の端に奴隷のレリーフが彫刻された杖が2本あり、ひとつは黒檀を彫ったアフリカ人像、もうひとつは象牙を彫ったアジア人の像である。[29-4]

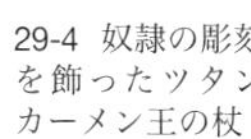
29-4 奴隷の彫刻を飾ったツタンカーメン王の杖

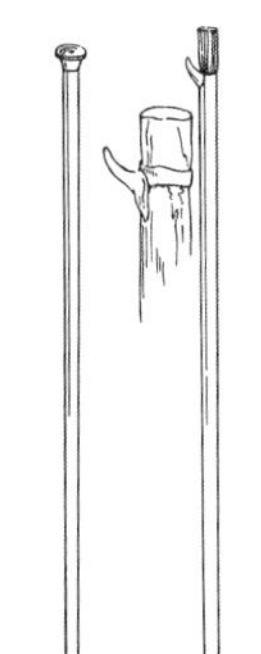
29-1 テーベ出土の杖

29-2 杖を手にしたエジプト人（古代エジプトの壁画より）

29-3 杖を手にしたツタンカーメン王（ツタンカーメンの埋葬室の壁画）

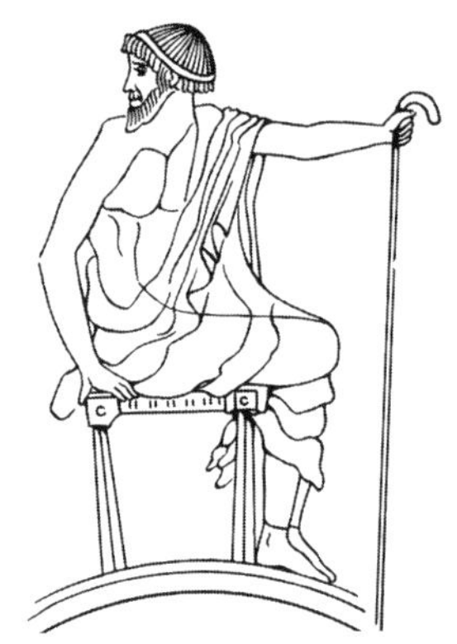

29-5 杖を手にしたギリシャの教師（古代ギリシャの壺絵より）

湾曲した持ち手に金をかぶせるか、彩色した樹皮を飾ったものもある。そのほか、金の杖、金の浮き出し模様をつけた木の杖もあった。

ギリシャでも、杖は同じく卓越性と高貴のシンボルとされ、神話の神々のうち何人かは超人的な力を象徴する杖を持った姿で表される。杖は、古代から神々と英雄たちに結びつけられていたが、その後しだいに一般庶民も持つようになった。ギリシャの壺には、長い杖を持った人物がしばしば描かれている。図29-5は、杖を手にして座す教師の像である。

◇中世

中世には、右手に持つ王笏と左手に持つ第二の杖「ハンド・オブ・ジャスティス」が王権の象徴になった。[29-6] 後者の杖の上端には、聖職者が祝福を与えるときの手の形をした飾りがついている。[29-7] フランスでは、この2本の笏によって王権を授ける習慣が987年頃からあった。イングランドでは、12世紀の後半にリチャード1世（獅子心王）に2本の笏が与えられたが、世俗の勢力と絶えず敵対関係にあった教会はこれに対抗して、最高位の聖職者に杖を授けて権威の象徴とした。当初、羊飼いの杖は司教のシンボルであり、6世紀までは信徒たちを導く羊飼いとしての至上権を直接的に表わしていた。[29-8] 最も古い羊飼いの杖は、丈が長く先端が尖り、持ち手の先がゼンマイのように曲がっていた。持ち手の湾曲は信徒たちを引き寄せる者としての司教を表わし、尖った先端は無関心な人々を説いて促す司教の務めを表わしていた。裁判官や役人も、地位を象徴する杖を手にしていた。17世紀にもまだ国王や聖職者、判事、軍司令官などは、権力を示すこうした杖を持った姿で表現されていた。

旅行者や巡礼者、羊飼いや農夫たちも、日常の道具としてつねに長い棒あるいは杖を持った。「巡礼者の杖」は長さ150㎝余りもある頑丈なもので、歩行や登坂の補助になるように先端に鉄の釘が打ち付けてあった。[29-9] 上から20㎝あまりのところに節（ふし）のように太くなっ

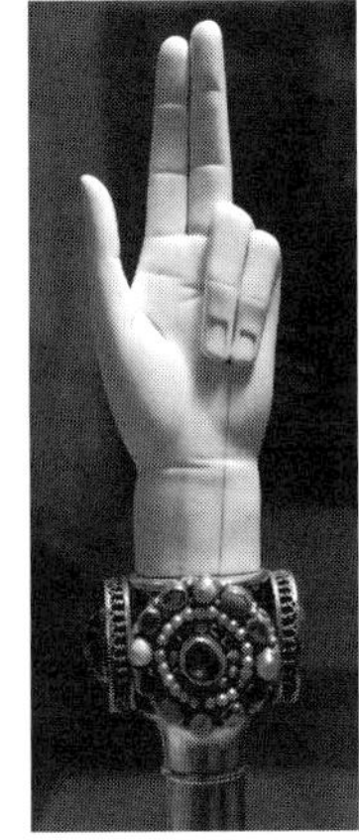

左：29-6 左右の手に異なる杖を持ったフランス王シャルル4世（16世紀の写本）

右：29-7 ナポレオン1世の戴冠用に作られた中世風の「ハンド・オブ・ジャスティス」（手の部分は象牙製、1804年）

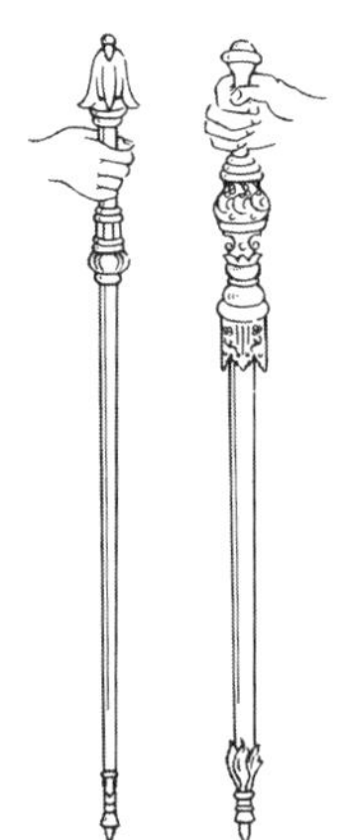

29-8 16世紀の正式な司教杖

た部分があり、歩くときにはそこに手をかけ、荷物があるときには小袋をそこに引っかけて杖ごと肩にかついだ。杖の頂部には穴があけられて、真正の巡礼者の証しである棕櫚（シュロ）の枝をここに縛りつけた。杖の上部を回して外すと杖の中は中空で、しばしば聖遺物が忍ばせてあった。中空の巡礼杖についてはいろいろな話が伝わっている。そのひとつは、東方諸国を旅した二人の修道士が中国で見た蚕に強い関心を持ち、ぜひこれを皇帝に献上したいと考えて、長い杖の中に蚕の卵を詰めてローマに持ち帰ったといわれている。当時のローマでは、絹はすべてアジアからの輸入に頼っていたからである。つまりヨーロッパの絹織物産業のはじまりは、二人の修道士の機転と中空の杖の功績だったのである。もうひとつこれに似た話があり、サフランの花を最初にギリシャから運び出したのも、中空の杖だったという。当時、生きた植物を国外に持ち出すことは死刑に値する行為だった。オランダにチューリップの球根を運んだものそのような杖だったが、チューリップの栽培はのちに国の財政を支える重要な産業に発展した。イングランドにアスパラガスを持ち帰ったのはテンプル騎士団員の杖であり、東方原産のメロン、杏、玉ねぎ、マルメロなどもすべて、巡礼者の中空の杖がヨーロッパに運び込んだものである。

ファッションとして気ままにステッキを持ち歩く女性が現れたのは11世紀、今のフランスのあたりだった。カロリング朝の女性はりんごの木で作ったステッキを持ち、握りの先にはたいてい鳥などの彫刻が飾られていた。[29-10] しかし、ステッキがアクセサリーとして一般に広く使われるようになったのは15世紀末からである。フランス王シャルル7世の愛妾アニエス・ソレルは、新しいファッションを次々と取り入れ、そのなかに持ち手の先に美しい飾りがついた木製の高価なステッキがあった。しかし、まもなく女性たちの手からステッキが消えてしまう。その理由については記録がないのでわからないが、ステッキを持った女性の姿は18世紀末まで見られない。

◇16世紀

ファッションとしてのステッキに、英語で「cane（ケイン）」という語が当てられるようになったのは、16世紀に熱帯産の竹や籐（ケイン）その他の蔓植物が杖の材料として導入されてからである。16世紀以降は従来の「ウォーキング・スティック」と「ケイン」の語が併用して使われるようになった。両者は互換性があるが、「ウォーキング・スティックを持って散歩する」、「ケインを持って闊歩する」といったニュアンス

29-9 巡礼者の杖（14世紀の写本より）

29-10 ステッキを持ったカロリング朝期の女性（10世紀）

29-11 ステッキを手にしたヘンリー8世（1542年）

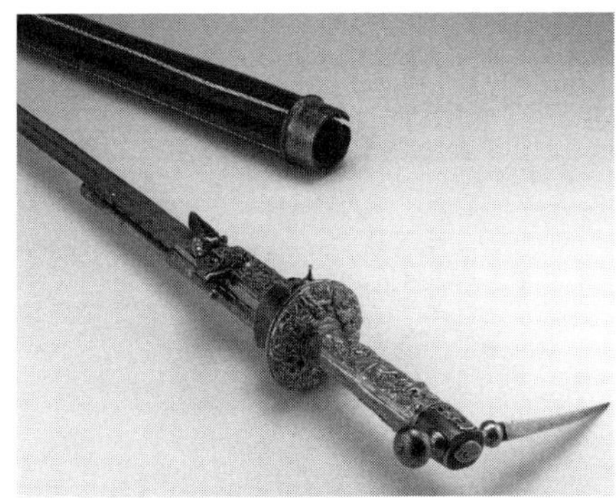

29-12　金槌、剣、ピストルが仕込まれた杖（南ドイツ製、1590-1600 年）

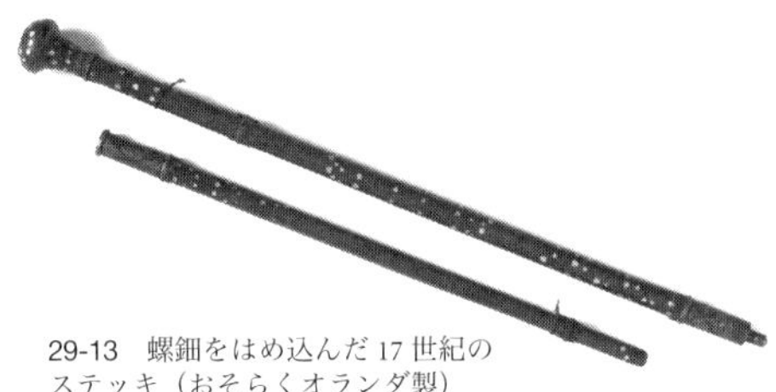

29-13　螺鈿をはめ込んだ 17 世紀のステッキ（おそらくオランダ製）

の違いがあり、前者のほうがより品位のある表現とされる傾向があるようだ。ヘンリー 8 世時代の写本に、「金と銀で天文の模様が装飾されたケイン」と書かれているのは、明らかにヘンリー 8 世自身のステッキだろう。また別に「金で装飾され、ダイアルの下に香料入れがあり、毛抜き、金のコンパス、金の物差し、ナイフ、やすり、金の柄、そして先端を金で飾った砥石が付属したステッキ」と書かれたものもある。ステッキ内部の空洞に何を入れるか、当時の人々はさまざまな新しい工夫を試みた。権力者を亡きものにしようと毒を盛ることも珍しくなかったこの時代、身の危険を感じる者は、一見無害に見えるステッキを護身のために持ち歩いた。しかし無害どころか、ステッキの内部には細身の鋭い剣が巧妙に隠されていた。「仕込み杖（ソード・スティック）」と呼ばれるこうした杖は、政情の不安定な国では今でも見かけることがある。29-12

29-14　ステッキを手にしたフランスの貴族（1629 年）

◇ 17 世紀

ルイ 13 世、14 世の時代には、ステッキは男性に必須のアクセサリーだった。象牙、鯨骨、黒檀などの高価な素材を使い、琥珀や碧玉（ジャスパー）や金の柄にルビー、トルコ石、アメシスト、ダイヤモンドを散りばめた高価で端正なステッキが作られた。贅沢品の部類に属するステッキを初めて持ったのは、フランスのアンリ 4 世だといわれている。続くルイ 13 世は、黒檀製の長いステッキに象牙の持ち手をつけ、し

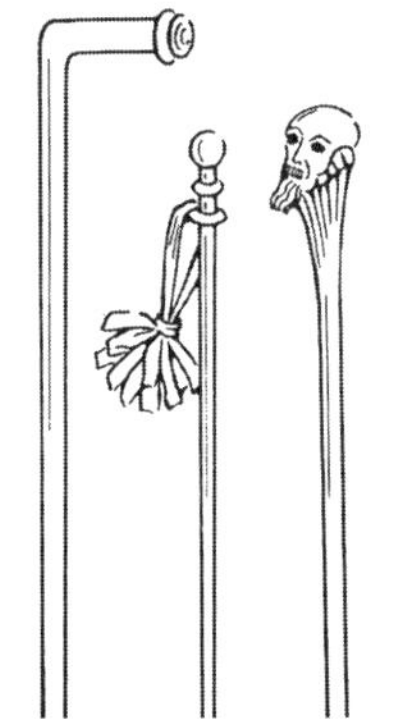

29-15
左：持ち手が曲がった 14-15 世紀の老人の杖
中：17 世紀のフランスのステッキ
右：グロテスク風の頭部がついたイギリスのステッキ（1730 年頃）

ばしばリボン飾りを垂らしていた。ルイ14世は、ステッキを持たずに人前に現れることはなかったといわれ、この流儀はたちまちフランスの官吏たちのあいだに広まって、誰もがステッキを持つようになった。ルイ14世はまた、癇癪を起こすと紫檀の杖を従僕の背中にたたきつけたともいわれている。さしものすばらしいステッキも、昔の「大きな棒」に逆戻りすることもあったようである。

17世紀半ば頃からステッキは細身になり、長さも現在とほぼ同じ90㎝前後の、携帯に便利な長さになった。[C10, C19] 手を通すための絹のひもやリボンやタッセルが持ち手の部分につけられたが、これは持ちやすさというより装飾が目的だった。[29-15]

チャールズ1世治下（1600-49）のイングランドでは、金と象牙の持ち手がついたステッキが流行し、チャールズ自身も多数のステッキを持っていた。[C111] スチュアート家が追放された1688年以降はオーク材が広く使われるようになり、18世紀初期には、オーク材のステッキの持ち手にグロテスク風の頭部が飾られた。[29-15]1734年の『ユニバーサル・スペクテーター』紙には、「上流階級の若者たちは、剣の代わりに立派な頭部と醜い顔の彫刻がついたオーク材の大ぶりなステッキを携帯して町を歩いている」と書かれている。持ち手の先に人間の頭部が飾られた杖は、古代ギリシャではキュニコス学派〔古代ギリシャ哲学の一派〕の持ち物であり、ローマでは護民官の象徴だった。中世の王侯貴族お抱えの道化師や後代の道化師たちも、持ち手に人の顔がついた道化杖を持っていた。近代では、1852年にアメリカを訪問したハンガリーの政治家コシュートらの一行が、象牙の人面がついたステッキを携帯し、かなり人目を引いた。しばらくのあいだオーク材の頑丈なステッキが流行したが、これはアメリカに渡ったピューリタンたちのステッキと同種のもので、初期のアメリカ人の典型的な装飾品となった。[29-17]

◇18世紀

18世紀には、ステッキはまた約122㎝まで長くなり、垂らしたリボンや蝶結びが飾られるようになった。1702年のロンドンの雑誌『タトラー』には、とくにイギリスでは、生活上ステッキが非常に重要であると書かれている。ステッキを携帯するには許可が必要だったというくだりには驚かされるが、ほかにも、かぎ煙草入れや香りをつけたハンカチーフなどの流行の小物にも許可が必要だった。ステッキに対する許可書の一例はこんな具合である。「この書面により、当該者が自身の杖を携帯してロンドンの市街と郊外およびそこから10マイル以内を、危害を加えることなく往来することを許可するよう要請する。ただし当該者が杖を脇に抱えて歩いていなかったり、空中で振り回したり、ボタンに吊り下げたりした

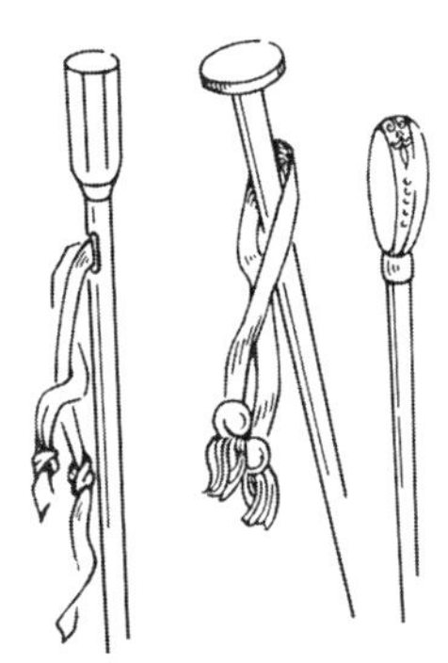

29-16　17世紀の流行のステッキ

29-17　フィラデルフィア市役所の広場に立つピューリタンの像（1887年）

29-18　金の取っ手がついたマラヤ産の籐ステッキ（ドイツ製またはロンドン製、1720-40年）

場合、その杖は没収されるものとする。当該者に持たせるのは危険であると判断された場合も杖は没収されるものとする。署名」また、ステッキの携帯許可を得るために書かれた請願書も、当時の状況を伝える資料として興味深いので、少々長いが以下に引用する。

「サイモン・トリペットに関する謙虚な請願書」

・請願者は若年よりステッキを支えとして育ち、今では手足同様に必要不可欠なものである。

・請願者の行動の大部分はステッキに頼っており、これが使えなければ生活は極度の窮状に陥ることになる。

・ステッキで靴の上を叩いたり、片方の脚をもたせかけたり、口で吹き鳴らしたりすることは、請願者が会話をする際の大きな慰めであり、ステッキがなければ友人や仲間との親交に支障をきたすであろう。

・請願者は現在恋愛中であり、もしステッキを取り上げられれば、この恋愛は断念しなければならないであろう。

・以上の理由から（この事情に寛大な配慮を願い）、かように必要欠くべからざる補助具を請願者から奪うことのないよう、謹んで請願するものである。……

周到に書かれた請願書にもかかわらず、この人物は望みどおりの寛大な措置は受けられなかった。というのは、検閲官が法廷に件の杖を提出するように求めたところ、それは透き通った琥珀の持ち手にリボンがついた高価な贅沢品であることがわかった。そこで検閲官は事務官に、「その杖はしまっておけ。代わりに簡素なクルミ材の握りがついた杖を届けさせよ。はじめは週に3日の使用を認めるが、徐々に使用頻度を減らし、杖なしで歩けるようにさせること」と命じたからである。

18世紀の半ば、ステッキはステータスシンボルとして世間に認められるようになった。形はスリムになり、瑪瑙（アゲート）、大理石、黒檀、動物の骨や角などに宝石を散りばめた贅沢品になった。持ち手の部分はたいてい湾曲し、下端には象牙が取り付けられていた。使わないときは、シャグリーン革のケースに入れて大切に保管した。このようなステッキが、現在

29-19　ステッキを手にしたスウェーデンの貴族（1756年頃）

29-20　ステッキを手にしたイングランドの貴族（1773年）

はロンドン塔に多数保管されている。現代人の目には珍品に見える18世紀のステッキだが、後代の製品と比べてはるかに贅沢で洗練されたものだった。聖職者や医者がステッキを持ったのも18世紀後半だった。とくに医者にとっては職務を表わす重要なステータスシンボルであり、その後100年余りも持ち続けた。教会では、入り口に立った教区役人が教区民からステッキを取り上げた。

1775年から世紀末にかけて、マリー・アントワネットはプチ・トリアノンで乳搾りなどの擬似田舎暮しをはじめた。目新しいアクセサリーとして彼女が羊飼いの杖を持つと、長いステッキがまた流行しはじめた。王制時代の高位の婦人たちは、長いステッキに金銀の金具をつけ、蝶結びのリボンを結んで持ち歩いた。美しく細工された金具の部分が開いて、中におしろいや香水が入れられるように作られたものもあった。羊飼い風の長い杖は、やがて短いステッキに変わった。靴のかかとが見える丈の大きく膨らんだスカートをはき、髪を高く結い上げ、紅とおしろいと香水をたっぷりつけ、ステッキを持つことが、この時代の華やかなファッションの真髄だった。[29-21, C137] しかし貴婦人たちはすぐにステッキに飽きて、やがて扇子を持つようになった。いっぽう男性は、一途にステッキを持ち続けた。

ステッキの材料は多種あったが、ベンガル産の木材が最も好まれた。ステッキの持ち手の先に磁器やエナメルを施した金属の飾りをつけた贅沢なものが多く、上部には香水瓶、気付け薬（ヴィネグレット）の瓶、折り畳み式眼鏡、小形の望遠鏡など、工夫を凝らしたさまざまな仕掛けがつけられた。スペイン王カルロス3世は、ナポリの磁器工場を後援して18種のステッキの柄を作らせた。頑丈な竹の杖はしだいに廃れ、19世紀初頭には、もっと粋で軽やかな竹に小さな金の握りや球をつけたステッキが好まれるようになった。

この間ドイツでは、精巧な意匠を凝らしたステッキが流行した。金銭感覚の堅実な王として知られたプロイセンのフリードリヒ大王（1712-86）でさえ、立派なステッキを蒐集するのを楽しみとしていた。[29-22] その父フリード

29-21　朝の散歩をするフランスの女性
（1778年のファッションプレートより）

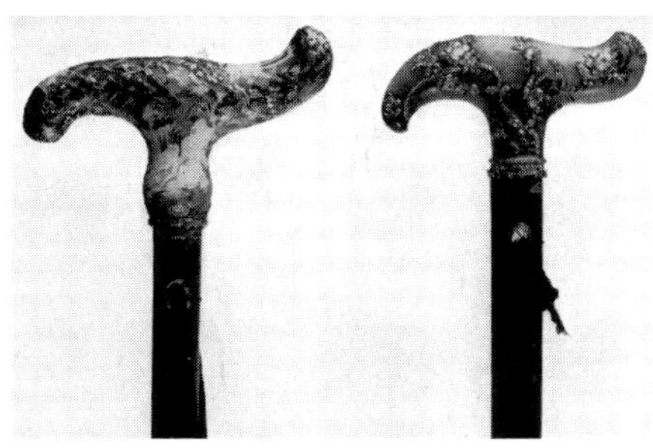

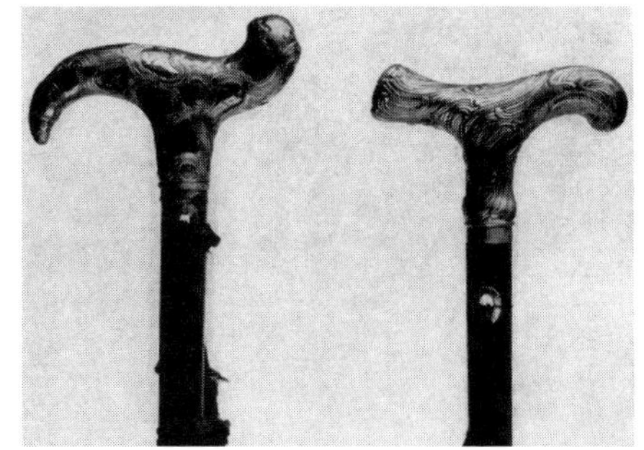

29-22　フリードリヒ大王のステッキ

リヒ・ウィルヘルム1世が1719年に持ったステッキは、碧玉（ジャスパー）の持ち手にルビーとローズ・カットの石がセットされていた。また1731年には、ダイヤモンドをセットしたステッキを持つのを趣味とした。ファッションや芸術に関心の高かったバイエルン選帝侯マクシミリアン3世ヨーゼフ（1745-77）は、30個のダイヤモンドをセットしたアメシストのステッキを持っていた。18世紀半ばには、ステッキが実用品としても見直されるようになり、オーストリアとハンガリーでは、当時流行の望遠鏡や万歩計や笛がつけられた。[29-23, 24] 珍しいものでは、ステッキが3つのパーツに分かれ、最下部が紙とインクつきの羽ペン、中間部がものさし、上部が望遠鏡になったものもあった。18世紀末のフランスの紳士たちはステッキに大枚をはたいたといわれ、生活に追われていたはずのジャン=ジャック・ルソーでさえ40本のステッキを買い、ファッションに疎かったヴォルテールも80本のステッキを持っていた。フランスではとくにステッキの需要が多かったため、制作者には最大限のオリジナリティーが求められた。

ステッキがほぼ万人に行き渡るようになると、おしゃれな人々のあいだで一種のマナーが形成され、扇子や手袋、ハンカチーフと同様に無視できないものになった。たとえば各界の重要人物にものを依頼するときはステッキを携帯してはいけない、ステッキを脇に抱えるのはエチケット違反、ステッキに寄りかかって立ってはならない、ステッキを引きずって歩くのはもってのほか、ステッキで漫然と地面に何かを書いたりするのも禁物だった。

◆19世紀

帝政期のフランスでは、男女ともにステッキを持った。[29-25] おしゃれな若者は、ねじれたステッキを好み、ナポレオンはオルゴールのついた鼈甲（べっこう）のステッキを持っていたといわれている。ドイツの学生にとっては友情の記念であり、ステッキの周囲には友人たちの名前が上から下までぐるりと書き連ねられていた。また、軍や民間機関が杖（ロッド）で権力を行使した時代であり、19世紀初期に組織されたプロイセンの常備軍では、杖で部下を打ったとして、将校と下士官がしばしば罰を受けている。19世紀には、イギリスとフランスそしてアメリカでも、ステッキは紳士になくてはならないアクセサリーになっていた。とくに実務家や医者のステッキは、金の持ち手のついた立

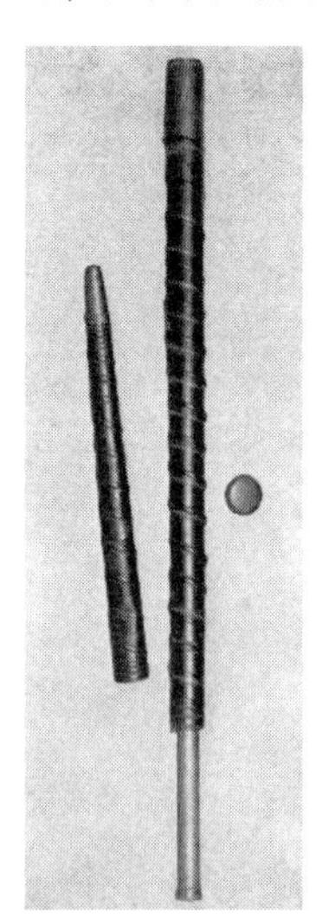

29-23 上部が望遠鏡の杖

29-24　取っ手に望遠鏡がついた杖（ダマスカス鋼と象牙製、1885年頃）

29-25　おしゃれな若者（1830年）

29-26　持ち手が青色のステッキを手にしたフランスの紳士（1897年）

派なものだった。1894年のフランスの新聞は、22種の異なるデザインのステッキをそれぞれ改造し、便利さを宣伝した図版を載せた。たとえばカメラの三脚になるステッキ、化粧台や足台として使えるステッキ、ショットガンや手提げランプになるステッキなどが紹介されていた。その後、救急箱やラッパ形補聴器を備えたステッキも加わった。電気が発明されてからは電気仕掛けのステッキが出たが、感電事故も発生した。

◇20世紀

新聞やちょっとした荷物を小脇に抱える習慣ができると、ステッキを持つ男性は減ってきた。さらに現代に近づくと、ステッキは特別な式典やパレードのときに携帯するフォーマルなアクセサリーになった。20世紀のステッキはもはや100年前のそれとはまったく異なるものになり、持ち手に意匠を凝らしたものなどはめったに見られなくなった。従来の鯨骨、象牙、鼈甲、動物の骨や角、獣皮ではコストがかかりすぎたので、素材は外来の木材になった。20世紀初期にチャールズ・グッドイヤーが加硫ゴムを導入したときは、今後すべてのステッキがこの新素材に置き換わるのではないかと誰もが考えた。特殊加工をしたゴムは黒檀のような外観と硬さを持ち、軽量で美しい光沢があり、高温にも低温に耐えたので、ステッキには理想の素材と思われた。ロンドン、パリ、ベルリンでもしばらくのあいだゴム製のステッキが流行の先端だった。しかしやがてこの素材にはステッキに必須の性質、すなわち弾性が欠けていることがわかってきた。こうして、それまで使われていた素材がひとつまたひとつと消えていき、最終的に選ばれたのは熱帯産の紫檀やミズキ、マラヤ産の籐（マラッカ）だった。今日、ステッキの格を決定するのは、こうした木材の品質である。

29-27　細いステッキを持ったアメリカの画家（1885年）

垂涎のマラッカステッキには籐の茎がそのまま使われるので、不規則な斑点模様が現れることがある。[C136] これは、マラヤ産の籐の茎を束ねて乾燥させる際に太陽光線の作用によってできるもので、その影響を最も受けやすい束の外側の茎が、ステッキ用として最も価値があるとされた。

皇太子時代のエドワード7世には、多数の珍しいステッキのコレクションがある。そのなかの、かつてヴィクトリア女王が使っていたといわれるステッキは、1651年に追っ手を逃れたチャールズ2世が逃げ込んだオークの木の枝から作られたものだという。また、希少な木材とすばらしい象牙彫刻からなる芸術性の高いインドのステッキも含まれている。こうしたステッキの貴重なコレクションは、そのほかの地域にもたくさんある。いずれも各時代に使用された稀有な木材の実例を示すとともに、実用性と装飾面で長いあいだ大勢の紳士に愛用されてきた、創意工夫に富んだ考案品「ステッキ」の貴重な遺品である。

ステッキはつねに支配力と権威の象徴だった。そもそも人は、「大きな棒」の威力によって高位者あるいは王となったのである。古来のそうした威信は、20世紀のステッキにもつきまとっている。なぜか威厳ある人物とステッキは相性が良いように見えるし、また逆に、威厳ある人物はステッキを好むようである。

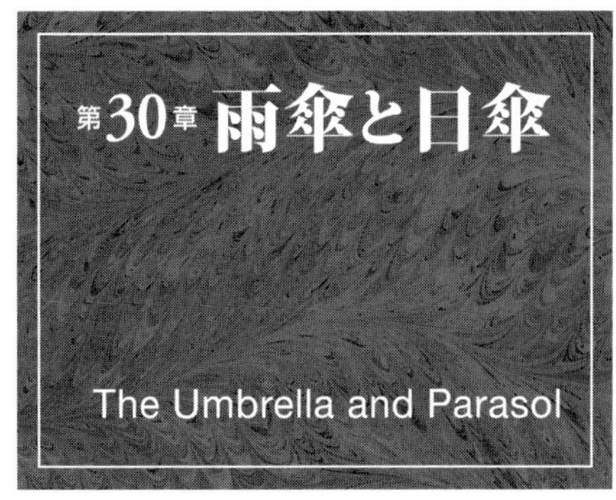

第30章 雨傘と日傘

雨傘(アンブレラ)の歴史は古く、近代にそこから派生した日傘(パラソル)より2000年以上前から存在していた。もともと傘の目的は日除けであり、貴族や司祭などの上層階級だけが使うことのできた「日影を作る道具」だった。傘が雨除けにも使われるようになったのは、ヨーロッパで使用されるようになった16世紀後半からで、フランスでは「雨除け」を意味する「パラプリュ」と呼ばれるようになった。今日一般に言う「アンブレラ」はラテン語の「影」に由来する語だが、英語で雨を除ける携帯道具を指す語は「アンブレラ」のみである。

◇古代／東洋

古代エジプトやアッシリアの首都ニネベで、傘を日除けに使っていた様子が絵画や彫刻に記録されている。傘は、もっぱら高位の者に付き添う従者が捧げ持った。古代エジプトには傘の下で王座に就くファラオの絵があり、テーベの壁画に描かれた王の二輪戦車には傘が取り付けられている。[30-1] ルーヴル美術館にある、ニネベのクユンジクの丘の宮殿跡から発見された浮彫りには、アッシリアのアッシュールバニパル王が傘の下に立つ様子が描かれている。[30-2] ペルシャでも、太陽の熱を遮るために傘を用いていたとクセノフォンは書いている。[30-3]

中国、日本、インドなどの東アジアには、古い時代の傘に関する華麗な逸話が多数ある。今から約3000年前の中国で、サン・カイという名の中国女性が日除けの傘を発明したと言い伝えられている。日傘を使うことは王族と権力者の象徴だったが、それを捧げ持つ従者の人数も、身分や地位の表明だった。中国では、従者24人にそれぞれ公式の大傘を持たせて行進した皇帝があり、300本の傘がずらりと並んだ大祭典の行列もあったといわれている。傘はいずれも金布に宝石を散りばめた豪華なものだった。こうした習慣の中には、何世紀も経た近年まで伝わってきたものもある。1898年に中国の皇帝を訪問したプロイセンの皇太子は、権威のシンボルである赤い傘の下で迎えられた。

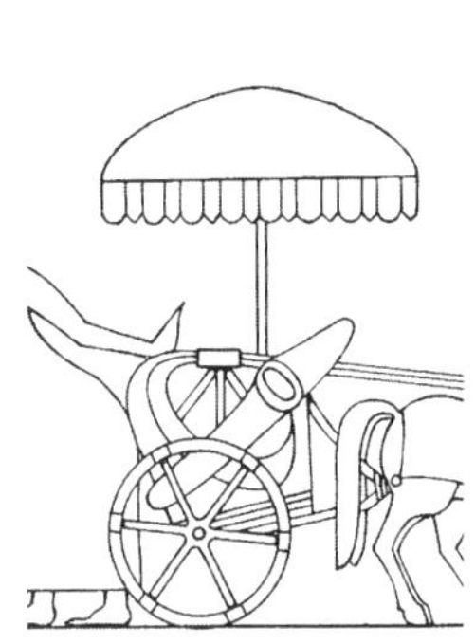
30-1　傘を備えたエジプトの戦車

30-2　戦車に乗るアッシュールバニパル（ニネヴェの宮殿の浮彫り、前7世紀）

30-3　従者を従えたペルシャ帝国の王、ダレイオス1世

日本では、屋外の儀式に傘が多用されてきた。昔は、天皇が国民の前に姿を現すときには必ず傘を持った従者が付き添った。20世紀前半の日本と中国では、竹製の骨に丈夫な油紙を張り、鮮やかな色の模様が描かれた日除けの傘を男女ともに使っていた。

5世紀頃のインドの詩人カーリダーサの戯曲『シャクンタラー』に、日除けの傘が出てくる。アジアの国々では傘は一般に階級のシンボルであり、7枚の覆いを重ねた傘は、一国の支配者の象徴だった。皇太子時代のエドワード7世が1877年にインドを旅した際に、現地人の尊敬を得るために日除け覆いのついた象の背に乗るように求められた。その日除けは、刺繍と宝石を散りばめた布を金の枠にかぶせたものだった。エドワードはインドの王子たちから立派な傘を多数プレゼントされたが、なかでも、大量の真珠と金糸でびっしりと刺繍された青い絹の傘はみごとだった。

ビルマ〔現ミャンマー〕では、王と神聖な白象は白い傘を使い、それ以下の者の傘の色は、階級ごとに区別されていた。ビルマの王は、多数ある称号の中でもとくに「偉大なパラソルの王」を自称していた。

日覆いをヨーロッパに導入したのはギリシャ人だといわれている。ギリシャの女性は、日本の傘に似た平たい日傘を携帯していた。

30-4 ギリシャの壺に描かれた傘の下に座る女性（前340-前320年）

傘は一般に使われていたらしく、傘の下に座った女性や、家来か奴隷に傘を持たせて歩く女性が、古代ギリシャの壺に描かれている。[30-4] シャフトの位置が、中心ではなく端に寄った傘も描かれており、主人のために影を落とすにはこのほうが効果的である。[30-5] 古代ギリシャ・ローマでは、神殿へ運ぶ供物にも日除けの傘がさしかけられた。

プリニウスは、ローマの女性は竹の骨をヤシ科の植物の葉で覆った日除けを使っていたと書いている。しかしその後、骨や持ち手に宝石を飾った象牙を使い、金糸刺繍をした絹の生地を張った日除けも作られ、とくに紫色

30-5 シャフトが端に寄った傘（ギリシャの壺絵より）

30-6 傘を手にしたギリシャの女性

の傘が好まれた。男性も、女性を真似て傘を持ち歩くようになった。クラウディウス帝は傘を女々しいものと非難したが、それでも手放したがらない者はいた。傘を持たなかったために日射病になったローマの若者もいたという。ラテン語の古典によれば、傘を雨除けに使いはじめたのはローマ人らしい。ローマの風刺詩人マルティアリスの14冊目の本に、「晴天の日でも、悪天候に備えて外出時には傘を忘れるな」と書かれている。

◇16世紀

中世には、実用にも装飾にも傘はほとんど使われなかった。古い時代の写本に、アングロ-サクソンの傘が描かれた珍しい例があるが、19世紀の評論家ジョセフ・ストラットによれば、実用品として重要視されるようになったのは16世紀以降であるという。傘の便利さに初めて気づいたのは、16世紀後半のイタリア人だったらしい。聖職者たちにとって傘は権威と名誉のしるしであり、教皇は傘を権威のシンボルとするだけでなく、名誉の象徴として人々に傘を授ける特権を主張した。教皇が公の場に姿を現すときは、必ず傘がさしかけられた。ローマ教皇庁には、権威のシンボルとしての傘が今も存続している。1578年頃のイタリアの傘は、3-4人が充分に入れるほどの大きさがあり、閉じてたためばある程度は小さくなったが、日除けとして持ち歩くには非常に厄介な代物だった。16世紀後半にイタリアを訪れたフランスとイングランドの旅行者は、傘を持ったイタリア女性を見かけて「奇妙な構築物」を持っていたと日記に記していることから、彼らにとって傘はまだまったく見慣れぬ物体だったことがわかる。フランスの印刷業者アンリ・エティエンヌの著書『対話』(1578)に、スペインとイタリアの日除けについての言及が見られる。

◇17世紀

イングランドの旅行家トマス・コーリエットの『クルーディテイ(Crudities)』(1611)にも、旅行中に見かけた傘が珍しい光景として書かれている。傘がフランスに現れたのは1680年以降、イングランドではもっと遅れて18世紀初頭だった。フランスで初めて使われた傘は、まだ作りも粗く重たかったので、概して評判はよくなかった。モンテーニュは、「日照りで猛暑の季節は最も有害だ。古代ローマ時代からイタリアで使われている傘は、頭部を楽にするというより腕が疲れてしまうから」と言っている。

傘を雨除けとして最初に使ったのは古代ローマ人だといわれているが、実際のところはよくわかっていない。16世紀にパリのフランス人マリウスが、軸をいくつかの部分に分

30-7　主権の象徴であった傘をローマ教皇に贈るコンスタンティヌス大帝(1248年のフレスコ画)

30-8　傘をさしかけられるルイ14世時代のフランス宰相セギエ(1661年頃)

けて、ポケットに入る大きさの折り畳み式の雨傘を開発したが、残念ながら一般には広まらなかった。

◇ 18 世紀

18 世紀までにイタリア、フランス、イギリス、ドイツ、オランダでは傘が一般に広まり、パリの通りでは行商人が 1 本 15 フランから 22 フランで売っていた。しかし、傘を持ち歩くには少々難点もあった。品位ある女性が外出するときはふつう馬車を使い、めったに歩くことはなかったから、傘を持ち歩くことは馬車を所有していないことを自ら表明するようなものだったのである。ナポリの提督カラッチョリは、「最近私は必ず傘を持って外出することにしている。……しかし下層階級民と思われたくない者は、傘を持つくらいなら、ずぶ濡れになったほうがまだましだと考えている」と書いている。このような事情は、そのほかの地域でも同じだったに違いない。

北ヨーロッパの傘は、デフォーの小説『ロビンソン・クルーソー』（1719）からの影響だという人もいる。ロビンソン・クルーソーは、動物の皮を張った傘を作って日除けと雨除けにした。「毛を外にして毛皮を張ったから、庇と同じように水をはじくし、また太陽光線を効果的に遮るようにしたから、いちばん暑いときでも、いちばん涼しいときに傘なしで歩くよりはるかに楽々と歩くことができた」と書かれている。北ヨーロッパの傘がロビンソン・クルーソーに影響されたものかどうかはともかく、前述のコーリエットがしたように、フランス人もイングランド人もよく外国を旅行し、そこで得たいろいろなアイディアや便利なものをヨーロッパにもたらした。1757 年にフランスを旅したイングランド人は、フランスでは日除けにも雨・雪除けにも傘を使っているのを見て、こんな便利なものをイングランド人はなぜ使わないのだろうと家族に書き送っている。その後イングランド女性たちは傘を使いはじめ、やがて男性も使うようになった。

イギリスで初めて傘を使った勇気ある男性は、旅行家であり慈善家としても有名なジョナス・ハンウェイである。彼は中国で買った大きな傘を携えて、1780 年にロンドンの街を歩いた。見慣れない物体を持った紳士の姿に、往来は好奇と笑いの渦となった。辻馬車の御者はハンウェイを通りから追い払おうとしたが、彼はまったく動じる風もなく、良いもの

30-9　フランス製のシルクの傘（1675-1725 年）

30-10　イングランド製のシルクの傘（1775-85 年頃）

30-11　1785 年頃の流行

と信じた傘を使い続け、そしてついに一般に受け入れられる日が来たのを見届けて、この世を去った。ロンドンには、今もハンウェイの名に因んだ通りがある。また1772年にはジョン・マクドナルドが、スペインで買った上等なシルクの傘をさしてロンドンの大通りを歩いていると、たちまち罵声が飛びかい、馬車の御者は「フランスの旦那、馬車に乗ったらいかがで？」と冷やかしたというから、傘に対してはまだかなりの抵抗があったようだ。

イングランドではなぜか、傘が現れたと思うとしばらくして全く見られなくなり、やがてまた現れるという現象が繰り返されてきた。

ドクター・クレランドの『グラスゴーの統計報告』に、スコットランドで第1号の傘が1781年に報告されている。雨天の日に傘を初めてさした勇敢な男の名はジェームズ・ジャクソンといい、彼はフランスから傘を持ち帰ったばかりだった。その傘は、籐の親骨に蝋引き布を張った、重くて扱いにくいものだった。

アメリカの東部植民地での傘第1号は1772年で、ロンドン市民を驚かせたハンウェイより8年も前のことだった。ボルチモアの小さな商店が、インド帰りの船から果敢にも1本の傘を購入したのである。しかしこれを見た人々は一様に肝をつぶした。通行人はその場に釘付けになり、女性たちは怯え、馬は驚いて走り去り、行儀の悪い子どもたちは石を投げつけるという始末で、とうとう町の警備隊が出て騒ぎをおさめたということだ。初期アメリカのファッションの中心地フィラデルフィアは、この新奇な品物の情報を聞きつけるや、夏の日除けとしてさっそく導入しようと試みたが、不成功に終わった。傘は熱病と眼病の予防になると医者たちが勧めたにもかかわらず、新聞は「滑稽なほど女々しい代物」であると嘲笑した。しかし、やがてはファッションとして受け入れられ、フィラデルフィアに続いてニューヨークでも使われるようになった。

イングランドでは、輸入一辺倒だった傘が1765年頃から国内生産されるようになった。傘メーカーは、「輸入品より高品質」、「べたつきなし」などと宣伝した。イングランドで最初に傘が作られたとき、持ち手にどんぐりがつけられたのは、ある迷信からだった。樫の木は古くから雷神の神木と言い伝えられ、どんぐりは落雷から身を守るお守りであると信じられていたからである。イングランドではすでにかなり前から、落雷除けとしてどんぐりの首飾りが身に着けられていた。傘を持つことを躊躇していた者も、どんぐりの御利益があると聞けば安心して傘を購入できたのだろう。今でも、傘の持ち手にシルクや骨製のどんぐり形の飾りが下がっているものがある。

◇19世紀

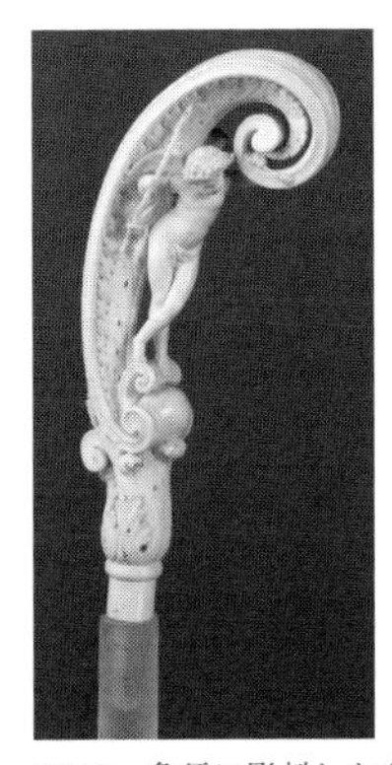
30-12　象牙に彫刻した傘の持ち手（パリ製、1859年）

30-13　1850年の日傘

30-14　小さな日傘を手にした女性（1868年）

傘の基本形は何百年も前からほとんど変化がなく、古代中国で使われた傘の様式がほぼそのままヨーロッパに導入された。初期の傘は、28本の湾曲した親骨に丈夫な布を張っていた。その後たたみ方の構造、骨を支持する素材、そして生地が改良され、18世紀後半にはもはや目新しいものではなくなり、必需品として続々と生産されるようになった。1806年から1826年までの骨は、竹、籐、樫木などの木製で、生地は油や蠟を引いたシルクまたはリネンだった。しかしまだ骨は重く、生地はべとついて扱いにくかったので、多分に改良の余地が残されていた。まもなく親骨に鯨骨が使われるようになり、1806年には4-5 kgもあった木製の骨の傘が、1826年には約1 kgにまで軽量化した。続いて1850年には、鋼（スティール）製の骨にアルパカやグローリア織りやシルクなどを張った、丈夫で軽い傘が作られるようになった。中国、日本、フィリピンでは、36本の親骨に油紙を張った傘が使われていた。

生地や骨が急速に進歩するとともに、持ち手の部分にも大いに関心が払われるようになった。初期の東洋の日傘の持ち手は、希少な木材をよく磨き込んだ長い棒だったが、のちにはエッチングした金、彫刻を施した象牙、ダマスク象嵌細工の持ち手がつくようになった。ヨーロッパでは、たたんだときに腕に掛けられるように曲げ木の持ち手がつけられたので、持ち運びが便利になった。1890年には、持ち手は木製の握りや彫刻した棒になり、彫刻した木片を傘の軸に直角に交差させた十字形の持ち手も作られた。ヨーロッパ各地のファッション中心地では、木や革や植物象牙（アメリカゾウゲヤシの実）、貴金属や模造宝石などを使った手の込んだ美しい持ち手が、熟練職人によって作られるようになった。イングランドでは木工職人が制作に加わり、犬の頭部を写実的に彫った持ち手が大流行した。男性の傘の持ち手には、シベリアから輸入した獣やセイウチの牙を磨いて彫刻した飾りがつけられた。ウィーンでは、鮮やかな鳥の羽根を飾った木製の持ち手、爬虫類の皮を巻いた木製の持ち手、ゾウゲヤシの実を磨いて丸いこぶのような形にした握りが作られた。男性の傘に使われた曲げ木は、ハンガリー、北イタリア、ドイツ、日本から大量に輸入されたが、第一次世界大戦後にはピラリン（セルロイドの一種で耐火性はない）を改良した合成物が

30-15　小さな日傘の下で会話する女性たち（1848年）

30-16　パリの名所ヨーロッパ広場の女性（1875年）

30-17　パリの男性（1814年のファッションプレート）

発明されて、安価で丈夫な、形成しやすい持ち手が作られるようになった。この合成物からは、翡翠、琥珀、ガラス、真珠などのイミテーションも作られた。こうして、バラエティー豊かな持ち手が市場に出回るようになった。

骨の軽量化も徐々に進み、生地の品質が良くなって色数も増えてくると、明確に装飾品としての日傘が出現した。半世紀のあいだに日傘は、シルク、レース、リボン、フリンジなどを使った格段に洗練されたものになり、実用本位で垢抜けなかったかつての雨傘の面影はほとんどなくなった。[30-13, 14, 15, C142-C148] 第二共和政末期（1852）のフランスでは、日傘は雨傘と同じ大きさで、表は明るい色の生地、裏は暗色の生地を張ることが多かった。裏地にはとくにダークブルーが好まれた。しだいに日傘は小形になり、モアレやバチスト〔薄地で軽い平織りの綿布〕を張ったものも作られるようになった。19世紀中頃にはタフタが流行し、手の込んだ金のレースが縁に飾られた。日傘の形は平たいもの、丸みのあるもの、パゴダ形などさまざまあり、生地はぼかし色のシルクに白いサテンの裏をつけたもの、シルク地に花をボーダー風に描いたもの、長いフリンジと裏がついたものなどがあった。1865年にはブレードをトリミングした日傘が流行した。縁に組みひもで模様をつけたもの、骨と骨のあいだを模様で埋めたものもあった。折しもブレードとフリンジが装飾として大流行した時期だったので、日傘に大量のフリンジがつけられたのも驚くべきことではない。[30-19, C143, C145] 新商品として最初にフランスで作られ、たちまち各国に広まった。

ヨーロッパと同様にアメリカでも日傘は大流行し、大手小売店ではパリとロンドンの最新モードがいちはやく紹介され、扇子を凌ぐ大人気になった。おしゃれな女性は誰しも、レースやフリンジを飾った日傘を携えて歩いたり馬車に乗ったりした。19世紀末には、幌のない馬車または幌をたたんだ馬車に乗るのがエレガントだったから、いたるところに華やかな日傘の花が咲いた。控えめな年配の女性は、黒のシルクかレース製の直径30-35㎝くらいの小形の日傘をさした。これは「キャッリッジ・パラソル」と呼ばれ、たたんだときはふつうの日傘と変わりないが、開くとほぼ平らで、軸の先についた蝶番（ちょうつがい）で簡単に角度が変えられるようになっていた。[30-20] 旅行を想定して、スー

30-18 黒いシルクのタフタにレースのカバーをつけた日傘。象牙の柄にはスズランが彫刻されている（イギリス製、1870-80年）

30-19 大量のフリンジがついたシルクの日傘（1840-50年）

30-20 蝶番つきの日傘（1840年）

ツケースやハンドバッグに入るいろいろな大きさの日傘があり、のちの折り畳み傘を予感させた。この実用的なアイディアはパリで生まれ、アメリカのメーカーもこれを真似た。

◆20世紀

傘はファッションとして定着し、そのデザインはドレスの流行とともに移り変わってきた。20世紀初頭には全体に縦長でスリムなディレクトワール様式が主流だったので、上流階級の女性は高さのある帽子に長い羽飾りをつけてその効果を高めていた。雨傘も日傘もこの流行に従って軸が極端に長いものが数年間流行した。[30-23] しばらくすると、ファッションの常としてこんどは正反対のスタイル、つまり極端に短い傘が流行になった。1910年に106㎝ほどあった軸が1930年には約半分になり、平均的な長さはおよそ60㎝だった。[30-21]

昨今のファッションの急速な変化は、自動車の発達による影響が大きい。女性が長距離を歩くことがほとんどなくなり、日傘をさす機会も減った。雨傘は便利な道具として今も健在だが、黒っぽくて陰気な道具というかつてのイメージは払拭された。今ではさまざまな色の傘が、雨の日の町をカラフルに彩るようになった。持ち手の色やデザインも多彩になった。しかしこれは女性の傘の話であって、男性はあいかわらず黒い綿かシルクの、昔ながらの頑丈な傘の伝統を守り続けている。

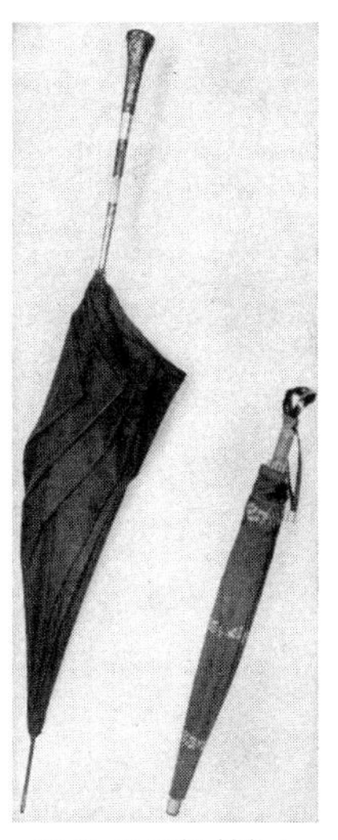
30-21 1910年（左）と1936年（右）の傘

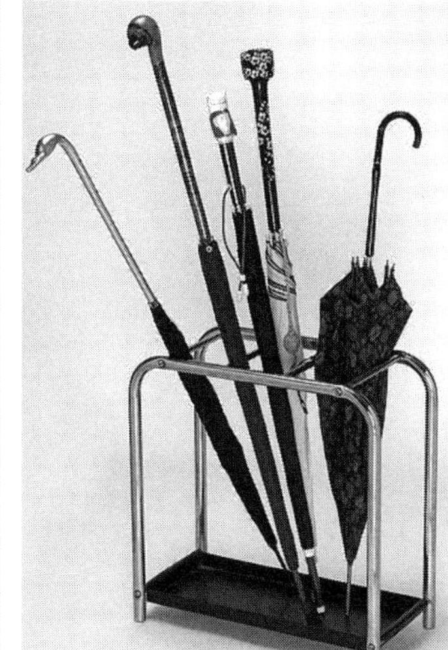
30-22 20世紀前半のさまざまな傘

30-23 細い軸の長い傘（1914年頃のファッションプレート）

ギリシャの遺跡を発掘していたロシアの考古学者が、女性の墓所からリネン製の1枚の小さなバッグを発見した。表面には刺繍が施された跡があった。実用と装飾を兼ねた現代のハンドバッグと性格の類似した物入れが、古代の女性にも知られていたのである。ギリシャに存在したなら、他の地域の女性も同様のものを使ったのではないかと考えられるが、傷みやすい素材のため、残念ながら確かな遺品といえるものはほとんど残っていない。図31-1は、下層階級の男女が何世紀にもわたって使い続けてきたとされる袋である。バッグの最も単純な形態は、このような袋型だったに違いない。

◇中世

現在のハンドバッグの原型は、中世の遺品に見ることができる。ザクセン時代(460-1066)の塚から、盛装して埋葬された女性が複数発掘された。その多くはドレスに締めたガードルから、鋏、毛抜き、ナイフ、櫛、鍵など種々の小物を吊るした鎖と小さなバッグを下げていた。11世紀以降には、帰還した十字軍兵士たちがガードルに小さなバッグを下げていた。このバッグは、「サラセンの施し物袋」と呼ばれ、もともとは貧者に与える小銭を入れた袋だった。それがやがて、一般の男女にも欠かせない装飾品として広まった。[31-2]

上流階級の女性(レディー)は貧者に食べ物やお金を施す習慣があったから、小さなバッグはアクセサリーを兼ねた実用品でもあり、実際に施し物以外のさまざまな小物を入れていた。ちなみに「レディー」とは、古アングロ-サクソン語で「パンを与える者」という意味のことばに由来するとの説もあることにも注意しておこう。古い時代の写本挿絵や名のある人物の墓標に、このようなバッグ（アモニエールまたはオールモニエール）が多く描かれている。ル・マン近郊のレスポー修道院にあるイングランド王リチャード1世妃ベレンガリア（1235年没）の墓像に、魅力的な例が見られる。墓像には当時の服装の細部が再現されていて、宝石を散りばめたガードルに結びつけた長いひもに小さなバッグが吊るさている。これは歴史的にも非常に興味深い例である。[31-3] バッグの素材は、13世紀初期の詩文から判断して絹

31-1 初期のハンドバッグ（8-10世紀の写本より）

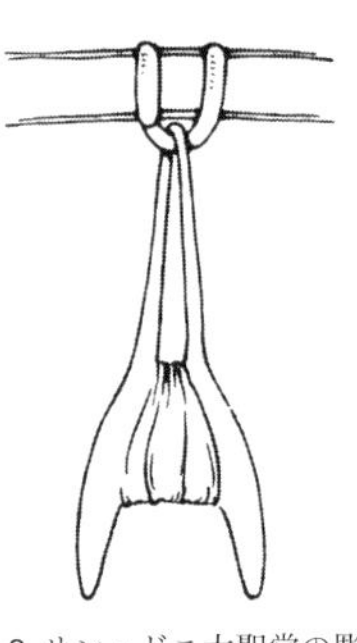
31-2 サン・ドニ大聖堂の彫像に見られるバッグ（1200年）

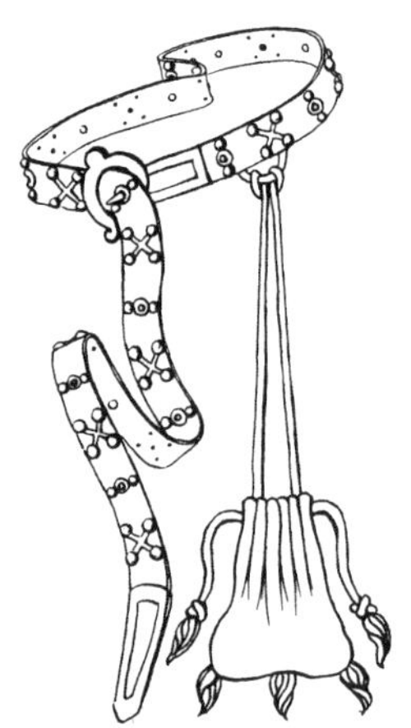

31-3 ベレンガリア王妃の墓像に見られるアモニエール（1235年）

か革だったようだ。

中世後期には、旧来の習慣とファッションが少しずつ新しいものと混ざり合い、女性たちは靴、手袋、ガードル、バッグなどに刺繍をして余暇を過ごすようになった。実際、多くの名家が女性の刺繍職人を抱え、バッグをはじめとしたあらゆる衣類に手の込んだ刺繍を飾らせた。13 世紀には刺繍職人たちが同業者組合を作っていたという記録が残っていることから、刺繍にはそれなりの需要があったことがわかる。各地の美術館や博物館におさめられたすばらしい刺繍のなかでも、シャンパーニュ伯ティボー 4 世（1201-33）のものといわれるバッグは見事である。深紅（クリムゾン）のビロード地に絹とキプロス金糸で人物やアラベスク模様が刺繍され、花模様のある緑色のダマスク織りの裏地が張ってある。こうしたバッグには、左右の下隅に糸や金属糸の結び目やタッセルが下がっているものが多く、鈴（ベル）が下がっていたと書かれたものもある。このような、とくに四角形のバッグは、祈禱書を入れるための作られたに違いない。シークイン修道会の尼僧のために作られた、ブリュージュの 14 世紀の真鍮の墳墓装飾は、僧服に身を包んだ尼僧が「信仰書入れ」と書かれたバッグを左腕に下げている。図 31-4 のバッグは、その典型的な例である。テントステッチ〔小さく斜めに刺す刺繍〕で模様が表されており、表側の装飾は 4 つの四角いパターンに分割され、2 カ所には動物すなわち雄鹿と一角獣が、あとの 2 カ所には人間の頭部を持った鳥が表されている。頭部の 1 つは女性、もう片方は帽子と鈴から道化師であることがわかる。背面側はひどく傷んで擦り切れているが、中央に 1 本の高い木があり、その左右に人物が配されている。これらの図柄は 13 世紀から 14 世紀の刺繍によく見られる。バッグの装飾に使われたモチーフは同時代の文学に因んだものが多く、ロマンティックな挿話に富む中世の『薔薇物語』から採られたモチーフはさらに多かった。イングランドで活躍した詩人マリー・ド・フランスの『レー』には、金銀を織り込んだ生地に金糸刺繍で、遭遇した出来事を表したバッグを手にした女性が書かれている。そのほか、様式化された型どおりの模様を刺繍した巾着タイプのバッグもあり、14 世紀の女性はこれに祈禱書を入れて携帯した。31-5

31-4　キャンバス地に絹と金糸で刺繍したバッグ。左：裏面、右：表面（フランス製、14世紀）

31-5　祈禱書を入れたバッグ（14 世紀）

31-6 スタンプワークを施したイングランド製のバッグ（1714-27 年）

◇16 世紀

バッグには、「スタンプワーク」という刺繍もつけられた。[31-6] この刺繍がイングランドに現れたのは 1600 年頃だが、ヨーロッパ各地の修道女たちは、1500 年頃かあるいはもっと前からこの刺繍を刺していた。スタンプワークとは、模様の部分に「スタンプ」と呼ばれるウールや麻くず、馬毛などを詰めて図柄を立体的に盛り上げて表現する、複雑で技巧を要する刺繍である。多くの場合スタンプワークの部分を別に作っておき、あとで土台の生地に縫いつけた。壁掛け、額縁、鏡の枠、宝石箱など、家庭内の装飾にもよく使われた一般的なステッチだったが、1688 年あたりからあまり見られなくなった。

中世にはバッグが盛んに用いられ、形は徐々に変化していった。12 世紀末から 16 世紀にかけては平たく小さくなり、ベルトに通して着ける「ポーチ」になった。[31-7, 8, 9] 平たいポーチはやがて洗練された作りになり、小刀（ナイフ）や短剣（ダガー）とともにストラップに通してつけるようになった。美しい葉模様が装飾された図 31-10 のポーチは、14 世紀の特徴をよく現している。14 世紀から 16 世紀まで、フランス北西部の都市カーンはバッグやポーチの繊細で美しい刺繍で知られ、この地で作られる製品はヨーロッパ各地で売られていた。1588 年に出版された本には、マルグリットという名の女性が、その繊細な手仕事によってカーンの町の名声を高めたと書かれている。

31-10 葉模様がついた美しいポーチ（1300 年）

バッグを指す語には、アモニエール、バッグ、ポーチ、パースなどいろいろあったが、

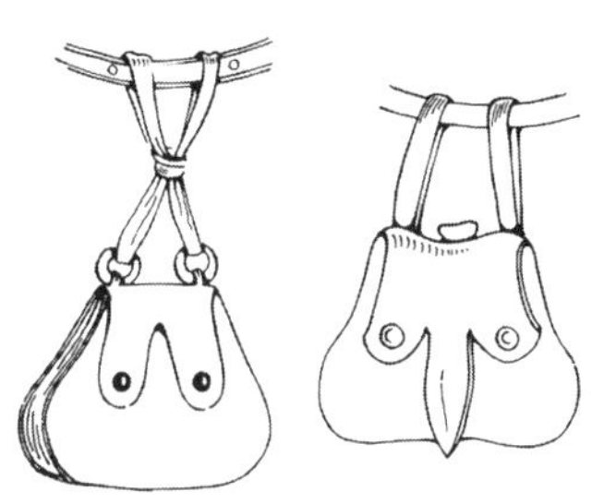

31-7 12 世紀と 16 世紀のポーチの一般的な形

31-8 14 世紀のポーチ

31-9 1400 年のポーチ

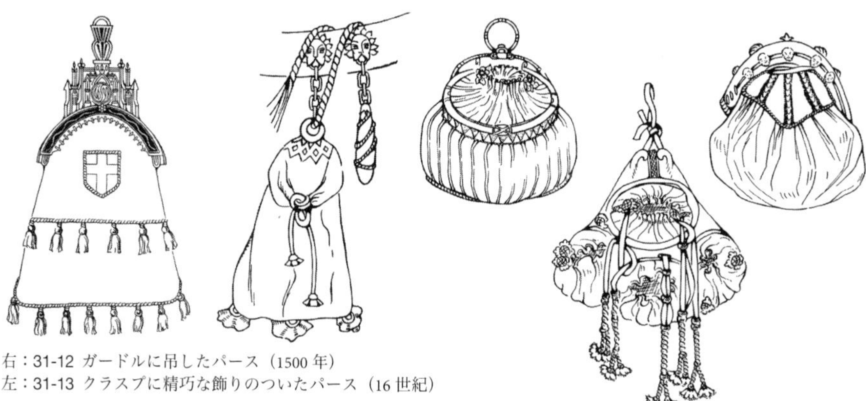

右：31-12 ガードルに吊したパース（1500年）
左：31-13 クラスプに精巧な飾りのついたパース（16世紀）

31-11 ルネサンス時代のバッグ

今ではフランス語のbourseに由来する「パースpurse」が一般的な英語の名称になっている。『カンタベリー物語』の「粉屋の話」にも出てくるので、チョーサーの時代にはすでに小さなバッグをパースと呼んでいたことがわかる。グリニッジの宮殿にあるヘンリー8世時代の財産目録にも「金糸刺繍した深紅（クリムゾン）のパース」が見られる。

時が経つにつれ、ガードルから下げたポーチには、ありとあらゆる小物が入れられるようになった。鍵、櫛、針山、化粧品、鏡、ビーズを通す糸、香りの林檎（セント・アップル）、気付け薬等々が詰め込まれた。バッグがいくつかの袋に仕切られ、それぞれを引き締めひもで締めるように作られた珍しいものもあった。[31-11]

青銅または金の枠を取り付けた美しいバッグが幾度となく流行を繰り返し、バッグのデザインのひとつとして定着した。ルーヴル美術館にあるパースはその一例で、ビロードのまわりに金糸を巻き、金のレースのタッセルを飾り、上部には絹の色糸で紋章が縫い取りされている。[31-13] 鋼製（スティール）の美しいクラスプには豪華なチェイシングが施され、最上部にはガードルに取り付けるためのリングがついている。16世紀のバッグの金属枠には教訓的な文句や宗教的なことばが彫られているものが多く、その文言から、聖職者の持ち物だったと推測されるバッグもある。

◇17-18世紀

17世紀には、男性服の多くにポケットがつくようになり、ベルトにポーチをつける者はしだいに減ってきた。真にポケットといえるものが現れたのは1630年頃で、膨らんだブリー

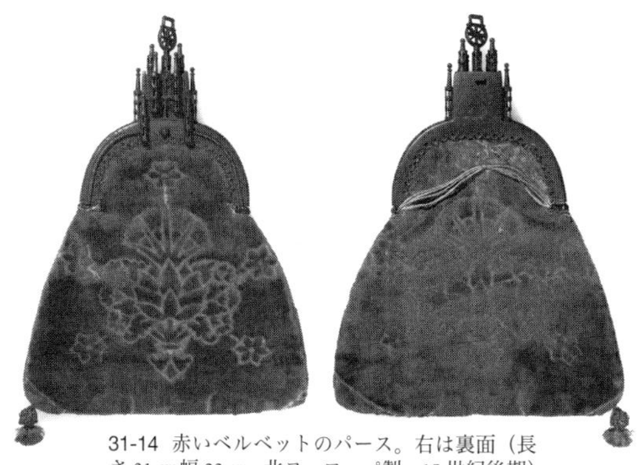

31-14 赤いベルベットのパース。右は裏面（長さ31㎝幅23㎝、北ヨーロッパ製、15世紀後期）

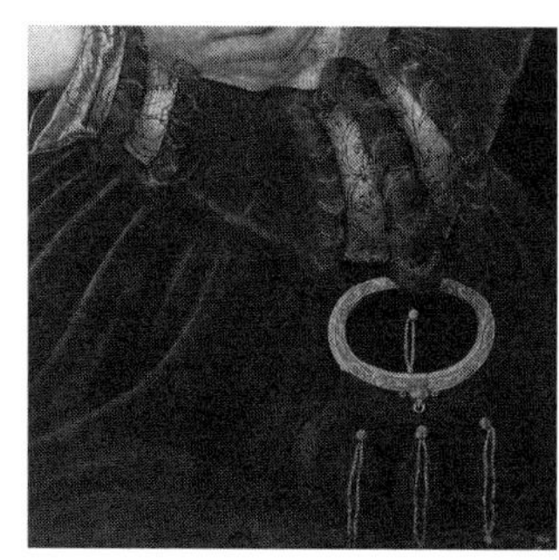

31-15 ドイツの若い女性が身に着けたパース（ルカス・クラーナハ画、1522年）

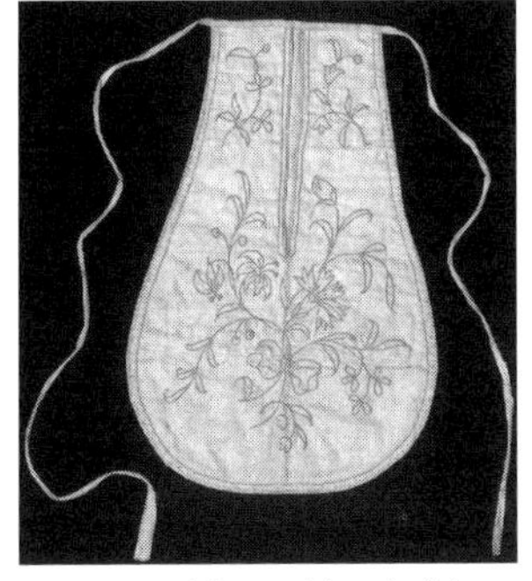
31-16 リネンのポケット（イングランド製、1718-20 年）

31-17 実用的な吊り下げポケット（1600 年）

31-18 リボンがついたフランス製のパース（17 世紀末 -18 世紀初期）

チズの前面の左右、ウエスト付近に縦の切り込みが入れられた。ポケット口はブレードで縁取ったり、ブレードを装飾的に飾ったりした。女性のポケットは、リネン、ローン、ディミティー、チンツ、キャリコなどの地味な生地で作った袋を、外から見えないように長いスカートの内側にウエストから吊るした。[31-16, 17] オリバー・クロムウェルの時代（1599-1658）の印刷物に、おもしろい光景が描かれている。演説者の熱弁に聞き入る聴衆のなかにスリが紛れ込み、夢中で耳を傾けている女性のスカートを持ち上げて、吊り下がったポケットを今まさに盗もうとしているのである。この袋はハンドバッグや財布に直接取って代わるものではなかったが、ポケットの先駆といえる。小銭入れ、ハンカチーフ、鏡、鍵などの入れ物としてとても重宝されたので、友人などに遺贈されることも多かった。とはいえ、おしゃれな女性は豪華な刺繍をした美しいバッグやパースをまだ手に持ったり、リボンやひもでガードルに吊るしたりしていた。[31-18, C150-C152] 図 31-20 は、白のサテン地に絹の色糸と金属糸で多色の美しい刺繍が施された 18 世紀のバッグである。18 世紀のパースはいずれも芸術品と呼ぶにふさわしいが、なかでもビーズを使ったバッグが見事である。[31-21] こうした質の高いバッグは、たいていキャンバス地に刺繍をするか、編み針で編むか、絹糸とビーズを鉤針

31-19 長いひもつきのバッグを提げた女性（1785 年頃）

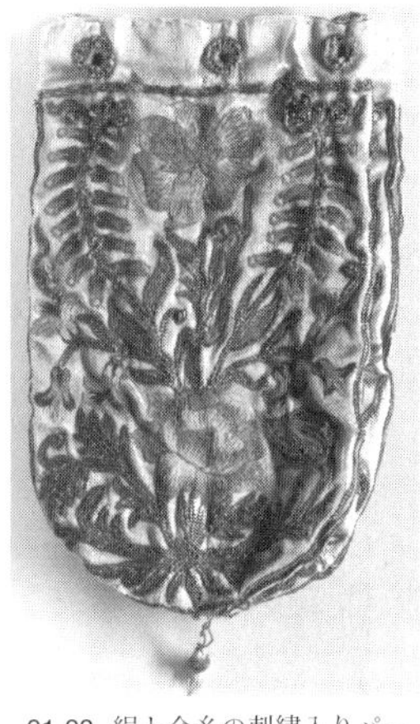
31-20 絹と金糸の刺繍入りパース（イギリス製、17 世紀後期）

31-21 ガラスと鋼製のビーズがついたバッグ（長さ 21.6 cm、フランス製、18 世紀中頃）

で編んだものである。そのほかに、細長い形のバッグの中央あたりに、持ち手にもなるリングをつけて調節できるようにしたものも18世紀後期に流行した。流行を追う女性たちは、多色の刺繍、スティールビーズ、金めっきや彩色したビーズを飾った、リネンや絹やビロードのバッグを持った。形は大小の円形あるいは袋形で、長いひもで締めるか、チェイシングをした金具で留めた。

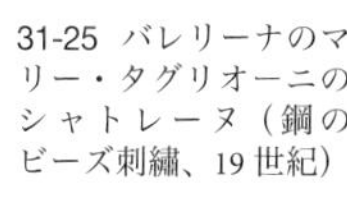

31-25 バレリーナのマリー・タグリオーニのシャトレーヌ（鋼のビーズ刺繍、19世紀）

◆19世紀

帝政時代のフランスでは、透けるように薄い生地を使った身体にフィットしたドレスが流行したので、スカートの下に袋を吊るす余地がなくなった。そこで「レティキュール」と呼ばれるバッグやパースが再び使われるようになったが、これは古代ギリシャの女性たちが持ち歩いたバッグのリバイバルにも見える。厚紙またはエナメルをかけた金属で部分的に成形してあるものが多く、エトルリアの壺を思わせる形状で、必ず長いひもがついている。[31-22, 23, 24] メルヴェル卿の弾劾裁判が行われていた1806年、女性たちは華奢な絹製のレティキュールの中に、傍聴しながら食べるサンドイッチを入れて持参したといわれている。使わないときは、座っていた椅子の背にかけておいた。レティキュールの人気は長く続き、おしゃれに見せたい女性なら誰でもひとつは持っていたし、ドレスに合わせて数点持っている女性も多かった。レティキュールの色はローブと揃え、ハンカチーフや扇、紙幣、香水瓶などを入れた。実際ほとんどの女性がこれを持っていたため、1825年頃までは「必要不可欠なもの」という意味で文字通り「インディスペンサブル」と呼ばれていたが、それから数年後には、皮肉にも「リディキュール」〔あざけり、嘲笑の意〕と呼ばれるようになった。

19世紀半ばまでに、女性のスカートにも縫い目を縦に開けたポケットがつくようになった。その後しばらくは、小さな革袋をポケットに入れて持ち歩いた。しかし長続きしないのがファッションの常であり、まもなく再びバッグを持つのが流行になった。19世紀後半には、女性は鼈甲と真珠で作った美しいバッ

31-22 1804年の流行（フランスのファッションプレートより）

31-23 キャンバス地に刺繍したレティキュール（イギリス製、18世紀後期）

31-24 絹と麦藁でできたレティキュール（イギリス製、18世紀）

グを持つようになった。金や銀が象嵌されたものも多く、さらに手の込んだものになると鎖の持ち手がついたり、宝石がはめ込まれたり、美しい枠がつけられたりした。手に持つこともあったが、たいてはガードルに吊るされた。[C153-C160] その後、革またはビーズの平たいポーチ状のパースが登場した。これはウエストのベルトやガードルに吊るすもので、一般にはシャトレーヌ〔本来はベルト飾りの鎖を指すが、現在ではウエストから下げる小さなバッグのこともいう〕と呼ばれた。[31-25]

◆20世紀

絹、ビーズ、皮革などのバラエティーに富んだ形と大きさのバッグが流行した。とくに広く使われたのは、平たい封筒形のパースと袋状のバッグだった。皮革では子牛、鹿、アザラシ、セイウチ、鳩、鰐、トカゲ、蛇などの皮、布では絹、サテン、クレープ・デシンなどが使われ、それぞれの特徴を生かしたバッグが作られた。こうした外観と同様にバッグの内側も大いに重要視された。裏地、内ポケット、鏡などの細部に女性をうっとりさせるような意匠が凝らされた。おしゃれな女性たちは、絹やスエードの裏地の具合やポケットの数、最新のバッグには必ず付属している化粧小物などを念入りに点検した。素材とは別に、美しい留め金具と持ち手がついていることも当世風バッグの特徴だった。冬、夏、昼、夜などの時節によって、バッグの素材も色も形もそれぞれ異なった。

20世紀初期に現れた新しいバッグは、金、金めっき、スターリングシルバーで作られた美しいメッシュのバッグだった。[31-26] 革のバッグに取って代わるものではなかったが、おもに小銭とハンカチーフ入れとして使われた。極上品はフィレンツェ風のデザインで、金、銀、金めっきの微細な輪をつなぎ合わせた緻密なメッシュ地で作られ、彩色エナメルを施した装飾性の高いフレームがつけられていた。

1924年の特徴あるバッグは、小脇に抱えるタイプの平たい封筒形の革のバッグと、持ち手のついた実用的なバッグだった。[31-27, 28] 以前に流行したビーズのバッグも再び需要があった。銀の織り地の上をすばらしく精巧なビーズで埋めた美しいバッグは、あらゆる服装によく合った。この新しいビーズのバッグは、明らかに1800年頃のデザインから発想を得たものだった。

ファッションとはつねに反復するものである。過去のものの上に、新しい形と色とサイズ、そして時代精神を反映した素材が加えられて、新しいファッションが構築される。現代のハンドバッグの起源は、貧者に施す小銭を入れた中世初期の革か絹の小さな袋である。その袋が何百年ものあいだに装飾性を増し、価値を高め、特徴的な形態をとるようになった。しかし、小銭やハンカチーフや鏡を入れるという現代のおしゃれな女性の用途は、古代から変わっていない。

31-26 時計がついた金属メッシュのパース（アメリカ製、1920年頃）

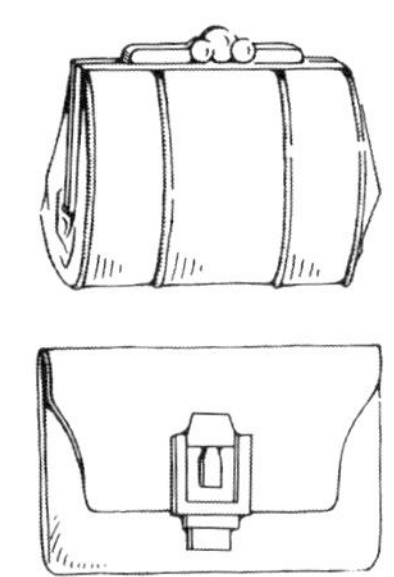

31-27 現代のハンドバッグ

31-28 20世紀の実用的なハンドバッグ

ハンカチーフは、今日ではポケットやバッグに忍ばせて持つが、登場した当初は手に持つものだった。流行に敏感な当時の女性たちが、大判の美しいハンカチーフを見せびらかすかのように手に持ったのは、今でいえば、おしゃれな女性がスカーフを目につくように巻くようなものだった。

◇古代

原始時代に遡ってみると、未開の部族たちは草の葉や茎で作った小形の「むしろ」のような織物で、頭を覆ったり額の汗を拭ったりしていた。顔拭きとしてハンカチーフが最初に使われたのは、おそらく宗教儀式においてであり、絹地の薄い小さなハンカチーフを祭壇にいる司祭だけが使っていた。当時は「フェーシャルズ」と呼ばれ、礼拝後は他の祭礼服といっしょに祭壇に置いておいた。

古典文学にはしばしば「汗をかく」とか「口布（マウス・クロス）」ということばが出てくるが、ハンカチーフはまだ一般には広まっていなかったので、庶民は額の汗や涙をマントで拭っていた。ギリシャでは、上質の綿で作ったハンカチーフにしばしば香りがつけられた。ローマで「スダリウム（スーデリアム）」と呼ばれたハンカチーフはおもに男性が持ち、顔や手の汗を拭くのに用いられた。古代ローマの貴族の女性は遊戯や祝祭のときに持ち、賛同の意を表わすときに振った。イギリスの古物研究家フースブロークの『古代百科事典』（1843）によると、古代のハンカチーフはどれも長方形で、幅が広いというよりは縦長で、見せ物やショーの観客が好意を示すときに振った。初期キリスト教時代には、教会内で信徒たちが説教を称賛するときに使ったが、のちにはハンカチーフとして使うようになった。またその布は助祭が左腕にかけていた長方形のもので、すべての市民が使ったとも書かれている。

ローマ時代後期には、女性は綿かリネンの簡素な正方形のハンカチーフを持った。ローマの美女たちは、ハンカチーフの代わりに水晶や琥珀の玉を握って手を冷やしたという事実も知られている。これは古代エジプトからローマに引き継がれた習慣で、石の玉を金や銀のネットに入れて持ち歩き、手中でころがしたり押しつけたりして汗を抑えた。温められた石の玉は、快い香りを放ったともいわれている。なんとも粋な思いつきである。ローマの洗練された文化を示すハンカチーフは、高貴な者だけに許された卓越のシンボル、権力の象徴だった。

◇中世

中世全般を通じて、ハンカチーフは優美で貴重な富者の特権的なアクセサリーだった。とはいえハンカチーフを所有して流行の先端を走りたい者も多数いたようで、しばしば記録に残されている。早い時期の記録としては、1328 年にオーストリア王女クレメンスが貴重な衣類のひとつとして持っていた「絹のハンカチーフ 1 枚」がある。

◇ 16 世紀

ルネサンス初期にはハンカチーフについての所見や記述が現れ、一般にもかなり広まっていたことがわかる。16 世紀初期にエラスムスは子どもたちに向けて、鼻水を袖で拭くのは行儀が悪いからハンカチーフを正しく使うようにと説いた。ハンカチーフは一般に「ナ

32-1 ドローンワークを施した16世紀のハンカチーフ

プキン」と呼ばれるようになった。『オセロ』第3幕3場に、「お前のナプキンでは小さすぎる」というせりふがある。

イタリアでは、ドローンワークを施した端正なものや、キャンブリック地に赤い絹糸でテントステッチをした美しいものが作られた。32-1 やがてレース時代の到来が間近になると、さらに繊細なローンが使われるようになり、金糸のストライプを入れたり、ボビン・レースやニードルポイント・レースなどの新しいレースを縁に飾ったものが多数作られるようになった。

フランスでは、絹またはリネンのハンカチーフが一般的だった。レースの使用がますます増えると、女性ばかりでなく男性もレースで縁飾りをしたハンカチーフを持ち歩くようになった。ハンカチーフの普及が進み、持つ人が多くなったとはいえ、高価で手の込んだ富裕層のハンカチーフは貴重品だったため、しばしば財産目録に記載されている。1594年にはアンリ4世の愛妾ガブリエル・デストレが、1000フランもするハンカチーフをこれ見よがしに持っていたといわれている。

イングランドでは、絹またはキャンブリックのハンカチーフが流行した。エリザベス1世の時代にハンカチーフは急速に普及し、レースのハンカチーフがイングランドに初めて現れた。ハウの『増補ストー年代記』に、少女や高貴な女性は、8から10㎝四方くらいの小

32-2 タッセルつきの白いハンカチーフを持つオランダの少女（1550-74年）

32-3 レースの差し込みと縁取りがついたハンカチーフを持つフェリペ2世妃（1571年）

32-4 レースの縁取りがついたハンカチーフを持つマリー・ド・メディシス（16世紀後期）

さなハンカチーフを愛のしるしとして好きな人に贈り、紳士方はそれをたいてい帽子の中に入れてかぶったと書かれている。ハンカチーフの四隅と中央に、ボタンか絹糸などのタッセルがついていたとも言っている。[32-2] 高貴な女性のレースのハンカチーフが、恋愛遊戯において相手の気を引くための巧妙で優美な小道具として発展していったのは、この時代だった。

女性たちは、ハンカチーフに刺繍をして過ごすのを楽しみとし、青い糸で縫い取りをしたり、流行のカットワークを施したりした。優雅な装飾品を愛したエリザベス1世は、手袋やラフやジュエリーとともにハンカチーフを流行させ、宮廷女性やファッションに敏感な女性たちのあいだに広まっていった。

32-7 大判のハンカチーフを手にしたルイ14世妃マリア・テレサの少女時代の肖像（ベラスケス画、1652年頃）

◇ 17-18世紀

ニードルポイント・レースやボビン・レースが発達すると、ハンカチーフはますますエレガントで高価なものになった。1666年8月12日のピープスの日記に、妻が自分の許可なしに高価なレースのハンカチーフを買ったことで夫婦喧嘩になり、翌13日もお互いに口をきかなかったと書かれている。

繊細なボビン・レースや端正なニードルポイント・レースで縁取りされた四角いリネンのハンカチーフは、上流階級の女性の装いに気品を添える必需品だった。[32-5, 6, C162-C164]

17世紀末から18世紀にかけてのハンカチーフは、円形あり楕円形あり長方形ありと思い思いの形をしていた。マリー・アントワネットが、「ハンカチの形がてんでんばらばらで、うんざりだわ」と言うのを聞いたルイ16世は、

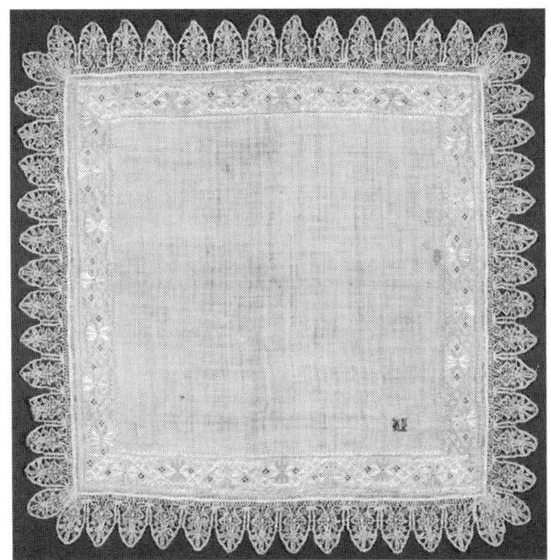

32-5 ボビン・レースの縁取りがついたリネンのハンカチーフ（45.1 × 45.1 cm、イタリア製、17世紀）

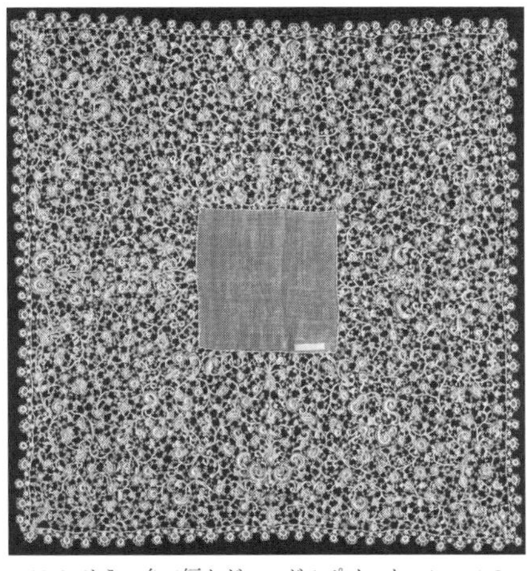

32-6 リネン糸で編んだニードルポイント・レースのハンカチーフ（39 × 38 cm、ベネツィア製、1685-1700年）

32-8 ガウンを着てレースのハンカチーフを手にした17世紀のスタイル

即座に「国じゅうのハンカチーフはすべて縦と横を同じ長さにすべし」とお触れを出し、それ以来ハンカチーフは小さな正方形になったという話が伝わっている。18世紀末のフランス革命の時期には新種のアクセサリーが多数現れ、ハンカチーフもまた従来にない使われ方をした。男性たちはあごまで届く高いストックを着けていたが、その上にさらに紋織り絹のハンカチーフを巻きつけて、あごまで包み込んだ。

アメリカの東部植民地でもヨーロッパとほぼ同時にハンカチーフが流行し、女性たちは繊細なレースのハンカチーフやレースの縁取りをした絹やリネンの正方形のハンカチーフを誇らしげに持ち歩いた。ペンシルバニア州のクエーカー教徒たちは、身なりのよい女性信者には無地の白いハンカチーフが必需品であると考えた。

◇19世紀

フランスの第一帝政時代にハンカチーフの流行を作ったのは、ナポレオンの皇后ジョゼフィーヌだった。彼女は、会話をしながらたびたびハンカチーフを口元に持っていったが、それは美しいとはいえない歯を隠すためだっ

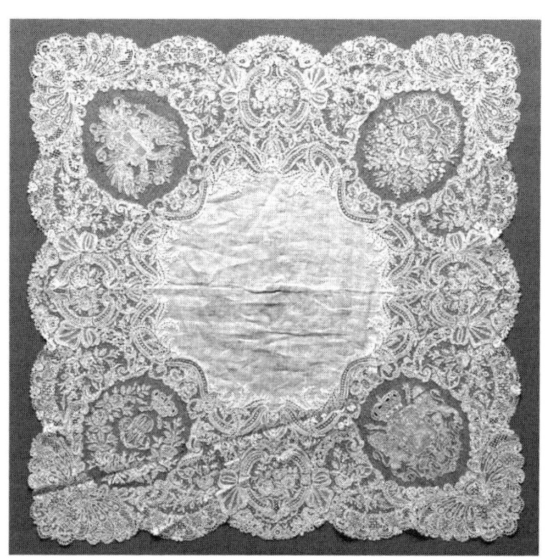

32-9 マリー・ヘンリエッタとレオポルド2世の結婚を記念して作られたブラッセル・レースのハンカチーフ（1853年）

右下のベルギー王室の紋章部分

たと噂されている。ともかく、彼女が手にしたハンカチーフがファッションとなるのに大した時間はかからなかった。たちまち女性という女性が、美しいレースのハンカチーフを持ち歩くようになった。しかし帝政時代後期になると、人前でハンカチーフを見せるという行為を指導者層が忌み嫌うようになったため、しだいにハンカチーフは人目につかないように持ち歩くものになった。ところが19世紀末にはまた、人前で咳やくしゃみをするときに口に当てるのに絶対に不可欠なものとみなされるようになった。

図32-9は、オーストリア大公妃マリー・ヘンリエッタとベルギー王レオポルド2世との婚礼時（1853）に作られた美しいハンカチーフである。みごとなブラッセル・レース製で、ベルギーとオーストリア両王家の紋章と、王冠が載ったLとMのイニシャルを表わしたメダイヨンが王室の威厳を添えている。

1863年のイギリスでは、縁に沿ったヘムステッチと色糸模様をつけたキャンブリックのハンカチーフが普及していた。スカラップ形にカットした縁に刺繍をし、ゴシック体でイニシャルをつけたハンカチーフも大流行した。若い女性は、縁に小幅のレースまたは浅いスカラップ装飾をつけ、色糸で刺繍をした「ポケット・ハンカチーフ」を持ち歩いた。フランスでは、身なりのよい女性には手刺繍またはレースで縁取りをしたハンカチーフが必需品であ

32-10 ブラッセル・レースがついたリネンのハンカチーフ（34.9 × 34.9 cm、フランス製、1875-89年）

32-11 ハンカチーフを手にしたロシアの女性（1839年）

32-12 別れのハンカチを振るイギリスの女性（1880年）

32-13 CDのモノグラムを刺繍したリネンのハンカチーフ（フランス製、1830-50年）

ると考えられた。1893年以前に始まったドイツの服装改良運動では、衣類はすべてウール製がよいと提唱され、ハンカチーフも例外ではなかった。ウールのハンカチーフが作られたのは、後にも先にもこの時だけである。

女性のハンカチーフは、刺繍やレースをつけた小型で華奢なものになった。一方で男性のハンカチーフは、約45㎝四方の大判の布の縁にヘムステッチをつけるか、コーナーにモノグラムをつける程度の簡素なスタイルが定着した。[32-13] 流行によって少量の色を使ったり、ボーダーに多少の色が使われたりすることはあったが、あくまでも白いリネンのハンカチーフが「礼儀にかなった身だしなみ」の基本とされた。粋好みの男性は、ネクタイやハットバンドと同色のボーダー装飾をつけたものや、服の色調と合わせた微妙な色合いの絹のハンカチーフを身に着けることもあった。[C169]

◆ 20世紀

ハンカチーフはファッションアイテムのひとつではあるが、もはやことさら人に見せるアクセサリーではなくなり、バッグやポケットにしまうか、あるいはせいぜい一部分を見せるだけになった。とはいえ、つねに新しさを求めるファッション界にあっては、クレープやシフォンや絹のハンカチーフが作られたり、大型になったり小型になったり、無地になったり装飾性の高い派手なものになったりと、そのときどきで変化がつけられた。1928年には、夜のダンスパーティーや集会で、縁または全面に模様のあるシフォンの大判ハンカチーフが常に身に着けられた。昼間はこのハンカチーフをジャケットのポケットに差して端を長く垂らし、紳士服仕立てのスカートの硬さを和らげた。1929年には、四隅の1カ所にモノグラムをつけて細い縁取りをしたリネンのハンカチーフが広く出回った。モノグラムは色糸で刺繍されることもあり、これにはまた一味違う趣があった。鮮やかな色のリネン生地を切り抜いた小さな模様を、白い地布に巧みにアプリケしたハンカチーフも魅力的だった。シーズンごとに素材や細部のデザインは変化したが、柔らかくて吸湿性に優れ、洗濯も容易なリネンのハンカチーフはつねに需要の首位を占め、今後も使われ続けるだろう。

リネンのハンカチーフは、アイルランド、スコットランド、ベルギー、ドイツ、フランス、スイスで作られるが、フランスとイタリアでは上質のローンのものも多数作られている。日本製と中国製の絹のハンカチーフは有名で、趣のある模様を染めたものや繊細な手刺繍を施したものなどがある。

アメリカでは、1929年に3億5000万枚のハンカチーフを売り上げたというデータがあり、ハンカチーフはそれほど私たちの生活に欠かせないものになったということである。

かつて登場したばかりのハンカチーフは、特定の折や儀式時のアクセサリーだった。高貴な女性は「1枚」を大切に使い、財産価値のある貴重なハンカチーフを周囲に見せることで、自分自身の心を着飾っていた。それが今では、ダース単位で買い求める種類のものになった。今日の実際的な時代に、ハンカチーフはもはや人に見せるためのものではなく、身だしなみに必要な実用的なアクセサリーになった。

扇の起源は熱帯地方である。太陽の熱から身を守り、風を送って暑さをしのぎ、まとわりつく虫を追い払い、ときには火を煽るために日常的に使われた。東アジアでは広く宗教儀式に使われたが、アクセサリーとしての歴史も古代に遡る。中国では3000年以上も前から使用されていたとの証拠を示す資料があり、エジプト人、アッシリア人、ペルシャ人、イスラエル人、中国人、日本人は先史時代から使っていた。

◇古代

東方の支配者たちにとって扇はステータスシンボルだった。自らの権威を示すために、奴隷や従者に扇を持たせたので、古代の扇の柄は長旗の柄のように長かった。[33-1] テーベの遺跡の壁画に、ラムセス2世の23人の息子たちが行進する様子が描かれている。銘々が柄の長い半円形の儀式用扇を持っている。エジプト王の扇持ちは、王子や貴族の子弟だけが志すことのできる名誉ある官職だった。[33-2] 王が玉座に居る時はその左右に立ち、王が乗り物に乗る時または神殿での儀式にも付き従った。

大英博物館にあるアッシリアの浅浮彫りに、古代の扇が描かれている。紀元前880年から860年頃のアッシリア王が、従者に扇で風を送らせている。[33-3] ペルシャにも、玉座の王の後ろに立つ従者が扇を持っているレリーフがある。北京の紫禁城には、象牙から切り出した多数の扇が展示されている。紀元前1000年頃のもので、柄は金と銀線細工と真珠母貝とを組み合わせてある。中国は、扇を発明したのは自国であり、伝説にそのルーツがあると主張している。その伝説とは、元宵節(げんしょうせつ)の祝祭に来ていた有力官吏の娘ランセンが、ランタンの火の熱さに耐えかねて、慣習破りとは知りながらも付けていた面(めん)を外し、顔の近くに持ちながらパタパタと扇いだことから、扇の流行が始まったというものである。

東方からヨーロッパに伝わった扇は、古代ギリシャの文献や壺絵にしばしば描かれるようになった。[33-4,5] ギリシャでも、アジアと同様の柄の長い大きな扇を持った奴隷たちが主人

33-1 古代エジプトの扇

33-2 ラムセス2世と扇持ち
(テーベの神殿の浮彫りより)

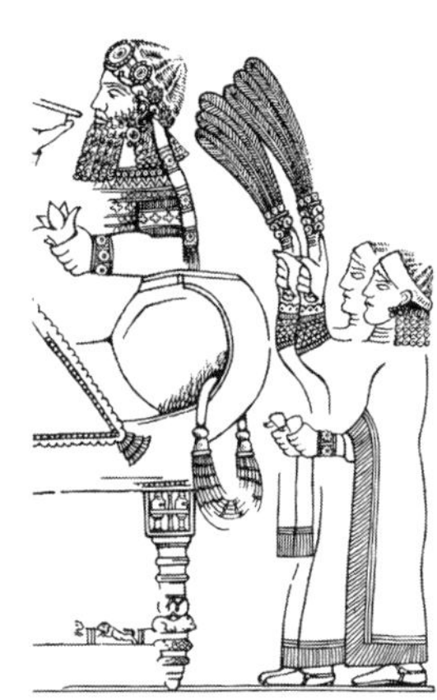
33-3 アッシリア王と扇ぐ従者

に付き従っている。エウリピデスの『オレステス』には、フリュギア人奴隷が、優美な丸い扇でヘレネーの頬と軽やかな巻き毛に風を送ったと書かれている。

小さな扇を手に持った女性が描かれたギリシャの壺絵もあり、紀元前500年頃には孔雀の羽根で作られた扇も使われた。持ち手に1房の羽根をつけただけの扇もあったが、色や斑紋が模様になるように羽根を並べたものもあったはずである。孔雀はギリシャ神話の女神ヘラ（ローマ神話ではユノ）の聖鳥で、洗練と豪華の象徴でもあったから、ギリシャ女性が孔雀の羽根を好んだのも当然だった。のちに、木の葉形のフレームに絹やリネンの生地を張った扇が作られるようになった。ドイツの美術史家ヴィンケルマンは、葉形の扇の最初期形は菱形だったとしているが、これは当初に扇として使われたヤシの葉から着想されたものだろう。

ローマでは、ハエ除けに扇を使ったと書かれた文書もある。扇の曲線的な葉の形はギリシャから受け継がれ、薄い木を繊細に彫り、手の込んだ金めっきと彩色が施されていた。貴族や高位の女性は扇持ちの奴隷を従えていたので自分で扇ぐことはなかったはずだが、のちには自分の手に扇を持つようになったといわれている。[33-6]天井高のあるローマの大邸宅では、室内全体を涼しくするために色とりどりに染めたダチョウの羽根の束を金張りの天井から大量に下げていた。

◇中世

中世の西ヨーロッパで扇が日常的に使用されたという記録が見当たらないことから、扇は姿を消したと推測される。しかし、古来の教会儀式には引き続き使われていた。聖餐用の容器にたかるハエを追い払うために助祭などが使った柄の長い聖扇（フラベラム）は、古い目録にしばしば記載されている。正式な聖扇は、車輪に似た円形の折り畳み式で、羽根、羊皮紙、絹、木などで作られていた。フランスのトゥルニュの修道院で9世紀に使われた犢皮紙（ヴェラム）製の聖扇がとくに有名である。[33-7, 8]開くと円形になる扇面の両面に彩飾が施され、外周のボーダー部分にはロマネスク様式の連続スクロール模様、中央の3重同心円部分にはラテン語の銘文、2番目に大きいスペースには聖人たちが描かれ、各聖人は様式化した木で仕切られている。柄は、白い骨で作られた4本の円筒形パーツをつなげてある。長い2本の円筒には写実的な葉模様と連続した渦巻き模様、下方の2本の円筒には縦溝が彫られ、各パーツは緑色

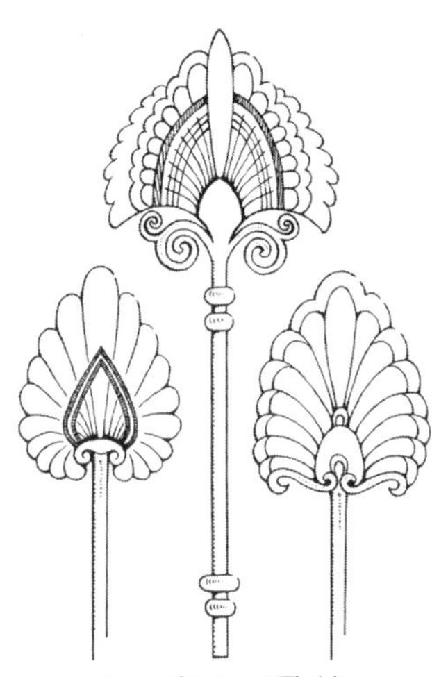

33-4　ギリシャの扇（古代ギリシャの壺絵より）

33-5　古代ギリシャの壺に描かれた扇を手にした女性

33-6　扇を手にしたローマの女性（タナグラ出土、前325-前300年）

に塗られた玉飾りで接続されている。最上部の円筒の上には4人の聖人がついた柱頭が載り、さらにその上に折りたたんだ扇を収納するケースがついている。4つの側面は、白い骨に繊細な彫刻が施されている。これは、現存する典型的な古代のフラベラムとして希少な遺物である。

13世紀初期から14世紀にかけて、十字軍兵士が東方から持ち帰った珍しい扇に刺激され、扇は再びヨーロッパで姿を見せはじめた。折り畳み式の扇、いわゆる扇子（せんす）は、平安時代に日本で考案されたといわれている。10世紀にそれが中国に伝わり、さらに西方に渡ってヨーロッパに入ったと考えられている。ヨーロッパのどの地方に最初に伝わったのかは専門家のあいだでも意見が分かれているが、イタリアではないかとする見解が有力である。

扇についての最古の記録は、ハエなどの虫を追い払う「フライ・ホイスク」またはハエを意味するラテン語「esmouchoire」である。このタイプの扇は今日でもエジプトなどで虫払いとして一般に使われている。[33-9] フライ・ホイスクに続いて使われるようになったのは、取っ手に羽根が固定された、いわゆる団扇（うちわ）型の虫払いだった。14世紀にこの形の扇が存在した証拠として、「マーント・ダルトワ公爵夫人の銀の取っ手の虫払い」と書かれた1316年の記録がある。ジャンヌ・デヴルーの遺言には、「フランスとナバラ王国の紋章とフルール・ド・リスが金で描かれ、象牙とジェットで砦の模様が表現された、金5フランの値打ちのある布製の虫払い」が言及されている。フランスのシャルル5世（1364-80）の財産目録には「折りたためる円形の扇」がある。団扇（うちわ）型と扇子（せんす）型のこの2種は、大陸ヨーロッパで使われた最も古い形の扇である。どちらも富裕層に限られ、個人が身に着けるアクセサリーではなく、召使に持たせるか私的礼拝所に備え付ける用具とみなされていたようだ。扇がアクセサリーとして衣装の一部になるのは、高貴な女性がみずから手に持つようになった16世紀初期からである。

◇16世紀

柄の長い扇、円形の扇、羽根を束ねた扇（タフト・ファン）、小形の旗形扇は14世紀またはそれ以前から使われていたが、一般に広まったのは16世紀初期以降で、その種の扇を持った女性像が写本の彩飾画に描かれるようになる。[33-10] 羽根を束ねた扇は12世紀にはすでに使われており、16世紀には、さまざまな色に染めたダチョウの羽根や孔雀の羽根を1枚ないし20枚ほど束ねて

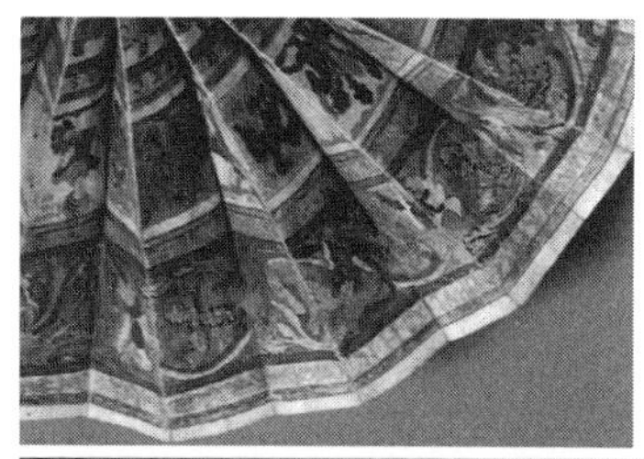

33-7・8　9世紀にトゥルニュの修道院で使われたヴェラムの扇

33-9　初期のフライ・ホイスク

33-10　写本に描かれた円形の扇（1530年代）

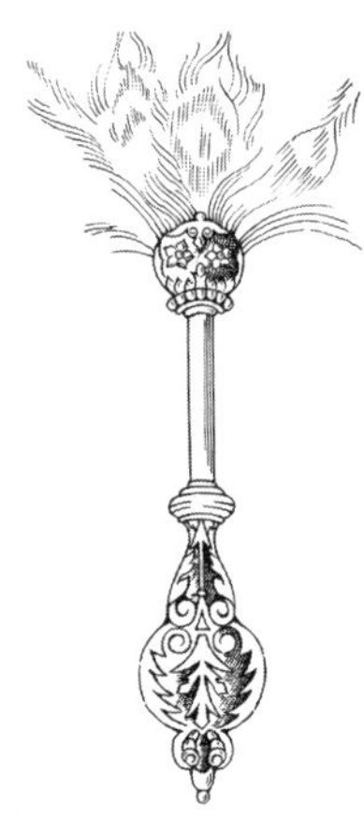
33-11 装飾された扇の柄

扇にした。本物の鳥さながらに羽根を重ねて並べたものもあり、そうした扇の柄には象牙や金や銀を美しく彫刻し、宝石が散りばめられることも多かった。[33-11, 15] こうした高価な扇は、傷みやすい扇面の羽根や羊皮紙などはそのつど新しいものに取り替えられても、柄の部分は代々大切に使い継がれた。遅れて現れた扇子型の扇には、貴金属よりも象牙や骨、鼈甲、真珠母貝が使われることが多かった。

旗形の扇は「キー」あるいは「ウェザー・ヴェイン（風向計）」とも呼ばれ、16世紀初期にとくにヴェネツィアで流行しはじめた。これに似た形の扇は東洋にもあり、明らかに東方由来である。長方形の扇面は、多色の藁を編んだもの、麻布に絵や刺繍をつけたもの、羊皮紙、上質皮紙、絹などで作られ、長辺を長い取っ手に沿って取り付けてある。[33-12, C170] 既婚女性はより装飾的で華やかな模様、婚約者のいる女性や新婚の女性は可憐な白い扇を持った。旗形の扇はイタリア特有のもので同国のファッションと関連しており、他国ではほとんど見られない。ティツィアーノとヴェロネーゼの作品には、旗形の扇を描き込んだ肖像画がそれぞれ数点ある。[33-13, C171]

円形の扇に似た「スクリーン・ファン」は1550年にフランスに伝わり、パリジェンヌの目を強い陽射しから守る目的で使われた。形は扇子に似ていたが、たためるように作られたものではなく、取れないプリーツが全体に深くつけてあった。扇子形の扇は16世紀にカトリーヌ・ド・メディシスがイタリアからフランスにもたらした。革に強い香りをつけた東洋由来の扇子は、はじめスペインで使われ、その後ヨーロッパに広がった。

イタリアで最初に使われた扇子はおそらく「アヒルの足（ダックスフット）」と呼ばれたもので、フェッラーラの女性のあいだで流行した。[33-14] 最大で

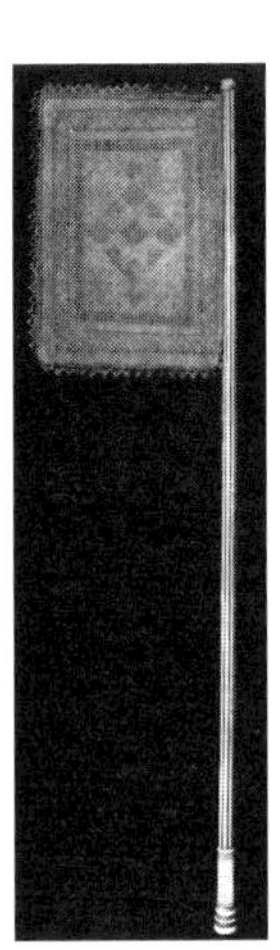
33-12 藁製の旗に象牙の持ち手がついた扇（イタリア製、16世紀）

33-13 旗形の扇を持った少女（ティツィアーノ画、1556年頃）

33-14 フェッラーラで流行した「ダックスフット」

33-15 イタリアの女性が使った羽根を束ねた扇（パルミジャニーノ画、1532年頃）

90度までしか開かなかったが、扇面には革の代わりに上質皮紙と雲母が交互に使われ、優雅な絵が描かれることも多かった。そのほかに、紙の扇面を円形や菱形などの幾何学図形にカットして雲母の小片を差し入れた華麗な扇もあった。親骨や中骨はたいてい象牙製だった。16世紀中頃に導入された雲母は非常に人気があり、扇面が雲母だけで作られた扇も多数あった。こうしたさまざまな扇子は、17世紀から18世紀にかけて完成度の高いものに発展した。

16世紀後期、フランスのアンリ・エティエンヌは「フランス王アンリ3世が右手に持った道具は指1本で操作するだけで開いたり閉じたりし、扇（ファン）と呼ばれている」と書いている。また、年代記作家ピエール・ド・レトワールは、「アンリ3世の扇は片手ですばやく広げることができ、非常に大きいので王の顔に陽が当らないように覆うことができた」と書いている。美しい扇子はいまや羽根扇と並ぶ人気のアクセサリーになり、あらゆる着こなしに欠かせないアクセサリーになった。アンリ・エティエンヌはまた「人々は扇子を、夏には風を起こしたり日除けにし、冬には暖炉の火の熱さを和らげるために使っている」とも言っている。

アンリ4世時代（1589-1610）に扇はファッションとして広く定着し、大きな産業に発展した。1564年12月に扇の製造権が議会で初めて承認され、扇の装飾を行う熟練めっき職人と扇商人から成る会社が設立された。めっき職人には、「注文主と扇商人を満足させる、羊皮、絹、山羊皮製の扇を装飾する権利」が与えられた。その後1660年に出された法令ではこの権利が奪われ、商人に「画家やめっき職人が装飾した扇子を所有し、好きなように置いたり表装する権利」が与えられた。

イングランドでの扇の最古の記録は1307年にあるといわれるが、一般に普及したのはフランスで使われたのとほぼ同じ時期である。扇は、ルネサンス期にイタリアからもたらされた。ヘンリー8世からメアリー1世、そしてエリザベス1世、ジェームズ1世と続く時代に、扇はファッションとして揺るぎない地

33-16　団扇型の扇を手にしたイタリアの女性（モローニ画、1556-60年頃）

33-17　二色の羽根の扇を手にしたイタリアの女性（モローニ画、1552年）

33-18　一枚羽根の扇を手にしたスウェーデン王女（16世紀後期）

33-19 羽根扇を手にしたエリザベス1世（1585-90年頃）

位を保っていた。フランスでは、ダチョウの羽根を使った大きなスクリーン・ファンに象牙や金銀の柄をつけたものが最も普及した。エリザベス1世は、手袋やラフやハンカチーフと同様に扇もこよなく愛し、「王が臣下から受け取る贈り物は扇に限る」と言ったと伝えられ、当然ながら数え切れないほどの扇が女王のもとに贈り届けられたという。寵臣レスター伯ロバート・ダドリーからの1574年の新年の贈り物は、「金の柄の片側に美しいエメラルド2個がセットされ、ダイヤモンドとルビーがたっぷりと散りばめられ、もう一方の側にもダイヤモンドとルビーが飾られた……白い羽根の扇」と記録されている。1585-90年頃に描かれたエリザベス1世の肖像は、当時の最先端とされる立派な扇を持っている。[33-19] そのほかの有名な肖像画にも美しい羽根扇は幾度となく描かれていることから、しばらくのあいだ格別の人気があったことがうかがえる。[33-20] 17世紀前半に描かれたマリー＝ルイーズ・デ・タシスの肖像にみごとな羽根扇が見られるが、その1世紀後に描かれたグラハム夫人が手にしているのは、先がカールした1本の羽根である。[33-21, 22]

◆17世紀

扇の流行はフランスの男性ファッション界にまで達し、17世紀初頭のイングランドでは自分専用の扇を持つ上流階級の男性もいたといわれている。1617年にグリーンは、「われわれ男性は美貌に気を使い、髪をカールし、先

33-20 エリザベス1世の凝った作りの羽根扇（1588年以降の肖像画）

33-21 ヴァン・ダイク《マリー＝ルイーズ・デ・タシス》1630年頃

33-22 ゲインズバラ《グラハム夫人》1777年

祖が戦いのときに頭に着けた羽根を手に持ち、女性的に見られようと懸命な努力をしている」と言い、ホールは、「ラフと扇はもうたくさんだ」と風刺文に書いた。同時代の流行やファッションをつねに描写することを忘れなかったシェークスピアは扇も見落とすことはなく、『じゃじゃ馬ならし』(第4幕第3場)にも『アントニーとクレオパトラ』(第2幕第2場)にも扇を登場させている。

17世紀には、扇はファッションとしてほぼヨーロッパ全土に広がった。イングランドの旅行家コリアットは1609年に次のように書いている。「男女は扇で顔を扇いで暑さを払う。扇はどれもエレガントで美しく、もの珍しい絵を描いた紙が両面に張られている。イタリア語の詩を添えた愛の場面や、短い説明を加えたイタリア都市の絵などもある。こうした扇がイングランドでいう“わずかな額”で買える。」

ルイ13世(1610-43)から14世(1643-1715)時代のフランスでも、扇子はたちまち流行になった。あとから入ってきた羽根扇に一時期人気を奪われたこともあったが、扇子の流行は再燃し、17世紀半ばにはファッションとして文句なしの影響力をもった。身体を締めつけるステイにハイヒールという窮屈な服装の不快感を和らげるためにも、扇子は必需品だったのだろう。ルイ14世時代の扇子は骨の幅が広く、扇を全開しても重なり合って隙間がなかった。その後しだいに骨は細く軽快になったので、装飾の対象としてふさわしいものになった。

扇産業は飛躍的に発展し、17世紀末にはパリだけでも500以上の扇の同業組合(ギルド)が存在していた。フランス製の扇は各地で需要が高く、スペインにおいても、自国の画家カノ・デ・アレヴァロが絵をつけたフランス製扇が仕上がるそばから飛ぶように売れていった。

17世紀後半に初めて総レースの扇が現れた。33-25 ブラヴァント公爵のためにフランドルで作られたものだった。以前から、羊皮紙の上にレースを縫いつけたり貼ったりしたものはあったが、この時期にレースの技術が大きく進歩し、総レースの扇が可能になった。繊細で美しいニードルポイント・レースは、扇をさらに価値の高いものにした。

◇18世紀

引き続き扇子は盛んに用いられ、これまでにない最も上品で美しいアクセサリーとして使

33-23 扇子を持ったオランダの女性(レンブラント画、1641年)

33-24 夏のスタイル(ホラー画、1641年)

33-25 レースと象牙でできた扇(17世紀後半)

33-26 リネンと鼈甲でできたイギリス製の扇(17世紀後半)

われた。実際たいへん高価な装飾品だったので、金、銀、象牙、真珠母貝などの高額な素材が使われた。[33-27, 28, C176, C178] 骨の部分もまた装飾の対象として美しい彫り、飾り穴、ピケ、宝石などで精緻に装飾され、なかには小さな時計をはめ込んだものまであった。この時代特有の装飾「ピケ」は象嵌の一種で、象牙や貝殻の扇骨に孔をあけ、金や銀の小さなピンを差し込んで模様を表わすものである。[33-29, C175] 象牙や鼈甲には銀、明るい色の鼈甲には金、暗い色の貝殻には金と銀という組み合わせが多かった。真珠母貝の扇骨は、小さなピースを巧みに構成したものから1本の大きなものまであり、繊細な細工がとりわけ美しかった。さらに手の込んだ扇骨になると、多種の異素材をミックスさせたデザインと複雑な装飾法により、各素材の持ち味を最大限に引き出した職人技の粋が発揮された。

扇面に張ったサテンや子山羊（キッド）の革や上質皮紙には、当代の有名画家が独自の画風で細密画を描いた。[33-27, C176] 主題は牧歌的風景、踊るニンフたち、クピド、花輪模様（リース）、愛らしい女性像などだった。扇の装飾画家は職業として厚遇されるようになり、ブーシェ、ランクレ、ヴァトー、グルーズ、フラゴナールらは、ルイ15世の愛妾デュ・バリー夫人やポンパドール夫人の扇に絵を描いた。

18世紀のフランスでは、結婚式に招待した女性客に花嫁から扇をプレゼントする習慣が生まれ、大量の扇が用意されるようになった。こうした扇はたいてい高価な品だったので、王家の結婚式ともなると扇業者は破格の報酬を得ることができた。この習慣がすっかり定着してからは膨大な量の扇が巷にばらまかれることになったため、今日美術館や博物館で見ることのできる美しい扇の多くはこうした

33-27 象牙と真珠母貝を使ったドイツ製の扇（18世紀中頃）

33-28 真珠母貝を加工したフランス製の扇（18世紀）

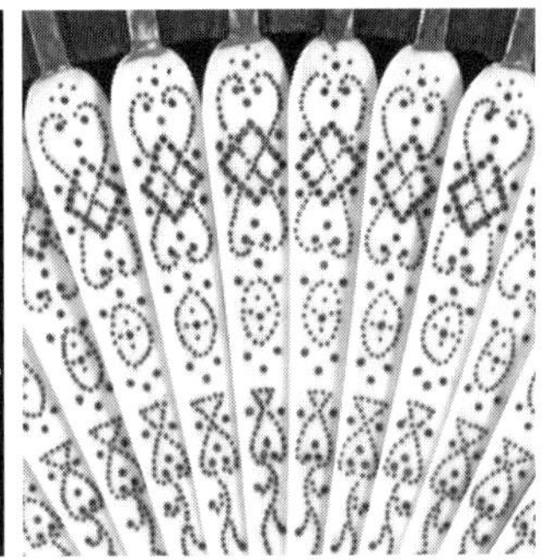

33-29 扇骨に銀のピケを施したイタリア製の扇（1690-1700年）。右：ピケ部分の拡大

33-30　気球の飛行を題材にしたフランス製の扇（1785 年）

結婚時の贈り物である。

富裕層だけの非常に高価な扇とは別に、より安価な絵扇の需要もあった。白い紙に薄い色をつけ、話題性のある最近の出来事などの絵をプリントした、いわゆる「扇絵」が作られた。1785 年の気球の上昇を描いた扇絵などが有名である。[33-30] イングランドでは『乞食オペラ』のシーンが数多くプリントされ、ホガースのドローイングも人気のあるテーマだった。

扇子がこれだけ普及すると、その扱い方に一定の作法やマナーが生まれ、重要な約束事になった。扇を持つ手のしぐさや身ぶりで、女性は無言のうちにさまざまな意思や感情を周囲に示さねばならなかった。いかに魅力的な美女といえども、扇の作法を身につけていなければたちまち社交界から忘れ去られてしまうのだった。

『スペクテーター』紙の創刊者アディソンは、扇子の扱い方は重要であると説いた。彼は「男性が剣を帯びるように女性は扇子で武装している。これは時として恐るべき威力を発揮するものだ。私は、女性がこの武器を存分に使いこなせるようにしたいとの思いから、女性が上流社会のマナーを身に着けることができるアカデミーを設立した」と述べ、「この学校では、扇子の上げ下げ、開閉、あおぎ方などさまざまな使い方を学び、それによって怒り、謙遜、恐怖、愉快などの意思表示やモダンなしぐさ、なまめかしいしぐさなどを体得できるように訓練をする。普通の女性なら約 1 年で優雅な扇の扱い方をすっかりマスターし、粋な小道具として使いこなせるようになるだろう」と書いている。

スタール夫人が友人に送った手紙にも、扇子の扱いの重要性が次のように書かれている。「いくら服装がすばらしく豪華でも、凡俗な中産階級（ブルジョワ）と同じように扇を扱ったなら、物笑いの種になるだけ。扇子の使い方やしぐさで王家の子女と伯爵夫人との違いがわかるし、侯爵夫人と平民との区別がつくのです。」ところがスタール夫人自身は扇子の作法を身につけたことはなく、したがって扇子を持ったこともなく、その代わりに葉のついた小枝を手に持っていたともいわれている。フランスの美術批評家シャルル・ブランは、「身だしなみのよい美女の身の回り品のなかで、扇子ほど大きな効果を発揮するものはない」と言っている。

1732 年に、扇子メーカーは早くもアメリカに出店した。取引の中心はボストンだったが、各地から集まった多数の女性たちが、扇子の制作や修理や絵付けなどに従事して生計を立てていた。扇子の取り付け師も町の入会地の近くに小さな店を開いた。植民地時代のアメリカの女性たちは、大西洋を隔てたヨーロッパのファッションに倣って優雅に扇子を持ち歩いた。

フランス革命の暗澹とした時代には、ファッションの傾向は大きく変わった。扇子の人気は衰えなかったが、もはやエレガンスを測る尺度ではなく、全体に小形になった。高価な装飾に代わってゴーズやチュールが使われ、香りがつけられ、スパングルが散りばめられた。ジャンリース夫人の『エチケット事典』は、扇子のサイズが極端に小さくなった理由を次のように分析している。「女性が恥じらい顔を赤らめた時代には、大きな扇子で顔を隠したものだが、もはや臆することも恥らうこともなくなった今では、顔を隠す必要もないので扇子は小さくなったのだ。」祝祭日など

33-31　1714年に没したイングランド女王アンを偲んで作られた扇（1715-30年）

の楽しげな情景が描かれていた扇絵は見られなくなり、当時支配的だった共和主義思想を表わしたエンブレムや装飾が多くなった。たとえば自由の象徴やフランス共和政を表わす「R. F.」の文字、または人望のある指導者の肖像などが描かれるようになった。扇絵には陰惨な時代の様相が映るといわれるとおり、ルイ16世の処刑後には黒一色のドローイングやエッチングをつけた喪の扇子（モーニング・ファン）が持ち歩かれた。聖書の悲哀の場面を描いた扇子もあった。また、柳の枝の間に隠れるように王と王妃の肖像が描かれ、ある角度で扇を開いたときだけそれとわかるような仕掛けになった扇子などもあった。ジョージ3世の没後（1820）には、イングランドでも喪の扇子が使われた。

◇19世紀

ナポレオンの勝利は、多くの装飾品を生み出すきっかけになった。おしゃれに寸分の隙もなかったジョゼフィーヌの皇后時代には、扇子は再び人気を取り戻した。ジョゼフィーヌは、宝石はもちろんのことスリッパー、ターバン、ハンカチーフ、扇子などあらゆる小さなアクセサリーを愛したが、なかでもハンカチーフと扇子は特別だった。このふたつは、彼女の美貌を損なう欠点である歯を隠すために欠かすことができなかったからだ。ジョゼフィーヌが人前に出るときには必ず扇子を手にしていたという。

この時代の扇子で有名なのは、ナポレオンが皇后マリー・ルイズに結婚のプレゼントとして贈った2本である。ひとつにはダイヤモンド、もうひとつにはダイヤモンドとルビーがセットされ、2本で9000フランしたと伝えられている。ブルボン朝が復活してルイ18世が即位すると宮廷は優雅さを取り戻し、扇子は再び豪奢なアクセサリーとなった。新進画家も現れて、競って扇絵を描いた。アングル、イザベイ、ヴェルネらが、19世紀初期の扇絵を最も美しいものにした。

1828年頃、男性も扇子を持とうではないかという試みがあったが成功しなかった。おそらく、扇子の扱いは女性の媚態にこそふさわ

33-32　ドレス姿のフランスの女性（1837年のファッションプレート）

33-33　金箔や銀メッキを施した真珠母貝などを用いて技巧を凝らしたフランス製の扇（1840-60年）

しいのだと男性たちが確信するようになっていたからだろう。

1830年から60年にかけて、社交界ではあいかわらず中くらいのサイズの扇子が重要な役割を果たしていた。絵が描かれた扇子は大いに流行していたが、直筆のサインを書いた扇が登場した。1863年から90年までは、サインを書き込んだ精緻な紙の扇子が流行した。華やかな舞踏会で、男性が自分の名を扇面に署名するのはよくある習慣だったが、ときには舞踏会の思い出となる気の利いた詩文を書くこともあった。19世紀後半には、白と黒のレースの裏に、ドレスと同色の絹地かサテンを張った扇が最新流行になった。骨はほとんどが象牙製だった。今日まで、各時代に合った扇が作られてきたが、衣装を引き立てるアクセサリーとして最もその威力を発揮したのは、礼儀と優雅さを重視した18世紀と19世紀だった。

◇20世紀

扇子の流行は廃れたが、これは東洋の事情とは対照的である。日本では、扇は和装の一部として広く一般に浸透し、年間を通じてあらゆる場合に身に着けられる。

ところが西欧世界では、扇はかつての精彩を失い、扇にまつわるロマンスや作法、媚態などの魅力は遠い過去のものになった。20世紀の扇は、暑い日にあれば便利な純然たる実用品であり、服装の大切な一部と考える者は誰もいない。しかし不思議なことに、今一般に使われている実用的な扇は、遠く古代ギリシャやローマでもともと使われていたシンプルな葉状形である。使いやすく便利な葉状の扇や日本製と中国製の扇子が、実際的な現代において最も多く使われている。

33-37　絹地に刺繍を施した現代の中国の団扇

33-34　ロスリン《扇を手にした女性》1768年

33-35　アングル《マダム・ドュヴシー》1807年

33-36　ディクシー《象牙の扇》19世紀末頃

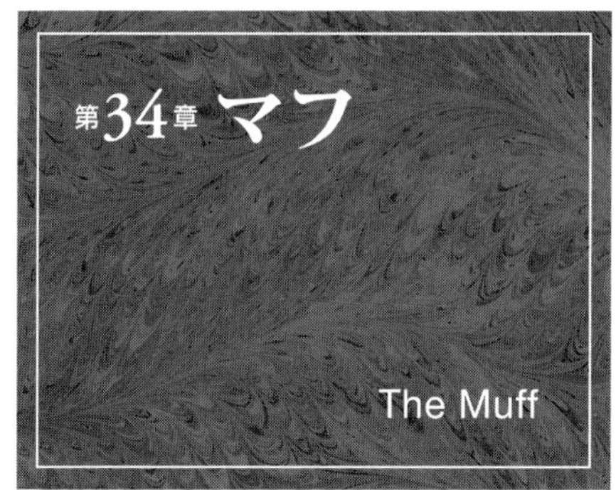

アクセサリーのなかでも、とくに女性らしさの魅力と結びついているのは扇とマフである。大きさや素材や形状が変化しても、マフは長いあいだ女性の装飾品として愛されてきた。17 世紀から 18 世紀には、暖を取るという実用性もあったためか男性をも魅了し、気取り屋の紳士たちがファッションとして持ち歩いた。

◇ 16 世紀

大多数のアクセサリーと同様に、マフの歴史もまた王族や貴族だけの特権的な装飾品として始まった。1499 年のイタリアに最初に現れた。最初期のヴェネツィアのマフは、ビロードかブロケードかリネンと絹の一枚布の裏に毛皮を張った小形のものだった。16 世紀から 18 世紀にかけて一般に広まり、フランスでは「クートナンス」と呼ばれるマフが 1550 年に初めて現れて、とくにシャルル 9 世時代（1560-74）に大流行した。当初は上流階級の女性に限られていたが、やがて多数の中産階級の人々もまねするようになり、廉価な素材をあれこれ使って自分たちのマフを作った。フランスに宗教戦争が影を落とすようになると、王は贅沢禁止令を次から次へと出した。中産階級のマフは黒一色に限るとされた一方で、高位の女性にはさまざまな色のマフを持つ特権が与えられていた。しかしながら当時の記録を見ると、女性たちは王の命令をほとんど気に留めなかったらしく、みな色とりどりのマフを手にしていたようだ。

◇ 17 世紀

イングランドで最初の正式な記録は、1588 年の版画である。[34-1] 上流階級の女性のガードルから長い鎖が垂れ、その先に小さなマフが下がっている。1600 年頃、チャールズ 1 世およ

34-1 イングランドの女性がぶら下げた初期のマフ（1588 年）

34-2 イギリスの女性の冬の装い（1644 年）

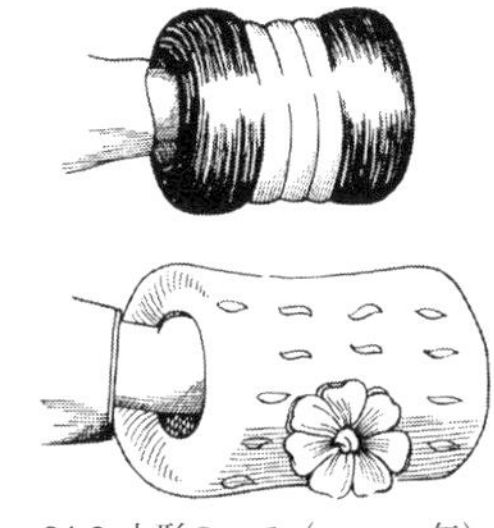
34-3 小形のマフ（1689-94 年）

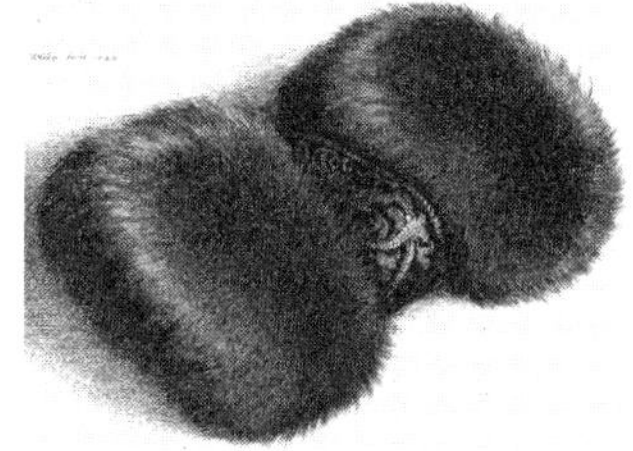
34-4 ブロケードのついたマフ（1647 年）

び2世の宮廷に出入りするおしゃれな男性たちが、左右一対のマフという新しいファッションを考え出した。コートの両袖口に、長くゆったりしたカフス状のものを縫い付けたのだ。やがて左右それぞれの手首にはめる小さな「マフティーズ」になって流行した。毛皮または梳毛(ウーステッド)を素材としてさまざまな色があり、とくにアン王女の時代に流行した。1663年にはまた1個の小形のマフになり、イングランドとフランスで男女が持ち歩いた。長いひもでコートのボタンに結びつけたり、リボンをつけて首から下げたりした。動物の毛は手を白く柔らかく保つと信じられていたので、マフは毛皮を裏にして作られた。

マフの流行真っ盛りのルイ14世治下のフランスで、驚くようなファッションが出現した。礼儀にかなった服装を自負する女性はみな、マフの中に生きた小さな「マフ犬」なるものを忍ばせていたのである。流行を追う男女は、歩きながらこの小さな生き物に甘いものを与えたり、愛情のこもった口調で話しかけたりするのだった。このための特別なマフは、パリのバック通りにあったゲラン嬢の店で作られたといわれている。高価な毛皮を手に入れるのが難しい中流階級の女性は、犬や猫などの比較的安価な毛皮でマフを作った。マフは当初から小形で形もほとんど変わらなかったが、[34-2]1692年頃を境に大形になってきた。

◇18世紀

ルイ15世時代も贅沢な風潮は続き、宮廷女性たちが次々に流行を生み出していった。立派な毛皮を使ったいろいろな色のマフは非常にゴージャスで、女性たちは椅子駕籠(セダンチェア)に乗ったりヴェルサイユを訪れたりするときに、ここぞとばかりに美しいマフを見せびらかした。

ルイ16世の時代には女性が毛皮を使用することが禁じられ、布製のマフしか許されなかった。それではたまらないと毛皮商たちは大騒ぎを始め、直ちに教皇に訴え出て、布製のマフを身に着けた者は破門すべきだと嘆願したが却下された。そこで女性に布製のマフを放棄させるためのあらゆる策が講じられたが、どれも効果がなかった。そんなとき、処刑当日の死刑執行人に布のマフを贈って買収してはどうかと提案した者がいた。効果はてきめんで、ギロチンを連想させるファッションは直ちに女性から敬遠され、毛皮のマフが再び陽の目

34-5 大形のマフを下げたオランダの紳士（1697年）

34-6 リボンつきのマフを着けたデンマーク王女（1688-1729年）

34-8 真っ赤な羽根でできたイギリス製のマフ（18世紀後半）

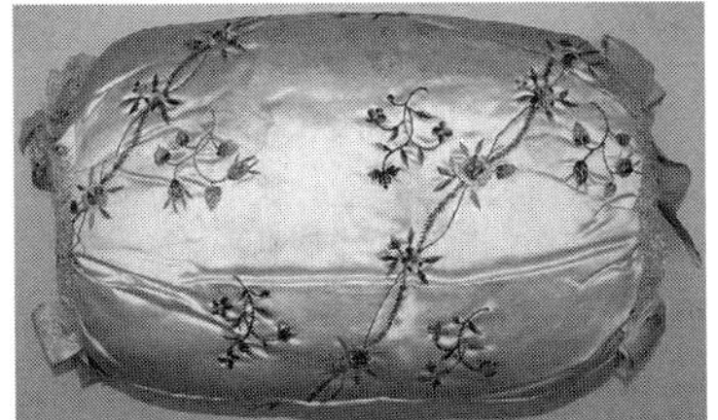

34-7 絹地に刺繍を施したイギリス製のマフ（1780年頃）

を見ることになったのだ。毛皮商は大喜びだった。マフは、歩くときも馬車に乗るときもオールシーズン使われたが、とくに華やかさを競う舞踏会には必須だった。18世紀には、男性の服装に威厳と風格を添えるアクセサリーとしての位置を占めた。[34-9] フランス紳士のマフはとくに見事で、レースやリボンのフリルで凝った飾りつけがされていた。イングランドでは、フランス風をまねる男性もいたが、たいていはあまり飾り気のないマフを持ち歩いていた。イングランド史に名を残した人物の大多数がマフを携帯していた。貴族で小説家のホレス・ウォルポールは、自分が持つだけではなく友人に贈ることも大きな楽しみにしていたといわれている。日記作家ピープスは、「妻の去年のマフを自分が使うことにした」と書いている。

アメリカの東部植民地ではイングランドのファッションがそのまま取り入れられた。これは自然の成り行きだったとはいえ、逞しい開拓者魂をもつアメリカの先祖たちが、流行のマフを持ち歩いたという図は想像しにくいものがある。しかし、マフは持つ者に威厳と風格を与えると信じられた結果、聖職者も判事も医者もマフを携帯するようになった。

18世紀初期のマフは高価な生地で作られ、金銀のレースと蝶結びのリボンが飾られた。その後は毛皮だけで作られたマフが広まって、1780年頃まで人気が続いた。[C181] その頃から、物好きな男性を除いて、一般に男性はマフを持たなくなった。女性のマフは1780年までは小ぶりで、ほとんどは絹とサテンに美しい刺繍と蝶結びのリボンが飾られていた。[34-7, C182] 毛皮と羽根のマフもあった。[34-8, C180]

◇19世紀

1790年以降、女性のマフはだんだん大きくなり、1810年頃に最大になった。樽形で、服装全体のバランスから見てもかなり大きく、肘まですっぽりと隠れるほどだった。毛皮製ではフォックス、黒テン（セーブル）、リスが人気だったが、平織りの布やビロードに毛皮を飾ったものも比較的安価で当世風だった。白いサテンに白鳥の綿毛をトリミングしたロクスバラ・

34-9 男性のマフ（1787年）

34-10 ドレスと揃いの生地のマフ（フランスのファッションプレート、1781年）

34-11 リボンつきのマフを着けたスイスの男性（1758年頃）

マフもこの時期に流行した。19世紀初期からしばらくのあいだ、リボンで作った小さなロゼット、造花の小枝、ペーストを飾ったバックルに通したリボン、多数の垂れ飾りなどを装飾したマフが多かった。[34-14] マフが目を引く肖像画に、当時イングランドで最も美しく人気のあった女優ミス・ファレンを描いたサー・トマス・ローレンスの作品がある。[34-12] 蝶結びのリボンを飾った彼女の大きなマフは、この時期の典型的なスタイルである。コメディー・フランセーズの人気女優モレ・レイモンドの肖像画も、マフが大流行していた頃に描かれたものである。[34-13]

◇20世紀

女性の気まぐれに左右されながらマフのスタイルはいろいろと変化した。1830年には、中くらいの大きさのチンチラとキツネのマフが流行し、たいてい麦藁帽子とスリッパーとともにこれを身に着けた。1870年頃には、両手首から先だけが隠れる程度の小さなマフになった。最も珍重されたロシアン・セーブルの尾の部分の毛皮だけで作られたこのタイプのマフは非常に高価だった。20世紀初頭には非常に大きく平たくなり、枕のような袋形になった。フォックス、黒テン、リンクス、リス、ミンク、白テンなどの上質の毛皮が最高にファッショナブルだったが、サテンやリボンや高価でない毛皮を、ビロードやシルクや平織り布と組み合わせたものも人気があった。1500年代に出現して以来つねに愛されてきたマフも、自動車が一般に普及した1924年以降はほとんど見られなくなった。ファッションの専門家は、起死回生とばかりにたびたび美しいマフを誇示して見せたが、1939年の秋にはもうほとんど効果はなくなっていた。

自動車社会の到来は、ファッション界を大きく変化させた。防寒の必要から発達したマフは、エアコンの効いた車内ではほぼ無用になってしまった。しかしファッションという車輪が回り続ける限り、デザイナーを魅了し続けてきたマフの人気は、いつかまた奪還される日が来るかも知れない。

34-12 トマス・ローレンス《エリザベス・ファレン》1790年

34-14 レースとリボンを飾ったフランス製のマフ（19世紀後半）

34-13 ヴィジェ＝ルブラン《モレ・レイモンド》1786年

34-15 20世紀のデザイン画（ロンドン、1915年）

第35章 鏡

The Mirror

原始時代の女性が初めて見つけた「静かな湖面に映る自分の姿」。これがのちの姿見（鏡）のはじまりである。自分の姿を見たいという原初的で強い衝動から、人は金属の表面を磨くことを思いつき、そこから現代人に欠かせない「鏡」への歩みが続いてきた。長いあいだ金属製の姿見が使われてきたが、やがてガラスを使った鏡が発明され、何回かの改良を経て、現代の鏡へと発展した。

◇古代

人間が作った鏡は、古代エジプト後期にはすでに化粧道具の主要品目になっていた。銅または合金で作られ、磨き込むと驚くほどの光沢を放った。テーベで発見されたこの種の多数の古代の鏡も、発掘後あらためて部分的に磨かれた。エジプトの鏡の多くは円、楕円、または洋ナシ形で、象牙、木、ファイアンス陶器、金属などの柄にはめ込まれている。柄のデザインは伝統的な水蓮（ロータス）形や、鳥その他を飾った柱形などがあるが、[35-1] 出土品の数から判断して、柄の装飾には人物像が鏡を支えるデザインが最も好まれたようだ。[35-2] イスラエル人も同種の金属の鏡を使っており、エジプトから持ち込んだものに違いない。古代のヘブライ人は真鍮の鏡を使っていた。モーセは幕屋の中庭に据える水盤を作らせるため、イスラエルの女たちから真鍮の手鏡を集めたと書かれている。

古代ギリシャでは、青銅の鏡が一般に使われていた。紀元前328年頃のギリシャの彫刻家プラクシテレスは、磨いた金属表面の光沢の美しさに気づき、養成所を設立して銀を磨いて鏡を作る技術を教えたといわれている。ギリシャの鏡は、円盤形（ディスクミラー）と箱形（ボックスミラー）の2種類に別けられる。円盤形鏡は円盤の片面だけを磨き、裏面にはエングレイヴィングやレリーフ彫刻を施した。柄がつくのが一般的で、テーブルに立てて置けるようにスタンドや脚を兼ねた柄が多かった。[35-3] 箱形鏡は2枚の円盤を合わせた形で、下方の円盤はよく磨き込まれた鏡で、

鏡を収めた当時の化粧箱

35-1　純銅製の鏡（高さ22.3 cm 幅11.3 cm、持ち手:金と黒檀製、前1810-前1700年頃）

35-2　人物像が支えた鏡（高さ23 cm 幅12.6 cm　青銅製　前1550-前1295年頃）

上方の円盤は鏡面を保護するためのカバーである。鏡面とカバー面を蝶番でつなげた例も発見されている。カバーを被せた状態にすると円筒形の箱のような形になるので、箱形鏡と呼ばれた。[35-4, 6]

ローマとエトルリアでは鏡製造業が繁栄し、磨ける金属なら何でも鏡にした。エトルリアの鏡に使われた青銅は古代のものよりも品質が良く、錫の含有量が19-20倍も多かった。エトルリアの鏡の大きな特徴は、裏面に彫られたエングレイヴィングである。[35-7] ローマの鏡は、青銅の表面に銀がかぶせてあった。ポンペイウスの時代には、銀よりも金の鏡のほうが普及し、美しいチェイシングと宝石で飾られたものが多かった。金の鏡は熱狂的に流行し、女中までも「金の鏡だけはどうしても欲しい」と言い出す始末だった。

35-7 エトルリアの青銅製の鏡（前3世紀-前2世紀、高さ27.5 cm 幅13.5 cm）

◇中世

中世全般を通じて、女性は金属を磨いた小型の手鏡をとくに不足もなく使っていた。ところが1284年頃から変化が生じてきた。熱したガラス板の上に溶融した金属を注ぐ実験が行われるようになったのだ。もっとも当時はまだ鏡用の大きなガラスを作る技術が知られていなかったので、出来上がった鏡は非常に小さなものではあった。1300年頃のヴェネツィアで、ガラスの鏡が初めて作られた。後世のものに比べればかなり未熟な製品ではあったが、もちろん富裕層の垂涎の的になった。女性は首にかけたりガードルに吊るしたりしてアクセサリーとして身に着け、男性は剣の柄にはめ込んで携帯した。しかしやがて象牙や銀のケースにはめ込まれてポケットに入れられるようになった。この小型の鏡が使われるようになるや、たちまちファッション界で大流行となり、誰もがポケットに入れて持ち歩くようになった。フランス王シャルル5世も多数の高価な鏡を所有していた。16世紀のフ

左：35-3 女性像に支えられた古代ギリシャの青銅製鏡（高さ40.4 cm 重さ0.9 kg、前5世紀中頃）

右：35-4 古代ギリシャの青銅製箱形鏡（前4世紀中頃）

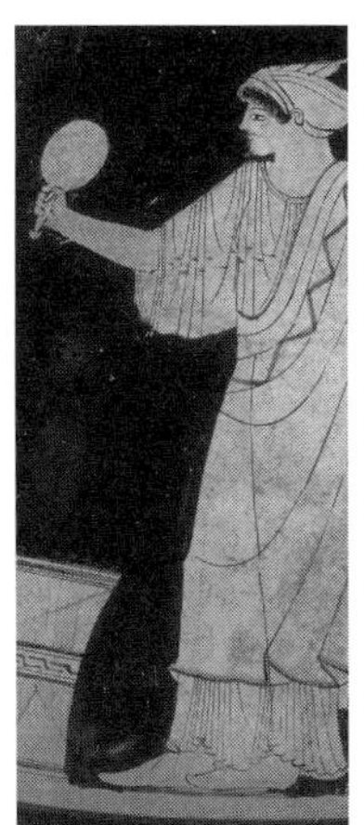

左：35-5 鏡を手にした女性（古代ギリシャの壺絵、前480-前470年頃）

右：35-6 箱形鏡をのぞくギリシャの女性（前200-前100年の彫像）

35-8 ベネツィア製の鏡（径 7 cm、木と金属と象牙、16 世紀）

35-9 縁に螺鈿細工を施したイギリス製の鏡（長さ 22.3 cm 幅 8.5 cm、1850-75 年）

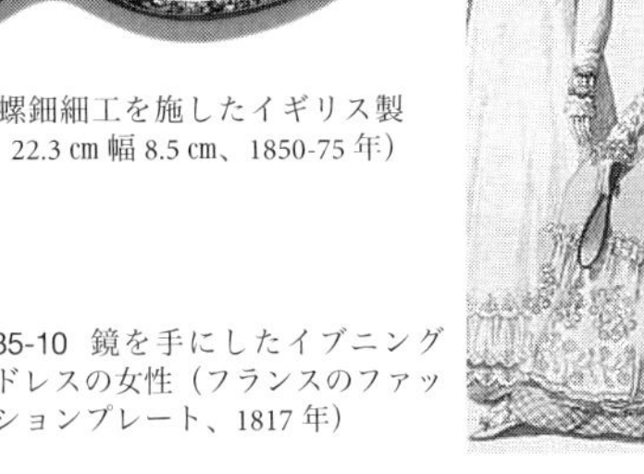

35-10 鏡を手にしたイブニングドレスの女性（フランスのファッションプレート、1817 年）

ランス女性はみなバッグや袋に入れて持ち歩いていた。宮廷女性だけでなく農家の若い娘までが夢中になるほどの人気だった。ベリー公爵によれば、1400 年代初期の男性たちは、ポケットミラーを絹のケースに入れて携帯していたという。その後、本のように開くブック形の鏡も現れ、絹や象牙などの高価な素材が使われた。

◇ 16-18 世紀

1514 年に没したブルターニュのアンの財産に、「刺繍したカバーつきの本」の中に隠された小さな鏡があった。スペイン王フェリペ 3 世妃マルガレーテ・フォン・エスターライヒは、60 ダカット相当のポケットミラーを持っていた。アンリ 3 世の宮廷に出入りするフランスの洒落男たちは、ブック形の鏡をいつでも取り出せるように、ブリーチズの右のポケットに入れていた。

35-11 ヴェルサイユ宮殿の鏡の間

17 世紀の前半、ポケットミラーはアクセサリーとして広く普及していた。しかし世紀半ば頃から、もっと大きな像を映し出せる壁掛け式の鏡が作られるようになり、1673 年にはこの技術がイングランドに伝えられた。鏡には吹きガラスを使用するのが一般的だったが、1688 年にフランスの職人ルイ・リュカが、鏡用のガラスを型成形する方法を考案した。新時代の到来を告げるこの画期的な発明はヨーロッパからアメリカへ広がり、鏡は携帯アクセサリーの域を越え、住宅や公共建築に欠かせない設備となった。こうした鏡は可動家具ではなく、高い装飾性と実用を兼ねた部屋の構成要素の一部として扱われた。室内装飾パネルとして鏡を組み込んだ最も有名な例は、ヴェルサイユ宮殿の鏡の間である。[35-11] インテリアとしての鏡の著しい発達の陰で、小型のポケットミラーは単なる実用的な小物になった。

必需品となった鏡は、今日ではあらゆるバニティ・ケースや化粧ポーチ、ハンドバッグなどに備え付けられるようになった。こうした小さい鏡のおかげで、現代の女性は暑さ・寒さ・悪天候でくずれた化粧を直し、慌てたり泣いたりして乱れた化粧を整えることができる。2000 年前の女性たちも同じことをしていたのだが。

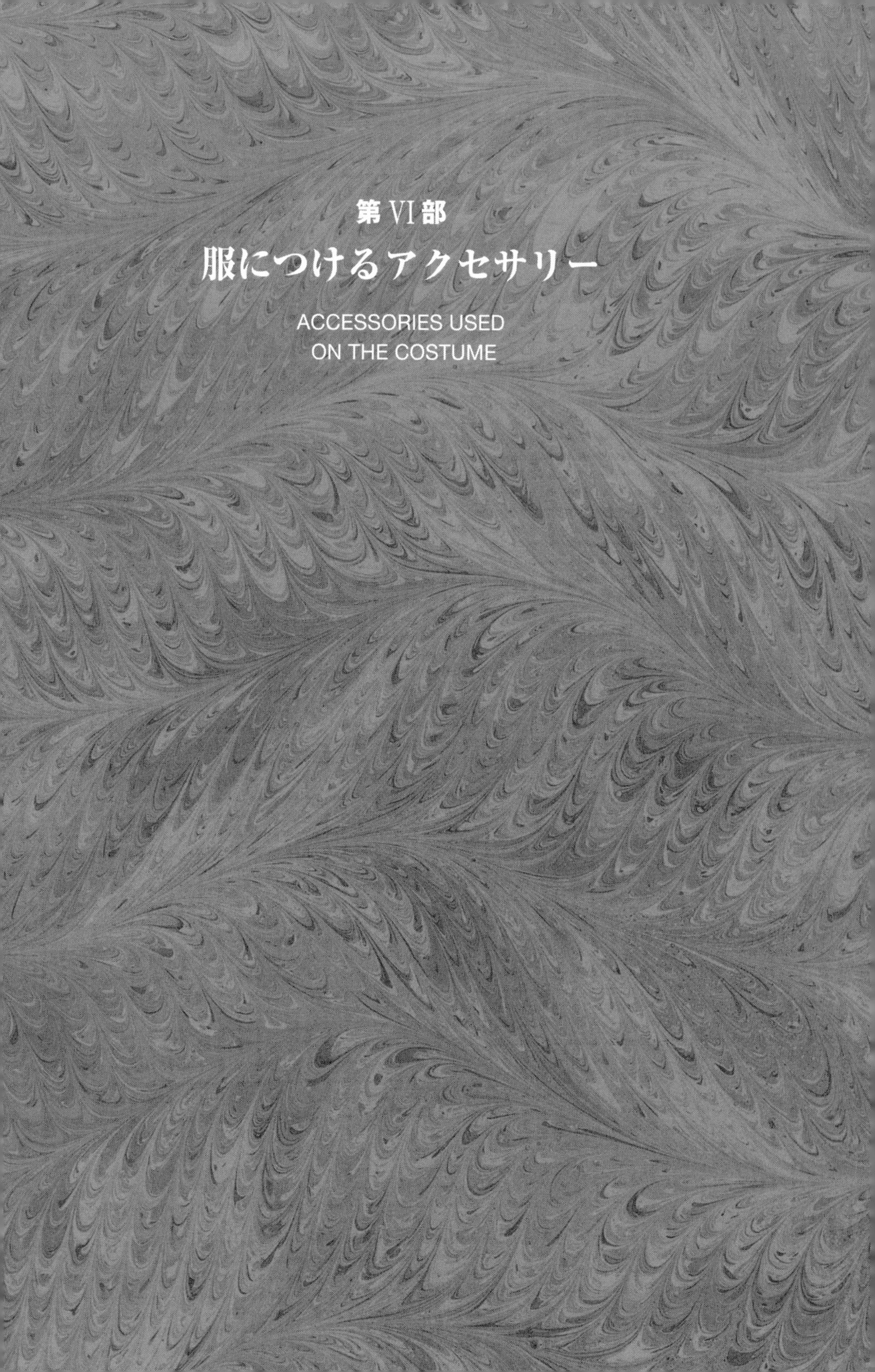

第 VI 部
服につけるアクセサリー
ACCESSORIES USED ON THE COSTUME

C 184　宝石をセットした金のボタンと真珠を散りばめたウォルター・ローリー卿の豪華な衣装（1598 年）

C 185　無数のシードパールを縫いつけたマントと大小の真珠を組み合わせた大型のボタン。ウォルター・ローリー卿の華やかな衣装（1588 年）

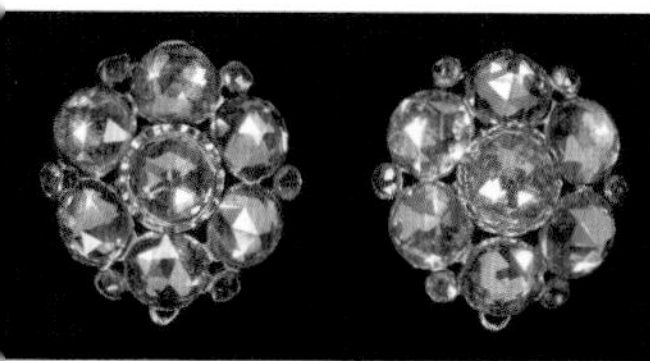

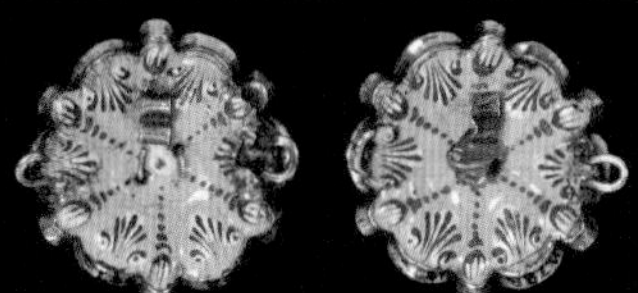

C 187　銀にローズ・カットの水晶をセットしたボタン（西ヨーロッパ製、1690 年頃）下はエナメルを施した裏面

C 186　タブレットと揃いの金ボタンを飾ったマント（1564 年）

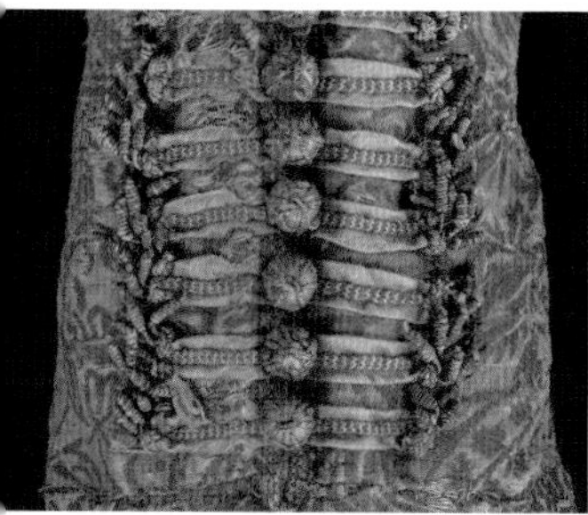

C 188　ダブレットの袖についた飾りボタン（イギリス製、1625-30 年）

C 189　絹で編んだ上着についた小さなボタン（イタリア製、1600-20 年）

C 190　ボタンホールのブレードと銀のボタン（1761 年）

C 191　金属のボタンがついたスーツ（フランス製、1765-75 年）

C 192

C 193

C 194

C 195

C 196

C 197

C 198

C 199

C 200

C201　上着の刺繍と揃いの模様がついたボタン（1763 年）

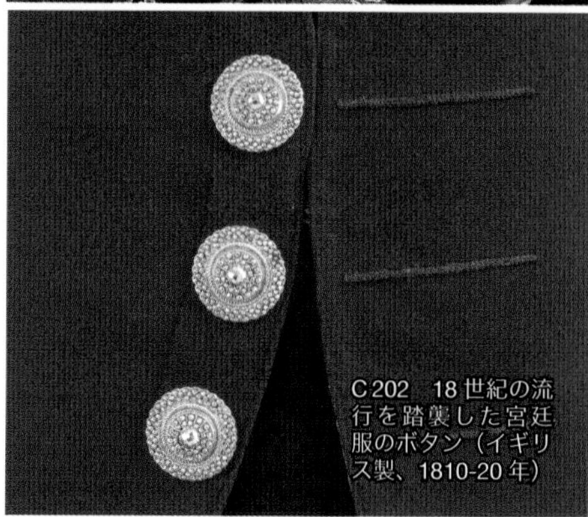
C202　18 世紀の流行を踏襲した宮廷服のボタン（イギリス製、1810-20 年）

18-19 世紀のボタン

C192　銀細工（ナポリ製、1832-67）
C193　カットスティール（バーミンガム製、1795 年頃）
C194　男性コート用の銀ボタン（マルタ製、1775-98 年）
C195　ヨーロッパ製、18 世紀
C196　真珠母貝（アメリカまたはヨーロッパ製、1850-70 年）
C197　ヨーロッパ製、18 世紀
C198　金属、ペースト、象牙（フランス製、1775 年頃）
C199　金属（フランス製、18 世紀）
C200　金属、ペースト、エナメル（フランス製、1785 年頃）

C203　金属のボタンがついたウールのコートとウエストコート（イギリス製、1760 年頃）

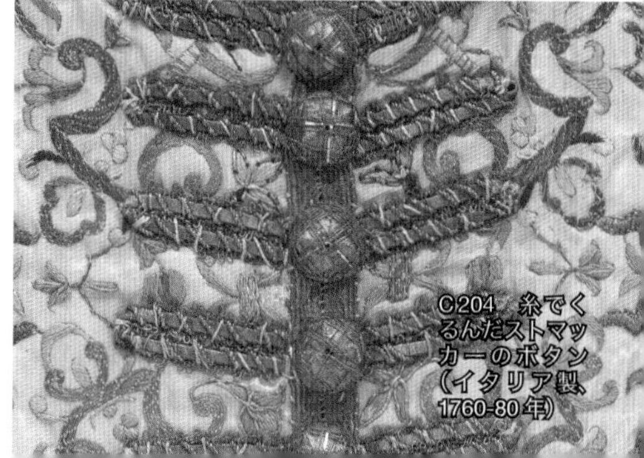
C204　糸でくるんだストマッカーのボタン（イタリア製、1760-80 年）

C 205　ウエストコートを着たマーガレット・レイトン（1620 年頃）。C206と同じものと思われる

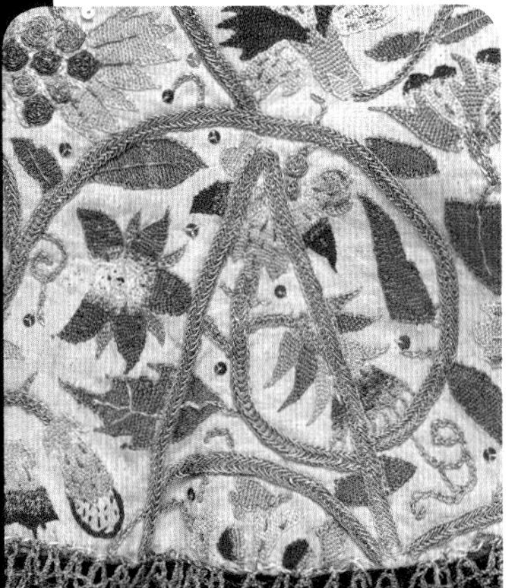

C 206　全面に刺繍を施されたリネンのウエストコート。イングランド王の従者フランシス・レイトン夫人マーガレットが着用したもの（イングランド製、1610-15 年）

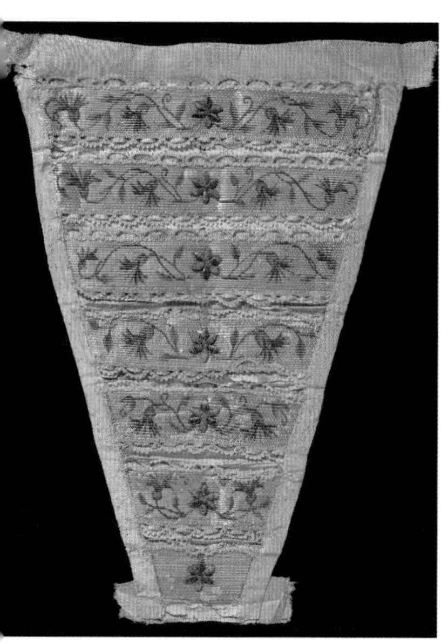

C 207　絹糸と銀糸で刺繍したストマッカー（フランスまたはイタリア製、1750 年頃）

C 208　絹糸と金属糸で刺繍したガウン（イギリス製、1740-45 年）

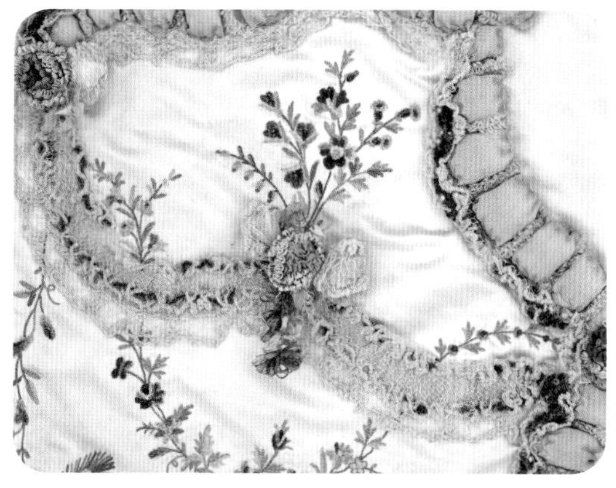

C 209　刺繍を施し、シェニール、リボン、レースで飾ったサテン生地のローブ・ア・ラ・フランセーズ（フランス製、1775-80 年）

C210　ボビン・レースの襟と扇につけた美しいリボン。ストマッカーはロゼット形のブレード付き（1639 年）

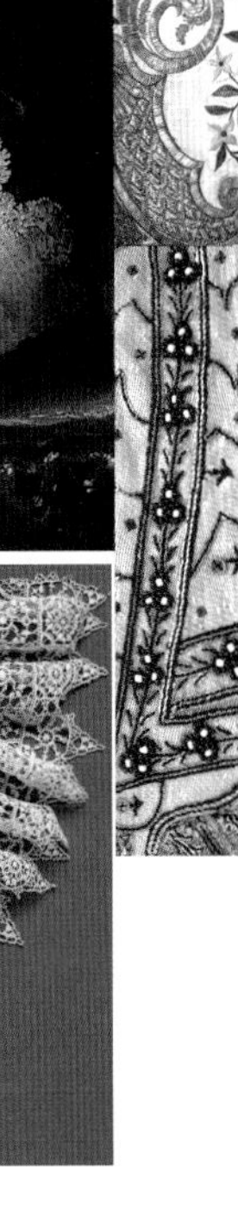

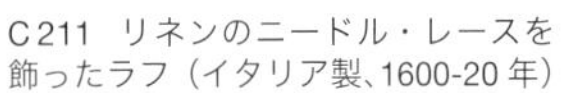

C211　リネンのニードル・レースを飾ったラフ（イタリア製、1600-20 年）

C212　金属糸とスパングルで刺繍したリネンの男性用ウエストコート（フランス製、1730 年代）

C213　絹糸と銀糸で刺繍した絹のドレス（イギリス製、1740-45 年）

C214　絹糸とスパングル、ビーズで刺繍した男性用ウエストコート（イギリス製、1780-85 年）

C215　流行の唐草模様の刺繍が施された衣装。キャップとカフスはスカラップ装飾付きのレース製（1615 年）

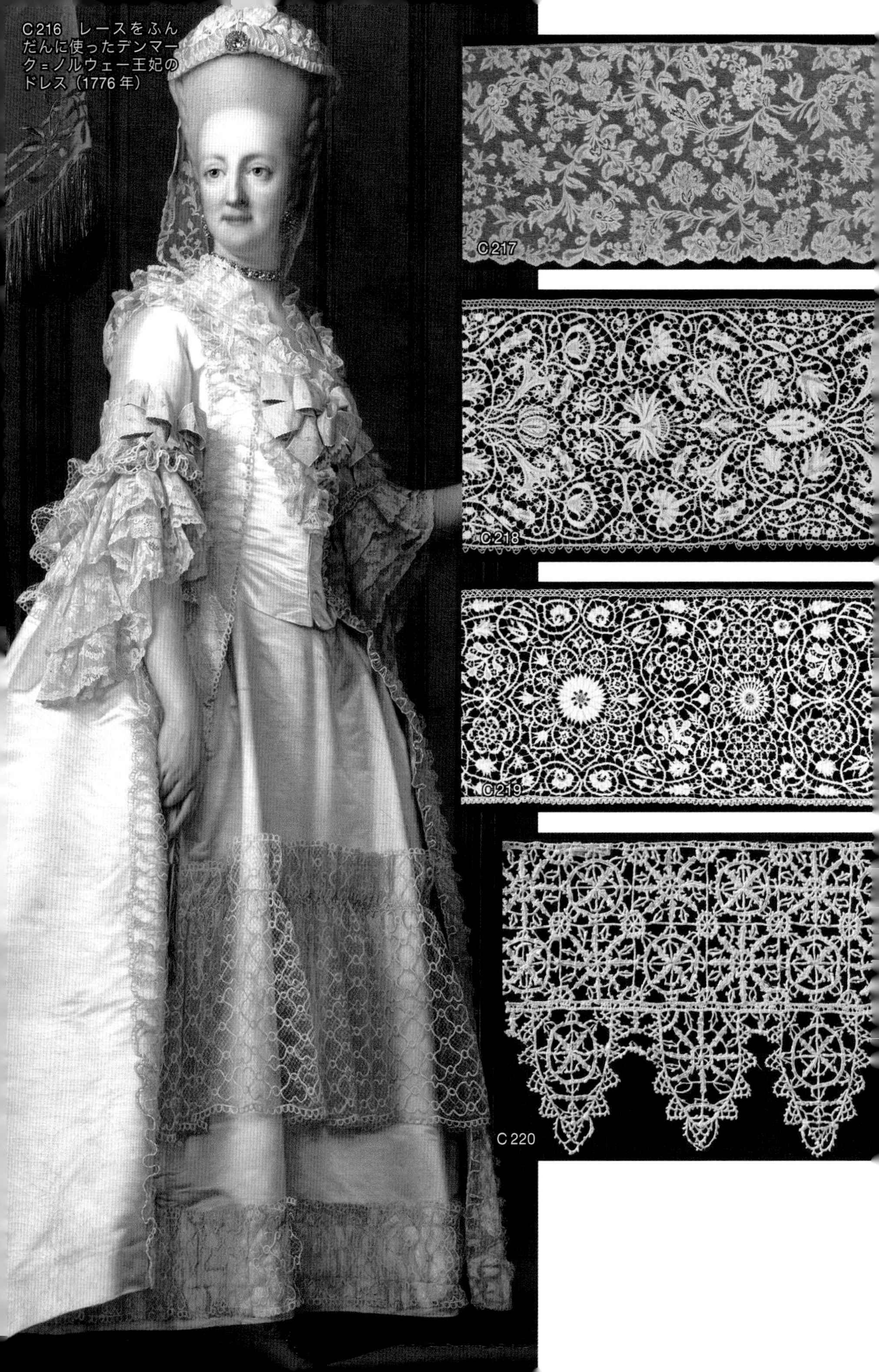

C216　レースをふんだんに使ったデンマーク＝ノルウェー王妃のドレス（1776年）

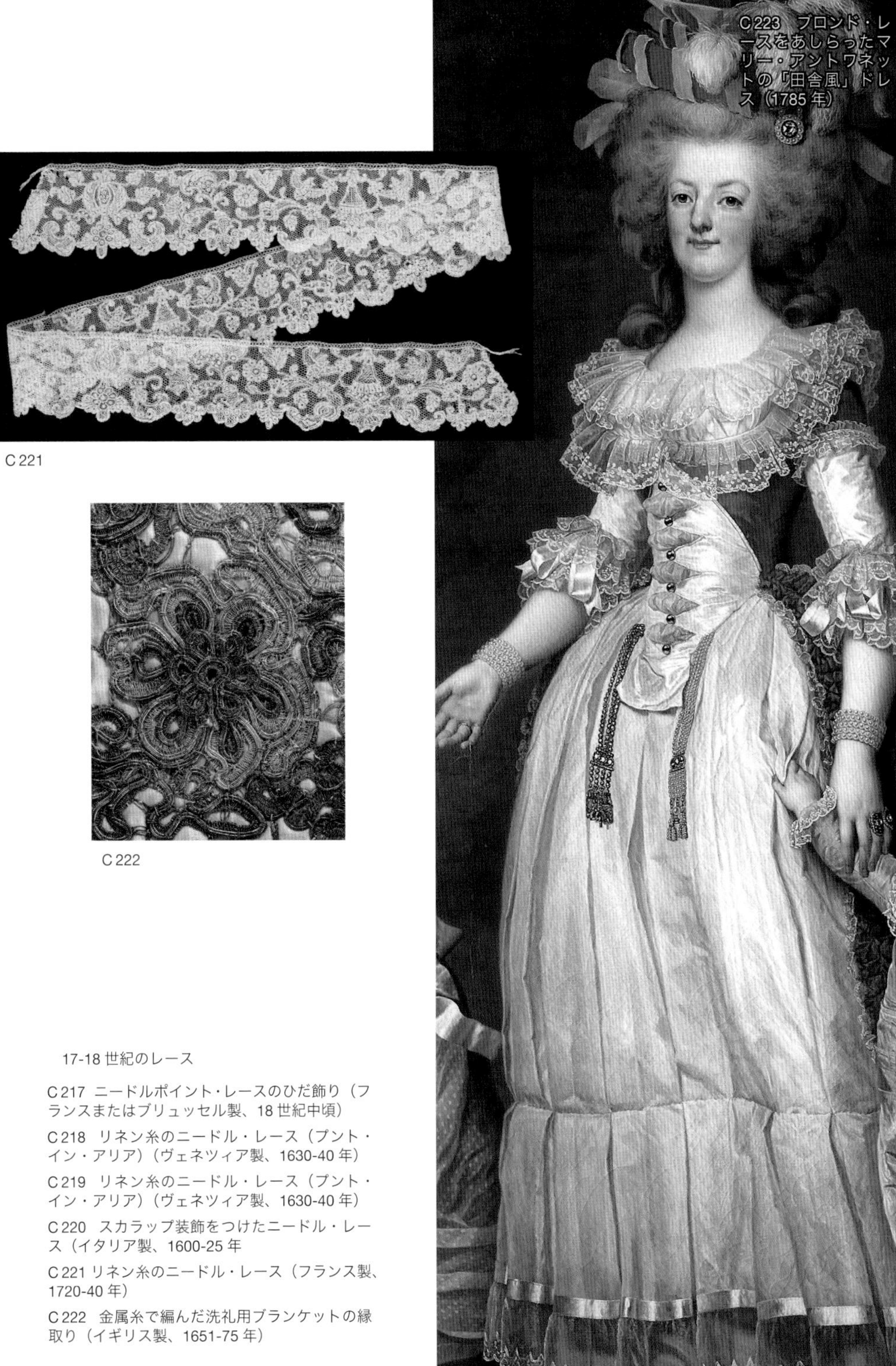

C 223　ブロンド・レースをあしらったマリー・アントワネットの「田舎風」ドレス（1785年）

C 221

C 222

17-18 世紀のレース

C 217　ニードルポイント・レースのひだ飾り（フランスまたはブリュッセル製、18 世紀中頃）

C 218　リネン糸のニードル・レース（プント・イン・アリア）（ヴェネツィア製、1630-40 年）

C 219　リネン糸のニードル・レース（プント・イン・アリア）（ヴェネツィア製、1630-40 年）

C 220　スカラップ装飾をつけたニードル・レース（イタリア製、1600-25 年

C 221 リネン糸のニードル・レース（フランス製、1720-40 年）

C 222　金属糸で編んだ洗礼用ブランケットの縁取り（イギリス製、1651-75 年）

C224　金のレースが美しいドレスを纏い、刺繍台に手を置くフランスの貴婦人（1767年）

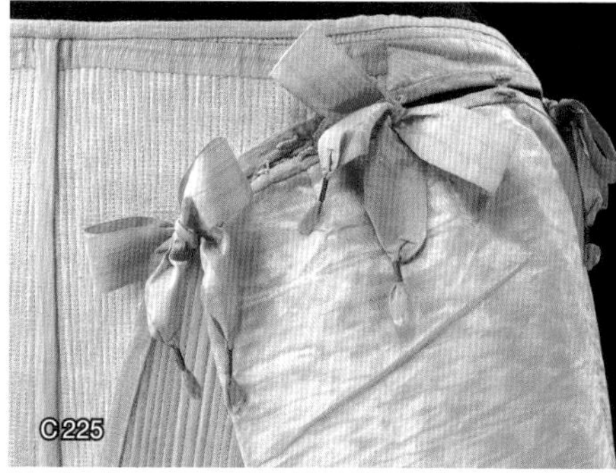
C225

C226

C 227　リボンと造花を散りばめたポンパドゥール夫人のドレス（1756 年）

C 225　コルセットのリボン飾り（1660-80 年）

C 226　ウエストに飾った男性用スーツのリボン（1635 年頃）

C 229　絹で編んだボビン・レースのキャップ（フランス、カーン製、1860 年頃）

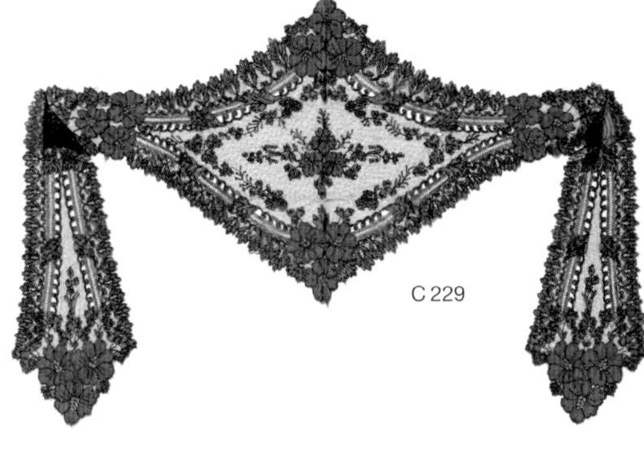

C 229

C 228　ストマッカーと袖口に花形の飾りをつけたドレス（1753 年）

C 230　金銀のループ状リボン（1676 年頃）

C 231　色彩なループ状ン（1670

C 232　同色のタッセルを飾った上着（1763 年）

C 233　金のボタンとブレードを飾った華やかなウールのスーツ（イギリス製、1760 年頃）

C 234　スカートにフリンジを飾ったシルクのディナードレス（アメリカ製、1880 年）

C 233

C 234

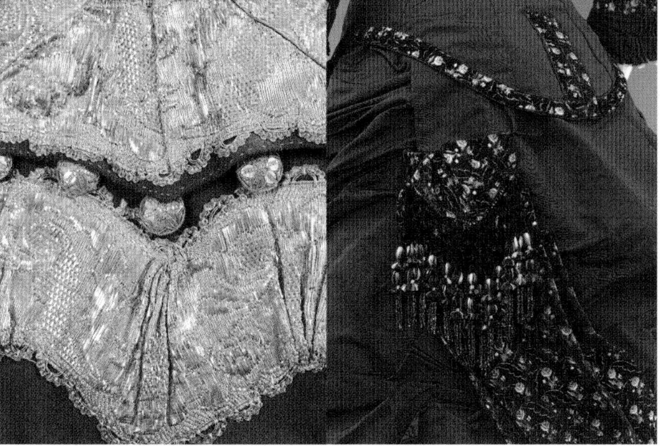

C 235　結婚式用のオレンジとギンバイカのブーケ（イギリス製、1889 年）

C 236　造花の髪飾り、金のブレスレット、さまざまなタイプの指輪を着けたフランスの貴婦人（1851 年）

C 237　造花を飾ったダマスク織りのドレスと、揃いの髪飾りを着けたルイ 15 世王女ソフィー（1762 年）

ボタンが現れはじめたのは中世後期、ゆったりと全身を覆う古来の衣服から大きく変わって、ぴったりとした服装になっていった時期である。12世紀からは衣服が明確に身体にフィットしたデザインになり、それにともなってボタンが必需品になった。

◇古代

古代のローブやマントなどのゆったりした衣服を固定するには、ひもまたはベルト、必要ならば植物のとげや動物の骨があれば十分だった。もっとも、ボタンに類するものはかなり古い時代からあり、骨製のボタンが出土している。[36-1] 明らかに青銅器時代のものとわかるボタンと、表面に単純な模様が刻まれた青銅の飾り鋲も見つかっている。[36-2] これは近年でも、糊付けしたリネンのシャツに使われる留め具と同じである。遺跡の発掘から、古代エジプトでもボタン形の留め具が使われていたことがわかった。[36-3] しかし刻まれた模様がエジプト起源ではないことから、第6王朝から第19王朝にかけて（前2500-前1300）、移住者が国外からもたらしたものと考えられている。

古代ギリシャ人がキトンの袖を留めるのに使った初期のフィビュラは、現在の安全ピンに似たシンプルな作りだった。やがて金または青銅の円盤の裏面に留め針を取り付けたピンになり、さらにその後はフィビュラに代わってボタンが使われるようになった。シュリーマンによる1876年のミュケナイ発掘で膨大な量の遺品が発掘され、そのなかに円盤形の金の装飾品が含まれていた。初期のギリシャ人が衣服を留めるのに用いたもので、これにより服装に華麗さが加わった。模様を打ち出した金を木製の土台にかぶせたギリシャのボタンも1個発見された。もしこれが衣服を留める目的でなかったとしても、大型の円盤形装飾品の部類に属するものだったと思われる。[36-4]

ギリシャ人と同様に贅沢を好んだローマ人も、宝石をセットした堂々としたボタンを留め具としても身に着けていたことがわかっている。これは当時、かなりの貴重品だったに違いない。

◇中世

ボタンの語源は、つぼみ、突起部、つまみなどの丸いもの全般を指すフランス語「Bouton」である。中世におしゃれなものとし

36-4 ギリシャのボタン

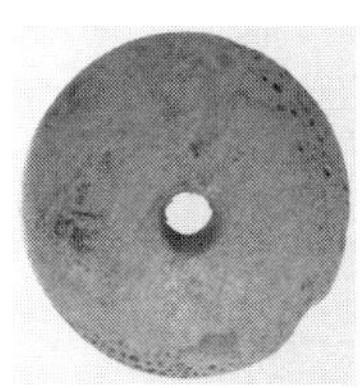
36-1 キプロス島で出土した骨製のボタン（前1450-前1050年頃）

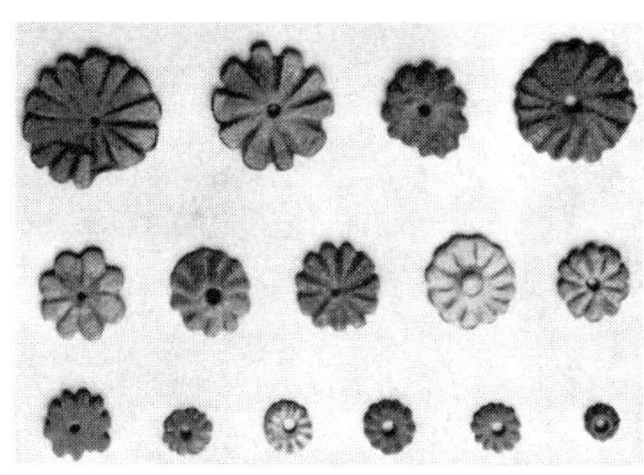
36-3 初期の衣服飾り

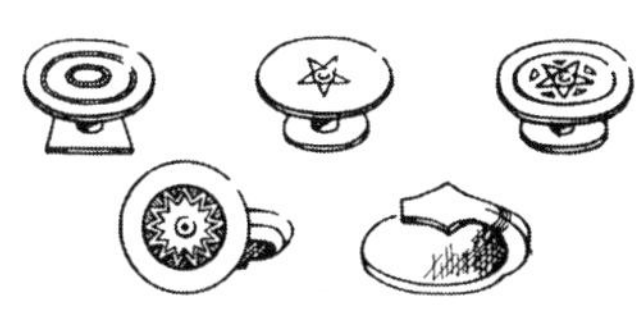
36-2 青銅器時代の飾り鋲

36-5 青銅の平らな円形ボタン（径2 cm、北フランス製、7世紀）。右は裏面

て最初に使われたボタンは円盤形か突起形で、単なる装飾品に過ぎなかった。袖の肩から肘、または肘から手首にかけて密に並べて縫いつけられた。服を身体に合わせて留めるには、端に金具のついた従来の「ポイント」、または先端に金属のチップをつけたひもが使われていた。1300年頃から服が身体に密着するようになり、ボタンの実用性が目立ってきた。服に開けた小さな穴にひもを通すのにヒントを得て、ボタンも同様に穴をくぐらせればよいのではないかと着想した偉才がきっといたに違いない。こうしてボタンホールが生まれたのだ。それまで存在しなかったボタンとボタンホールはたちまち広まり、丈の長いぴったりしたチュニックやコタルディの正面はボタン留めされるようになった。[36-6, 7] 中世の騎士道物語『デグレヴァント卿』に、「上から下まで並んだボタンの数が多すぎて数えられないほどだった」と書かれた箇所がある。

12世紀後期から14世紀にかけての記念墓像は、当時のボタンの流行を知る情報源として興味深い。記念墓像に見られる初期のボタンは、円形で中央がくぼんでいるものや、突起状の飾りがついているものがある。[36-8] 1300年頃の墓像には、半球形やピラミッド形のボタンも見られる。図36-9の上段は、テムズ川の水底から見つかった14世紀の青銅製のボタン、下段左は木製ボタンの表面を青銅で薄く覆い、腸線（ガット）の足（シャンク）がついている。その右は、やはり木製の土台に絹をかぶせてあるらしい。キングズリンにあるセント・メアリー教会内のジョン・ブランドンとふたりの妻の墓像（1364）では、胴着の肘から袖口まで40個のボタンが並んでいる。身体にフィットした服の袖をボタン留めにした例は、同時期の彩飾写本や墓像に多数見ることができる。ハンプシャー州ソートリーにある1414年の墓像は、手を覆うほど長い袖の肘から袖口までびっしりとボタンが並んでいる。[36-10] 1300年以前に書かれた詩にも、「肘から手まで並ぶ青いボタン」が詠まれている。1400年頃の墓像には、ハイネックの上方まで大きなボタンが並び、指の付け根

36-6　ボタンで留めたコタルディを着たイタリアの男性（1334-66年頃）

36-7　豪華なボタンで留めたコタルディを着たフランス王妃（1375年頃）

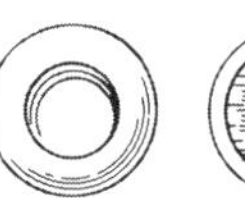

36-8　記念墓像に見られる初期のボタン

36-9　1300年頃の墓像に見られるボタン

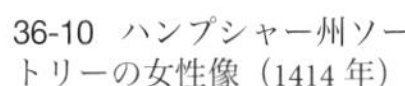

36-10　ハンプシャー州ソートリーの女性像（1414 年）

36-11　ベッドフォードシャー州ティルブルック教会の女性像（1400 年頃）

36-12　大量のボタンを使ったシャルル・ド・ブロワのプールポワン（1364 年）

まである長いアンダースリーブにも隙間なくボタンが縫いつけられている。36-11 そのほか、チュニックの正面に首から裾の先までボタンが連なっている墓像もある。

◇ 16 世紀

初期のボタンは骨または青銅製だったが、ボタンの流行に乗って熟練職人がボタン製作にも取りかかり、まもなく金ボタンや絹布をかぶせたボタンなどが作られるようになった。1500 年までにはボタンが最新モードになり、男女の衣服に付けられるようになった。ダイヤモンドなどの宝石をはめ込んだ金ボタンがしばしば言及されたのもこの時代である。

新奇なものの例に漏れず、豪華なボタンもまた最初は王族や宮廷人だけの特権だった。16 世紀から 17 世紀にかけては宝石をセットした非常に高価なボタンが作られた。フランソワ 1 世（1515-47）は、王室御用達の宝石商に 1 万 3400 個もの金ボタンを作らせて黒ビロー

36-13　ヘンリー 8 世の肖像（ホルバイン画、1540 年頃）

36-14　ウォルター・ローリー卿の肖像（1588 年）

36-15　エナメルを施した金に真珠をセットしたルネサンス期のボタン

36-16　ルネサンス期のボタン

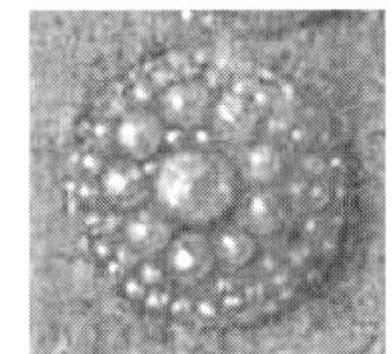

36-17　36-14 の肖像画のボタン

ドの衣装につけた。ヘンリー 8 世（1509-47）も同様にボタンを自慢にしていた。ホルバインによるの王の肖像では、指輪と揃いのデザインで宝石をセットしたボタンをダブレットにつけている。[36-13, C7] 裕福な市民ハンス・マインハード・フォン・シェーンベルクは、それぞれ 7 個のダイヤモンドをセットした 42 個のボタンをダブレットにつけた。15 世紀には、「各々ダイヤモンド 1 個とそれを囲む真珠が 4 個セットされた 25 個 1 組の金ボタン」という記録もある。エリザベス 1 世は、シードパール 1 個をセットした金ボタンが 48 個飾られた手袋を、ある宮廷女性からプレゼントされている。エリザベス 1 世の寵臣ウォルター・ローリー卿の肖像画では、胸部を膨らませた立派なダブレットの前中心に、華麗なボタンが誇らしげに並んでいる。[36-14, C185]

16 世紀はボタン流行の全盛期だった。金ボタンや宝石をセットしたボタンはごく少数の人々のものだったが、[36-18, 19, 20, C186] それに勝るとも劣らない輝きをもつペーストのボタンも作られていた。一般には、木製の大きなボタンを絹布で包んだものが多かった。ジョン・ストーの『年代記』に、「高位の人々は

36-18　ダブレットと揃いの金ボタンを飾ったマントを羽織るスペイン王太子カルロス・デ・アウストリア（1564 年）

36-19　宝石をセットした金のボタンをつけたスペイン王女イサベル・クララ・エウヘニア（1579 年）

ダブレットやコート、ジャーキンズなどの服に同素材で作ったボタンをつけるようになった」とあり、これは明らかに共布のくるみボタンのことだろう。ストーはまた、16世紀のボタンの使用についての信頼できる情報を以下のように記している。「著名な男女は、大きな水晶の高価なボタンをキャップやハットバンドの縁に飾って支配層としての地位を明示した。しかしエリザベス1世の治世10年目頃（1567-8）から、大勢の若者などがダブレットやコート、ジャーキンズに水晶のボタンを飾るようになったため、ボーダーやハットバンドには水晶のボタンがつけられなくなった。その2、3年後には、糸、絹、毛、金糸銀糸などのボタンが一般に広まりはじめた。」

16世紀の末、スラッシュやパフで盛りだくさんに装飾した服の留め具として、「ファーズ」と呼ばれる円盤形の金属ボタンの一種が大量に使われた。衣服につける装飾品が増えるにつれて職人の雇用も拡大し、成人男女はもちろん子どもまでがさまざまな装飾品の制作に携わった。そのなかでも意匠を凝らしたボタンは異彩を放っていた。

◇17世紀

ルイ13世の治世（1610-43）には、流行のダブレットに多数の装飾的ボタンが飾られた。ルイ14世の治世（1643-1715）には、男性が身に着けるジュエリーはもっぱらボタンになった。ルイ14世は、1683年に36万フランもする宝石入り飾り鋲をウエストコートに飾り、1687年には各々1個のダイヤモンドをセットした21個セットのボタンを37万7500フランという途方もない金額で購入した。王のボタンはまさにジュエリーそのものであり、「ボタンの重みで王の身体はくずおれそうだった」とサン=シモンは書いている。ルイ14世は、6歳のときにすでにルビーのボタンが31個ついたウエストコートを着ていたともいわれている。イングランドでもこの時期にボタンが流行し、立派なダブレットやコートだけでなく、当時流行したハンカチーフにも飾られた。[36-21, C188]「ボタンつきハンカチーフは、チャールズ1世時代のロンドンでの最新ファッション

36-20　ガウンのスラッシュをボタンで留めたポルトガル王妃カタリナ・デ・アウストリア（1552年頃）

36-21　袖に飾りボタンがついたイギリス製のダブレット（1625-30年）

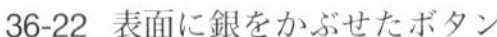

36-22 表面に銀をかぶせたボタン

36-23 銀にローズ・カットの水晶をセットしたボタン（西ヨーロッパ製、1690年頃）右：裏面には水色のエナメルが施してある

だった」とプランシェは書いている。古物商で版画家のフレデリック・フェアホルトが描いた、本体が青い釉薬で表面に銀をかぶせた図36-22のボタンもそのひとつである。1660年7月1日のピープスの日記には、「金ボタンがついた上等なキャムレット〔絹、毛、亜麻などを交織した繊細な織物〕の上着が今朝届いた。かなり高額の買い物なので、無事に支払いができるように祈った」と書かれている。

アメリカでも他の国々の流れに合わせてボタンが流行し、上等なホランド〔重目に糊づけした平織りの綿または亜麻布〕や綿のシャツに、ピューター〔錫を主成分とする合金〕や銀のボタンが使われた。しかし英国植民地時代のピューリタンたちは、ボタンを「虚飾のしるし」とみなしていっさい使用せず、服はホックで留めていた。ボタンは先住民との交易品にもなっていたというのも興味深い。伝道者ジョン・エリオットは、1653年に先住民との交易のためにピューター製のボタン3グロス（432個）を注文している。またボストンのある人物は、ロンドンで1ダース2シリングで仕入れたボタンを1個1シリング9ペンスで売りさばいて莫大な利益を手にしたと記している。18世紀には、植民地の紳士たちの服にさまざまな美しいボタンが飾られていた。流行を追うボタンメーカーは、上着と共布のくるみボタンを作り、その上に絹、金糸、スティールビーズ、スパングルなどの縫い取りを飾った。

◇18世紀

1700年代にはボタンの需要がますます増え、

36-24 カフスとポケットにブレードとボタンを飾った上着（1708年頃）

36-25 ズボンにも揃いのボタンをつけたアメリカの男性（1761年）

36-26 「ヒップ・ボタン」が飾られたチャールズ1世時代のコート

36-27 18世紀のボタン

36-28 肖像がプリントされたボタン（フランス製、1790年頃）

おもにブレード〔縁飾りなどに利用するテープ状のひも〕のトリミングとともに飾られた。[36-24, 25, C190, C203] ウエストから下のスカート部がたっぷりと広がった男性の上着には、正面にボタンが縦に並び、カフスにはブレードとボタン、ポケット口にはブレードのループとボタンが飾られた。ある時期には、上着のスカート部の両サイドにプリーツを取り、腰から下にフレアーが扇形に広がるように作られており、扇の要にあたる部分にボタンが飾られた。[36-26, 29] 18世紀後期の裾の割れた上着には、スリットの一方の縁にはボタンがつけられ、もう一方の縁には刺繍のバンドの上にブレードが揃えて並べられた。男性の衣装は大変洗練されていて、ボタンは引き続き重要だった。1777年までに上着のボタンは非常に大きくなり、直径が約4.5㎝もあるボタンもあった。大きなボタンに著名人の横顔を描いたミニアチュールが飾られた時期もあった。ミニアチュールは黒のシルクかサテン地の上に置かれ、錫の枠がつけられた。[36-28] このように、ファッション界には次々に新しいデザインが入ってきた。「ピクチャー・ボタン」は広く普及し、木や花や人物などを彫った象牙または骨を暗色の地の上にセットしたり、金めっきの地に銀色の模様を置いたりした。18世紀末には、象形文字を思わせる意味のないデザインをピラミッド形の金属にエングレイヴィングしたボタンが作られた。フランス革命期には、銅めっきのプレーンな丸枠をはめた布のボタンが使わ

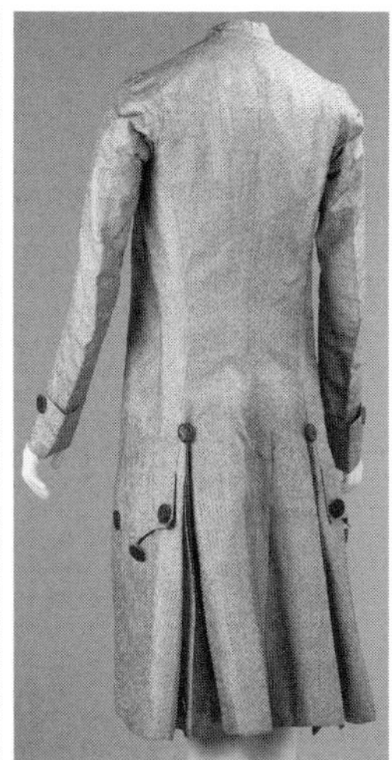

36-29 大きな金属のボタンが特徴的なフランス製のスーツ（1765-75年）

左：36-30　カットスティールのボタン（バーミンガム製、1795 年頃）
右：36-31　金属製のボタン（フランス製、1780 年）

れた。

◆ 19 世紀

しばらく見られなかった金属ボタンが 1805 年までに再び現れて、かつてないほどの流行になった。[36-30, 31] 颯爽とした若者は、上着やブリーチズ、ウエストコート、ゲイターなどに金属ボタンをつけていたはずである。上着のラペルには 6 個から 8 個、ブリーチズの膝の横には 3 個つけるのが決まりだった。それ以外にも服のあちこちにボタンが散りばめられたので、最先端のスタイルには 5 ダースから 6 ダースのボタンが必要だった。1821 年には金ボタンが再び流行になった。ダンディーな男性は、「自分用に特注した金ボタン」をつけていた。また脚にぴったりしたカージーミア〔カシミアに似た綾織の布地〕のズボンには、くるぶしの上に真珠母貝のボタンをつけた。[36-33] 19 世紀半ばには、女性のボディス正面に色石をセットした金属ボタンを留めるのがモダンだった。その後、鋼（スティール）やいぶし銀のボタンも使われた。

19 世紀はボタンの歴史上重要である。独創的な新しいデザインのボタンが多数作られ、生産の規模も拡大した。当時ボタン産業の中心地だったイングランドのバーミンガムに、コペンハーゲンから移り住んできたデンマーク人 B. サンダーが、1807 年に金属の足（シャンク）をつけた貝ボタンを考案した。まもなく、金属の足の代わりに綿布を重ねたものを金属板でボタンの裏に取り付け、それを服に縫いつける方法に代わった。しかしどちらも世紀末には流行から外れ、2 つ穴または 4 つ穴のボタンが戻ってきた。1812 年頃、動物の蹄から作るホーン・ボタンがバーミンガムで生産された。新素材が次々と採用され、ボタンの種類は無限大と思われるほどに広がった。旋盤で加工がしやすく染色が容易な植物象牙がとくに好まれた。これは、アメリカゾウゲヤシの実から作るもので、見た目は本物の象牙に似ているが、それより少し柔らかい。植物象牙のボタンは 1859 年にアメリカにも導入され、モダンなスーツ、オーバーコート、クロークのほとんどにこのボタンがつけられた。ガラスや陶器製のボタンも人気があり、金属ボタンも幅広い用途があった。模様を型押しした鉄のボタンはズボンに、制服には真鍮のボタン、高級服には金ボタンや銀ボタンがつけられた。

1826 年は、アメリカでもボタンの生産が

36-32　銀のボタンをつけたスペインの男性（1834 年）

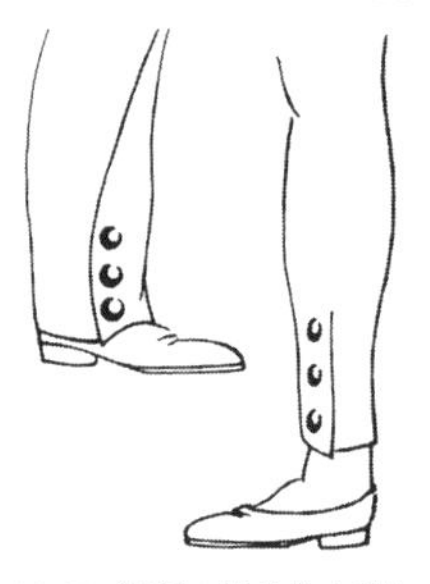

36-33　流行の男性的な服につけたボタン（1816-26 年）

36-34　真珠母貝のボタン（アメリカまたはヨーロッパ製、1850-70 年）

はじまった特別な年である。草分けは、マサチューセッツ州イーストハンプシャーの商店主、サミュエル・ウィリストンの妻だといわれている。良妻賢母だった彼女は、ボタンの木型を布でくるむ手仕事をして家計の足しにしていた。ごく慎ましい手仕事だったが、そのうちくるみボタンにミシンを使うようになった。アメリカでのミシンの使用はこれが最初だった。この仕事がしだいに拡大・発展し、まもなくウィリストンの工場で生産される製品が世界のボタンの半分を占めるまでになった。

1885 年頃、アメリカで真珠ボタンの製造がはじまった。当初は原料の真珠を中国から輸入していたが、19 世紀末にミシシッピ川の貝類から淡水真珠が採れることがわかり、ボタン産業は飛躍的に発展した。また最新のボタンとしてプラスティック製のものが加わった。最小のものでは靴のボタン、手袋のボタン、小型のウエストボタンがある。最も安価なのはコンポジションと呼ばれる合成品のボタンで、粉末にしたスレートや粘土などに結合剤としてシェラックを混合したものである。

◇ 20 世紀

現代の服のボタンはほとんどが実用目的だが、過去の名残として装飾のためだけにつけるボタンもあり、男性が着るスーツの上着の袖のボタンなどはその好例である。レースのカフスとクラバットが全盛だった時代には、ブレードとボタンを飾ったカフスを折り返して美しいレースを見せた。またレースを保護したい場合には、カフスを伸ばしてボタンで留めた。男性の袖のボタンはこの習慣の名残である。若者がはくニー・ブリーチズの飾りボタンも、かつては実用目的だった。18 世紀の膝丈のズボンは脚にぴったりと密着していたので、着脱を楽にするために裾にボタンがつけられていたのである。また、男性のカッタウェイ・コートのウエスト位置につけるボタンは、かつて男性が馬上で上着のテールを絡げて留めたボタンの名残で、テールに縫いつけられたブレードの小さなループは、座ったときに折れたりしわになったりしないための工夫だった。

ボタン使いに特有の不思議な習慣は、男女の服の打ち合わせが逆なことである。女性は右の身頃を上に、男性は左の身頃を上にしてボタンを留めるが、このしきたりはどこから

36-35 ロンドン、ルーシー・リー社製のさまざまなデザインのボタン（1945-48 年）

来たのだろうか。もともと服の打ち合わせはすべて右が上だったとされている。ところが古くは狩猟時に、のちには騎士として、男性が左脇に差した武器を右手で引き抜くとき、左身頃の上にかぶさった右身頃の端が迅速な動作の妨げになった。そこで、打ち合わせの向きを逆にしたのだといわれている。男性服にはこの習慣が現在まで残り、女性の打ち合わせは昔のまま続いている。

中国では、ボタンに特別の象徴的意味があった。上着の正面につける通常5個のボタンは、孔子を祖とする儒教の5つの徳目を表わし、帽子の頂につけるボタンは素材によって社会的地位を表わした。最上位はルビーで、続いて7位までが珊瑚、サファイア、ラピスラズリ、水晶、白石、金の順となり、8位と9位は異なるしるしをつけた金ボタンだった。

流行が始まった中世のボタンは多分に装飾的だったが、12世紀以降は徐々に装飾品から実用品に変わった。しかしその後は何世紀ものあいだ、ボタンの用途はその両者間を行き来していた。今日の女性服のデザインは、留め具としてのボタンに依存しないものがほとんどである。服は頭からかぶってスナップかファスナーで留め、コートは羽織るだけか、少数のボタンまたはベルトで留めるだけである。今日ボタンはあまり目立たないように使われるのが一般的だが、服装のアクセントとして目立つようにデザインされる場合もある。このような使われ方は、ボタンの流行が始まった初期の頃のように、実用というよりむしろ装飾目的である。ボタンは何百年もの間、幾度となく袖やカフスを美しく飾り、服正面の上下に続く縦のラインを強調してきた。このように歴史は繰り返している。

おしゃれな紳士の虚栄心を支えてきたレース、リボン、刺繍、ブレード、タッセル、フリンジなどの贅沢で美しい装飾品のほとんどは、現代では女性の占有物となった。そうしたなかで男性服の数少ない装飾品として、かろうじて残されたのがボタンである。

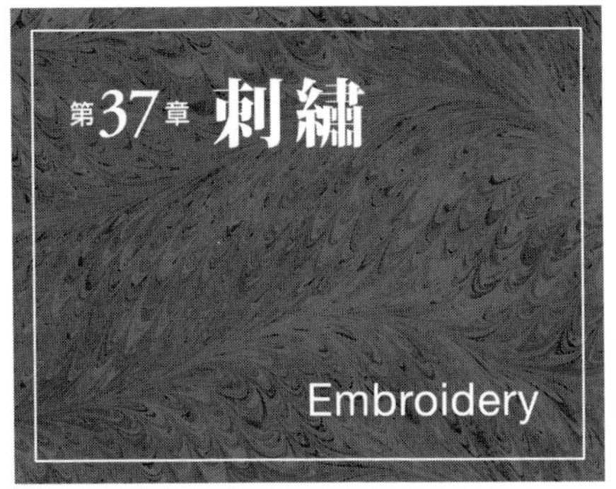

第37章 刺繡

Embroidery

原初の刺繡は、最古の装飾芸術の一形態である。動物の骨や木製の針を使って動物の皮などを縫い合わせる方法が最初に見出され、一歩進んでステッチが装飾になり、そこから刺繡の技法が発達していったと考えられる。最初に使われた糸は毛、綿、亜麻だったが、のちに金糸や銀糸、さらに絹糸も使われるようになった。原始社会の人間が、鮮やかな色模様によって自分の存在を際立たせたように、後世においては刺繡が社会的地位を明確にしたいという人々の欲望を満足させてきた。

◇古代

霊廟内の絵、寺院や宮殿の壁画、ミイラ棺などに描かれた絵から、古代エジプトでは刺繡をした服地がよく使われていたことがわかる。ナイル川流域にある上エジプトの墓所から、ミイラを包んだ麻布の断片が見つかった。これは1世紀から6世紀のものと思われ、ステッチで簡単な模様がつけられていた。麻布にウールの房状のループがついた衣服もあった。これらのチュニックは全面に模様があり、一般に高位の女性の衣服だったと想像される。今日の更紗に似たこの模様は、ほとんどが刺繡によるものだが、織り模様らしいものもある。タクシェットの像[37-1]では、身体にぴったり沿ったシース・ドレスのような長袖ハイネックのチュニック全体に刺繡が施されている。この刺繡の意匠は宗教的銘文と宗教的な場面で、青銅の表面を切り込んで銀線を埋めて表現されている。旧約聖書の「詩篇」第45篇に、王の娘の衣服について「晴れ着は金糸の織り」「色糸の縫い取り」と書かれているのも興味深い。

エジプト人は、金糸の扱いにかけて完璧な技術を習得していたようだ。金を槌で叩いて薄く延ばし、細いリボン状にカットして金糸にしたものを巻いておいたと考えられる。銀糸も同じようにして作られたはずだが、材料としての銀に関する古代の記録は残されていない。プリニウスによれば、金糸を使った刺繡や織物は小アジアのアッタロス王の発明で、「アッタロス・トーガ」の名はそれに由来しているという。また、美しい刺繡はフリュギア人の発明であるとも書いている。刺繡に金糸を使ったのも、「黄金の国」フリュギアならば当然かもしれない。紫色の上質のリネンや、チュニックやマントを飾る美しい縁飾りも知られている。[37-2] フリュギア人はまた金糸刺繡の技術をエジプトに伝えたとされ、隷属の身となっていたヘブライ人がその技術を修得し、エジプト脱出とともに持ち出したといわれている。

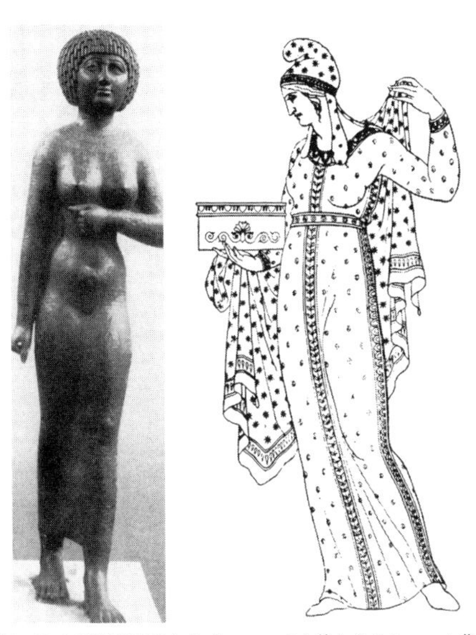

左：37-1 刺繡が施されたチュニックを着たタクシェット像
右：37-2 フリュギア人の衣装に施された刺繡

刺繍は「縁飾り（ボーダーワーク）」「縫い取り（ニードルワーク）」として、しばしば旧約聖書のエゼキエル書や出エジプト記などにも言及されている。

古代のアッシリア、ペルシャ、バビロニア、フェニキアでも、刺繍の技術はよく知られていた。大英博物館にある紀元前645年頃のニネヴェの宮殿の浮彫りはその最古の記録で、アッシュールバニパル王の衣服は、ほとんど生地が見えないほどの刺繍で埋め尽くされている。[37-3] 全体の模様を引き立てているのは、花とヤシの葉のボーダー柄である。実際にこの繊細な模様を描き、針仕事を行ったアッシリアの女性たちの技には驚嘆する。アレキサンダー大王の対ペルシャ戦を記したギリシャの地理学者ストラボンは、金糸刺繍や宝石を散りばめたペルシャ人たちの豪華絢爛な衣装を見たギリシャ人は非常に驚いたと記している。のちにアレキサンダー大王は、華麗な刺繍を施したダレイオス3世の天幕を手に入れている。アリストブロスも、キプロスの墓所に関する文書の中で、「王は豪華な刺繍を施した壮麗なバビロンの服地を纏っていた」と記している。

古代ギリシャ世界の高位の女性たちは、機織りにも刺繍にも秀でた技術をもち、自ら制作を行っていた。その技芸を司るのが女神アテナで、オウィディウスの『変身物語』には、機織りの技に優れたアラクネが、女神アテナに機織りの勝負を挑んで蜘蛛に変えられてしまった話が伝えられている。ギリシャ刺繍の技法とデザインは、東方の刺繍から借用されたものであることは間違いない。古代フェニキアの港市テュロスとシドンは、オリエント風の豪華な刺繍で町の名声を高めた。パリスは、シドンの優れた女性刺繍師をトロイアに連れて行ったとホメロスは書いている。初期の刺繍糸は毛、綿、亜麻だったが、それに金糸を撚り込んで模様を豪華にすることもしばしば行われた。絹糸が使われるようになったのは、西暦1世紀になってからである。

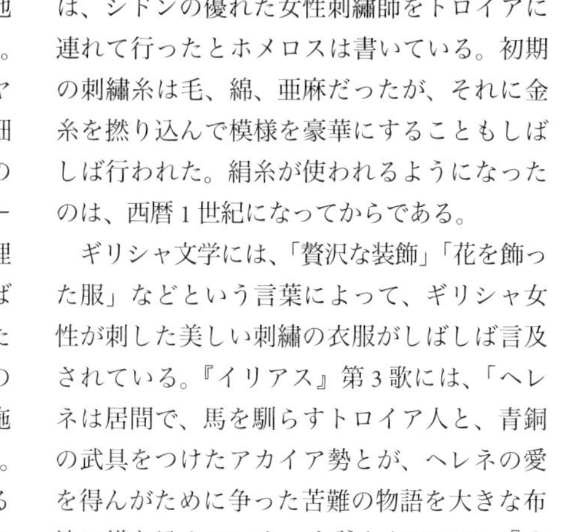

ギリシャ文学には、「贅沢な装飾」「花を飾った服」などという言葉によって、ギリシャ女性が刺した美しい刺繍の衣服がしばしば言及されている。『イリアス』第3歌には、「ヘレネは居間で、馬を馴らすトロイア人と、青銅の武具をつけたアカイア勢とが、ヘレネの愛を得んがために争った苦難の物語を大きな布地に織り込んでいた」と詠われている。『オデュッセイア』では、妻ペネロペがオデュッセウスの胴着を自ら刺繍し、アイスキュロスの『オレステイア』では、トロイアから帰還したアガメムノンが、妻クリュタイムネストラが敷いた「金銀を織りこみ、豪華な刺繍をした高価な敷物」を踏むまいと足を引いた。

パンアテナ祭では、女神アテナの服が4年ごとに新しく奉納される。その聖衣は、白い布に金の縫い取りをしたペプロスである。彫刻や壺絵に見られるギリシャの衣服の大多数は、裾や縁に沿って模様がつけられている。[37-4]

37-3　ライオン狩りをするアッシュールバニパル王（ニネヴェの宮殿の浮彫り、前645-前640年）

37-4　ギリシャのさまざまな模様（古代ギリシャの壺絵より）

刺繡をしたバンドが、ネックラインやアームホール、チュニックの前中心につけられた例も多い。また、布地全体に花や星の模様が散っている服もある。これらの模様は、織りによるのか刺繡によるのかという疑問が当然湧いてくる。織り込まれたボーダー柄もいくつかあるには違いないが、帯状の部分に置かれた模様は、刺繡をして服地の上に置いたと考えるほうがはるかに自然である。布地全体に散った模様も、多くは刺繡による可能性が高い。というのは、模様を織り込んだ布はタペストリーのような外観を呈するはずで、身体に沿ってしなやかなひだを見せるこのような服地には適さないからである。

ボーダーの模様の種類には、帯状の平行線、ジグザグ模様、単純な雷文（メアンダー）から複雑な雷文（フレット）、縄編み模様（ギローシュ）、単純な渦巻き模様、花などがあるが、最も多いのは「スイカズラ文（ハニーサックル）」または「パルメット」と呼ばれる模様で、茎や蔓の繊細なモチーフが刺繡に適していた。初期の衣装装飾は非常に手が込んでいたが、時代が進むにつれて洗練され、抑えた表現になっていく。紀元前 6 世紀の壺に描かれた人物の衣服は大量に装飾されているが、紀元前 5-4 世紀のものでは軽やかな花模様になり、衣服全体ではなく、縁や裾だけに施されるようになる。[37-5]

ローマの女性たちもギリシャに劣らず高度な刺繡技術を身につけ、チュニックやガードルに刺繡することを誇りとしていた。通常はウールの 1 色の糸で綿やウールの地に刺繡され、豊かな模様が明るい地色に映えて美しかった。[37-7] 初期の刺繡にはすべてウールが使われ、絹が一般に使われるようになるのは 6 世紀頃からである。ギリシャとローマは東方のさまざまな技法を取り入れ、両国にはフリュギアやバビロニアその他のアジア地域から絶えずさまざまな刺繡が入ってきた。フリギアからは金糸を大量に使った刺繡がもたらされ、これに大いに魅了されたローマ人も金糸をふんだんに使った。通常はリネンやウールに金糸で縫い取るが、プリニウスの『博物誌』には、金糸だけで織った布もあったと書かれている。それをまとったのはアグリッピナとヘリオガバルスだった。元老院議員の白いトーガには、刺繡または織りの紫色のボーダーが 2 本入っていた。それより後代のローマでは、7 本のボーダーが入ったものもあった。凱旋した勝利者に名誉のしるしとして与えられた「トーガ・

37-5 ギリシャのボーダー模様

37-6 古代ローマの陶器に描かれたボーダー模様のマント（エトルリア出土、前 470 年頃）

37-7 ローマのチュニックに見られる模様

パルマータ」は、カシミアショールの模様に似たヤシの葉のデザインを刺繍したトーガである。たいへんな貴重品だった刺繍は、特別な衣服を飾る装飾として最もふさわしかったのである。4世紀に首都となったビザンティウムの精巧な刺繍は、帝政ローマ期のなかでも異彩を放っていた。

◇中世

最初に富と贅沢が一都市に集中したのはカエサル時代のローマ、次いでビザンティウムだった。これらの都市は東方貿易を盛んに行っていたので、美しい刺繍製品がつねに流入してきた。皇帝は自らの勝利や祝祭の演出のために、ペルシャや中国から刺繍品を大量に輸入した。その中には、高価なバビロニア刺繍のみごとな椅子カバーや、テーブルに載ったご馳走を華麗な刺繍で表現したテーブル・ナプキンなどがあった。ビザンティウムでは、新約聖書の主題を縫い取った祭壇布、大型のタペストリー、カーテンなどが、教会や宮廷内外の柱廊に掛け渡された。葬儀のとき死者にかける覆い布にも、大量の刺繍が施されていた。

このような入念な作例とは別に、衣服にも刺繍が装飾された。金糸を交ぜた多色の糸で刺繍した縁飾りやバンドが4世紀の衣装に伝統的な豪華さを添え、たっぷりと刺繍をつけたローブは、硬いひだとなって垂れた。5世紀初頭に没したホノリウス帝の妃の墓が1544年に開けられたとき、遺体を包んでいた金の薄布は融解してしまっていたものの、その重量は36ポンド〔約1.2kg〕もあった。手の込んだ過去の刺繍のほとんどは朽ちて失われてしまったが、刺繍で装飾された聖衣の断片のいくつかは、各地の教会や博物館に保存されている。過剰な装飾の時代が去ったとはいえ、刺繍の技術は途絶えることなく受け継がれてきた。さまざまある布地の装飾法のなかでも、最も広く普及し、ヨーロッパ全土であらゆる用途に使われてきたのが刺繍である。

中世初期の西ヨーロッパの修道院は、テキスタイルの技術を養成する一種の工房の役割を担うようになっていた。機織り職人や刺繍職人のための作業室がしつらえられ、そこで作られた布地の多くは教会での礼拝や公式の式典に用いられた。簡素を好んだといわれるカール大帝でさえ、神聖な場では金の縫い取りのあるぴったりした胴着とジャケット、刺繍と宝石を飾ったサンダルを身に着けていたといわれている。大帝の妻と娘たちは針仕事にたいへん秀でていたともいわれている。また大帝の母の姉妹に当たる聖ギーザラは修道院をいくつか建て、女子たる者は刺繍の技術を身につけるべきであるという強い信念を持っていた。シャルル禿頭王の母ジュディスは、826

37-8 幻獣グリフィンを刺繍したビザンティンのローブ（11世紀）

37-9 金糸と真珠の刺繍を飾った戴冠式用のローブ（パレルモ製、1181年）

年にデンマークのハロルド王が洗礼式に着用したマントに、自らの手で刺繍と宝石をつけた。

11世紀から12世紀の衣装の目立った特徴は、裾、縁、襟ぐり、袖口、袖の上腕部などに飾られた帯状の刺繍である。しかしまだ生地のきめが粗く、刺繍糸は太く、ステッチの種類も色数も少なかった。たいていは、麻の生地に梳毛糸または絹糸で刺繍されていた。時折金糸が使われ、さまざまな模様と模様の間に生地が見えていた。図37-11は12世紀半ば頃の服につけられたボーダーの一例で、石と真珠も使って金糸で小さな幾何学模様が表現されている。図37-12は、厚く目の詰んだ刺繍で模様が表現されている。四隅に小さな金属板が縫い付けられているのが珍しい特徴で、金属板は刺繍によってしっかりと固定され、真珠が1つずつセットされている。

37-11 幾何学模様の刺繍

37-12 四隅に金属板と真珠がついた刺繍の帯

第4次十字軍遠征が開始された1202年以降、衣服を飾るカラフルな刺繍の需要が増加した。十字軍兵士たちが持ち帰った東方の色鮮やかな刺繍がヨーロッパの人々を刺激したため、贅沢な刺繍の需要が増えたからである。これは十字軍兵士たちが及ぼした影響として、刺繍史上重要なポイントである。[37-13] 手芸としての刺繍は、上流階級の女性のたしなみとされ、貴婦人たちは自分の手袋や靴、ガードル、バッグなどの個人のアクセサリーに刺繍をして余暇を過ごすようになった〔「第31章ハンドバッグ」参照〕。また、12世紀にヨーロッパに入ってきた新しい刺繍「アプリケ」が、13世紀になってから目立って普及した。[37-14] アプリケは、地となる生地の上に別布を切り抜いたものを置き、刺繍のステッチで縫い留めて模様を作っていく。刺繍に似た豊かな効果が得られるわり

37-10 金線とシードパールの縫い取りが見事な戴冠式用の式服（パレルモ製、12世紀前半）右は袖口部分

37-13 祈禱書を入れて持ち運んだ刺繍入りのバッグ（14世紀）

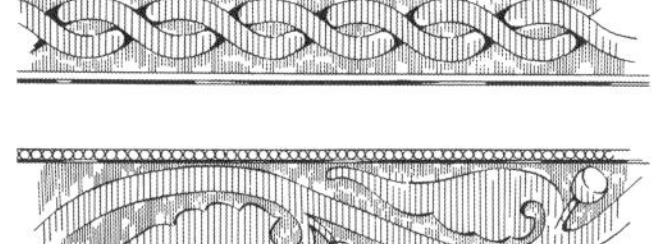

37-14 12世紀の衣服に見られるアプリケのバンド

37-15 アプリケで作られた14世紀のサヴォイア伯の紋章

37-16 絹と金糸で刺繍したポーチ。左：裏面、右：表面（縦 22.2 cm 横 20.3 cm、フランス製、14 世紀）

に安価な技法として、古代のペルシャで考案されたものらしく、のちにエジプトとギリシャにも伝わって一般化した。十字軍時代に西方に入ってきたアプリケは、旗、馬飾り、天幕、騎士のサーコートなどの装飾に使用された。貴族には名声や家柄を象徴するエンブレムを使用する権利が与えられていたから、彼らは一族のクレスト〔家紋にあたる兜飾り〕や紋章を目印としてつけていたが、アプリケが導入されて以降、模様のバラエティーが大きく広がった。[37-15] また個人の紋章の盾形には非常に大きな重要性が付与されており、高位の女性たちは服や小物だけでなく、旗や天蓋など家柄を表わすあらゆるものに盾形を入念に刺繍した。さらには貴族たちが主催した馬上試合にも、各家のカラフルな旗が立ち並んだ。衣服のバンドと縁飾りにもアプリケの装飾が目立った。1389 年には、真珠やスパングルを縫い込んだ刺繍が「最新モード」になった。1 着の服に使用された真珠の数も特筆に値する。詩人として知られるオルレアン公シャルル・ド・ヴァロワが 1414 年に着た最新流行のチュニックには、大きく広がって垂れた袖の下半分を占める幅の広いボーダーに、「マダム、私は喜びに満ちています」ではじまる歌詞と音譜が刺繍で描かれていた。五線は金糸刺繍で、音符は 4 個の真珠を四角形に配置して表現され、約 900 個の真珠を使った贅沢なボーダーだった。

37-17 1400 年頃の刺繍職人（フランスの写本より）

37-18 刺繍するイタリアの女性（1470 年頃）

14世紀末の高貴な女性たちは、下層民と自身を区別するためのもう一つの方法として、ドレスにも一族の紋章を飾りはじめた。夫の家の紋章を右側に、生家の紋章を左側につけた。このデザインは大流行になり、ランパント〔後ろ脚で立ち上がったライオン〕、レパード〔向かって左に歩くライオンの横姿〕、魚、鳥、フルール・ド・リス〔ユリの紋章〕などの意匠がドレスの表面を覆いつくすようになった。こうした紋章ファッションから発展したのが、左右色分け(パーティカラード)のガウンである。プロヴァンス地方の貴族の女性は、左の身頃と袖が白、右の身頃と袖が青のドレスを着ていたといわれている。

こうなると、糸と生地の染色に大きな関心が向けられるようになった。パリのジャン・ル・ベイグという人物が、イタリアのボローニャに赴いて老練の刺繍師から新しい色彩と染色法の指南を受けてきた。後年これを詳しく記述した写本が今も保存されている。ジャン・ゴブランもまたこの時期の有名な染色家で、彼の工房で制作されたゴブラン織りのタペストリーに、彼の名が今も残っている。

やがて中世末期に近づくと、手袋、ベルト、ボタン、バッグ、ポーチなど、衣服に付随するアクセサリーの需要がますます高まった。その結果多くの分野で男女の雇用が増大し、中世のギルドや同業者組合の形成につながった。紡績業者、織物業者、絹やビロードやフリンジの製造者などとともに「刺繍業者の組合」もできた。

◇16世紀

ルネサンス初期、刺繍の分野ではイタリアが首位にあった。スペインがそれに続き、フランス、イングランド、ドイツ、オランダも、イタリアとスペインで流行中の美しい刺繍を多く採り入れた。16世紀には、教会や家庭で使う布や服地用の一定のタイプの生地が発展した。イタリアでは、メディチ家とヴェネツィア総督と教皇庁が強力なパトロンとなり、その指導の下に刺繍が広まった。刺繍針には獣骨製のボドキンや粗作りの金属針が使われていたが、1545年頃におそらくインドから鋼(スティール)の針がもたらされて、より精緻な表現が可能となり、とくに衣服に施す刺繍の質は大きく向上した。

衣服の分野でルネサンス期が際立っているのは、刺繍の重要性が目立って増したためである。これまでも衣服、ガードル、靴、バッグなどの刺繍が細部を美しく飾ってはいたが、衣服に関する本格的な刺繍時代の幕開けはルネサンス期である。当初は刺繍も、金糸銀糸を使って真珠や宝石を縫い取った、王侯貴族のためだけの豪華なものだった。生地には目の詰んだビロード、高価なブロケード、厚地の絹布がますます使われるようになり、そこ

37-19 刺繍が衣装を埋めつくしたシャルル9世の肖像（1569年頃）

に染色した絹糸や金糸で刺繍が刺された。実際のところ、衣服は「刺繍の塊」といってもよかった。シャルル9世の肖像は、黒のビロードに金糸のトレーサリー模様を縫い取り、あちらこちらに鮮やかな色を散らした見事なジャーキンとマントを着けている。[37-19] 女性のドレスは袖とボディスに刺繍が集中していた。[37-20] 長いストマッカーに刺繍と宝石が散りばめられ、スカートの前面にはつねに刺繍をした美しいパネルが伸びていた。このパネルが裾まで続いてボーダーになったものも多い。16世紀のやや後代には、スカートの前が開いてペチコートを見せるようになり、そのペチコートにも端正な刺繍が施された。

刺繍は衣服だけでなく、手袋やバッグ、ガードル、靴にも飾られた。16世紀の手袋はまだ作りが粗かったが、それでもアクセサリーとして非常に人目を引いた。ヘンリー8世の肖像画で手袋が描かれていないものはほとんどないといってよい。白のキッド、バフ、茶色のなめし皮の手袋や、シルクや革のガントレットがついた手袋には、すべて手の込んだ刺繍が施され、その多くに長い金のフリンジが飾られていた〔「第27章手袋」参照〕。この世紀に流行したフレンチ・フードにも、縁を硬く丈夫にするために、金と真珠の刺繍がつけられた。フランスでは、女性的な男性が手袋や靴やニットの靴下に刺繍を飾っていた。

16世紀にイングランドで発達した刺繍としてよく知られているのが「スパニッシュ・ブラックワーク」だ。ブラックワークとは、白いリネンの生地に黒の絹糸またはそれに金糸を混ぜて、非常に効果的に模様を表現した刺繍である。[37-21] ヘンリー8世の最初の妃キャサリン・オブ・アラゴンがスペインから伝えた刺繍といわれ、「スパニッシュ」という名称は、その昔、ムーア人がペルシャから借用したステッチがさらにスペイン人に伝わったことに由来する

37-20 袖とボディスを中心に刺繍を施したイギリスの女性（1567年）

37-21 襟、袖、ボディスにスパニッシュ・ブラックワークが施されたエリザベス1世の衣装（1590年）

らしい。連続曲線を描く茎から、スイカズラ、カーネーション、薔薇などの花が伸びているデザインが多い。この刺繍は100年近くも流行が続き、ヘンリー8世のシャツやキャサリン・オブ・アラゴンのボディスなどに飾られて以来、エリザベス1世の時代にもまだ高い人気を保っていた。衣服だけでなく、インテリアにも刺繍された。王妃キャサリンの「上等なホランド・クロス」のシーツにブラックワークが刺繍され、エリザベス1世はブラックワークの枕カバーを贈られている。

16世紀の半ばに新しく参入した「ドローンワーク」と「カットワーク」は、この世紀を特徴づけるひだ襟「ラフ」やカフスにさっそく採り入れられた。ドローンワークは、粗いリネンの生地から縦糸または横糸を抜き取り、残った織り糸をさまざまなステッチで束ねて幾何学模様を表現する。[37-22, 23] これまでキャンバス地か粗いリネン地に色糸で模様を刺してきた刺繍職人にとっては容易な技法だった。リネンの品質が向上してきめが細かくなるにつれて服地として使用される頻度が増し、上質のリネンに白糸で刺繍したドローンワークは大流行になった。土台となる生地から織り糸を抜き取らずに、糸を分けて何本かを束ね、四角い格子状のメッシュにする場合もあった。やがてドローンワークの透かし部分の割合が増えて、土台となる布地の面積が減ってきた。さらに生地の部分が極端に縮小して、あたかもボタンホールステッチでくるまれた細い布片の連なりのようになり、これを土台として刺繍のステッチをするようになった。やがてこの布片もまったく姿を消し、いよいよレースの誕生となるのだが、それについては章を改めることにする。

ドローンワークと並んで流行したのが、カットワークである。これは、刺繍した模様の一部を切り抜き、刺繍糸でいろいろな模様を作

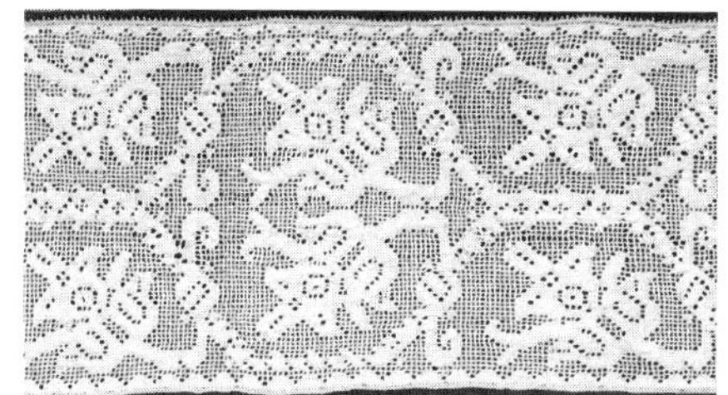

37-22 ドローンワーク（イタリア製、16世紀）

37-23 ドローンワーク（イングランド製、17世紀）

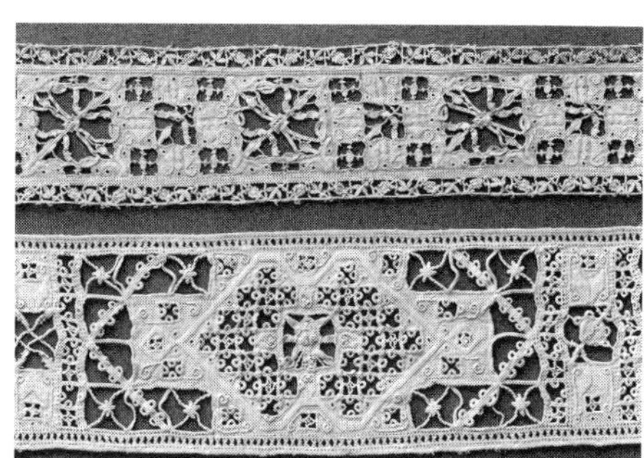

37-24 カットワーク（イタリア製、16世紀中頃）

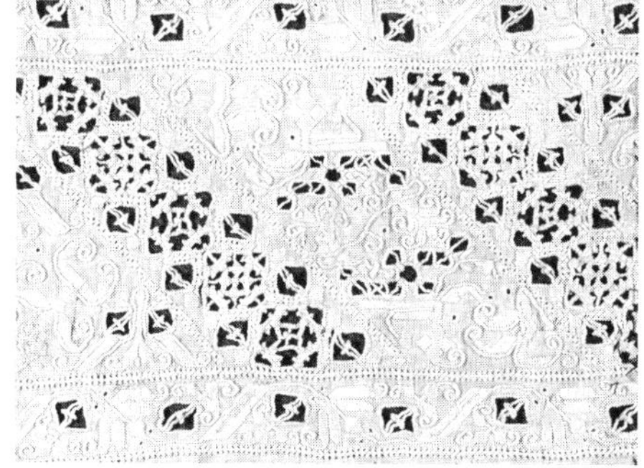

37-25 カットワーク（イタリア製、16世紀）

りながらその部分を埋めていく技法である。[37-24, 25]この2種の刺繍は、16世紀後半に異例の流行を見たラフとカフスに使われ、大いに流行した。

衣装には刺繍がますます惜しみなく飾られるようになり、エリザベス1世時代に奢侈の極みに達した。エリザベスが遺した3000着以上のガウンのほとんどに刺繍が縫い取られていた。金糸やスパングルを使った重厚なガウン、淡い色の絹地に写実的な花や蔓植物を縫い取った軽やかなガウン、エンブレムを縫い取ったガウンなどがあった。この中には、目と耳の模様をいちめんに散らした有名なガウンも含まれていた。エリザベスの衣装一式があまりに素晴らしかったので、後継者ジェームズ1世は妃デンマークのアンに、この衣装部屋を利用させてもらったらよいとアドバイスしたという。同時期の有名な肖像画を見ると、オーストリア大公妃イサベル・クララ・エウヘニア、マリー・ド・メディシス、ペンブローク伯爵夫人、デンマークのアンなどがみな、「刺繍した服」と「贅沢なラフ」を身に着けており、衣装が際立って華麗な時代だったことが納得できる。[37-26, 27]高尚な趣味となった刺繍に貴婦人たちは精を出し、かなり高度な技術を身につけた者も多かった。カトリーヌ・ド・メディシスは刺繍の名手として知られ、キャサリン・オブ・アラゴンは刺繍をして過ごすことに慰めを見出していたといわれている。エリザベス1世とスコットランド女王メアリーも、ともに刺繍の名手だった。エリザベス1世の治世には、キャンバス地に1本の糸を斜めに刺していく刺繍「プチ・ポワン」[37-28]が広まった。また、この時代にロンドンに組織された「ロンドン刺繍師組合」は、チャールズ1世の時代まで繁栄した。

この時期には、かがり縫いで作る「ラシ」と呼ばれるネットもあった。[37-29]これは、四角形のパターンをつないで作る刺繍で、衣服ではなくおもにベッドハンギングやベッドカバー、カーテンなどの室内装飾または宗教儀式に用いられた。ごく単純な幾何学図形から奇想を凝らした模様まであったが、やがて長く作ったネットを差し込み装飾とする刺繍が普及した。模様に従って網目を規則的に埋めてゆく作業は、1500年代の貴婦人たちにとって簡単で楽しい娯楽だった。カトリーヌ・ド・メディシスは、格子状の網目をたくさん作らせて、

37-26 デンマークのアン（1600年頃）

37-27 イサベル・クララ・エウヘニア（17世紀）

37-28 プチ・ポワン（テントステッチ）

37-29 ラシ

37-30 ヘンリー 8 世とフランソワ 1 世の会見場「金襴の陣」の様子

これを室内着の装飾に使ったといわれている。カトリーヌの収納箱の 1 つに未刺繍のネットが 380 枚、もう 1 つの箱には 538 枚入っていたと家財目録に記されている。16 世紀に広まったラシやドローンワークやカットワークなどの刺繍を基礎として、17 世紀に美しいレースが誕生することになる。

名高い刺繍師は、才気と時間を費やして室内装飾品や絵刺繍などの制作に励んだ。1520 年には、ヘンリー 8 世とフランソワ 1 世の金襴の陣での歴史的な会見に、膨大な量の刺繍が使われた。[37-30] 同時期の作家の記録によれば、長い列をなした随行の騎士たちの衣装はもとより、天幕や旗や馬飾りなども筆舌に尽くしがたい絢爛豪華な刺繍で覆われ、シルクやビロードや金銀の布に、奇を衒ったモットーや伝承物語などが多色の絹糸や金糸銀糸で縫い取られていたという。

持ち運びできる大型の絵画として、絵刺繍も盛んに作られた。色のグラデーションや混色、微妙な陰影表現などを巧みに使って本物の絵画そっくりに仕上げた絵刺繍は、現在ヨーロッパ各地の博物館におさめられている。絵刺繍は非常に重要な分野だったので、高名な画家もデザイナーとして加わった。なかでもラファエロは、デザイン画に多大な時間と才能を提供したといわれ、フランソワ 1 世の注文によってラファエロがデザインしたとされる絵刺繍が、パリのクリュニー美術館にある。

◇ 17 世紀

続く 17 世紀にも刺繍はファッションの重要な位置を占め、[C205, C206, C215] 男性たちの衣装はとくに豪華だった。詰め物を入れて膨らませたジェームズ 1 世のブリーチズをはじめ、支配者層の男性たちの豪華な衣装はみごとな刺繍で飾られていた。[37-31, C18] 当時の最新モードに従ってズボンやダブレットや袖のあちこちに

37-31 イングランド王ジェームズ 1 世（1605 年頃）

スラッシュが切り込まれ、裏地を引き出してパフを作り、その周囲はすべて絹のギンプ〔模様を浮き出させたブレード〕や金糸銀糸を交ぜた手の込んだ刺繍で縁取られた。フランスでは、贅沢な刺繍をこれ見よがしにする風潮が蔓延したため、ルイ 13 世は 1629 年に刺繍の使用禁止令を出した。それでも刺繍の流行がおさまる気配はなかったが、金糸の使用量は徐々に少なくなり、やがて衣服にも亜麻糸製のレースが使われるようになった。従来の刺繍に代わってレースを使った白糸の刺繍が、徐々にではあるが確実に多くなってきた。つねに刺繍で飾られた流行のストマッカーにも、金糸などの光る素材は減ってきた。身に着けるものすべてを金刺繍で埋めた前世紀の「ごてごて趣味」は、17 世紀後半の女性たちに軽蔑されるようになったのだといわれている。

引き続き手袋にも美しい刺繍が施されたが、以前ほどの派手さは薄れていった。[37-33, C111-C114, C116, C118] 装飾性の高い「かわいらしいバッグ」は 1680 年までに減ってきたが、華奢な靴にはあいかわらずシードパールや金属糸の刺繍が飾られていた。ドローンワークやカットワークを施した手の込んだラフとカフスは減り、ラフの縁にレースが飾られるようになった。ラフの次に登場した「フォーリングバンド」には、鋸歯状の幅の狭いレースの縁飾りがついたが、やがて繊細なニードルポイント・レースを使った端正な襟になった。要するに、衣服を飾っていた刺繍のほとんどが、レースに取って代わられたのである。

イングランドでは、ジェームズ 1 世以降、ドレスに刺繍がつけられることはほとんどなくなったが、17 世紀末の 1688 年頃から再び刺繍が飾られるようになった。しかし、もはや服全体を覆うことはなくなり、袖やストマッカーやバッグなど、服の一部分にポイントとして飾られる程度になった。ルイ 14 世時代のフランスでは、前王と違って刺繍が大いに奨励された。家具にかける布や衣装に付随するアクセサリーを飾る刺繍に、王は多大な情熱を傾けた。多数の熟練刺繍師が宮廷に配属され、王の指示に従って制作に励んだ。1685 年にルイ 14 世と密かに結婚したマントノン夫人は、王の死後、サン・シアに女学校を建て、少女たちに刺繍を教えることに多くの時間を費やした。ここで作られた手の込んだ刺繍のタペストリーは、現在もヴェルサイユ宮殿の壁に掛けられている。マントノン夫人は、王宮の内外でつねに刺繍道具を携えていた。「夫人が手持ち無沙汰で馬車に座ることはめったになく、バッグから刺繍を取り出し、眼鏡をかけ、御者が馬に鞭を当てるまで刺繍にいそしんでいた」と当時の記録は語っている。有

37-32　刺繍で覆われたナイト・キャップ(イギリス製、1600-20 年)

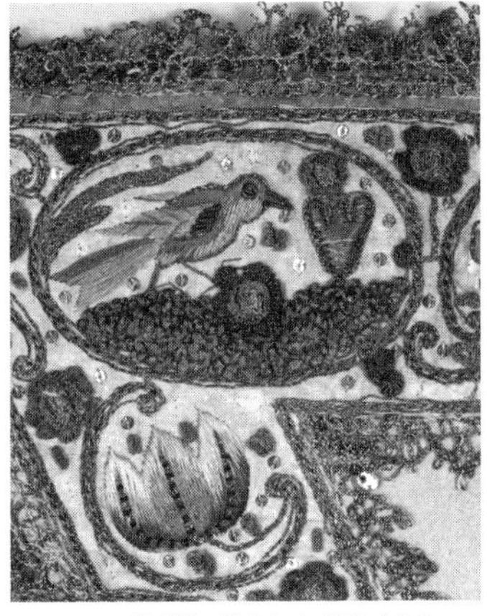
37-33　革手袋に施された刺繍（イギリスまたはオランダ製、1600-40 年）

37-34　携帯用のネセセール（イギリス製、1760-80 年頃）

閑階級の女性はみな、鋏や指ぬきや針を入れる優美な道具箱「ネセセール」〔フランス語で必需品の意〕を持っていた。[37-34]

17世紀末には、掛け布、ベッドカバー、家具カバーのほか衣服にもバックステッチを刺したキルティング生地が使われるようになった。ペチコート、ケープ、ウエストコートなどは、2枚の布地を合わせてバックステッチで菱形模様になるようにキルティングをし、さらに写実的な花や蔓植物や緑の葉のついた小枝などの模様を刺繍した。このデザインは広い人気を得て、18世紀に最も流行した。

室内装飾に使われた刺繍は大がかりで手の込んだものが多く、大胆で装飾的なエンブレムや花柄は、贅沢で強い印象を与えるのに効果的だった。しかし衣服を飾る刺繍はしだいに洗練されたものになり、豪華というより繊細優美、華美というより精巧な刺繍が施されるようになった。このような傾向は、刺繍のシンプルな美しさが際立つ次世紀にさらに顕著になった。

◇18世紀

18世紀初期、ルイ15世と16世時代の上着を豊かに飾った刺繍の費用は突出していた。重厚な絹やサテンの地に、絹色糸や金属糸の刺繍で繊細な図柄が表現されていた。やがて、金糸銀糸、スパングル、細いブレードとともに、絹綿と絹紡糸から作られた新素材シェニールとギンプが使われるようになり、デザインはさらに優美になった。新たに流行しはじめた上質のホイップコードやギンプの需要を満たしたのは中国だったと、セント・オールバンズは書いている。目が肥えてきた紳士淑女たちは従来の刺繍では物足りなくなり、裁断した布を中国に送って緻密な刺繍をつけさせた。そうして送り返されてきた中国製の刺繍が、この時代のヨーロッパの刺繍デザインに大きな影響を与えたのはいうまでもない。1720年以降、フランスの刺繍デザインと仕上がりのすばらしさは相当なレベルに達し、ヨーロッパの主要な都市ではつねにフランスの製品に高い需要があった。ポケットの縁取りやボタン

37-35 絹のビロード生地に豪華な刺繍を施したフランス製の宮廷服（1774-93年）

ホールの周囲に繊細優美な模様が縫い取られ、立派なウエストコートにも魅力的な刺繍が飾られた。[37-36] この時代に最もエレガントとされた男性の服装は、刺繍したブロケードの上着、青か白かクリーム色のシルク地に花の小枝を多色刺繍したウエストコート、レースのクラバット、膝丈のブリーチズ、シルクのホーズ、銀のバックル、髪粉をかけた髪だった。

女性が着けたガウンとペチコートにも新しい糸で刺繍が施された。1688年に作られるようになったキルティングのペチコートが、18世紀に女性のあいだで復活した。[37-37] 一方男性は、キルティングしたコートテールに夢中だった。キルティングには種々あり、ランニングステッチをしただけの簡単なものから、絹色糸で菱形にステッチをかけた上に色糸と金糸銀糸の花刺繍を散らした凝ったものまであった。キルティングは昔から折にふれて衣服に使われてきたが、刺繍として見た場合は1688年から1714年にかけて減少した。

この間に復活したのがエプロンだった。1300年と1500年頃に、衣服の保護として「バームクロス」または「ナプロン」と呼ばれたエプロンが着用されたが、流行に敏感な18世紀の女性たちはこれに凝った刺繍を飾って、おしゃれなアクセサリーとして採り入れたのである。[37-38] もっとも、中世のバームクロスに装飾がなかったわけではなく、写本に描かれた女性のエプロンの上部には網目状の装飾がついている。[37-39] また、イングランドの風刺家スティーブン・ゴッソンの『新しがり屋の成金貴婦人への警句』（1596）にも、フリンジと刺繍がついたエプロンが言及されている。やがてレースの時代になると、ニードルポイント・レースやボビン・レースで作られた繊細なエプロンが作られ、とびきり優雅な女性のアクセサリーになった。

18世紀後期には、最も優美なモスリン、キャンブリック、リネンに綿の白糸で刺繍がつけられるようになり、襟、カフス、スカーフなどに用いられた。模様の繊細さと仕上がりの美しさで傑出していたのはザクセン地方の製品だった。マリー・アントワネットが自らのドレスにこの刺繍を選んだこともあって、ヨー

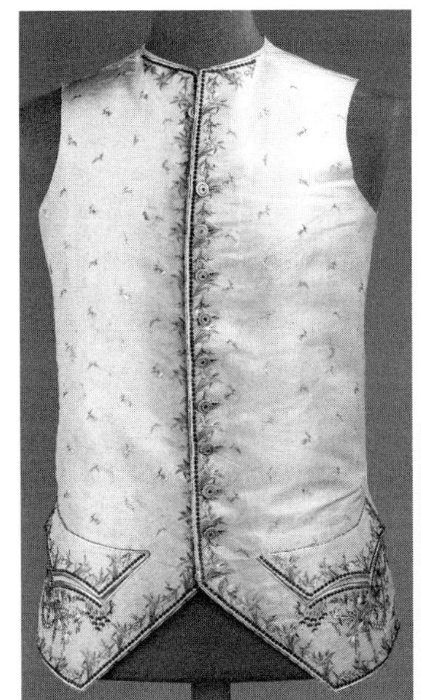

37-37　キルティングのペチコート（フランス製、1795年）

37-36　ポケットの刺繍が特徴的なフランス製のウエストコート（1760-70年）

ロッパじゅうでザクセンの製品が流行になった。美しいレースとともに、綿の白糸刺繡をした薄手のモスリンが注目されるようになり、前時代に人気を博したタイプの刺繡はすっかり影が薄れてしまった。1780 年までに、白いキャンブリック地に刺した白糸刺繡は、刺繡の揺籃期だったエリザベス 1 世時代のゴージャスな刺繡とはかけ離れたものになっていた。[37-40]

まもなく革命の恐怖が社会秩序を混乱させ、穏やかだった刺繡師たちの世界も乱された。刺繡師たちは、高価な刺繡に使われていた金糸や銀糸をほどき、室内装飾や衣装に使われていたブレードもほどいて、すべての金糸銀糸を抜き取るよう強いられたといわれている。抜き取った金属糸は坩堝(るつぼ)で溶かして、「国家のために」供された。こうして、教会や宮廷にあった多数の貴重な刺繡が、ことごとく破壊されてしまったのは非常に残念である。

◇ 19 世紀

白糸刺繡による花模様を散らしたモスリンなどの華奢で薄手の生地は、19 世紀初期にもまだ上流階級の婦人のあいだで静かに流行が続いていた。しかし、男性の服装からは刺繡がほとんど姿を消していた。全体に地味な色合いの男性服の中で、唯一色彩のポイントとなっていた短いベストとネクタイの両端にだけ、かろうじて刺繡が残っていた。

ヴィクトリア朝（1837-1901）には、おもに肌着類に刺繡がつけられた。産業全体の機械化が進んで刺繡にもミシンが導入され、増大する需要にすばやく対応する大量生産が可能になった。20 世紀までには機械化がほぼ完全に進み、古代の図柄の複製から現代の新しいデザインまで、あらゆるデザインの刺繡が低コストで量産できるようになった。スイスやザクセンなどの中央ヨーロッパやフィリピン諸島では、ボナーズ〔ネットその他の生地にチェーンステッチで模様を刺繡する機械〕その他の刺繡用ミシンが行き渡り、変化の激しい近代社会やファッション界の求める大量の刺繡および刺繡生地を供給した。そのいっぽうで、時間の流れが緩やかな地域もあった。近年でも中央アメリカの原始部族の女性たちは、花や生き物の図柄を動物の皮に手刺繡していたといわれている。東洋の女性たちもまた、優れた刺繡の名手だった。ペルシャ、トルコ、インドの刺繡には、金糸銀糸のほかにビーズやスパングル、真珠、宝石、羽根などが使われている。未婚女性が髪に着けるコイン形の飾りは、ドレスの刺繡にも縫い込まれる。インドの女性は、動物の毛と一緒に自分の髪の毛を刺繡に

37-38　絹糸と金属糸で刺繡したエプロン（イギリス製、18 世紀前半）

37-39　初期のエプロン（中世の写本より）

37-40　白糸刺繡を施したモスリンのドレスを着たラ・シャトレ伯爵夫人（1789 年）

使うこともある。中国の手刺繡はさらに緻密で、絹地に絹の色糸または金糸銀糸で模様が刺繡されている。[37-41, 42]

◇20世紀

現代の刺繡は、中央ヨーロッパの民族衣装から着想を得たものが多い。昔の中央ヨーロッパの農民たちは、領主の指示に従って、東方からの侵略民族がもたらしたデザインを模した刺繡を多く制作してきた。それらの美しい模様はほとんど変化することなく次の世代へと受け継がれ、ロシア、ハンガリー、フランス、ルーマニアでは、こうして多様な美しい模様が発展していった。

刺繡の歴史は長く変化に富んでいる。古代から衣服を飾ってきた刺繡の美しさが最も発揮されたのは、彫刻や絵画と同様に宗教的儀式においてであった。初期キリスト教時代の刺繡には、きわめて装飾的で精緻な美しさがある。ルネサンス以降は、古来の伝統をその時代特有のファッションに適合させてきた。ときには豪華絢爛に、ときには洗練を第一としながら、男女の衣服を色彩と模様で飾るのは、いつの時代にもファッションの決まりごとだった。ゴージャスな16世紀、抑制された美が尊ばれた17世紀、花のように優美な18世紀、慎みと洗練のヴィクトリア朝。このように時代ごとに変化しながら、刺繡は世界中の衣装を魅力的に飾ってきたのだ。

37-41　清朝・乾隆帝の祭典用ローブ（絹地に絹糸と金属糸で刺繡、18世紀）

37-42　中国の女性の式典用ローブ（絹地に絹糸と金属糸で刺繡、19世紀後半）

レースに似た最古の織物と思われる遺品は、紀元前 2500 年頃のテーベの墳墓から発見された。結び目のあるネットで、その網目のなかに、陶製の小さな人物像やビーズが糸に通して飾られているものが多かった。ホメロス、ヘロドトス、その他のギリシャ文学や歴史書には、貴族階級のエジプト人が身に着けたネット状の織物や金の刺繍をした衣服がよく出てくる。また旧約聖書イザヤ書には、エジプト人について「麻で物を造る者と、白布を織る者」という記述があり、古代ローマの博物学者プリニウスは、「その織物は指輪に通せるほど繊細で、森ひとつを囲める大きさの布を人ひとりで楽に運べるほどの軽さだ」と書いている。

このネット状の織物はかなり目の細かいものだったとはいえ、現代の感覚からはまだレースと呼べるものではなかった。レースとは、洗練された模様を芸術的手法で表現した、高度な技巧を要する布地のことである。

◇ 16 世紀

真にレースと呼べるものが現れたのは 16 世紀である。ドローンワーク、カットワーク、ラシと呼ばれる刺繍から発展したものだが、この三者もまだ厳密には刺繍の範疇から出るものではなかった。ドローンワークは、リネンの地布から数本の織り糸を引き抜き、残った織り糸を刺繍用のステッチで束ねて、穴の開いたレースのような模様を作る刺繍の一種である。カットワークは、布地から模様を切り抜いて縁をかがり、そのあいだを簡単なステッチで埋めていく透かし模様の一種である〔「第 37 章 刺繍」参照〕。[37-22, 23, 24, 25, 38-1] ラシは、もとは刺繍をするネット状の布地のことだったが、のちにそこに刺した刺繍の模様を指すようになった。[37-29, 38-1] ラシは、簡単な幾何学図形から奇想を凝らした独創的なデザインまで、模様は多様だったが、いずれもネットの四角い格子に合わせて刺繍をしてから縫い合わせた。この 3 種の刺繍が、レースの発展に大きく貢献した。

なかでもドローンワークがレースの発展を促したことは明らかである。地布から引き抜く織り糸の本数が増えるにしたがって、布地に残された糸に依存する度合いが減り、やがてわずか 1、2 本だけ残った織り糸に最初のループをかけて模様を作っていくようになり、ついに地布をまったく必要としなくなった。製作の手順は、まず模様またはデザインを羊皮紙上に描き、コーチングステッチかボタンホー

レティセラ	カットワーク
カットワーク	ラシ

縁はニードルポイント・レース

38-1　初期の技法を組み合わせて作ったカバーの一部（イタリア製、1570-99 年）

ルステッチで主要な線を刺し、それを土台として全体の模様を作り上げていく。すべてのニードルポイント・レースの源とされるこの技法は、「幾何学模様」を意味する「レティセラ」と呼ばれた。[38-1] 幾何学的なデザイン感覚は、ラシ、ドローンワーク、カットワークから引き継がれたものである。この方法を発展させた最初のレースがヴェネツィアで作られ、地となる布なしで作り上げることから、「空中ステッチ」を意味する「プント・イン・アリア」と呼ばれた。誕生したばかりのプント・イン・アリアは、葉状の切れ込みのある幅の狭いもので、模様も単純だった。16 世紀のラフやカフスの縁飾りに用いられたが、[38-2] レースの幅がしだいに広がって幾何学模様を表すようになると、布にはめ込む装飾やバンドとして使われるようになり、しばしば葉状に尖ったプント・イン・アリアが縁に飾られた。レティセラはたいへんな人気を呼んで、あらゆる衣服に用いられるようになり、ヨーロッパ各国でこれを模倣したレースが作られた。

「空中ステッチ」からはじまったレースは、何世紀ものあいだにポワン・ド・ヴーニーズ、ポワン・ド・フランス、ポワン・ダングルテールなどの精巧なニードルポイント・レースに発展し、それぞれのレースの美しさは最高レベルに達した。[C218-C220]

プント・イン・アリアに少し遅れて現れたボビン・レースは、クッションや枕のような台の上で作られることから「ピロー・レース」、また魚の骨のピンで糸を留めて作ることから「ボーン・レース」とも呼ばれた。[38-3] 枕にピンで留めた糸の端には、それぞれ糸巻(ボビン)きがついている。ボビン・レースはフリンジの作り方と共通して、縦糸を斜め方向にねじり、編み、結びつけて形作っていく。古くからアッシリアとバビロニアで手工芸として行われていた技法で、それがヨーロッパに伝わり、徐々に芸術性の高いレースに発展していった。1495 年にミラノで作成された証文に、ボビン・レースに関する最古の記述がある。初期はおもにミラノ、ヴェネツィア、ジェノヴァで生産されたが、そこからフランドル地方の各都市に

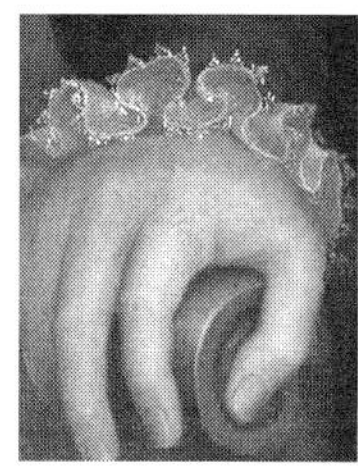

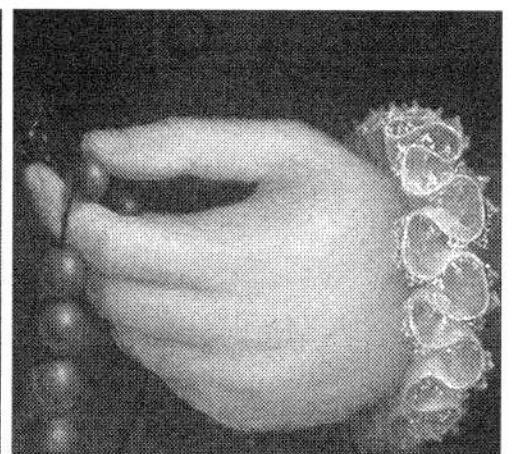

38-2　ラフとカフスに飾られたプント・イン・アリア（ニードルポイント・レース）（フェリペ 2 世の肖像、1573 年）

38-3　ボビン・レースを編むオランダの女性（1662 年）

伝わり、18 世紀に最盛期を迎えた。17 世紀と 18 世紀に発達した美しく精巧なレースは、すべてこの 2 種の技法、すなわちプント・イン・アリアまたはニードルポイント・レースと、ボビン・レースを基礎として発展したものである。ニードルポイント・レースはルイ 14 世時代を特徴づけるレースであり、ボビン・レースはルイ 15 世時代に非常に人気のあったレースである。

衣服にレースが用いられるようになったのは、「ラフ」と呼ばれるひだ襟に男女が夢中になった 1540 年頃からだった。プント・イン・アリアが現れるやいなやその繊細さはおしゃれな人々をとりこにし、レースの時代の幕が開けた。その頃の肖像画には、鋸歯状の細いレースで縁取ったラフやカフスが描かれている。[38-2] その後しばらく経ってボビン・レースが現れた。鋸歯のような輪郭はプント・イン・アリアに似ていたが、もっと線の要素が強調された繊細なデザインで、透かし部分も多く、ローン製のラフとのコントラストが美しかった。[38-4] 縁をぎざぎざにするデザインは古くから好まれてきたもので、中世には男女ともに、マントやダブレットやフードの縁を鋸歯のようにきざんだりスカラップ装飾をつけたりした。その意匠が 16 世紀にレースに採用されたのである。のちには、ラフのまん中にカットワークやドローンワークをはめ込み、縁にぎざぎざのスカラップをつけて引き立たせた。ラフに続いて現れた「メディチ・カラー」は、前が開いた大きな立ち襟で、ドローンワーク装飾が面積の大部分を占めていたため、地布は糸を数本残すだけに縮小した。[38-5]

38-6　ベネツィアで出版されたジョヴァンニ・アントニオ・ビンドニによるデザイン画集より（1557 年頃）

16 世紀には図案集が初めて出版されて、[38-6] レースはイタリア、フランス、ネーデルランドにも広まり、レース産業はますます一般化

38-4　ボビン・レースを飾ったラフ（パルマ公の肖像、16 世紀後半）

38-5「メディチ・カラー」を着けたフランス王妃マリー・ド・メディシス（1609 年頃）

した。女性のドレスと男性のダブレットにはレースが挿入され、縁には先の尖ったレースが飾られた。

ボビン・レースは後に流行の頂点に達するが、16世紀後期にはまだ用途は限られていた。フランスの歴史家キシュラによれば、当時のフランスでは、ウエストバンドやガードルの縁に「ビセット」と呼ばれるレース風のひだ飾りをつけるのが流行していた。ビセットは、ボビンを使って金糸や銀糸を編んだ一種のメッシュだったと思われる。こうした金銀の縁飾りは、当時の深い色調のビロードやブロケードの衣装と美しい調和を見せていた。1577年にリヨンを訪れたアンリ3世は、信じがたい長さの純金のレースを身に着けていたと記録されている。流行の先端を行く王妃たちの衣装は、「全体を金銀のレースで飾った」ビロードのドレスだった。このレースは、ボビンで制作したメッシュである。

16世紀には、幅の細いレティセラ・レース以外のスレッド・レース〔亜麻糸で作られたレース〕はまだあまり知られておらず、デザインもすべて幾何学的な模様だった。慣習化したパターンから解放されて新しいデザインが展開されるのは、17世紀になってからである。

◇17世紀

1600年代の初頭に、ラフは度を外れた大きさになった。イングランド王ジェームズ1世は、約23mもの生地を使ったラフを身に着けていた。王のラフはほとんどが総レースだったが、上質のキャンブリックのラフの場合でも、必ずレースの飾りがついていた。レースのはめ込み飾りは、ラフだけでなく男性のシャツにも使われた。こうした法外な贅沢は、女性の服装でも同様だった。

オックスフォードのアシュモリアン美術館にある魅力的な肖像画《レディー・ポーレット》

38-7 レディー・ポーレットの肖像（1620年頃）

38-8 レディー・スクダモアの肖像（1615年）

に、幾何学模様のレースが非常に美しく描かれている。[38-7] ちょうど巨大なラフが廃れてフォーリングバンドが現れる直前の、1620年頃に描かれた作品である。ドレスの裾まである見事なエプロンは、レディー・ポーレットが自ら編んだものに違いなく、幾何学模様のレースが何層にも重ねられている。エプロン全体を縁取る葉状スカラップ装飾は、ラフと袖口にも使われてデザインを調和させている。この女性は、「自作のロングドレスを着たボルトン公爵家出身の独創的な才女ベティー・ポーレット」として20世紀初めに出版された『イギリスの愛好家』にも取り上げられ、ジェームズ1世時代の刺繍の名手として知られていた。また、同じ女性と思われる「レディー・エリザベス・ポーレット」作のすばらしいニードルワークが、「1636年7月9日にオックスフォード大学の評議会に正式に贈られた」とも書かれている。ボードリアン図書館には、彼女に敬意を表した多数の詩が保存されている。

17世紀初期のすばらしいレースは、現存するその他の肖像画にも見ることができる。レディー・スクダモアのカフスとかぶり物は、先の尖ったスカラップ装飾をつけた幾何学模様のレースで縁取られている。ボディスを飾る贅沢な刺繍は、薄色の地に黒の唐草模様という、当時大流行したデザインの一例である。[38-8, C215] ひだ襟「ラフ」の次に流行したのは、模様のあるレースとスカラップ装飾で縁取った美しいスタンディング・ラフだった。[37-27]

巨大だったラフはしだいに下方に垂れて大きな平たい襟となり、ますますレースが重要になった。ホランド・キャンブリックに幅の広いレースを飾った大きな襟が、男女の肩を覆うようになった。縁の切れ込みは深くなってスカラップになり、前代に流行したレースのはめ込みが飾られていた。闊歩する騎士のいでたちは、羽根飾りのついた帽子、履き口を折り返したブーツ、レースの襟、折り返したカフスだった。[38-9] 女性も男性と同様に、デザインを揃えたレースのカフスと幅の広いバーサ〔ケープ状の大きな衿〕を身に着けた。[38-10, C210] この時代は、襟とカフスだけでなく、手袋、ダブレット、ブリーチズ、ブーツまでもが惜しみなくレースで飾られた。身に着けるもの以外にも、天蓋、掛け布、ベッドカバーなどの

38-9 ロレーヌのアンリ2世の肖像（1634年頃）

38-10 マリア・テュルプの肖像（1639年）

室内装飾、さらには馬車の窓までもレースで覆われた。あらゆるものがレースとともに発展していった。このような過剰なレースの使用に対して、勅令が出されたのも驚くべきことではなかった。1629年にルイ13世は「過剰な服装の規制」を公布して、極端に華美になった刺繡とレースを禁止した。この時期の風刺画に、自分の美貌を引き立ててくれるはずのレースが取り去られてしまった服を、いかにも不服そうに着ている伊達男や美女が描かれている。気の毒ではあるが、1642年に世を去った寵臣のひとりが、極上のレースを贅沢に飾った襟とカフスのセットを何と300組も遺していたと聞けば、禁令が出されたのも無理からぬことだったのではないか。

金糸銀糸を使った「ポワン・デスパーニャ」または「スパニッシュ・ポイント」と呼ばれた美しいレースも見逃せない。[38-11] スレッド・レースの生産においてスペインがとくに傑出していたわけではないが、華麗な金属糸レースを作り上げた点は注目すべきである。これはすべてボビン・レースであり、絹の刺繡色糸を加えてさらにゴージャスに仕上げられていた。17世紀の初頭から金糸銀糸が大量に用いられるようになったが、衣服だけでなく、シーツ、壁掛け、馬車のカーテン、棺の掛け布などにも広く使われた。贅沢なレースがこのように大量に使われるようになると、スペインでもフェリペ3世が、華美なものへの無謀な浪費を禁じる勅令を発布した。男性は、レースやカットワークのない簡素な垂れ襟（フォーリングカラー）だけ、女性は、装飾も糊付けもしない簡素な襟とカフスだけが認められた。ところがこの禁令を最初に破ったのは、あろうことかスペイン王妃だった。というのは、スペインを訪れていたイングランドのチャールズ王子が、着替えの衣装を入れた鞄を紛失して困っていると聞いた王妃は、「華麗なレースを飾ったリネンをトランク10杯分」贈るという寛大なもてなしをしたのだった。この時期、全ての金属レースがスペインで作られていたわけではなく、イタリアとフランスも生産ではかなりの成功をおさめていた。しかしそれらはいずれも、「ポワン・デスパーニャ」の商品名で流通していたのだった。

イングランドの精巧なニードルポイント・レースのラフとカフスの全盛期は、つねにチャールズ1世の名と結びつけられる。美しい衣装を愛したチャールズ1世は、自らの服に使うために最高級のレースを約915mも注文したことがあった。立派なニードルポイント・レースの襟とカフスに引き立てられたチャールズの美しい衣装は、フランドルの画家アンソニー・ヴァン・ダイクによる多数の肖像画で私たちにもおなじみである。[38-12] イングランドでは、衣服にも室内装飾にもレースが限り

38-11　色彩豊かな絹糸と金属糸で編んだスパニッシュ・ポイントレース（1630-70年）

38-12　ヴァン・ダイク《チャールズ1世》17世紀前半

なく大量に使われた。過熱したレースブームに乗って、身のほど知らずの贅沢にうつつを抜かした市民の多くが、破産に追い込まれたのも事実だった。清教徒（ピューリタン）が力を持つようになった17世紀のイングランドでは、薄く透けるメッシュ生地は「悪魔の誘惑」であると信じて、女性たちはレースを使わなくなった。レースを身に着けるのは「傲慢への一歩」とまでいわれ、レース製造者の多くは転職せざるを得なくなった。アメリカ東部植民地の女性たちは、マサチューセッツでレース作りを始めたが、ヨーロッパに匹敵する製品を作ることができず、レース産業は発達しなかった。行商人たちは、レースを売って日々の糧を得ようと国じゅうをまわったが、軽薄な者たちまでが禁令によって購買欲を削がれ、レースは思うように売れなかった。禁令はしばらく続き、18世紀になってようやく美しい服を再び着ることが許された。

フランスでは、ルイ13世の治世末期（1643年）にレース作りが産業へと発展しはじめ、コルベールが財務総監を務めたルイ14世時代（1643-1715）に大きく繁栄した。コルベールはレース産業を奨励し、それによって得られる利益を国外に流出させない政策をとった。1665年には優れたレース制作者マダム・ジルベールに充分な資金を与え、アランソンにある彼の城にレース職工の養成所を作らせ、ヴェネツィア出身の熟練工30人を雇い入れた。まもなく、ここで作られたすばらしいレースがパリのコルベール邸で披露された。壁面ディスプレイには深紅色（クリムゾン）のダマスク織りを添えるなどして、レースの美しさが最大限に引き出されるような演出が凝らされた。コルベールに招来されてアランソンの会場を訪れたルイ14世一行は、レースのあまりの美しさに誰憚ることなく感嘆した。一目見て感激した王は、マダム・シルベールに大金を贈るように命じ、随行の貴族たちに向かって「宮廷では今後、これより他のレースを身に着ける者を見たくないものだ。このレースに“ポワン・ド・フランス”の呼び名を与える」と言った。王が展示場を去るや否や貴族たちは大急ぎで会場に駆け戻り、展示されたレースの全てを法外な値段で買い占めた。王のお墨付きを与えられたアランソンは、一躍富と名声を得ることになった。まもなくその他の都市にも次々に王立製作所が設立され、フランスで生産されたニードルポイント・レースはすべて「ポワン・ド・フランス」の名で知られるようになった。ポワン・ド・フランスは、女性の装飾品、かぶり物、男性のクラバット、ラフなどに最もふさわしいレースとして盛装の必需品になった。[38-13, 14] こうして高品質のニードルポイント・レースが継続的に生産され、広く各地に拠点を置いてボビン・レース産業を奨励・発展さ

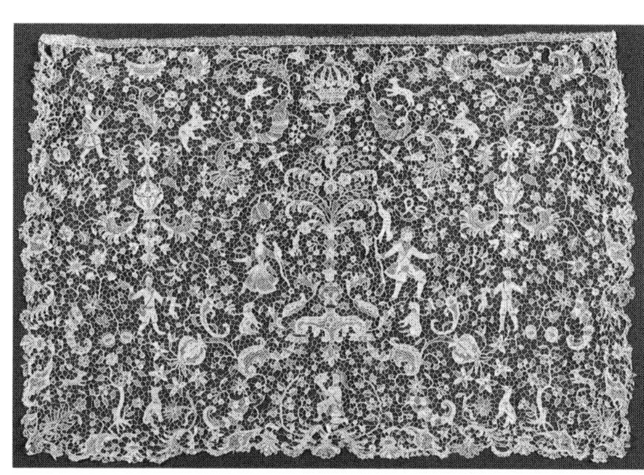

38-13「ポワン・ド・フランス」のクラバット（17世紀後半）

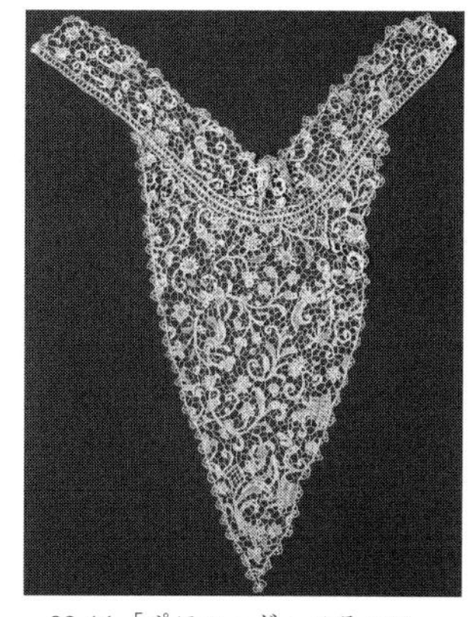

38-14「ポワン・ド・フランス」のの襟とベスティー(17世紀後半)

せたことは、17世紀の大きな功績だった。

同じ頃、オランダとベルギーも優れたボビン・レース（ピロー・レース）の産地として知られるようになった。絹糸または金糸銀糸を使用したものが多かったが、最上質の麻糸レースは、オランダ人の幅の広い襟やカフスの縁飾りに使われた。イタリアやフランスとはまったくデザインが異なるオランダのレースは、この時期の肖像画に多く見ることができる。[38-15] まもなく、フランドルはボビン・レースの主要産地となった。ここで作られたレースを最初に使用したのは、地理的に近いイングランドだった。イングランドは大量のレースを買い占めたため、フランドル製のレースをほぼ独占することになった。その結果、イングランドの貨幣が大量にフランドルに流出したことに危機感を覚えた英国議会は、レースの輸入を全面的に禁止する法案を可決し、フランドルのレース職工をイングランドに呼び寄せて、国内に彼らのレース工場を設立するように促した。しかしイングランドにはレースに適した良質の亜麻糸がなく、フランドルに匹敵するレースを作ることはできなかった。そこでイングランドは、最高級のフランドル製レースをすべて買い占めて密かにブリテン島に運び、「ポワン・ダングルテール」または「イングリッシュ・ポイント・レース」の名で売り出した。やがて、イングランドとフランスではフランドル製のレースはすべてこの名称で流通することになった。[38-16]

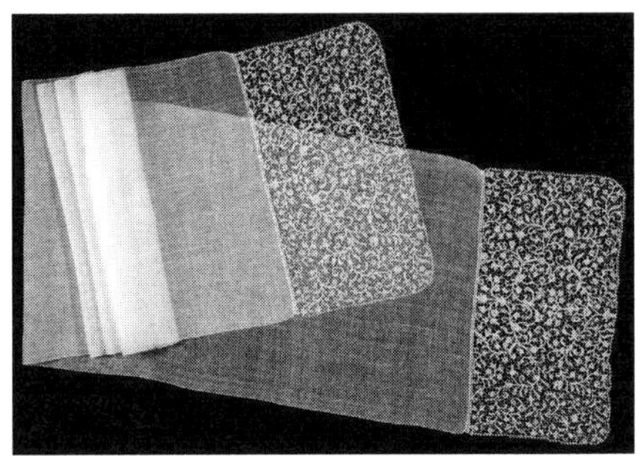

38-17 ヴェネツィアン・ポイント・レースを飾ったクラバット（1690年代）

男性のあいだでかつらの流行が始まり、長い髪が肩を覆い隠したのでレースの襟は見えなくなった。続いて現れたのがクラバットだった。クラバットの歴史はレースと密接に関わっている。初期のクラバットは、上質のリネンまたはキャンブリックの縁に美しいヴェネツィアン・ポイント・レース（ヴェネシャン・レース）が飾られていた。[38-17]「クラバットを見れば男がわかる」といわれた時代だった。女性のスカートにはレースが縦横に装飾され、袖には「アンガジャント」と呼ばれるラッフルが何段にも重ねられた。肌着にもふんだんにレース飾りが施されたが、肌着をレースで飾るという

38-15 アガサ・ゲルヴィンクの肖像（1637-40年）

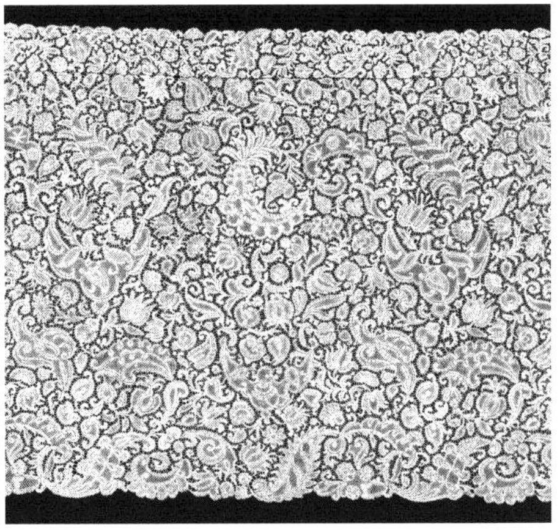

38-16「ポワン・ダングルテール」のひだ飾り（17世紀）

のは、まったく新しい発想だった。このファッションは人々の心をつかんで長く続き、レース編み機が登場してからは、さらに凄まじい流行となった。肌着だけでなく、ハンカチーフ、キャップ、ラペット、エプロン、小さなペルリーヌもレースが飾られるか、または総レースで作られた。ペルリーヌとは、1672年に現れた前端の尖ったレースのケープである。

1670年から世紀末までの30年間は、金糸と薄青色の糸で織った極上のブロケードに、黒いレースを重ねたドレスが爆発的に流行した。金と黒が織り成す微妙なきらめきは、誰もが憧れるエレガンスの象徴だった。このドレスは「トランスパラン」〔「透けて見える」の意〕と呼ばれる最新流行のスタイルであると、セヴィニエ夫人は友人に書き送っている。

1680年には「フォンタンジュ」という頭飾りが現れた。はじめは単純なリボンだったが、やがて縦ひだをたたんだレースを絹やキャンブリックに取り付けた、硬くて手の込んだ飾りになった。この飾りに、高価なニードルポイント・レースのラペット〔両端や後ろに垂らす長いリボンのような垂れ飾り〕がつくことも多かった。[38-18, 19] ラペットはまっすぐ垂らすこともあれば、正装時にはループ状にされることもあり、流行は18世紀まで続いた。どのようなスタイルであれ、当世風の服装の仕上げに欠かせないアクセサリーだった。

17世紀前半のフランドルで、ブラバント公爵のためと思われる、総レースの扇子が初めて作られた。レースを使った扇子は以前からあったが、絹か羊皮紙の扇面にレースを縫いつけるか糊付けしたものだった。この時期の肖像画に、扇面が総レースの扇が何点か見られる。[33-23]

世紀末にはエプロンが再び流行した。今回はボビン・レースではなく、全体が緻密なニードルポイント・レースで作られていた。このエプロンは18世紀まで流行したが、その後は絹かサテンに単純な模様を刺繍したり、金銀のボビン・レースとフリンジを飾ったりした丈の短いエプロンになった。18世紀末には、繊細なドローンワークと白糸のサテンステッチを刺繍した、しなやかな白モスリンのエプロンに取って代わられた。

◇18世紀

ボビン・レースは、ルイ15世時代（1715-74）に目覚しく発展した。ニードルポイント・レースの模倣ではなく、ボビン・レースの特性を

38-18　フォンタンジュを着けたイングランド女王メアリー2世（1690年）

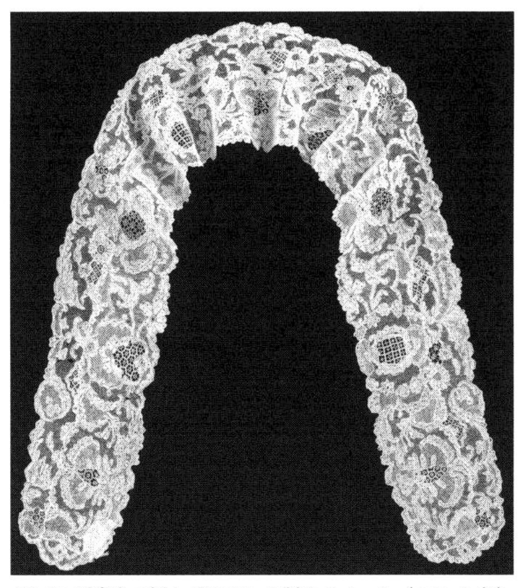
38-19　亜麻糸で編んだフランス製のラペット（1740-60年）

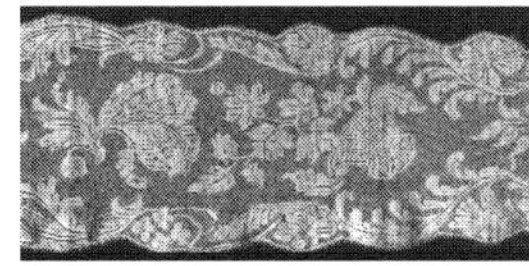

上：38-20　18世紀のヴァランシエンヌ・レース
下：38-21　18世紀のメクリン・レース

生かした、非常に薄くて繊細なデザインが考案された。軽快で華やかな花模様で知られるヴァランシエンヌ・レース、[33-20] メクリン・レース、[33-21] シャンティイ・レース、アランソン・レース [33-22] も、この時代に作られるようになった。1757年には、生成りのシルクで編むブロンド・レース [33-23] が作られた。ルイ15世治世の後半、ファッションに関心の高かったフランスの女性画家ヴィジェ=ルブランは、多くの美しいレースをデザインしたといわれている。フィレンツェのウフィツィ美術館にある彼女の自画像は、アランソン・レースのラッフルを着けているが、おそらくこれも自身のデザインによるものだろう。[38-24]

流れるような軽快な模様が表現できるボビン・レースは、女性の肌着やネグリジェのほか、室内装飾にも使われた。ルイ15世と宮廷人たちが見せつけた贅沢さは、よく知られているところである。ブルボン公爵夫人の化粧台は、水玉模様のモスリンと大量の美しいレースで覆い尽くされていたといわれている。コンデ公の公女は、レースを飾った水浴用クロークを2枚持ち、浴槽のまわりにもポワン・ダングルテールを飾っていた。レースのドレスもまた流行し、ポンパドール夫人は、当時としては非常に高価なポワン・ダングルテールのドレスを注文したといわれている。18世紀には、レースのウエディングドレスが羨望の的になった。その後まもなく黒いレースが流行になり、流行を追う一般の人々も飛びついたので、黒いレースのショールやスカーフやマントなどが早急に作られた。18世紀後期には、白と黒の絹製シャンティイ・レースがフランスで人気になり、他のレースもそれに続いた。ノルマンディーとベルギーの黒レースも高い

38-22　18世紀後半のアランソン・レース

38-24　ヴィジェ＝ルブラン《自画像》1790年

38-23　ブロンド・レースのラッフル（1750年）

評価を得た。サン・シールに女子のための学校を設立したマントノン夫人は、ルイ 14 世の死後つねに黒いシャンティイ・レースのショールを肩にかけていたといわれている。

18 世紀末のフランス王妃マリー・アントワネットは、生成りのブロンド・レースを大量に身に着けていたといわれ、仕立屋の勘定書の全ページにお気に入りのブロンド・レースが記載されている。[C223] この時期は、スカートの下に巨大なフープが入ったフラウンス・ガウン全盛の時代だった。スカートには、ヴェネツィアン・ポイント・レースやブロンド・レースその他のフラウンス〔幅の広いラッフル〕が花綵のように飾られていた。長細いボディスの前面にはレースのフリルが横に渡され、袖口には「アンガジャント」〔段になったレースなどのフリル〕またはレースのラッフルが飾られていた。[38-25, C224]

繁栄したレース産業も、フランス革命により多くが荒廃した。生産地がすべて大損害を被り、レースが生産できなくなった。ヴァランシエンヌは二度と復興できなかったし、シャンティイは徐々に衰退していった。事実上レース産業はフランスから消えてなくなり、他国でも事情は同様で、暗く陰鬱な時代だった。ブロンド・レースを華やかにまとっていたマリー・アントワネットも、いまや身に着けるのは黒のネットだけになった。1789 年 10 月、マリー・アントワネットは、美しいレースのコレクションをすべて宮廷の女性たちに分け与えてヴェルサイユ宮殿を去っていった。

◆ 19 世紀

帝政期になり、レースがファッションとして復活した。ナポレオンは美しいレースに並々ならぬ関心を示したといわれ、レース産業を奨励した。幅広いレースを飾った長いエプロン、過剰なまでに幅の広いレースのフリルをつけたキャップ、そしてフィシューなどが最も人

38-25 袖口にアンガジャントを飾ったドレス（1757 年）

38-26 ブロンド・レースをふんだんに使ったナポレオン妃ウージェニーのドレス（1853 年）

気のあるアクセサリーだった。その後1820年から30年までの短期間、レースはまったく見られなくなったが、再び現れたときには熱狂的に歓迎された。

19世紀初頭にはレース編み機が考案された。もっとも1760年にはすでに、ノッティンガムのストッキング工場の職人がレース地のメッシュ部分をストッキング編み機で編むことに成功していた。この技術は1809年に「ボビネット機」または「ネット織り機」により改良された。この発明は、イギリスのジョン・ヒースコートにその名誉が与えられたが、ストッキング編み機とはまったく別に考案された機械だった。続いて1813年にイギリスのジョン・リーバーズが、18インチ（約46㎝）幅の無地のネットまたはチュールと模様入りレースが編める機械を考案した。こうして、ショールやウエディング・ベールなどのかなり大型のレースも機械生産が可能になった。1832年には、亜麻糸の代わりに木綿糸が使われはじめた。1837年にはジャカードが、花模様のネットが作れる機械を発明した。このネットは、美しいレースと見わけがつかないほどよく似ていた。こうした機械の開発により、製造業に新しい可能性が開かれるとともにコストも下がり、レース産業に携わる者たちに大きな繁栄がもたらされた。機械編みレースは、確立した産業となった。

1830年以降レースの需要は拡大し、長いあいだ人気を保っていた。なかでもシャンティイ・レースは1830年から40年にかけて大流行した。黒や白や生成りのレースでイブニングドレス全体を飾ったり、ひだを寄せたフラウンスにしたり、ウエストラインの一部を除いてスカート全体を覆ったりした。[38-27] また、大きく肩にかかるバーサやスカーフやケープにも使われた。17世紀以来時折流行したエプロンのなかでは、1874年から80年にかけてのレースのティー・エプロンにその究極の美しさが発揮されている。

38-27　シャンティイ・レースで覆われたドレス姿のモンパンシエ公爵夫人（1847年）

38-28　ホニトン・レースのウエディングベール（1865年）

18世紀初期のイギリスでは、おもにデボンシャーのホニトンで大量のボビン・レースが生産された。ヴィクトリア女王がレース産業の振興を図って自身のウエディングドレスにこのレースを注文したことから、一気に注目が集まった。ホニトン・レースは、美しさの点では他のレースに及ばなかったが、女王に続いて王女と皇太子もこのレースを採用したことで需要は大きく拡大し、イギリスのレースのなかで最も高価な最新流行のレースになった。[38-28]

1840年頃にはレースのショールが現れ、ラップとして20年以上も人気が続いた。シャンティイ・レース、マルティーズ・ボビン・レース、アプリケしたブラッセル・レースが多く使われた。美しいシャンティイ・レースのショールを手に入れた者は、得意げに着けてみせた。比較的安価なものでは、高価なレースを模倣した絹か綿製の機械編みレースがあった。レースのペルリーヌは19世紀に短いマントレットに変わり、その後はドルマン〔女性の短いマントまたは床丈のラップ。後ろはケープのように、前は袖のように見える〕になった。マントレットとは、前端が長く作られた肘までの丈の短いケープで、二重のレースのケープがついている。[38-29] ドルマンにはレースが飾られている場合もあるが、これはフリンジやブレード装飾が盛んにつけられるようになった1873-83年頃のものである。1870年から1900年代の初めにかけて、普仏戦争の影響によってフランスとドイツのレース産業は中断を余儀なくされ、残念ながらレースを身に着ける者はほとんどいなくなってしまった。

◇20世紀

20世紀初頭には、またレースが戻ってきた。「本物」の手工芸レースの需要もあるにはあったが、あまりにも高価なために一般の在庫はすべて機械生産品だった。古い時代の図案を模倣したり変化をつけたりして作られたレースは、「クリュニー・レース」と呼ばれた。クロシェ・レース、とくにアイリッシュ・クロシェ・レースは20世紀初期に空前の大流行となった。クロシェ・レース編みは1850年代に

38-29 レースで縁取られたマントレット（1871年）

38-30 ボリュームのあるレースを着けたハンガリーの女性（1877年）

アイルランドではじまり、女子修道院で生活する修道女たちが大きな関心を寄せた。当初は、ヴェネツィアン・ポイント・レースをできる限り忠実に模倣することが目的だったが、やがて修道女たちはニードルポイント・レースを模倣するよりも、クロシェ・レース独自のデザインを創り出すことに興味を持ちはじめて発展し、「アイリッシュ・クロシェ・レース」として世界中に知られるようになった。[38-31]

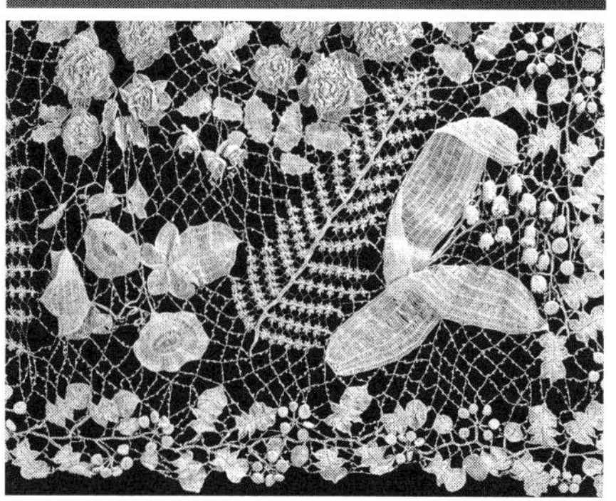

38-31 アイリッシュ・クロシェ・レースのウエディングドレス（1870 年頃）

1924 年までには、高価なものから安価なものまで新・旧を含めてあらゆるレースが広く使われるようになった。とくに総レースの帽子はファッション界で大流行した。[38-32, 33] また、服や帽子の装飾にも、レースや細かくプリーツをつけたレースがよく使われた。青、薄い赤紫色（オーキッド）、茶色に染めたレースは、総レースの服地や装飾としてとくに人気があった。しかし 1930 年までには服地としてのレースは減り、取り外しのできる襟やカフスなどに使われる部分的な装飾になってしまった。

このように、レースは流行に左右されて盛衰を繰り返してきた。用途も時代によって絶えず変化してきた。しかし、ルイ 14 世から 15 世時代のような黄金時代はもはや再来しなかった。今では、端正で美しいレースの時代として回想されるのは 17 世紀と 18 世紀である。鋭い審美眼をそなえた礼節の紳士と愛らしい女性が、レースの質感や模様や個々の衣装との相性をよく見極めつつ、服装の貴重な一部であるレースが申し分ない美的効果をあげるように、細心の注意を払った時代だった。

38-32 フランス、アルフォンシンヌ社製の帽子（1910 年頃）

38-33 フランス、メイヤー・エスター社製の帽子（1922 年）

第39章 フリンジとタッセル

衣服の装飾として、フリンジには長い歴史がある。フリンジの起源は、布の織り端に残る縦糸を何本かずつの束にして、ねじって結び、織物の縁がほどけないようにした工夫である。つまり自然発生的にできた縁飾りであり、多色の織物であればフリンジも多色、織り糸に金糸を使っていればフリンジにも金糸が混じっている。

◇古代

古代エジプト第 19 王朝と第 20 王朝（前 1350 -前 1090）の人々は、縁にフリンジがついたマントを着けていた。[39-1] このマントが近代のショールの前身であるのは確かだろう。エジプト人が着けたマントのフリンジは、布端から出た縦糸で作られたものである。ヘロドトスはこのマントについて、「エジプト人の服は布端のフリンジを残しておく習慣があり、それが脚まわりの幅広い縁取りになっている」と書いている。首まわりにも幅の広いフリンジがついたものがあり、これは召使の女性の服に多く見られると歴史家は書いている。このことから、フリンジつきの服は下層の人々のあいだに行きわたっていたと考えられる。王家の墓から発掘された浅浮彫りにも、フリンジがいくつか描かれている。そのひとつが、第 18 王朝（前 1900）のファラオへの贈り物を持つフェニキア王子の衣装で、美しい模様の服にフリンジ、コード、タッセルが飾られている。タッセルの歴史もまた非常に古く、その起源はコードがほどけるのを防ぐために端に作った結び目に違いない。

ニネヴェのコルサバード〔現イラク北部〕その他で発掘されたレリーフから、アッシリアをはじめとするアジア人のチュニックやマントには凝った作りのタッセルとフリンジがついていたことがわかる。[39-3] これは、布とひと続きになったエジプトのものとは異なり、装飾としてあとからつけられたものである。古代へ

39-1　フリンジ付きのマントを着けたラムセス 2 世妃ネフェルタリ（第 19 王朝）

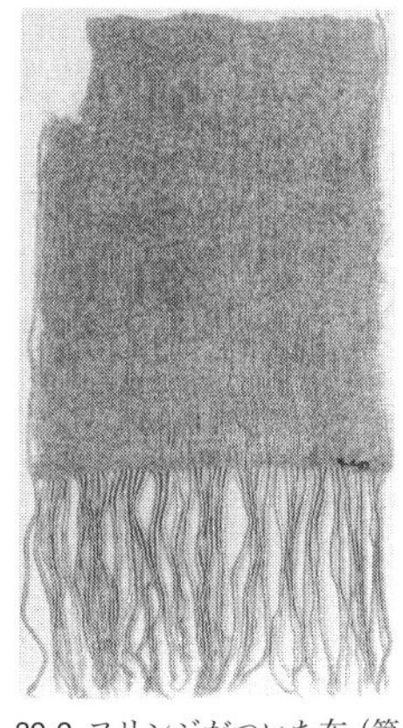

39-2　フリンジがついた布（第 23 王朝、ファイユーム出土）

39-3　タッセルとフリンジ付きのローブを着たアッシリア王アッシュールナツィルパル 2 世

ブライ人のゆったりとした衣服にもフリンジがつき、タッセルと刺繍が飾られている。旧約聖書の『民数記』15章38節に、古代ヘブライ人の衣服のフリンジが次のように言及されている。「イスラエルの人々に告げてこう言いなさい。代々にわたって、衣服の四隅に房を縫いつけ、その房に青いひもをつけなさい。」ここでいう青いひもとは、フリンジをつけた布の縁を強化し、ほつれを防ぐための織物の耳つまり織り端のことである。このような青い織り端のついた亜麻布の断片は、各地の博物館などで多数見ることができる。また、先に引用した民数記の続き39節に、「それはあなたたちの房となり、あなたたちがそれを見るとき、主のすべての命令を思い起こして守り……」と書かれていることから、フリンジには宗教的な意味もあったことがわかる。さらに『申命記』にも同様のことが書かれている。ユダヤ人の外衣には、もともと宗教的な理由から縁にフリンジがつけられていたが、のちに迫害を避けるためにフリンジは隠され、それ以降は外衣の下の肌着につけられるようになった。

フリンジが多用された東方の衣装とは対照的に、ギリシャではその使用はかなり限られていた。生地にフリンジを飾りつけることはなく、ついている場合もつねに織物の一部としてである。ローマでは、女性が着けたパラにフリンジがつくことがあり、肩または裾まである薄く透けるベールには、階級に応じた量のフリンジが飾られた。

◇中世

中世には、ゆったりと羽織るガウンにしばしば多色のフリンジが飾られ、タッセルもつけられた。[39-4]11世紀と12世紀のフランスで、マントの正面を肩の高さで固定する金属の留め金を「タッソー」と呼んだ。タッソーは、今日のクラスプに似た四角形または菱形の大きな美しい飾り板である〔「第14章 ピンとブローチ」参照〕。マントはフックで固定するのではなく、前開きの左右にリボンかひもを渡して、開き具合を自由に調節することができた。ひもを引けば首もとが締まり、ひもを緩めれば肩から下にゆったりと垂らすことができた。今日の「タッセル」とは似ても似つかない「タッソー」は、おそらくラテン語で「クラスプ」または「フィビュラ」を指す「タサ tassa」からきた名称と思われる。意味が変化した経緯は不明だが、12世紀にはまだ今でいうタッセルの意味は存在しなかった。今日のいわゆる「タッセル」に相当するものは、当時のフラン

39-4　ガードルから垂れたひもとタッセル（12世紀）

39-5　ティプトフト男爵夫人のタッセル（1446年）

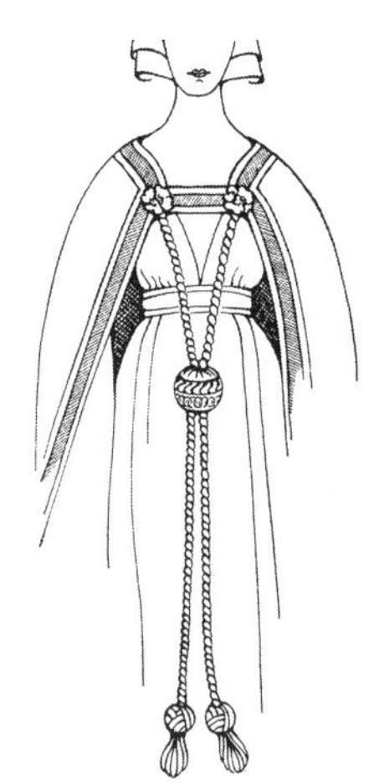
39-6　クリスティナ・フィリップのタッセル（1470年）

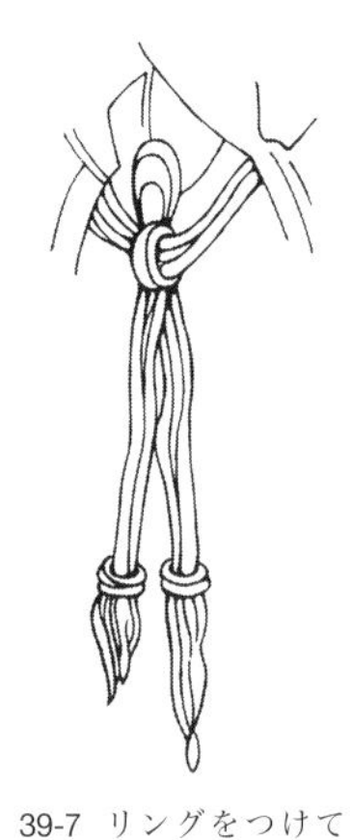
39-7　リングをつけてタッセルの効果を出したガードル（1558年）

スで「ウプ houppe」と呼ばれていた。

中世の記念墓像の多くに、マントを締めるひもの一部として凝った作りのタッセルが見られる。レディー・ティプトフト（1446）とクリスティナ・フィリップ（1470）の墓碑に、その好例を見ることができる。[39-5, 6] 重量感のあるひもの先には必ず絹のタッセルがついている。身体にフィットした服が流行しはじめたこの時期には、ウエストに締めるガードルが服装全体を引き締める効果的なポイントだった。刺繍をした帯状の布、絹の撚り糸、金糸銀糸のひもなどでガードルを作り、それを結ぶひもの先にさまざまなデザインのタッセルをつけた。[39-7] タッセルは非常に手の込んだ装飾品で、宝石をセットした金糸のタッセルもあった。フリンジも知られてはいたが、まだあまり一般ではなく、衣服に広く使われるようになるのは15世紀になってからである。もっとも教会の祭服の装飾にはよく使われており、ストラ〔聖職者が肩から膝下まで垂らす長い帯状の布〕やベールの縁、ダルマティカ〔祭服の一種〕の脇の開きと裾にフリンジがつけられていた。15世紀の後半には、流行に乗ってフリンジ作りがひとつの手工芸になり、これ以降はさまざまなフリンジとその価格の記録が残されるようになった。

◇16-17世紀

今日私たちが16世紀の衣装を詳細に知ることができるのは、ヘンリー8世の宮廷画家ハンス・ホルバインに負うところが大きい。[39-10] 彼の描く肖像画には、クローク、帽子、ラフ、ガードル、バッグ、チェーンはもちろんのこと、小さな装飾品の細部までもが微細に描写されているからである。図39-8は、ホルバインのデザインによるタッセルのスケッチである。当時の衣装には、タッセルとフリンジの両方が飾られていた。[39-9] ホールの記述によると、ヘンリー8世時代の仮面舞踏会に集った女性たちは、「フリンジのついた金」に似た衣装を着ていたらしい。エリザベス1世の時代には、フリンジと刺繍のついたペチコートが流行した。ペチコートのフリンジは1列だけでなく、4列や6列に重ねて飾られることもあった。このフリンジの列を「フィート」といい、6列のフリンジを飾ったものは「6フィートのペチコート」と呼ばれた。この時期には、刺繍とフリンジを飾った手袋も人気があった。16世

39-8 16世紀のタッセル（ホルバインのデザイン画より）

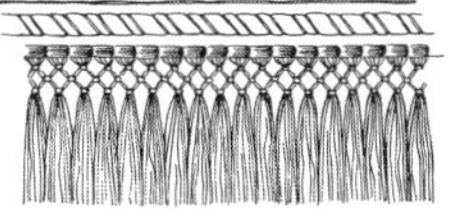

39-9 ルネサンス期の銀糸のタッセル

39-10 胸元にフリンジを飾った女性（ホルバイン画、1516年）

39-11 ガードルからタッセルを下げた女性（ミューリッヒ画、1556年）

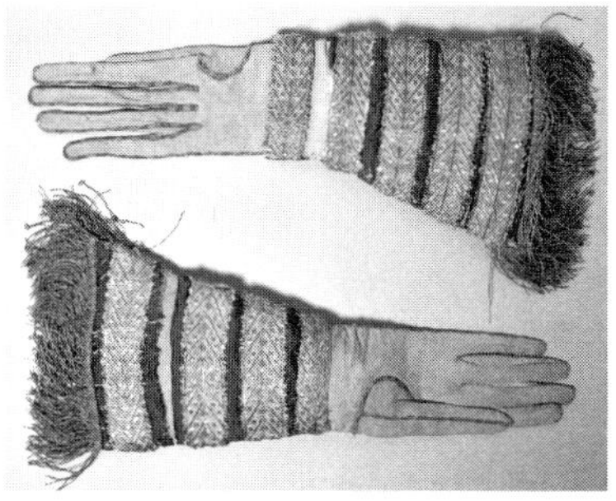
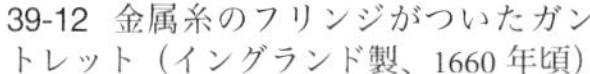

39-12 金属糸のフリンジがついたガントレット（イングランド製、1660年頃）

39-13 フリンジとタッセルがついたスペイン製のクローク（16世紀後半）

紀から17世紀初頭にかけて、とくに騎士道の時代に着用された美しいガントレットは、大量の金のフリンジで縁取られていた。[39-12] 過剰な装飾品やアクセサリーに対して、1638年頃に禁止令が出された。いっときフリンジがほとんど見られなくなったが、その後は前にも増して大量に使われるようになった。ジョナサン・スウィフトの『桶物語』の主人公三兄弟は、何も手を加えてはならないという父の遺言を都合よく解釈して、当時大流行したブレード、房飾り、リボン、フリンジなどを次々と上着に飾りつけていった。

◇18世紀

18世紀初期には、衣服の装飾としてタッセルとフリンジの需要が増加した。男性のウエストコートには金のフリンジがつき、女性はフライ・フリンジに夢中になった。[39-18, 19] フライ・フリンジとは、ガウンと調和する色の絹糸を房に束ねたものを、2つ、4つと交互に飾ったフリンジである。たいていは女性が自ら作り、かなり長期間にわたって人気のある装飾品だった。また、この時期に流行した白いドレスの飾りとして、色物のフリンジもよく使われた。装飾性の高いフリンジの一種であるタッセルは、フリンジとともに飾られること

39-14 さまざまなデザインのイタリア製フリンジ（17世紀）

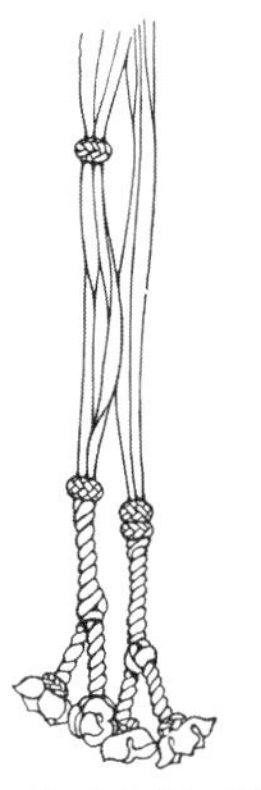

39-15 ルネサンス期の革製タッセル（女性のバッグより）

39-16 薄い襟につけたタッセル（ファン・デル・ヘルスト画、1655年）

39-17 絹と銀糸でできたイングランド製タッセル（長さ7㎝、17世紀）

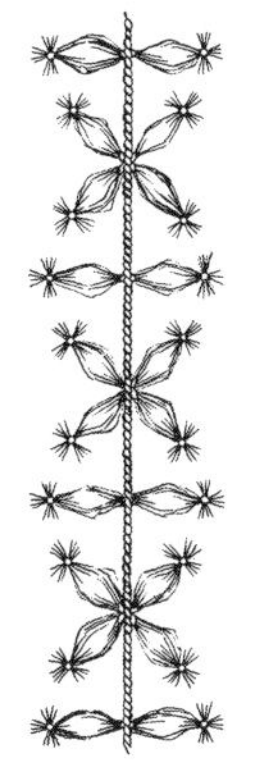

39-18 フライ・フリンジ

39-19 フライ・フリンジを飾ったイギリス製のドレス（1765-75 年）

39-20 タッセルをつけた上着を着たダンジヴィレ伯爵（1763 年）

が多かった。

◆ 19 世紀

「19 世紀はフリンジとタッセルの時代」といわれるほど、両者は 1780 年から 19 世紀にかけて多用された。フランス、イギリス、アメリカの女性たちはみなこの魅力的なアクセサリーを着けていた。シェニール糸、絹糸、リボンで作られたフリンジが当時としては新しかった。19 世紀前半にはまだ断続的に見られる程度だったが、1860 年頃からタッセルをつけたケープ、フード、深靴の甲の真ん中に飾った 1 房のタッセル[39-21]が、ファッションブックで採り上げられるようになった。1873 年以降はタッセルとフリンジの全盛期だった。ガウンのスカートにフリンジが花綵のように飾られ、束ね上げたオーバードレスからは重量感のあるシルクのフリンジが垂らされ、流行のドルマンにもつけられた。[39-22, C234] スカーフやサッシュなど、縁飾りの必要なものにはすべ

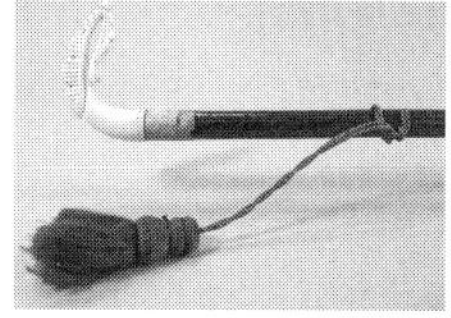
39-23 シルクのフリンジとタッセルがついた日傘（イギリス製、1840 年代）

39-21 タッセルを飾ったブーツ（1865-70 年）

39-22 フリンジを使った女性の服装（アメリカのファッション誌『ハーパーズ・バザー』1874 年より）

てフリンジかタッセルがつけられた。流行を追う美女たちが持ち歩いたフリンジつき日傘も、持ち手には必ずタッセルとひもが飾られた。[39-23, C143] しかし、こうした空前の大ブームのあとは、流行の振り子が大きく反対側に振れ戻るものである。19世紀後期には、フリンジとタッセルはすっかり廃れてしまった。

タッセルとフリンジは、過去長年にわたってさまざまな素材で作られ、長さや全体のデザインも絶えず変化してきた。流行の車輪は回り、それらの人気も盛衰した。流行の最盛期には、これ以上粋なアクセサリーは他にはないと思われたものだった。ところが流行が廃れると、一転してそれまでとは正反対のことが起こるのも事実である。終焉の鐘の音が鳴った後もまだタッセルとフリンジに固執している女性は、全くの時代遅れとされてしまうのである。

◆20世紀

20世紀初期にフリンジがリバイバルし、さまざまな服に使われた。ブラウスやサッシュに飾られ、アフタヌーンドレスやイブニングガウンには、スカートの大部分を覆うほど長いフリンジがつけられた。かつて初期の頃には男性のマント、ウエストコート、手袋を優雅に飾ったが、20世紀にはそれとは対照的に、フリンジは女性だけの装飾品となった。レース、刺繍、リボン、ジュエリーと同じ運命をたどり、男性ファッションからフリンジは排除されてしまった。男性の服装は、非常に実際的な現代の生活を反映したものとなった。

39-24 大量のフリンジがついたドレス（イギリスまたはフランス製、1855-57年）

39-25 裾に長いフリンジがついたコートとドレス（パリのデザイン画、1925年）

人が衣服をまとうようになった太古には、毛皮は防寒着に過ぎなかった。のちに部族間の物々交換品となり、文明が発達するにつれて他の交易品が取って代わり、毛皮は服装の装飾品として多く使われるようになった。

古代エジプト、ギリシャ、ローマ、ローマ帝国支配下のガリアの人々にとって毛皮は防寒着であり、まだ装飾品とは考えられていなかった。カスピ海沿岸の先住民たちはアザラシ（シールスキン）の毛皮を身に着けていたとヘロドトスは書いている。ギリシャ人はこれらの毛皮を南ヨーロッパやロシアから入手していた。ローマ人は、アルプス以北の非ローマ人（バーバリアン）から毛皮を買っていた。初期キリスト教の教父たちは、毛皮の過度な使用は「野蛮な贅沢」だとして非難した。中世以降長期にわたって、バルト海沿岸の港を取引の中心地として、上質の毛皮がヨーロッパに大量に輸入された。毛皮はたちまち服装の重要なアイテムとなり、今日にいたるまでファッション界に多大な影響力を持ち続けている。

◇中世

5 世紀にはすでに、フランク族の男女が手にはめる防寒具の裏に毛皮を張っていた。これは現在のミトンに似たもので、その後も長いあいだ使われ続けた。庶民にとって毛皮は防寒具に過ぎなかったが、モードの範を示す上層階級の人々にとっては富と権力の象徴だった。8 世紀にカール大帝が身に着けた半円形の豪華なクロークには、毛皮の総裏がついていた。このクロークは、その後何世紀ものあいだ流行した。カワウソの毛皮で作られた丈の短い袖なしジャケットも、カール大帝がこれを防寒着としたことで、大勢の人々がこれに倣った。初期のノルマン人の大礼服は非常に手間をかけた作りになっていて、とくに重要なマントやクロークには、上質の毛皮の裏がついていた。後世の王族や高位の者のシンボルともなった毛皮製の豪奢なマントは、この礼服を起源としている。

13 世紀には、毛皮はかなり一般に普及していた。サクソン族の時代から 19 世紀までのイングランドの習慣を詳細に記述したジョセフ・ストラットは、「イングランドではノルマン征服（1066）以前から黒テン（セーブル）、ビーバー、フォックス、ネコ、ラムの毛皮が使われていた。その後、アーミン、リス、テン、ラビット、山羊などの毛皮も使われるようになった」と書いている。毛皮は貧しい人々には単に防寒着だったが、富裕層にとって高価な毛皮は、珍重すべき贅沢品となっていった。

たっぷりと身体を包み込むマントは、古くから高貴の男女だけが身に着けた優越のシン

40-1　毛皮の裏つきマントを着けたマルグリット・ドゥ・ボージェ（13 世紀前半）

ボルだった。12世紀と13世紀のマントの多くに、アーミンやセーブルの毛皮の総裏がつけられた。[40-1] セーブルの毛皮が初めて記録に現れたのは、ヘンリー1世治下（1100-35）のイングランドだった。ヘンリー1世は、「白い斑点のある黒セーブルの毛皮を裏につけた、極上の布地製の非常に高価なマント」を贈られたという記録がある。13世紀には、当時大流行した女性のサーコートの装飾として、アーミンの毛皮が最高級のひとつとされた。[40-2] 実際アーミンの毛皮は非常に珍重され、王と王妃、その他の高官以外は身に着けることを許されなかった。

14世紀までに毛皮の使用量は大幅に増えた。大英博物館にある古い写本には、「衣服は健康を考えて選ぶべきである」という勧告が書かれ、毛皮と組み合わせたさまざまな服地が季節ごとに提案されている。たとえば春には「木綿にラムの毛皮を張った暑くも寒くもない服」、夏にはリネンや絹、秋には「春物と同じか、いくぶん厚手で暖かな服」、冬には「毛皮の裏をつけた厚地の毛織物」がよいと薦めている。また、いちばん暖かいのはフォックスの毛皮だが、手に入らない場合はラビットかネコが代用になるとも書かれていている。この時代に使われた毛皮は、セーブル、ミニバー〔尾や斑点のない白毛のアーミン〕、グリース〔テンの毛皮〕、ベア〔アーミンの白い毛とリスの青味がかった灰色の毛をはぎ合わせた毛皮〕などだった。リスの背の黒い毛と胸の白い毛を交互にはぎ合わせた毛皮もベアと呼ばれた。12世紀にこれらの毛皮はハンガリーから西ヨーロッパに輸入されて、広い地域で使われた。エドワード3世時代（1327-77）のイングランドでは、王族および年に1000ポンド以上の所得のある貴族以外はアーミンの毛皮を使用してはならないと法律で定められた。しかしのちに緩和されて貴族は全員使用してよいことになった。セーブルの毛皮も、貴族と特定の役人以外は使用を許されなかった。エドワード4世の時代（1461-83）になっても、領主より下級の者はセーブルの毛皮を身に着けることができなかった。中世には、アーミンやセーブルのほかに、ミニバーも非常に珍重された。

40-2　アーミンの毛皮のサーコートを着たブルゴーニュのベアトリス王女（13世紀後半）

40-3　フランソワ1世妃クロード（16世紀前半）

40-4　ヘンリー8世妃キャサリン・パー（1545年頃）

◇16 世紀

ルネサンス初期の著名な肖像画やドローイングには、毛皮が多数描かれている。このことから、衣服の装飾として毛皮の人気がますます高まったことがわかる。当時の女性の最新モードは、巨大な毛皮のカフスをつけた袖だった。袖付けのあたりは細く、袖口にいくほど広がった釣鐘型の袖の裏に毛皮を張り、しばしば肘のあたりで折り返して、あたかも巨大なカフスに見えるような効果を出していた。[40-3] この大きな毛皮のハンギング・スリーブは、ヘンリー 8 世の王女メアリー 1 世、アン・ブーリン、キャサリン・パー、フランソワ 1 世妃クロードなど、当時のファッションリーダーたちの肖像画に描かれている。[40-4] この時期のガウンの生地はタフタで、裏にはリンクス、黒のジェネット〔ジャコウネコ科の動物〕、テン、セーブルなどの高価な毛皮が使われた。上流階級の女性は、厳寒期には毛皮のマントに身を包み、それほど寒くない季節にはセーブルやフォックスやテンの襟巻きを首に巻いた。毛皮の襟巻きの頭部と鉤爪は金の台にはめ込まれ、さらに宝石をも飾った非常に高価なアクセサリーだった。[40-5, 6] 当時の職人芸術家は、金や高価な宝石を際限なく使ってこれらをデザインした。記録によれば、ある公爵夫人のセーブルの頭部には、ルビー、ダイヤモンド、エメラルド、真珠が金の台にセットされていた。また別の夫人のセーブルの頭部には、5 個のルビーと 5 個のエメラルドが飾られ、目にはガーネットがはめ込まれ、口には真珠をくわえていた。さらに金で作られた鉤爪にも、ルビーとエメラルドがセットされていた。アントニオ・モロの作とされる《女性の肖像》の毛皮の襟巻きも、頭部に宝石をセットした金の装飾がついている。[40-7] ビロードのガウンの袖には、デザインを強調するように細い帯状の毛皮が装飾され、スカートの前のあきも毛皮で縁取りされている。高価な素材と細心の注意を要して制作された豊かな装飾は、裕福で洗練された女性の証しだった。

毛皮に夢中になったのは女性ばかりではなかった。男性の重厚なコートにも、幅広い毛皮の襟が首まわりから前裾までたっぷりと続き、非常に堂々とした印象を与えた。当時の有名な人物を描いた多数の肖像画が、そうし

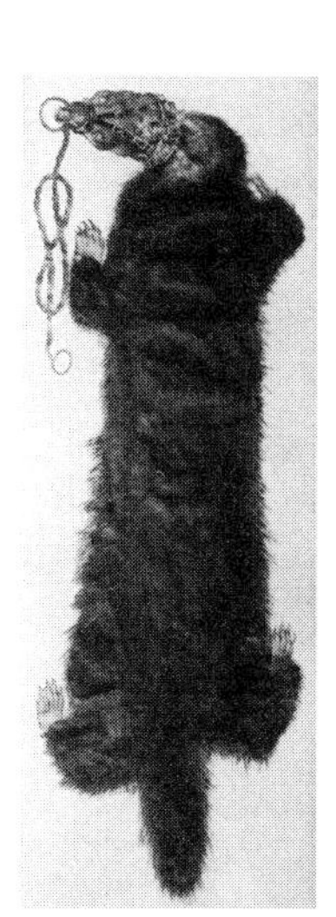

40-5　宝石を飾った毛皮の襟巻き（16 世紀後半）

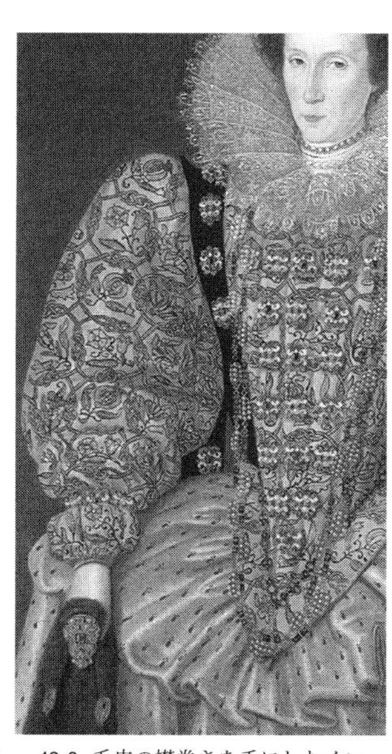

40-6　毛皮の襟巻きを手にしたイングランド宮廷の女性（1595 年頃）

40-7　アントニオ・モロに帰属《女性の肖像》16 世紀中頃

た毛皮の人気を示している。[40-8, 9] ヘンリー8世の宮廷画家ハンス・ホルバインとニュルンベルク出身の画家アルブレヒト・デューラーも、ゆったりとした毛皮つきのコートをまとった人物の肖像画を多く残している。[C7, C59] 1515年には、毛皮を飾った男性の帽子が流行し、手袋にも毛皮が使われるようになった。手袋の裏にはさまざまな種類と色の毛皮が使われ、カフスを折り返して毛皮が見えるようにしてはめた。ネコとフォックスの毛皮が最も多かったが、当時のモダンな手袋にはポーランド産のウルフが使われた。前世紀同様、16世紀にも毛皮は富裕層だけの贅沢品だった。イングランドでは、1558年にもまだセーブルの毛皮は伯爵以上の階級の者だけ、ブラックジェネットの毛皮は王族だけにしか使用が許されていなかった。

◇17世紀

毛皮の人気は衰えることなく、特筆すべき事柄が2つあった。アメリカの東部植民地における毛皮取引の発展と、小粋で新しい毛皮のマフの誕生である。アメリカでは、とくにオランダ領とフランス領の入植者たちが、新大陸に毛皮取引の大きな可能性を見出していた。プリマスからイングランドに戻る最初の船には、500リットル余りも入る大樽2杯にビーバーの毛皮が詰め込まれていたという。17世紀半ば以降は、4万枚から5万枚の毛皮がアムステルダムに運ばれた。ビーバーとカワウソの需要が多かったが、ビーバーのほうが価値が高いと考えられた。植民地時代のアメリカ原産のビーバーの価値は、当時の交換レートを見てみるとおよその見当がつく。

銃：大型銃は冬毛ビーバーの皮12枚、中型銃は10枚、小型銃は8枚
火薬：1/2ポンド（約227g）につきビーバー1枚
弾丸：4ポンド（約1.8kg）につきビーバー1枚
手斧：1本につきビーバー1枚
ナイフ：大型ナイフ8本とジャックナイフ8本につきビーバー1枚
ビーズ：1/2ポンドにつきビーバー1枚
レースつきコート：1着につきビーバー6枚
ふつうのコート：1着につきビーバー5枚
レースつき女性用コート：2ヤードにつきビーバー6枚

40-8 スラッシュから毛皮をのぞかせた伯爵夫人（1550年代）

40-9 毛皮を着たイタリアの男性（1540年頃）

ふつうの女性用コート：ビーバー 5 枚
たばこ：1 ポンド（約 454g）につきビーバー 6 枚
火薬入れ：大型容器 1 個と小型容器 2 個につきビーバー 1 枚
鍋：1 個につきビーバー 1 枚
鏡と櫛：1 セットにつき皮 2 枚

毛皮の取引は大きな利益を生むビジネスとなって競争が激化した。その結果、主導権はフランスとオランダの入植者の手から、イギリス貴族が設立した「ハドソン湾毛皮商会（ハドソン・ベイ・ファー・カンパニー）」に移った。取引量が増大したビーバーの毛皮は、イギリスだけでなくロシアにも大量に運ばれた。その艶やかな光沢が高く評価され、マントの裏地や、細くカットして衣服の縁取りなどに使われた。高価だがつねに人気のあったビーバー・ハットにも、この小動物の毛がフェルトにして使われた。ビーバー・ハットは、チョーサーの時代にもすでにあり、『カンタベリー物語』に登場する商人がビーバー・ハットをかぶっていたと書かれている。しかし、広く各地でかぶられるようになったのは、イングランドのチャールズ 1 世が、「帽子にはビーバー以外の毛皮を使ってはならない」と定めた 17 世紀初期以降である。

◇ 18 世紀

もうひとつはマフである。以前からあったマフは、絹やビロード製のかなり小型の「クートナンス」だった。その後、帯状に毛皮がつけられるようになり、やがて毛皮だけで作ったマフが登場した。1668 年頃から男性もマフを持つようになり、17 世紀末には男女ともにマフを携帯した。当時の貴重な印刷物には、美女やしゃれ男だけでなく、品位ある実務家男性までが奇抜なマフを携帯した図が描かれている〔「第 34 章 マフ」参照〕。[40-11, 12] 堂々と風格さえ漂わせた彼らの様子は、実際的な現代人にはちょっと信じられないような光景である。このような大きなマフはたいていセーブルなどの高価な毛皮で作られ、蝶結びのリボンや造花やレースが飾られた。海を越えたアメリカの植民地でもマフは大流行した。男性は 1780 年ころまでマフを持ち続けたが、流行はしだいに下火になっていった。女性のマフは 1810 年頃に最大の大きさになり、1830 年頃まで流行した。巨大なマフがしばらく続いたあとはしだいに小型になった。それでもマフは、つねにファッショナブルなドレスには欠かせないアクセサリーとみなされていた。

40-10　毛皮をあしらったドレス姿のフランス王女ルイーズ＝マリー・ド・フランス（18 世紀中頃）

40-11　紳士の冬の装い（1688 年）

40-12　ファッション誌に掲載された大きなマフ（1787 年）

◆19世紀

19世紀初期に、スカーフのように首に巻く毛皮の「ボア」が登場した。[40-13] のちにボアの幅が広がってストールになった。ストールとマフを揃いの毛皮で作ったセットは、ファッション好きな女性の誰もが手に入れると心に決め、そして実行に移した。セーブル、シール、ミンク、テン、チンチラのセットに人気があった。スカートにフープが入るようになってからは、シールスキンのコートのほとんどが膝丈になったが、裾までの長いものもあった。このコートは高価で見栄えがよく、とくに衣擦れのする黒のシルク・グログランのドレスと合わせて着た貴婦人は、まさに近づき難い威厳を放っていた。当時のシールスキンのコートは毛の色合いが非常に美しかった。毛先のダークブラウンが、生え際にいくにしたがって黄褐色から輝くような金色に変わる。しかし、この効果を引き出す技法を見出したロンドンの一職人の死とともに、この技術は失われてしまった。シールスキンのコートが盛んに着用された時期には、さまざまな帯状装飾や襟やカフスが考案された。約20-25㎝幅のビーバーの毛皮で裾を縁取り、それと同じ襟とカフスをつけるという方法が多かった。シールのコートが買えない女性は、絹のプラッシュ〔けばの長いビロードの一種〕のコートにビーバーの毛皮を飾った。シールスキン全盛の時代には、帽子も作られた。形はイギリスのウォーキング・ハットに似て、クラウンの丸いダービー帽形だった。正面に金茶色の長い羽根をつけ、それをクラウンの上を越して後方に垂らした。この帽子とシールスキンのコートとの組み合わせは、1875年から77年にかけて最先端のモードだった。

これと並行して、長くゆったりしたマントまたはケープも再び流行した。当初は生地が完全な半円形に裁断されたので、「サーキュラー」と呼ばれた。素材には、このコート専用に特別の広幅に織った絹、サテンなどの上質の生地が使われ、裏の全面にラビットまたは白と灰色のリスをはぎ合わせた毛皮が張られた。後者の毛皮はかつての「ベア」によく似ていた。当世風の女性たちは、このマントを着けて身体を毛皮で包み込み、自らの遠い祖先と同じようにその贅沢感を楽しんでいた。

40-13　ボアを着けたイブニングドレス（1830年代のファッションプレート）

40-14　毛皮で縁取られたコートとマフを着けたロンドンの女性（1860年代撮影）

40-15

サーキュラーに裏がついたことから、コートにも毛皮の総裏がつけられるようになった。この時期のファッションプレートに、リスの毛皮の総裏とテンの毛皮の縁取りをつけた、絹などの七分丈コートが描かれている。毛皮のコートやラップが30年ほど流行したのち、シール、ミンク、テンなどの短いケープが流行し、毛皮の「セット」がまた人気のアイテムになった。その内のストールは、今回は多種の襟やネックピース〔多くは毛皮のボアまたはスカーフのこと〕に次第に変化していった。肩の部分が強調されるようになった90年代には、ネックピースは首を高く覆い、波打つような縦ひだを寄せた、幅の広い襟の形になった。40-16 毛皮製、毛皮で縁取りした布製、アストラカン〔ロシア南西部アストラカン産の子羊の黒い毛皮〕製など、女性たちは各々の好みに合ったセットを選んだ。もうひとつの毛皮製品「長いボア」も、19世紀末に人気があった。長さは1.4 mから1.8 mくらいあり、揃いの毛皮のマフとセットで身に着けた。素材はリンクス、フォックス、セーブルその他の高価な毛皮だった。ボアは、首に掛けてから長い方の端を無造作に左肩越しに巻いて垂らした。毛皮の種類は、銘々が自分に似合う色合いを入念に判断して選んだ。金髪で青い目の女性は青味がかった灰色のフォックス、髪色が明るめの女性は光沢あるリンクスやブラック・フォックスを選んだ。街着だけでなく、イブニングガウンにもゴージャスな毛皮の縁飾りや帯状の飾りがつけられた。黄色いビロードのガウンにはセーブル、ピンクのビロードのガウンにはアストラカンを合わせた。レースと毛皮の組み合わせも最新モードだった。こうした流行で毛皮の需要は激増し、毛皮人気が高かったアメリカでもヨーロッパでも市場はますます拡大した。

◆20世紀

暖房が普及して屋内や車内が快適になるにつれ、それに適合する服装が求められるようになり、衣服に使用される毛皮にもある程度変化が生じた。室内は夏に暑く、冬には凍えるようなすきま風がなくなった。室内で厚着する必要がなくなり、2世代前までのペチコートやフランネルの服は不要になった。しかし

40-15 サーキューラーとシルクのコート（アメリカのファッション誌『ハーパーズ・バザー』19世紀後半より）

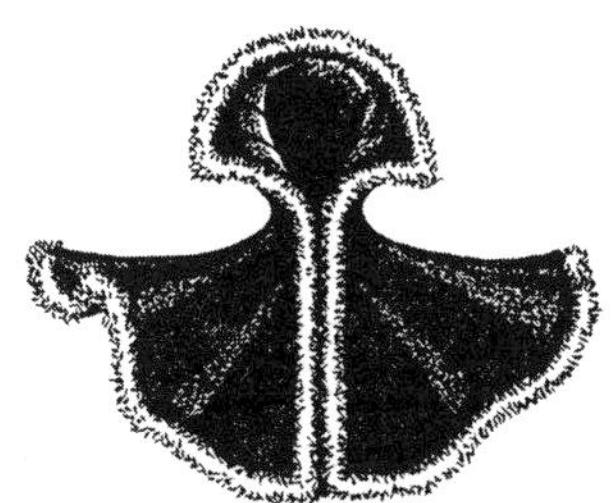

40-16 ネックピース（1897年）

40-17 毛皮のマフ（1897年）

一歩外に出れば、あいかわらず長く寒い冬が待ち受けていた。こうした室内外のギャップを埋め、室内でも戸外でも快適に装うために、毛皮のコートが再びファッションとして注目されるようになった。

近年では毛皮のコートはポピュラーな贅沢品として広く行きわたり、富める者もそうでない者も自分で選び、優雅に着こなす時代になった。大量の需要を満たすために、人間の知恵や才気が最大限求められた。毛皮を取るために罠を仕掛ける罠猟師や卸売業者は、毛質の劣るリスやビーバー、毛色の良くないフォックスやテンの仲間などにも手を出すようになった。今や質の劣るくすんだ色の毛皮も、仕上げ職人やデザイナーたちの巧みな処理によってかなり改善できるようになってきたからだ。この時代に求められるのは、そこそこきれいだが高価ではない毛皮を、希少価値のある高価な毛皮に見えるよう、染色して仕上げることである。

とくに人気の高い「ハドソン・シール」は、アラスカン・シールに似せて剪毛・染色を施したジャコウネズミの毛皮で、これを使った女性用のコートが大量に作られている。美化された名称でまかり通るその他2つのポピュラーな毛皮は、ラビットとラムである。さまざまな方法で仕上げ処理されたラビットの毛皮は、オーストリアン・シール、バルティック・シール、バルティック・タイガー、ビーバレット、エレクトリック・シール、シーライン、エレクトリック・モール、スクワレット、コニーなどの商品名で取引される。加工したラムの毛皮には、アストラカン、ブロードテール、カラクールの商品名がつけられている。

流行が目立つは、カフスと襟に対照的な色の毛皮をつけたコートである。例を挙げると、シールのコートにケナガイタチ（フィッチ）またはコリンスキー〔イタチの一種〕のカフスと襟、タイガーのコートにシールのカフスと襟、シールのコートにタイガーのカフスと襟などの組み合わせがある。スポーツウェアでは、アライグマ（ラクーン）のロングコートが最も人気がある。手荒く扱われるコートには、タイガー、豹（レパード）、オポッサム、ロシアン・ポニー、ビーバーなどが使われた。男性服は、従来どおり襟だけまたは襟とカフスにだけ毛皮を使ったものが多いが、毛皮の

40-18 長いボアを垂らしたコートのデザイン（パリ、1928年）

40-19 ロンドンの毛皮ファッションメーカーの広告（1927年）

40-20 毛皮と羽根で飾られたシルクの帽子（ロンドン製、1910年頃）

総裏をつけることもある。20 世紀初期の毛皮の襟巻き、襟、マフには、装飾的な頭と尾がついたシルバーフォックス、レッドフォックス、リンクスが使われ、1 匹全体を平らに広げた大きな毛皮に絹やサテンやソフトクレープなどの裏をつけて肩にかけた。1 匹全体を巻いて大型のマフにした場合も、同様に裏を張って詰め物を入れて膨らませた。これは当時垂涎の贅沢品だった。中間の季節には、マフは持たずに長いボアだけを首に巻くことが多かった。自動車の室内が暖房で暖かくなったせいで、マフは 1924 年以降急速に廃れ、ファッションシーンから消えていった。

世界大戦前はロンドン、ライプチッヒ、パリが世界の取引の中心地だったが、その後はニューヨークが世界最大の市場となった。高品質の毛皮の多くは、極北地方、アラスカ、シベリア、または北極海沿岸から輸入されるシール、セーブル、カワウソ、ミンク、リンクス、テン、アーミン、ベア、フォックスなどである。ペルシャ、ロシア、チベット高原、モンゴルからは「ペルシャン・ラム」が入ってくる。アンデス高地からは、最も高価で美しい毛皮として珍重される齧歯類のチンチラが入る。南アメリカからは、アメリカン・ビーバーに似た水生齧歯類コイプーでが輸入され、その毛皮は「ヌートリア」と呼ばれる。北アメリカの各地からは、フォックス、ラクーン、スカンク、ジャコウネズミ、オポッサム、アナグマ、野うさぎ、リスなどの衣料用の毛皮を常時世界に供給し続けている。北アメリカは最大の産地と市場であると同時に、世界をリードする毛皮の供給地でもある。

毛皮は、何世紀にもわたって服飾世界の主役を担ってきた。抜群の暖かさと高い装飾性によってたちまち王侯貴族の贅沢品となり、支配者や高位者のシンボルとなった。事実、男性の社会的優位性は、彼のまとう毛皮の数と種類によって判断されてきた。その後も毛皮はつねにファッション界の花形として、需要が衰えることはなかった。一筋縄ではいかない「ファッション」という名の老婦人も、羨望の的である毛皮のリーダーシップが 20 世紀においてさえ揺るぎないものであることを認め、うなずいている。

40-21　イタリアの俳優ウゴ・ファルリ（1932 年頃撮影）

40-22　アメリカの政治家チャールズ・ヒューズ夫人（20 世紀前半撮影）

リボンまたはリバンドは、もとは布の縁に沿った模様（ボーダー）として、織ったり縫いつけたりした細い布片を指した。「タッセルとフリンジ」の章でも引用した旧約聖書「民数記」に書かれている「青いひも」は、フリンジのついた布の縁を強化し、ほつれを防ぐための織物の耳、つまり織り端のことである。青い織り端またはリバンドの遺品は各地の博物館に多数所蔵されている。そのなかに、青のほかにもう1色の細いボーダーが交互に入っているものもある。模様の幅は約1.3 cmから約3.2 cmまでとさまざまである。布の補強とは別に、テープのような細い布ひもを髪飾りにもしていた。エジプトの墓所には、細いひも状のフィレを頭に巻き、睡蓮の花を額に下げた女性が描かれている。[41-1] ウェルギリウスの叙事詩『アイネイス』に「フィレを結んだ髪」ということばがある。ローマ帝国支配下のガリアの女性たちは、長い髪にリボンのようなひもを編み込み、メロヴィング朝の女性たちは、編んだ長い髪にリボンや花を絡ませていた。

◆中世

中世のロマンス、クレティアン・ド・トロワの『エレックとエニード』に、リボンを飾ったエレガントなドレスが魅力的に描写されている。フィレやリボンのような装飾品は古代から存在していたことがわかるが、現代のリボンとはかなり異なっていた。両側のへりが耳になった現在のようなリボンが現れるのは、ルネサンス期（1500年代）になってからである。

◆16-17世紀

両側のへりが耳になったリボンが、何らかの形で記録に現れるのは16世紀以降である。この頃から、織物の端とは別のさまざまな幅の細長い布片がヨーロッパで見られるようになる。最初に作られたのはおそらく金糸や銀糸を織り込んだリボンだった。当然のことながら高価な贅沢品とみなされ、16世紀の英国議会では、リボンは貴族だけが着けるにふさわしいものとして国内の商人に使用を禁じた。

しかし17世紀初期にはファッション界に広がり始め、世紀半ばには重要な装飾品とされるまでに人気が高まって今日に至っている。17世紀の男女の服には、信じ難いほど大量のリボンが飾られた。[41-5, C230, C231] 衣服のあらゆる部分が蝶結び、ループ、テープ状のリボンで装飾され、ステッキの柄の辺りまでも大量の

41-1 頭にひも状のフィレを巻いた女性（古代エジプトの壁画）

41-2 刺繍の入った絹のリボン（イングランド製、1600年頃、上のリボン：幅5.5 cm）

41-3 扇に結んだリボン（レンブラント画、1639年頃）

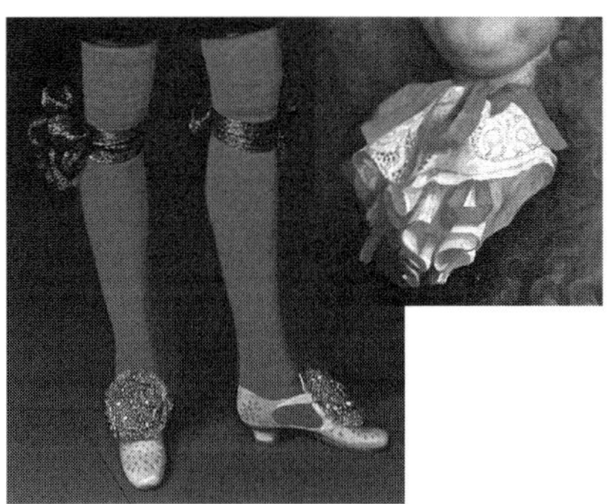
上左:41-7 膝に巻いたリボンとシュー・ローズ(1623年)
上右:41-8 赤いリボンとレースのクラバット(1675年頃)

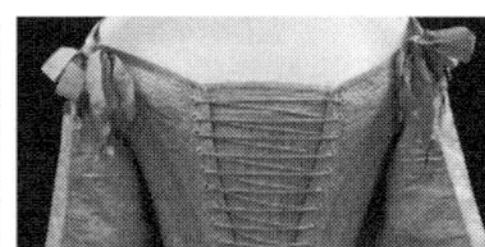
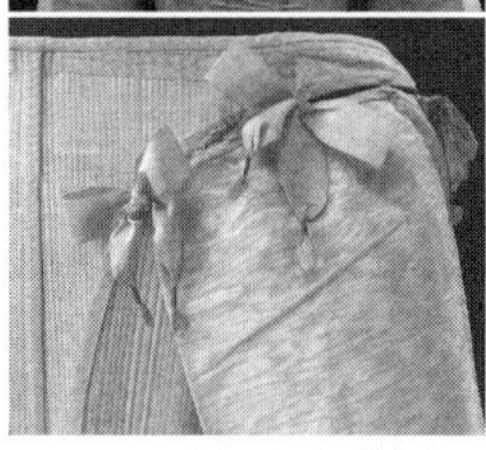
41-9 肩にリボン飾りをつけたコルセット(1660-80年)

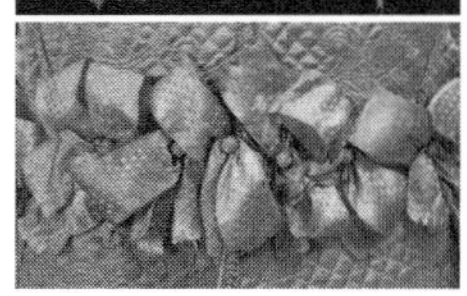
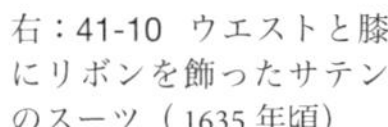
右:41-10 ウエストと膝にリボンを飾ったサテンのスーツ(1635年頃)

リボンの束で飾られた。ダンディーな紳士は、白いプードル犬に赤いリボンのリードをつけて散歩したといわれている。華やかな騎士のいでたちも例外ではなく、「ラングラーブ」と呼ばれる短いズボンの膝の側面にループ状のリボンがたっぷりと飾られた。41-6 またダブレットにはリボンのループと蝶結びの装飾、膨らませた袖には蝶結びのリボンが結ばれた。リボンで作った肩飾り(ショルダーノット)も奇抜でファッショナブルな装飾品だった。服装への風刺で知られるジョン・イーブリンは、ウェストミンスター・ホールで見たしゃれ男の印象をこう記録している。「先日、絹でできたすばらしい生き物を見かけた……それは大量のリボンをくっつけた男で、リボンの量といったら6軒の店から盗んできたのかと思われるほど、田舎で20軒の商売ができそうなほどだった。」

やがて、膝にガーターの代わりにリボンのサッシュを巻くようになり、41-7 ダブレットの袖とウエストに派手な色のリボンが縫いつけられた。リボンをロゼット型にしたシュー・ローズを靴の甲に飾るのも流行した。シュー・ローズは、足をすっかり隠してしまうほど巨大な

41-4 リボンを散りばめた上着(1570年頃)

41-5 1600年代後半の優雅な紳士

41-6 ダブレットのウエストと袖口、ラングラーブの裾の両脇に飾られたループ状のリボン(イングランド製、1660年頃)

ものもあったという。[C10-C13] しかし、男性服のこうした過剰なリボン熱も、その後は少しずつ収まってきた。

女性のドレスは、身体に密着したボディスの前中心を下方に向かって細長く尖らせるのが最新流行だった。[41-11] このボディスに、蝶結びのリボンを上から下に大きい順に並べたり、両側にティアーズ〔段になったひだ飾り〕をつけたりした。このような装飾を「ラダー」と呼んだ。広い袖口にはレースやリボンの縁飾りをつけ、髪のサイドにも大量のリボンが飾られた。1680年頃には、「フォンタンジュ」あるいは「コモード」と呼ばれた頭飾りが女性を夢中にさせ、プリーツを寄せたレースとリボンのループを頭上高く張り出させた。[38-18] このように、リボンはファッショナブルな装飾品としてあらゆる場所に飾られた。しかしながらファッションの宿命には逆らえず、リボンもまた流行から外れてゆき、1770年頃にはあまり目立たない装飾品に退いた。

◆18世紀

18世紀初期には、男性のかつらラミリー・ウィッグやバッグ・ウィッグに黒いリボンを結ぶようになった〔「第4章 ウィッグ」参照〕。またこの頃には、1対の時計を短いリボンにつけて垂らすのが流行した。女性たちは、スズメバチの胴体のようにウエストがくびれたV字形のボディスに、下に向かって徐々に小さくなるように蝶結びのリボンを並べた。[41-12, C227] 18世紀末のマリー・アントワネットの時代には、高く結い上げた流行の髪に、リボンとレースと花などを使った手の込んだ飾りがつけられた。前世紀に比べてリボンの使用量はいくぶん減ったが、蝶結びや飾り結びにしたリボンは、ボディス、袖、スカートの装飾に引き続き使われた。[41-13, C228] やがて女性の関心はレースに移り、レースのフラウンスやラッフルの装飾が最高のおしゃれになって、リボンの地位は後退した。アメリカの東部植民地ではリボンはほとんど使われなかったが、これはイギリス宮廷の贅沢に対する一般の反感の表れだった。

◆19世紀

19世紀には、女性用の帽子の装飾として再

41-11　パリの貴婦人の夏の部屋着（1676-83年）

41-12　ボディスをリボンで埋めつくしたポンパドゥール夫人（1759年）

41-13　ボディスとラッフルにリボンを散りばめたドレス（1757年）

左：41-14 リボン飾りをつけたクラウンの高い帽子（1789 年）
右：41-15 絹のリボンがついたポーク・ボンネット（1820 年頃）

41-16 1870 年代の帽子

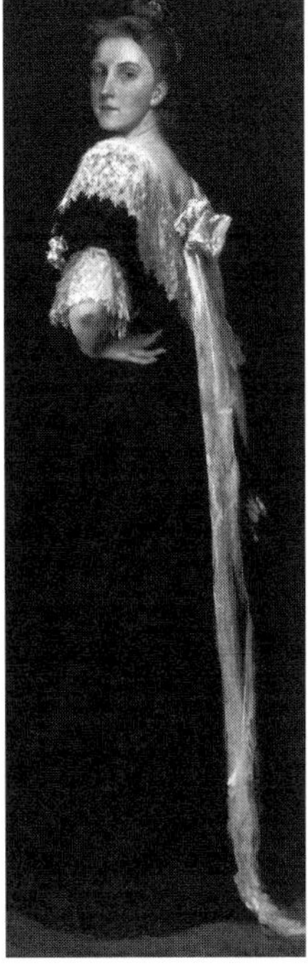

41-17 背中に垂らした長いリボン（1892 年）

びリボンの需要が増えた。1820 年に、女性の帽子に可憐なリボンのストリーマーがついた。1840 年頃のポーク・ボンネットにはリボンのループを飾り、あごの下に長いリボンを結んで固定した。[41-15] 古風で趣があるドレスにリボンが飾られ、ブレスレットの代わりに黒の細いリボンを手首に巻いたりした。1870 年には、髪を大きくシニョンに結い、小形の帽子を前方に傾けて載せ、後ろにレースや花とともにリボンのストリーマーを垂らした。[41-16] 馬の毛で織った黒いボンネットに、格子縞やタータンチェックのリボンで色彩を添えるのもこの時期の流行だった。1890 年には、上流階級の女性はリボンの縁がピコットになった「フェザーエッジ・リボン」を蝶結びにして、ボディ

41-18 18 世紀のリボン商人

41-19 パリの帽子店で試着する女性と店員（1881 年）

スのハイネックの左側につけた。

◇20世紀

リボンは女性の帽子において引き続き重要な役割を担い、1909年にはリボンだけで作られた帽子もあった。サテンの裏地をつけたビロードのリボンは、蝶結びやハットバンドやストリーマーとして多用された。メタリックな光を放つ玉虫色のファイユや2色のサテン、美しい色の豪華なブロケード製リボンが流行し、女性のあらゆる衣服がリボンで作られた。同じリボンをつけた帽子とスカーフとバッグのセットが大人気になった。ガウンと揃いのリボンで作ったヘアバンドは、イブニングドレス用の新鮮なアクセサリーだった。新しいリボン装飾が次々に考案され、確実にファッションアイテムとしてしかるべき地位を獲得していった。

リボンに関する2つの新案がイギリスで生まれ、現在まで続く習慣となった。ひとつは、リボンのサイズ規格ができたことである。イギリスのペニー硬貨の厚さを単位とし、「ナンバー1」のリボンは硬貨1枚分の厚さと等しい幅、「ナンバー2」のリボンは硬貨2枚を重ねた厚さと同じ幅、「ナンバー3」は3枚を重ねた厚さと同じ幅……と決められた。もうひとつの新案は、最高の栄誉を表す「ブルーリボン」と「レッドリボン」という語が生まれたことである。ブルーリボンは、イギリスで最も権威ある「ガーター勲章」の象徴であり、レッドリボンは、それに次ぐ「バース勲章」の象徴である。現在も優れた功績に対して与えられる赤と青のリボンは、この2つの勲章に由来している。

織物の端に補強としてつけた古代の細いリバンドと比べると、現代のリボンの色、素材、デザインは何と驚くべき変化に富んでいることだろう。華やかなもの、シンプルなもの、幅の細いもの広いものがあり、素材も絹、サテン、金属布、キャリコ、紙などさまざまである。しかし、ループ、薔薇花飾り（ロゼット）、蝶結びなどの基本的なデザインは今も変わらない。かつて布の織り端の細片から発展してきたリボンは、新しいアイディアを次々に採り入れ、リボン独自の世界を作り上げてきた。ファッションショーでは毎回、つねに新しく美しいリボンが服装に新たな魅力を添えている。

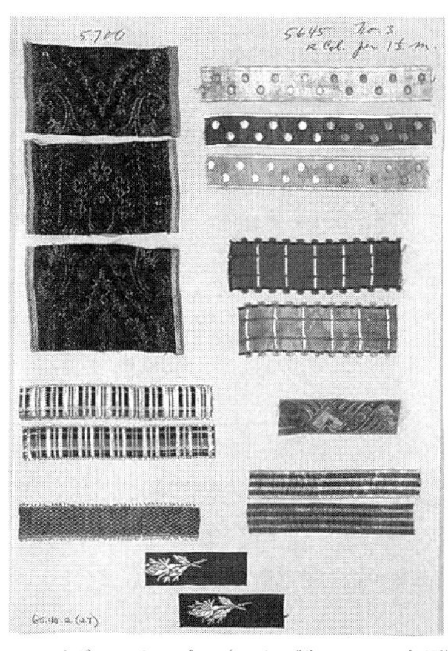

41-20 リボンのサンプル（スイス製、1924-26年頃）

第42章 ブレード

Braid

「無地の生地の均一性、とくに表面の単調さを解消するためにブレードが考案された」とは、フランスの美術評論家シャルル・ブランの言である。多くのアクセサリーと同様、ブレードの歴史も古代に遡る。テープ状のひもである「ブレード braid」には英語で「(髪や組ひもを)編む」という意味があり、「編む」方法は有史以前から知られていた。原始社会の人々は、小枝や若枝でむしろかマットのようなものを編んで小屋を作るとともに、身体を保護するためにもそれを身に着けることもあったに違いない。古代エジプトの女性は布の小片を手で編んで、ガードル、頭飾り、首飾り、腕飾りを作った。そうしたガードルが各地の美術館や博物館に多数おさめられている。古代アッシリア人の官服もブレードで装飾されていた。

時代が下って16世紀から19世紀にかけての衣服には、ブレード使いがひときわ目立つ。これは、16世紀に流行したスラッシュ装飾の縁取りにブレードが大量に使われたためである。17世紀には、男性のロングコートとウエストコート、女性のドレス、キャップ、マントにブレードが飾られた。16世紀以前の衣服の装飾といえば、手刺繍以外はアプリケをしたボーダーやバンドに限られていた。アプリケは、ある生地から切り抜いた図案を他の生地に乗せ、一様に揃ったステッチで縫い留める装飾法である〔「第37章 刺繍」参照〕。アプリケのデザインは、上等なダマスク織りやブロケードの図柄からヒントを得たものが多かった。この時期の記録に頻出する「パスマン」という語は、模様を浮き出させた各種のギンプやブレードの総称で、ステッチを加えて幾何学的な模様を作るスレッド・ブレードにもこの語が適用された。これらのブレードやパスマンには、絹やウーステッドの糸が使われることもあった。

◇16世紀

今でいうブレードとギンプは16世紀には同類のものとみなされ、徐々に一般に用いられるようになった。ギンプは太い糸または細い針金を芯として、そのまわりに芯が見えなくなるように絹糸や金糸や銀糸を巻きつけたものである。編んで作るものではなかったが、用途は編んだブレードとほぼ同じで、コートやケープやガウンに菱形の模様としてつけられることが多かった。男性のダブレットやホーズの装飾として大流行したスラッシュの周囲にも、刺繍とともにギンプや撚り糸や金属糸が飾られた。これにより需要が増大し、それに応えるためにさまざまな縁飾りが考案され

42-1 ホルバイン《ヘンリー8世》1540年

た。流行のギンプは、ヘンリー 8 世の見事なコートのスラッシュにも飾られた。[42-1, C7] エリザベス 1 世のドレスにも金銀のギンプを使った菱形模様がいちめんに配され、刺繍は少ないかわりに宝石が散りばめられていたといわれている。女性のスカートの正面パネル、スカートのボーダー、ストマッカーにもギンプで模様が描かれ、さらに刺繍と宝石で美しく装飾された。ブレードの肩飾り（エポーレット）も、16 世紀の服装に目立つ特徴である。またドレスの細部装飾のほとんどは、ギンプと細い金属ひもで形作られていたといってよく、これらの装飾品は、絹の撚り糸と同様に非常に高度な熟練の技を必要とした。スカートやボディスや袖を飾る金銀のブレードが、16 世紀後半のファッションを明確に物語る特徴である。

◇ 17 世紀

17 世紀にもブレードの人気は続き、同じく流行していた長いストマッカーに刺繍とともに飾られた。[42-2] エリザベス時代の女性の肖像に、金と銀で編んだと思われるブレード装飾を見ることができる。[42-3] ロゼット形ブレードの中心に宝石をセットした装飾が、長い V 字型のボディスと袖全体に取り付けられている。ボディスの正面にも同じブレードが縦に飾られている。このように豊富な装飾の仕上げには、さらに真珠や宝石も飾られた。男性服には小さめのスラッシュが現れてきたとはいえ、肩から下方に 15 cm から 20 cm も長く切れ込んだスラッシュもまだあった。袖にも、肩から袖口までの長い縫い目を開き、美しい内袖を覗かせる長いスラッシュがまだ多く見られた。[42-4] こうしたスラッシュの縁には引き続きブレードが飾られていた。スラッシュの片側の縁に沿ってボタンが並べられることもあり、その場合はもう一方の縁に、ブレードで作ったループまたはブレードで縁取ったボタンホールが並べられた。このボタンとボタンホールは純粋な装飾で、実際にはめられることはなかった。1685 年頃に現れた長いスカート付きコートは、ブレードの恰好の装飾場所として前のあきの

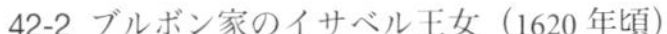
42-2 ブルボン家のイサベル王女（1620 年頃）

42-3 エリザベス朝の女性（1600 年頃）

左：42-4 長いスラッシュが入ったチャールズ 1 世の上着（1631 年）

右：42-5 金のブレードで全面を飾ったストマッカー（フランス製、1700-50 年）

上から下までボタンが並べられたが、この場合もウエストより下のボタンは単なる装飾だった。やがて前のあきだけでなく、すべての縫い目にブレードが飾られるようになり、カフスやポケットにも色とりどりの刺繍をした金と黒の細いブレードが飾られた。丈が長くなったウエストコートにも刺繍が施され、しばしば裾に金の長いフリンジがつけられた。

◇ 18 世紀

18 世紀は、金のブレードが華やかに服を飾った時代だった。[42-5, 6] 上着の前面、ポケット、縫い目だけでなく、後ろのあきとサイドプリーツのあいだにも、金のブレードが水平に何段も並べてつけられた。[42-7, 8, 9, C233] 18 世紀半ばの最新流行だったウエストコートには、大量のブレードと刺繍のどちらかまたは両方が飾られ、同じく最新モードだった白いフェルトの

42-6 豪華な金のブレードを飾ったプロイセン王フリードリヒ 2 世妃（1739 年）

42-7 コプリー《セオドア・アトキンソン・ジュニア》1757-58 年

42-8　セウス《バーナード・エリオット・ジュニア大佐》1766年

42-9　バットニ《ジョン・ウォードハウス》1764年

帽子にも、金のブレードのバンドが飾られた。女性も、スカートにブレードのトリミングをつけ、シルクのショート・ケープにはブレードで手の込んだ模様を装飾した。美しいギンプの装飾も多数見られた。

◇19世紀

19世紀初期のフランスでは、ブレードがまだ流行していた。1818年の信頼すべき出版物に、男性の「ブレード使用がいささか度を越している。若者のルダンゴトの縫い目や背中や袖のすべてに、これでもかとブレード装飾がついており、そのさまはまるで馬丁か鼓手のようだ」と書かれている。ヴィクトリア朝（1837-1901）の大半の期間は、タッセルとフリンジを組み合わせたブレード装飾が前例のない大流行を見た。1830年代には、当時流行したポロネーズの正面にブレードとタッセルを組み合わせた凝った飾りがつけられた。1850年代は、女性の上着のスクエアー・カット・ス

42-10　ブレードとタッセルを飾ったフランス製のポロネーズ（1778-80年頃）

42-11　ブレードを飾った1873年頃のドレス

42-12　スータッシュ・ブレードのついたガウン（『ハーパーズ・バザー』1873年）

42-15 バインディング・ブレード

42-16 スータッシュ・ブレード

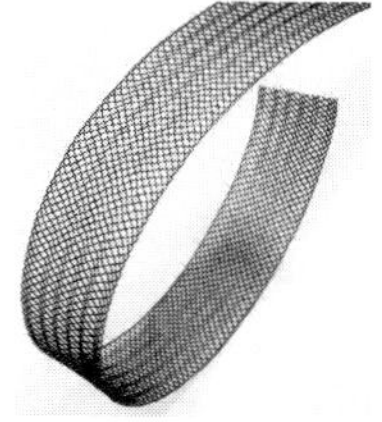

42-17 リックラック

42-18 シュティケライ

42-19 ホースヘア・ブレード

リーブに、幅の広い平らなブレードが飾られた。1870年から75年にはさまざまな種類のブレードが使われ、とくに女性のガウンや上着類には、スータッシュ・ブレードと呼ばれる平たいブレードが凝ったデザインで飾られた。[42-12]長いトレーンを引くスカートが主流だった1875年には、撚りひも、装飾的な結び目、蝶結び、フリンジなどが目立ち、なかでも金銀などの金属糸のブレードに人気があった。ハンドバッグや日傘にもブレードやブレードを使った装飾がつけられた。男性服では、1850年頃からズボンのサイドの縫い目や上着の縁に、黒い絹の細幅ブレードが縫いつけるようになり、19世紀を通じてこの流行が続いた。

イングランドのある男性が、初のブレード編み機を発明して1748年に特許を取った。しかし本国ではほとんど顧みられなかったために海を越えてフランスに渡ったといわれている。同じ頃、ドイツでもブレード編み機が登場した。もっともこれは、先のイングランド男性が発明した機械をフランス人移民がドイツに運んだものらしい。ドイツはたちまちブレード生産の中心地となり、1912年にもまだブレーメンだけでも10万台のブレード編み機が稼動していた。

初期の編み機に何回かの改良が加えられ、1870年頃にはかなり近代化が進んだ。この機械で生産された商品のうち、最初に商業ベースに乗ったのは靴ひもだった。チューブ状と平ひも状のブレードが生産されるようになり、平ひも状ブレードはおもに衣装の装飾に用いられた。バインディング・ブレード、[42-15]スータッシュ・ブレード、[42-16]リックラック〔ジグザグ形〕、[42-17]シュティケライ〔ドイツ語で「刺繍」〕、[42-18]ランジェリー・ブレード、ホースヘア・ブレード[42-19]などがよく知られた近代的なブレードである。なかでも蛇腹形の「リックラック」は非常によく使われた。ホースヘア・ブレードは近年の女性用帽子に広く使われ、ピロキシリンのホースヘア・ブレードも作られた。ピロキシリンとは、酸で処理して半流動体にした木綿を適切なサイズの小孔から噴出させて得られる繊維で、これを硬化させて馬毛に似た硬さにする。膨らんだスカートが流行した90年代後半には、ス

42-13　銀のブレードが華やかな伯爵邸の下士官の燕尾服（1840-50年）

42-14　ブレードをつけた1860-70年代のバッスルスタイルのドレス

カートに張りを出すためにホースヘア・ブレードが使われた。木綿、リネン、ウール、モヘア、絹、テンセルなどあらゆる糸が機械でブレードに編まれた。マーセライジング(シルケット)加工された木綿のブレードは絹のような光沢があったが、高級なドレスには本物の絹のブレードが使われた。本物の絹より光沢のあるレーヨンは、装飾として広範に使われた。金属糸のブレードは各国の軍服に使われてきた。

多種のブレードがこれほど広く衣服に用いられたのは、刺繍やレースやリボンやフリンジといった装飾品とブレードが非常によく調和し、美しく見せる効果が高かったからに違いない。とくにギンプの多用については、「仕立屋が請求金額をつり上げるのにこれほど好都合な手段はないのだから、ギンプが廃れることはない」と冷ややかな説を唱える批評家もいた。

◇ 20 世紀

流行に関わりなく需要が安定したブレードもあるが、ドレスの装飾として使われる類のものは、ファッションの変化に伴って流行り廃りを繰り返す。ブレード装飾が際立った時期は 16 世紀とヴィクトリア朝である。前者は、ブレードが衣服の装飾に使われはじめた時期であり、後者は、ブレードが他の追随を許さないほどの人気を博した黄金時代だった。その間の 17 世紀と 18 世紀は、絹と金のブレードが、男性の豪華なダブレットとコートとウエストコートを飾り、女性の美しいガウンを華やかに彩った。

42-20　レーヨンのブレードを飾ったパリのポール・ポワレ デザインのドレス（1924 年）

装飾に花を使用するのは、羽根やビーズや骨を身体に飾るのと同様に、原始時代からの人間の本能的な欲求である。造花がファッションに採り入れられる前は、本物の花を輪にして頭や肩に載せたり、服にピンで留めたり、ボタンホールに通したりして飾っていた。生花の切り花を少しでも長く美しく保たせるための努力と試行が続けられた結果、生花を模倣した造花が作られるようになった。造花が初めて身に着けられたのは1650年との記録があるが、一般に広まったのは1775年頃からであり、色合いと質感が本物の花に近づいたのは1800年以降である。造花がファッションとして一般化したのは1800年から1810年にかけてと考えられ、比較的最近ということになる。

造花の創作に最初に成功したのは、長年にわたって技術を磨いてきたイタリア人だった。イタリアから技法を学んだフランスは、1738年に造花産業を奨励したものの思うような成果が得られなかった。19世紀初頭になってフランスの化学者兼植物学者シークインが、色も質感もイタリアの製品に負けない造花作りに成功した。これは中国の方式に倣ったもので、ニワトコの髄から作られた。のちに女性の衣服に広く使われるようになった銀箔も、最初に考案したのは彼だった。またヴェンツェルという名の職人も、さまざまな素材を利用して造花を作り、1802年のパリ万博で注目された。その後、造花はアクセサリーとしてとくに女性用帽子の分野で輝かしい成功をおさめてきた。

◇古代

古代エジプトでは、彩色した亜麻布を使って花や葉を作っていた。また薄く削った動物の角をいろいろな色に染めて、花を作ることもあった。古代のアテネの祝祭では、女性たちが自生の花で花輪や花綵を作って頭に飾る習慣があった。古代にも賑やかな花市場があり、女性たちはそこで買った花輪や花飾りを頭に巻いたり上半身に飾ったりした。本物の薔薇そっくりに作った金色の造花を頭に載せたりもした。のちのローマの女性も、金属で作った花飾りを冠やダイアデムにつけた。ローマの将軍クラッススは、金で造花を作ったといわれている。

◇中世-16世紀

中世には、長い髪をお下げにして生花とリボンを編み込んだ。長いものでは膝のあたりまで垂らしたヘアスタイルがよく見られた。やがて、あまり華美でない園芸種の花や野のの花を輪にして髪につけるようになった。14-15世紀の彩飾写本には、頭部にぴったりはめた輪に生花を結びつけた頭飾りが描かれている。1553年頃には、ボディスの襟あきにつけたり、セットした髪の仕上げに飾ったりした。全般的に金属で作られた造花が多かったのは、この方が髪飾りとして長持ちしたからだ。

ルイ14世時代（1643-1715）に権力を握った財務総監コルベールは、産業全般を奨励し拡大させる政策によりレース産業を大きく発展させた。職人が優れたデザインのインスピレーションを得られるように、美しい庭園も建設された。この庭園が人々の関心を引き、生花がファッションとして再び注目されるようになった。ブートニエール〔ラペルのボタンホールに挿す花〕が服装のアクセントとして広まっ

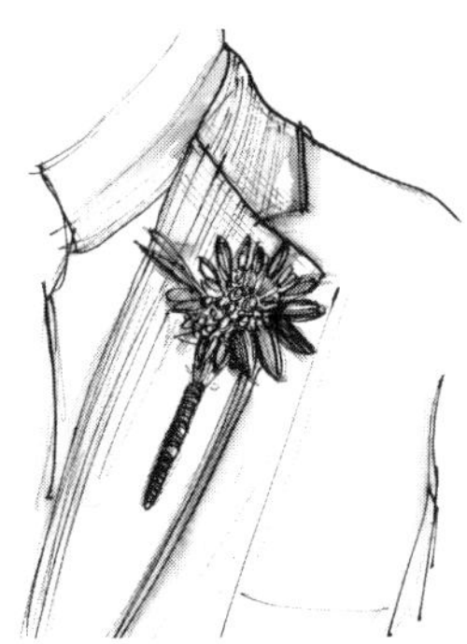

43-1 ブートニエール

た。流行に敏感な一部の者だけでなく、ちょっとモード感を出したいという女性はみな、色鮮やかな花をつけた小枝や花束を身に着けた。しかし、ヴェルサイユ宮殿のような環境では可憐な花もすぐに萎れてしまう。そこで、生花を長持ちさせる方法として考え出された妙案が、管状の小瓶を携帯することだった。長さ 10 cmほどの小さな瓶またはガラス管に水を満たし、外から見えないようにボディスのレースやリボンの中にしのばせ、ここに花を挿した。この小さな容器は「ブザム・ボトル」と呼ばれ、巻き髪にピンで留められることもあった。この新しい仕掛けは、1754 年にイギリスにも伝えられた。ホレス・ウォルポールは「フランスから新しいファッションが入ってきた。女性は、緑色のリボンで覆ったブリキの漏斗を身に着け、これに水を入れてブーケを長持ちさせるのだ」と書いている。考案された当初は扱いにくかったこの容器も、やがてもっとスマートなものに改良された。

◆18 世紀

服に生花を飾るスタイルはますます流行したが、水を入れる容器を携帯する煩わしさからファッションリーダーたちに敬遠されるようになり、その代用として造花が考案された。1650 年には、絹のブートニエールがよく使われ、造花の魅力的な色合いが服装に鮮やかな活気を与えた。ルイ 15 世と 16 世（1715-89）の時代には、多数の造花が服装を飾った。[43-2, 3, 4, C237] 1770 年には、女性だけでなく男性までも可憐な花束を好んで身に着けた。女性はブートニエールを左の肩に飾ったが、これは現在でも

43-2 カレ《ランバル公妃マリー・テレーズ・ルイーズ》1776 年頃

43-3 ブーシェ《ポンパドゥール夫人》1756 年

最も多く見られるコサージュのつけ方と同じである。18 世紀後期には、髪をボリュームたっぷりに結い上げて髪粉をかけるヘアスタイルが流行し、この髪にも造花が飾られた。イギリスとフランスでの造花ファッションはアメリカにも伝わり、植民地時代の男女は、おしゃれな服にさらに造花を飾っていた。造花の制作方法を入植者たちに伝えたのはフランス人だとされ、1760 年のボストンの新聞には、成長が期待される新しい産業として「造花ビジネス」が取り上げられている。造花作りを指導する者は小さな店を立ち上げ、生徒を募集した。ベンジャミン・フランクリンの姉妹と姪も造花を作って知り合いの女性たちに分けていたらしく、造花に使う美しい色の布が欲しいと依頼した 1766 年付けの手紙が残っている。

◇ 19 世紀

19 世紀初期のナポレオン帝政期には造花の需要が増大した。ナポレオンの友人だった貴婦人たちは、彼が好んだすみれの花のブーケをつけていた。シークインとヴェンツェルが案出した造花製造法は、この時期に大きく進歩した。女性の帽子に花が盛んに飾られるようになると、彼らの発案が大成功だったことが明らかになり、造花産業が発展した。1806 年には、造花を高く立てて帽子に飾られた。フランス王政復古期の 1815 年から 30 年には、花輪や小さな花束にアレンジした造花が、帽子だけでなく髪にも飾られた。1840 年には、造花の製造所がニューヨーク市内に 10 ヵ所設立され、それから 9 年後の国勢調査では、製

43-6 アングル《モイテシエ夫人》1851 年

43-4　ドルーエ《ルイーズ＝マリー・ド・フランス》1763 年

43-5　バラの造花を飾ったドレス（パリのファッションプレート、1876-82 年）

43-7 1870 年代の帽子

造所が 23 ヵ所に増えている。

時期によって多少の流行の浮き沈みはあったが、頭飾りとしての造花は 19 世紀初期から揺るぎない位置を占めるようになり、1873 年以降はとくに重要視された。[43-6, 8, 9, 10, C236] 1875 年には、前に傾げてかぶる小さな帽子が流行し、リボンやレースと組み合わせた造花が、高く積み重なるように飾られた。帽子の後ろには、レースやリボンのストリーマーとともに植物の蔓や巻きひげが垂らされた。[43-7]

◇ 20 世紀

1900 年代には透ける素材の帽子が流行した。帽子の幅広いブリムとその上から被せたネットの間に、リース形にアレンジした花を平らにプレスして飾った。繊細な黒いネットのベールを透かして見える鮮やかな花々は、サマードレスに微妙なニュアンスを添えて実に美しかった。やがて、花の流行も去る時が来た。いかに魅力的にアレンジしようと、いまだ花に心奪われている女性は「流行遅れ」とみなされた。しかし幸いにもファッションは、造花メーカーの存在を忘れることはなかったようだ。なぜなら、帽子から消えた造花はたちまち衣服の上に現れ、服装の装飾品として大流行になったからである。ガラスや羽根や皮などで作られた色とりどりのブートニエールが、スポーツスーツ、アフタヌーンドレス、イブニングガウンなどに飾られて独特の趣を添えていた。

1920 年の冬のシーズンには、帽子に花が戻ってきた。今回はシェニールとリボンで作った花を平たいバンド形にアレンジして、流行のビロードまたはプラッシュの帽子のクラウンの周囲に飾った。1921 年の冬には、カラフルなクロシェ編みの花も多数加わった。ユニークな色合いの花々は、ウールのスカーフやタモシャンター〔ベレー帽に似たキャップで、クラウンの中心にポンポンがつく〕や毛皮のスカーフなどにも飾られた。1925 年にはまた帽子の花飾りが減り、金糸銀糸製の菊の花が上着やドレスやスーツの肩につけられるようになった。昼の服には小さなブーケ、夜会服には蘭の造花のコサージュが飾られ、服装全体に洗練された雰囲気をかもし出した。確かに、シンプルなフロックにコサージュがないと、何か物足りない感じがした。生花が豊富に手に入る

43-8 造花のついたイギリス製ボンネット（1840-45 年頃）

43-9 ポピーの造花とリボン、麦藁で飾ったイギリス製ボンネット（1870 年代）

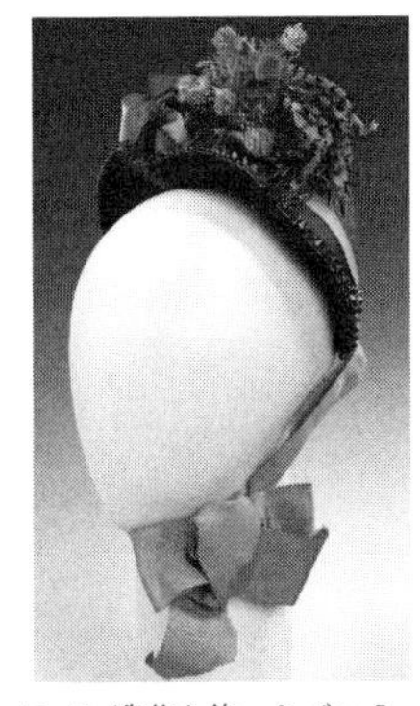

43-10 造花を飾ったボンネット（アメリカ製、1887 年頃）

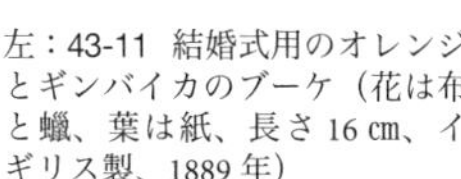

左：43-11　結婚式用のオレンジとギンバイカのブーケ（花は布と蠟、葉は紙、長さ 16 ㎝、イギリス製、1889 年）

右：43-12　左胸にブートニエールを挿した紳士（1896 年頃）

季節にもこれほど大量の造花が身に着けられたのは、この時が初めてだった。

1927 年に花飾りのついた帽子がリバイバルした。小型の帽子は全体に花が飾られ、大型の帽子はクラウンが花に覆われていた。20 世紀には造花の流行が盛衰を繰り返し、帽子が花でいっぱいになった時期にはブートニエールとコサージュが減った。しかしファッションとは移り気なもの。たとえ流行の真っ只中にあっても、つねに新奇なものを追い求めるのがファッションであるから、造花メーカーは、シーズンごとに新しい花やこれまでにないアレンジを考案し続けてきた。

造花技術の高さでは中国と日本が群を抜いていた。中国はライスペーパーで美しい花を作り、日本は、色も形も本物にきわめて近い造花を作る技術に優れていた。イタリアでは染色した蚕の繭でさまざまな造花を作っていた。バハマ諸島の先住民たちは、美しい小さな貝殻や鮮やかな色の鳥の羽根を使って、花の小枝や造花を作った。今日では一般に、紙、キャリコ〔捺染した平織り綿布〕、モスリン、ゴーズ、絹、ビロード、クレープ、革、鯨骨の薄片などが材料として使われている。20 世紀には産業の専門化が進み、完璧な造花製造に要する多くの作業が分業化して行われている。

1700 年に「造花はペテンの産物である」と公言したフランス人がいたが、ファッションはそんなことばに耳を貸したりはしない。造花は、モードの世界にあって依然として可憐な存在であり続けている。

43-13　造花のリースを飾った麦藁帽子（イギリス製、1919 年）

参考文献一覧

Abrahams, Ethel B., *Greek Dress; A Study of the Costume Worn in Ancient Greece from pre-Hellenic Times to the Hellenic Age.* John Murray, London, 1908.
Ashdown, Mrs. Charles H., *British Costume During Nineteen Centuries.* Frederick A. Stokes Co., New York, 1910.
Askinson, George William, *Perfumes and Their Preparation.* N. W. Henley & Co., New York, 1907.
Beck, S. William, *Gloves, Their Annals and Associations.* Hamilton Adams Co., London, 1883.
Blanc, Charles, *Art in Ornament and Dress.* Frederick Ware & Co., London, 1877.
Blondel, M. S., *Histoire des éventails,* Renouard, Paris, 1875.
Boehn, Max von, *Modes and Manners; Ornaments.* E. P. Dutton & Co., New York, 1929.
Boutell, Charles, *The Monumental Brasses of England;* A Series of Engravings Accompanied with Brief Descriptive Notes, London, 1849.
Bray, Helen A., *Textile Fibers, Yarns, and Fabrics.* Century Company, New York, 1929.
Brearley, Harry, *Time Telling Through the Ages.* Doubleday, Page & Co., New York, 1919.
Brereton, Lt. Col. F. S., *Clothing. Essentials of Life Series.* B. T. Batsford, Ltd., London, 1933.
Brooke, Iris, *English Costume in the Age of Elizabeth.* A. and C. Black, London, 1935.
Burckhardt, Jacob, *The Civilization of the Renaissance in Italy.* Hamilton & Co., New York, 1890.
Burgess, F. W., *Antique Jewelry and Trinkets.* G. P. Putnam's Sons, New York, 1919.
Calthrop, Dion Clayton, *English Costume.* A. and C. Black, London, 1926.
Carpenter, Frank George, *How the World Is Clothed.* American Book Co., New York, 1908.
Carter, Howard, *The Tomb of Tut-ankh-Amen.* George H. Doran Co., New York, 1923.
Challamel, Augustin, *History of Fashion in France.* Scribner and Welford, New York, 1882.
Child, Theodore, *Wimples and Crisping Pins.* Harper & Brothers, New York, 1895.
Cole, George S., *Dictionary of Dry Goods.* W. B. Conkey Co., Chicago, 1892.
Cook, William, *Things Indian.* Charles Scribner's Sons, New York, 1906.
Cooley, Arnold J., *The Toilet in Ancient and Modern Times.* Robert Hardwicke, London, 1868.
Davenport, Cyril, *Jewelry.* A. C. McClurg & Co., Chicago, 1908.
Davey, Richard, *Fur and Fur Garments.* The International Fur Store, London, 1895.
Diez, William H., *Zur Geschichte der Kostüme.* Braun & Schneider, Munich, 1891.
Dooley, William H., *Clothing and Style.* D. C. Heath & Co., Boston, 1930.
Druitt, Herbert, *A Manual of Costume as Illustrated by Monumental Brasses.* A. Moring,

London, 1906.
Dutton, W. H., *Boots and Shoes of Our Ancestors.* Chapman & Hall, Ltd., London, 1898.
Earle, Alice Morse, *Two Centuries of Costume in America,* 2 Volumes. The Macmillan Company, New York, 1903.
Ellsworth, Evelyn Peters. *Textile and Costume Design.* Paul Elder & Co., San Francisco, 1917.
Erman, J. P. Adolph, *Life in Ancient Egypt.* The Macmillan Company, New York, 1894.
Evans, Mary, *Costume Throughout the Ages.* J. P. Lippincott Co., Philadelphia, 1930.
Evans, M. M., *Chapters on Greek Dress.* The Macmillan Company, New York, 1893.
Fairholt, F. W., *Costume in England.* Chapman & Hall, London, 1846.
Fairholt, F. W., *Rambles of an Archaeologist.* Virtue, London, 1871.
Fales, Jane, *Dressmaking.* Charles Scribner's Sons, New York, 1917.
Flory, M. A., *A Book about Fans; The History of Fans and Fan-Painting.* The Macmillan Company, New York, 1895.
Giaferri, Paul-Louis de, *L'historie du Costume Feminin Francais.* Editions Nilsson, 8 Rue Havery, Paris, 1922.
Giaferri, Paul-Louis de, *The History of French Masculine Costume.* Foreign Publications, Inc., 13 West 47th St., New York, 1928.
Giaferri, Paul-Louis de, *Millinery in the Fashion History of the World.* The Illustrated Millinery Co., New York.
Goddard, Eunice R., *Women's Costume in French Texts of the Eleventh and Twelfth Centuries.* Las Presses Universitaires de la France, 1927.
Gottleib, Abraham, *Fur Truths.* Harper & Brothers, New York and London, 1927.
Guhl, E. K., and Kohmer, W. D., *Life of the Greeks and Romans.* D. Appleton Co., New York, 1898.
Hare, Christopher, *Most Illustrious Ladies of the Italian Renaissance.* Charles Scribner's Sons, New York, 1931.
Hartley, Dorothy, *Medieval Costume and Life.* Charles Scribner's Sons, New York, 1931.
Havemeyer, Loomis, *The Drama of Savage Peoples.* Yale University Press, New Haven, 1916.
Head, Mrs. R. E., *The Lace and Embroidery Collector.* Dodd, Mead & Co., New York, 1922.
Hiler, Hilaire, *From Nudity to Raiment, An Introduction to the Study of Costume.* W. and G. Foyle, Ltd., London, 1929.
Hope, Thomas, *Costume of the Ancients.* Bolmer and Co., London, 1841.
Houston, Mary G., *Ancient Greek, Roman, and Byzantine Costume.* The Macmillan Company, New York, 1931.
Hughes, Talbot, *Dress Design.* John Hogg, London, 1913.
Jackson, Mrs. F. Nevil, *The History of Handmade Lace.* Charles Scribner's Sons, New York, 1900.
Jacquemin, Raphael, *Histoire General au Costume.* Paris, 1866.
Johnson, Harold, *Private Life of the Romans.* Scott, Foresman & Co., Chicago, 1903.
Jones, William, *Finger Ring Lore.* Chatto & Windus, London, 1877.
Kelly, Francis M., and Schwabe, Randolph, *Historic Costume.* Charles Scribner's Sons,

Kelly, Francis M., and Schwabe, Randolph, *Historic Costume.* Charles Scribner's Sons, New York, 1925.

Kennard, Beulah, *The Jewelry and Silverware Departments.* The Ronald Press, New York, 1917.

King, George Frederick, *Rings for the Finger.* J. B. Lippincott Co., Philadelphia, 1917.

Lefébure, Ernest, *Embroidery and Lace.* J. B. Lippincott Co., Philadelphia, 1889.

Lehman, Helen, *The Leather Goods and Gloves Department.* The Ronald Press, New York, 1917.

Lester, Katherine Morris, *Historic Costume.* The Manual Arts Press, Peoria, Ill., 1925.

Lowes, Mrs. Emily Leigh, *Chats on Old Lace and Needlework.* Frederick A. Stokes Co., London, 1908.

Macklin, Herbert, *Brasses of England.* E. P. Dutton & Co., New York, 1907.

McClellan, Elizabeth, *Historic Dress in America,* 2 Volumes. McCrae Smith, Philadelphia, 1910.

Macgowan, Kenneth, and Rosse, Herman, *Masks and Demons.* Harcourt, Brace & Co., New York, 1923.

Moore, Mrs. N. Hudson, *The Lace Book.* Frederick A. Stokes Co., New York, 1925.

Moore, Mrs. N. Hudson, *The Old Clock Book.* Frederick A. Stokes Co., New York, 1911.

Norris, Herbert, *Costume and Fashion,* 2 Volumes. E. P. Dutton & Co., New York, 1925.

Norris, Herbert, and Curtis, Oswald, *Costume and Fashion: The Nineteenth Century.* E. P. Dutton & Co., New York, 1933.

Pallister, Mrs. Bury, *History of Lace.* Sampson, Marston & Low, London, 1865.

Parsons, Frank Alvah, *The Art in Dress.* Doubleday, Doran & Co., New York, 1928.

Pauquet, Freres, *Modes and Costume Historique,* 2 Volumes, Aux Bureaux des modes et costume historiques, Paris, 1865.

Picken, Mary Brooks, *The Secrets of Distinctive Dress.* International Text Book Press, Scranton, Pa., 1925.

Piesse, G. W. Septimus, *The Art of Perfumery.* Blakiston, Philadelphia, 1880.

Planché, J. R., *A Cyclopedia of Costume:* Vol. I–*The Dictionary;* Vol. II–*A General History of Costume in Europe.* Chatto & Windus, London, 1879.

Pollen, Mrs. Hungerford, *Seven Centuries of Lace.* The Macmillan Company, New York, 1908.

Quennell, Marjorie and C. H. B., *Everyday Life in the New Stone, Bronze, and Early Iron Ages.* G. P. Putnam's Sons, New York, 1923.

Quicherat, J., *History of Costume in France.* Paris, 1877.

Racinet, A. C. A., *Le Costume Historique.* Firmin-Didot et Cie, Paris, 1888.

Redfern, W. B., *Royal and Historical Gloves and Shoes.* Methuen and Company, London, 1904.

Rhead, G. W., *Chats on Costume.* T. F. Unwin, London, 1926.

Rhead, G. W., *History of the Fan.* Kegan, Paul, Trench, Truber & Co., Ltd., London, 1910.

Sage, Elizabeth, *A Study of Costume.* Frederick A. Stokes Co., New York, 1926.

Sharpe, A. M., *Point and Pillow Lace.* E. P. Dutton & Co., New York, 1913.

Shaw, Henry, *Dresses and Decorations of the Middle Ages.* Henry G. Bohn, London,

1858.
Smith, J. Moyr, *Ancient Greek Female Costume.* Sampson, Low, Marston, Searle, and Livingston, London, 1882.
Souder, M. Attie, *The Notions Department.* The Ronald Press, New York, 1917.
Story, Margaret, *Individuality and Clothes.* Funk & Wagnall Co., New York, 1930.
Strutt, Joseph, *Complete View of the Dress and Habits of the People of England, from the Establishment of the Saxons to the Present Time.* Henry G. Bohn, London, 1842.
Suffing, E. R., *English Church Brasses from the Thirteenth to Seventeenth Century.* L. Upcott Gill, London, 1910.
Thompson, Eliza, *The Cotton and Linen Departments.* The Ronald Press, New York, 1917.
Thompson, Eliza, *The Silk Department.* The Ronald Press, New York, 1918.
Timayenis, T. T., *Greece in the Time of Homer.* D. Appleton & Co., New York, 1885.
Uzanne, Louis O., *The Fan* (English trans.), Nimmo & Bain, London, 1895.
Viollet-le-Duc., E. E., *Dictionnaire du Mobilier Francais,* Vols. III and IV. Paris, 1858.
Webb, Winifred Mark, *Heritage of Dress.* Revised Edition. The Times Book Club, London, 1912.
Wilkinson, Sir John Gardiner, *A Popular Account of the Ancient Egyptians,* Vol. II. Harper & Brothers, New York, 1854.
Wright, Thomas, *The Celt, the Roman, and the Saxon.* J. B. Lippincott Co., Philadelphia, 1875.

翻訳・編集時の主な参考文献

F. ブーシェ／石山彰監修『西洋服装史』1973年　文化出版局
R. ターナー・ウィルコックス／石山彰訳『モードの歴史』1979年　文化出版局
A. ブラック／山内沙織訳『ファッションの歴史　上・下』1985年　PARCO出版
京都国立近代美術館編『ブリュッセル王立美術歴史博物館所蔵　ヨーロッパのレース展』図録　1987年
A. クラーツ／深井晃子訳『レース　歴史とデザイン』1989年　平凡社
C. M. キャラシベッタ／石井慶一他訳編『フェアチャイルドファッション辞典　新版』1992年　鎌倉書房
田中千代『田中千代　服飾事典』1990年　同文書院
深井晃子監修『カラー版　世界服飾史』1998年　美術出版社
大沼淳、荻村昭典、深井晃子監修『ファッション辞典』1999年　文化出版局
J. エヴァンズ／古賀敬子訳『ジュエリーの歴史』2004年　八坂書房
B. ペイン／古賀敬子訳『ファッションの歴史』2006年　八坂書房
C. フィリップス／山口遼監訳『V&Aの名品でみる　ヨーロッパの宝飾芸術』2014年　東京美術
G. Gregorietti, *Jewelry through the Ages*, 1969, American Heritage Press
Braun and Schneider, *Historic Costume in Pictures*, 1975, Dover Publications
Jewellery, 1976, British Museum Publications

M. & A. Batterberry, *Fashion-The Mirror of History*, 1977, Columbus Books
Princely Magnificence, 1980, Victoria & Albert Museum
J. A. Black, *A History of Jewelry*, 1981, Park Lane
H. Newman, *An Illustrated Dictionary of Jewelry*, 1981, Thames & Hudson
J. Lanllier & M-A. Pini, *Five Centuries of Jewelry*, 1983, Arch Cape Press
Four Hundred Years of Fashion, 1984, Victoria & Albert Museum
Seven Thousand Years of Jewellery, 1986, British Museum Publications
The Medieval Treasury, 1986, Victoria & Albert Museum
F. Boucher, *A History of Costume in the West*, 1987, Thames & Hudson
Art of Chivalry, 1987, Royal Academy of Arts
A. Ribiera & V. Cumming, *The Visual History of Costume*, 1989, Batsford
Prince Michael of Greece, *Crown Jewels of Britain and Europe*, 1990, Peerage Books
The Victoria and Albert Museum, 1991, Scala Publications Ltd
K. Staniland, *Medieval Craftsmen- Embroiderers,* 1991, British Museum Publications
B. Payne, G. Winakor & J. F. Beck, *The History of Costume*, Second Edition, 1992, Harper Collins
D. Scarisbrick, *Rings,* 1993, Thames & Hudson
D. Scarisbrick, *Jewellery in Britain 1066-1837*, 1994, Michael Russell
The National Portrait Gallery Collection, 1994, National Portrait Gallery Publications
A. Ribeiro, *The Art of Dress*, 1995, Yale University Press
C. Phillips, *Jewelry*, 1996, Thames & Hudson
Jewellery Source Book, 1998, Grange Books
D. Williamson, *History of the Gings & Queens of England*, 1998, Konecky & Konecky
A. Hart & E. Taylor, *Fans,* 1998, Victoria & Albert Museum
L. Pratt & L. Woolley, *Shoes,* 1999, Victoria & Albert Museum
M-C. A. Graz, *Jewels in Painting*, 1999, Skira
C. Wilcox, *Bags,* 1999, Victoria & Albert Museum
C. Phillips, *Jewels and Jewelry*, 2000, Watson-Guptill Publications
A. Ribeiro, *The Gallery of Fashion*, 2000, Princeton University Press
C. Browne, *Lace*, 2004, Victoria & Albert Museum
A.&G. Meredith, *Buckles*, 2008, Shire Publications
M. Campbell, *Medieval Jewellery*, 2009, Victoria & Albert Museum
Accessorize!, 2012, Rijksmuseum
A.&G. Meredith, *Buttons*, 2012, Shire Publications
F. Clark, *Handbags*, 2012, Yale University Press
Costume & Fashion, 2016, Rijksmuseum/Yale University Press
R. Church, *Rings,* 2017, Victoria & Albert Museum/Thames & Hudson

その他、図版所蔵先の各美術館・博物館のウェブサイトを参照した。

図版クレジット一覧

★キャプションにおいて省略した作品の情報を一覧とした。
作者が不詳のもの、所蔵先が個人蔵または不明の場合は記していない。

［カラー頁］

C1 『ジル・ブイエの紋章集』写本　1455年頃　パリ、フランス国立図書館

C2 1380年頃　ロンドン博物館 © Museum of London

C3 イングランド製　1300-1450年頃　ニューヨーク、メトロポリタン美術館（Bashford Dean Memorial Collection, Funds from various donors, 1929）

C4 『ベリー公のいとも豪華なる時禱書』写本（1月）1412-16年　シャンティイ、コンデ美術館

C5 1440-60年頃　ロンドン博物館 © Museum of London

C6 『メアリー女王の詩篇』写本（Royal MS 2　B VII）1310-20年　ロンドン、大英図書館 © The British Library Board

C7 ハンス・ホルバイン（子）の作品に拠る《ヘンリー8世》1537年以降　リヴァプール、ウォーカー・アートギャラリー

C8 ロンドン、ヴィクトリア＆アルバート美術館（Given by Messrs Harrods Ltd.）

C9 フランドル派《シャルル・アレクサンドル・ド・クロイ》1610年　ロンドン、ワイス・ギャラリー

C10 デヴィット・ベイリー《王子ヤヌス・ラジウィッチ》1632年　ワルシャワ、ポーランド国立美術館

C11 アイザック・オリバー《第3代ドーセット伯爵リチャード・サックヴィル》1616年　ロンドン、ヴィクトリア＆アルバート美術館

C12 ウィリアム・ラーキンに帰属《第4代ドーセット伯エドワード・サックヴィル》1613年　ロンドン、ケンウッド・ハウス

C13 イギリス派《第3代ノース男爵ダドリー・ノース》1615年頃　ロンドン、ヴィクトリア＆アルバート美術館（Given by Sidney F. Sabin）

C14 ジェイコブ・フェルディナンド・ヴォート《第9代メディナセリ公ルイス・フランシスコ・デ・ラ・セルダ》1684年頃　マドリード、プラド美術館

C15 サイモン・ピエテルス・ヴェレルスト《チャールズ2世》1670年頃　ロンドン、英国王立コレクション © The Royal Collection Trust/Queen Elizabeth II

C16 ニコラ・レネ・ジョラン《ルイ14世》18世紀初期　ヴェルサイユ宮殿美術館 © Réunion des musées nationaux

C17 ヘラルト・テル・ボルフ《自画像》1668年頃　デン・ハーグ、マウリッツハイス美術館

C18 ジョン・ド・クリッツ《イングランド王ジェームズ1世》1605年頃　マドリード、プラド美術館

C19 ワイブランド・デ・ヘースト《ナッソー・ディエッツ伯爵ヘンドリック・カシミール1世》1632年頃　アムステルダム国立美術館

C20 ロンドン、ヴィクトリア＆アルバート美術館

C21 ニューヨーク、メトロポリタン美術館（Millia Davenport and Zipporah Fleisher Fund, 2013）

C22 ニューヨーク、メトロポリタン美術館（Brooklyn Museum Costume Collection at The Metropolitan Museum of Art, Gift of the Brooklyn Museum, 2009; Gift of Herman Delman, 1954）

C23 アンソニー・ヴァン・ダイク《ジョン・スチュアートとバーナード・スチュアート》1638年頃　ロンドン、ナショナル・ギャラリー

C24　ロバート・ピーク（父）《女性の肖像》1619年頃　イギリス、ナショナル・トラスト
C25　ウィリアム・ラーキン《ドロシー・キャリー》1613年　ロンドン、ケンウッド・ハウス
C26　長さ25cm 幅8.5cm 高さ14cm　ロンドン、ヴィクトリア＆アルバート美術館（Given by Mr Talbot Hughes）
C27　ニューヨーク、メトロポリタン美術館（Rogers Fund, 1906）
C28　ニューヨーク、メトロポリタン美術館（Brooklyn Museum Costume Collection at The Metropolitan Museum of Art, Gift of the Brooklyn Museum, 2009; Gift of Herman Delman, 1955）
C29　長さ24cm 幅8cm 高さ10cm　ロンドン、ヴィクトリア＆アルバート美術館
C30　長さ24cm 幅10cm　ロンドン、ヴィクトリア＆アルバート美術館（Given by Mr H. J. Fillmore）
C31　ニューヨーク、メトロポリタン美術館（Gift of Susan Dwight Bliss, 1937）
C32　ロンドン、ヴィクトリア＆アルバート美術館（Given by Messrs Harrods Ltd.）
C33　ニューヨーク、メトロポリタン美術館（Gift of Art Worker's Club, 1945）
C34　ニューヨーク、メトロポリタン美術館（Gift of Miss Marion Hague, 1940）
C35　ジョージ・ロムニー《アンドリュー・リード夫人》1780年頃　テキサス州キンベル美術館
C36　トマス・ギブソンに帰属《サフォーク伯爵夫人ヘンリエッタ・ハワード》1720年頃　イギリス、ナショナル・トラスト
C37　イエンス・ユール《マチルデ・ギゲ・デ・プランシャン男爵夫人》1779年　コペンハーゲン、デンマーク国立美術館
C38　フランソワ・ジェラール《シャルル・フェルディナンド公爵夫人マリー・カロリーヌ・フェルディナンド・ルイーズ・ド・ナポリ》1820-37年　アムステルダム国立美術館
C39　ルイーズ・ブティエ《バラント男爵夫人セザリン・ドゥデト》1818年　メルボルン、ヴィクトリア国立美術館
C40　ニューヨーク、メトロポリタン美術館（Brooklyn Museum Costume Collection at The Metropolitan Museum of Art, Gift of the Brooklyn Museum, 2009; Gift of Herman Delman, 1954）
C41　ニューヨーク、メトロポリタン美術館（Brooklyn Museum Costume Collection at The Metropolitan Museum of Art, Gift of the Brooklyn Museum, 2009; Gift of Herman Delman, 1954）
C42　ロンドン、ヴィクトリア＆アルバート美術館（Given by Alfred Reynolds）
C43　ニューヨーク、メトロポリタン美術館（Brooklyn Museum Costume Collection at The Metropolitan Museum of Art, Gift of the Brooklyn Museum, 2009; Gift of Marion B. Grant, 1931）
C44　ニューヨーク、メトロポリタン美術館（Brooklyn Museum Costume Collection at The Metropolitan Museum of Art, Gift of the Brooklyn Museum, 2009; Gift of Mrs. G. Brinton Roberts, 1946）
C45　ロンドン、ヴィクトリア＆アルバート美術館（Given by Messrs Harrods Ltd.）
C46　ロンドン、ヴィクトリア＆アルバート美術館
C47　カットスティールにジャスパーのカメオをセット　ロンドン、ヴィクトリア＆アルバート美術館（Pfungst Reavil Bequest）
C48　ロンドン、ヴィクトリア＆アルバート美術館（Given by Dame Joan Evans）
C49　ロンドン、ヴィクトリア＆アルバート美術館（Given by Mr Robert Holland）
C50　ロサンゼルス郡美術館
C51　ロンドン、ヴィクトリア＆アルバート美術館
C52　ロンドン、ヴィクトリア＆アルバート美術館

C53 ロンドン、ヴィクトリア & アルバート美術館
C54 ロヒール・ファン・デル・ウェイデン《女性の肖像》1460 年頃 ロンドン、ナショナル・ギャラリー
C55 ジョアン・ボーフォート夫人とその娘たち 『ネルヴィルの時禱書』写本 15 世紀 パリ、フランス国立図書館
C56 ロンドン、ヴィクトリア & アルバート美術館（Given by Dame Joan Evans）
C57 ロンドン、ヴィクトリア & アルバート美術館
C58 ロンドン、ヴィクトリア & アルバート美術館（Given by Dame Joan Evans）
C59 ハンス・ホルバイン（子）《28 歳の男性の肖像》1541 年 ウィーン美術史美術館
C60 ハンス・ホルバイン（子）《ベネディクト・フォン・ヘルテンシュタイン》1517 年 ニューヨーク、メトロポリタン美術館（Rogers Fund, aided by subscribers, 1906）
C61 ルカス・クラーナハ（父）《ルカス・シュピールハウゼン》1532 年 ニューヨーク、メトロポリタン美術館（Bequest of Gula V. Hirschland, 1980）
C62 ロンドン、ヴィクトリア & アルバート美術館（Purchased with the aid of funds provided by Mr L. C. G. Clarke）
C63 《ランツフートのアレクサンダー・モルナウアー》1464-88 年頃 ロンドン、ナショナル・ギャラリー
C64 ウィーン美術史美術館
C65 ロンドン、ヴィクトリア & アルバート美術館（Given by Dame Joan Evans）
C66 ロンドン、ヴィクトリア & アルバート美術館
C67 ヘルマン・トム・リングに帰属《29 歳の女性の肖像》1582 年 ロンドン、ヴィクトリア & アルバート美術館
C68 ロンドン、ヴィクトリア & アルバート美術館
C69 ロンドン、ヴィクトリア & アルバート美術館
C70 フランス・ポルビュス（子）《ウィレム・ヴァン・バイヴ夫人》1591 年 ロンドン、ワイス・ギャラリー
C71 ロンドン、ヴィクトリア & アルバート美術館（Given by Dr W. L. Hildburgh FSA）
C72 ロンドン、ヴィクトリア & アルバート美術館
C73 マークス・ヘラート（子）《エミリー・ハワード夫人》1623 年頃 ロンドン、ケンウッドハウス
C74 ウィーン美術史美術館
C75 ロンドン、ヴィクトリア & アルバート美術館
C76 ロンドン、ヴィクトリア & アルバート美術館（Given by Dame Joan Evans）
C77 ロンドン、ヴィクトリア & アルバート美術館（Given by Dame Joan Evans）
C78 ロンドン、ヴィクトリア & アルバート美術館（Salting Bequest）
C79 ロンドン、ヴィクトリア & アルバート美術館（Given by Dame Joan Evans）
C80 ロンドン、ヴィクトリア & アルバート美術館
C81 アントニス・モル《イングランドのメアリー 1 世》1554 年 マドリード、プラド美術館
C82 アンソニー・ヴァン・ダイク《トマス・キリグルーとウィリアム・クロフツ卿》1638 年 ロンドン、英国王立コレクション © The Royal Collection Trust/Queen Elizabeth II
C84 ロンドン、ヴィクトリア & アルバート美術館
C85 ロンドン、ヴィクトリア & アルバート美術館

C86　ロンドン、ヴィクトリア＆アルバート美術館（Given by the American Friends of the V&A through the generosity of Patricia V. Goldstein）
C87　ロンドン、ヴィクトリア＆アルバート美術館（Given by Edward Donohoe）
C88　ロンドン、ヴィクトリア＆アルバート美術館（Given by the American Friends of the V&A through the generosity of Patricia V. Goldstein）
C89　ロンドン、ヴィクトリア＆アルバート美術館（Bequeathed by Shirley Mary Olson）
C90　ロンドン、ヴィクトリア＆アルバート美術館（Given by Dame Joan Evans）
C91　ロンドン、ヴィクトリア＆アルバート美術館（Given by Dame Joan Evans）
C92　ロンドン、ヴィクトリア＆アルバート美術館（Given by Mrs F. J. Halse）
C93　ロンドン、ヴィクトリア＆アルバート美術館
C94　ロンドン、ヴィクトリア＆アルバート美術館（Given by Dame Joan Evans）
C95　ロンドン、ヴィクトリア＆アルバート美術館（Bequeathed by Major W.F. St. Clair）
C96　ロンドン、ヴィクトリア＆アルバート美術館（Given by Dame Joan Evans）
C97　ロンドン、ヴィクトリア＆アルバート美術館（Bequeathed by Rosemary Eve Lawrence）
C98　シャルル＝アントワーヌ・コワペル《フランソワ・デ・ジュリエンヌとその妻》1743年　ニューヨーク、メトロポリタン美術館（Purchase, Mrs. Charles Wrightsman Gift, in honor of Annette de la Renta, 2011）
C99　ジャン・オーギュスト・ドミニク・アングル《ド・ブロイ公爵夫人》1851-53年　ニューヨーク、メトロポリタン美術館（Robert Lehman Collection, 1975）
C100　ロンドン、ヴィクトリア＆アルバート美術館
C101　ロンドン、ヴィクトリア＆アルバート美術館
C102　ニューヨーク、メトロポリタン美術館（Gift of Polaire Weissman, 1986）
C103　ニューヨーク、メトロポリタン美術館（Gift of Polaire Weissman, 1986）
C104　ロンドン、ヴィクトリア＆アルバート美術館（Given by Miss R. E. P. L. Sherratt）
C105　ロンドン、ヴィクトリア＆アルバート美術館
C106　ロンドン、ヴィクトリア＆アルバート美術館
C107　ロンドン、ヴィクトリア＆アルバート美術館（Given by Mrs W. Le Roy）
C108　ロンドン、ヴィクトリア＆アルバート美術館
C109　ニューヨーク、メトロポリタン美術館（Gift of Mrs. John D. Jones, 1899）
C110　バルトロメ・エステバン・ムリーリョ《アルカンタラまたはカラトラヴァの騎士》1650-55年　ニューヨーク、メトロポリタン美術館（Gift of Rudolf J. Heinemann, 1954）
C111　ダニエル・マイテンス《チャールズ1世》1629年　ニューヨーク、メトロポリタン美術館（Gift of George A. Hearn, 1906）
C112　《第3代サウサンプトン伯ヘンリー・リズリー》1600年頃　ロンドン、ナショナル・ポートレート・ギャラリー
C113　ニューヨーク、メトロポリタン美術館（Rogers Fund, by exchange, 1929）
C114　ロンドン、ヴィクトリア＆アルバート美術館（Bequeathed by Sir Frederick Richmond, Bt）
C115　マークス・ヘラート（子）《ジョン・ハウ》16世紀
C116　ニコラエス・エリアスゾーン・ピケノイ《34歳の女性の肖像》1634年　パリ、ルーヴル美術館 © Musée du Louvre
C117　ロンドン、ヴィクトリア＆アルバート美術館（Acquired with the assistance of the National Heritage Memorial Fund, The Art Fund and contributors to the Margaret Laton Fund）

C118　コルネリス・ド・フォス《母子の肖像》1624年　メルボルン、ヴィクトリア国立美術館
C119　アレクシス＝シモン・ベル《男性の肖像》1712年頃　ロンドン、ヴィクトリア＆アルバート美術館
C120　アデライド・ラビーユ＝ギアール《ジャンリス夫人》1790年　ロサンゼルス郡美術館
C122　ロンドン、ヴィクトリア＆アルバート美術館
C123　ロンドン、ヴィクトリア＆アルバート美術館（Given by Miss Stephenson）
C124　ロンドン、ヴィクトリア＆アルバート美術館
C125　ロンドン、ヴィクトリア＆アルバート美術館
C126　ロンドン、ヴィクトリア＆アルバート美術館（Bequeathed by John Forster）
C127　ニューヨーク、メトロポリタン美術館（Gift of J. Pierpont Morgan, 1917）
C128　ニューヨーク、メトロポリタン美術館（Robert Lehman Collection, 1975）
C129　ニューヨーク、メトロポリタン美術館（Gift of J. Pierpont Morgan, 1917）
C130　ロンドン、ヴィクトリア＆アルバート美術館（Bequeathed by Mr John George Joicey）
C131　ロンドン、ヴィクトリア＆アルバート美術館（Pfungst Reavil Bequest）
C132　ロンドン、ヴィクトリア＆アルバート美術館
C133　ロンドン、ヴィクトリア＆アルバート美術館（Given by Dr W L Hildburgh）
C134　ハンス・ホルバイン（子）の工房《ヘンリー8世》1542年
C135　ポンペオ・バトーニ《初代タルボット伯ジョン・タルボット》1773年　ロサンゼルス、J. ポール・ゲッティ美術館
C136　ファッションプレート　1778年　ボストン美術館
C137　ロンドン、ヴィクトリア＆アルバート美術館
C138　ロンドン、ヴィクトリア＆アルバート美術館（Given by Mrs F. Beddington）
C139　ロンドン、ヴィクトリア＆アルバート美術館（Given by Mrs G. Atkinson and Mrs M. F. Davey）
C140　ロンドン、ヴィクトリア＆アルバート美術館（Given by the Misses Davidson）
C141　ロンドン、ヴィクトリア＆アルバート美術館（Given by Mrs E. Gibbs）
C142　ヴィットリオ・マッテオ・コルコス《海の正午》1884年
C143　ロンドン、ヴィクトリア＆アルバート美術館（Given by HM Queen Mary）
C144　ロンドン、ヴィクトリア＆アルバート美術館（Given by the Coral Samuel Charitable Trust）
C145　ロンドン、ヴィクトリア＆アルバート美術館（Given by Mrs Gason）
C146　ロンドン、ヴィクトリア＆アルバート美術館（Bequeathed by Mrs Fisher）
C147　ロンドン、ヴィクトリア＆アルバート美術館（Given by Mrs Emma Kent）
C148　クラウディウス・フォン・シュラウドルフ《小さな花売り》1868年
C149　フランチェスコ・テルズィ《オーストリア大公フェルディナント2世》1557年以降　ウィーン美術史美術館
C150　ロンドン、ヴィクトリア＆アルバート美術館（Bequeathed by Sir Frederick Richmond, Bt）
C151　ニューヨーク、メトロポリタン美術館（Gift of Mrs. Charles Wrightsman, 1994）
C152　ニューヨーク、メトロポリタン美術館（Brooklyn Museum Costume Collection at The Metropolitan Museum of Art, Gift of the Brooklyn Museum, 2009; Gift of the executors of the estate of Clara M. Blum in memory of Mr. and Mrs. Albert Blum, 1966）
C153　ロンドン、ヴィクトリア＆アルバート美術館（Given by Miss M. Tame）

C154　ロンドン、ヴィクトリア＆アルバート美術館（Given by A. Weingott）
C155　ロンドン、ヴィクトリア＆アルバート美術館（Given by Mrs Pynson-Bennitt）
C156　ファッションプレート　1876年　アムステルダム国立美術館
C157　ロサンゼルス郡美術館
C158　ロサンゼルス郡美術館
C159　ロンドン、ヴィクトリア＆アルバート美術館（Given by Miss M. Tame）
C160　ロサンゼルス郡美術館
C161　アロンソ・サンチェス・コエーリョ《フェリペ2世妃アナ・デ・アウストリア》1571年　ウィーン美術史美術館
C162　ロンドン、ヴィクトリア＆アルバート美術館
C163　ロンドン、ヴィクトリア＆アルバート美術館
C164　ロンドン、ヴィクトリア＆アルバート美術館
C165　《スウェーデン王女エリサベト》1550年代　ストックホルム、スウェーデン国立美術館
C166　ヘンリー・インマン《アンジェリカ・シングルトン・ヴァン・ビューレン》1842年　ワシントンD.C.、ホワイト・ハウス
C167　ニューヨーク、メトロポリタン美術館（Gift of The Needle and Bobbin Club, 1924）
C168　ロンドン、ヴィクトリア＆アルバート美術館
C169　サミュエル・ウッドハウス《ヘンリー・ヘアー・タウンゼント》1809-15年　ロンドン、ヴィクトリア＆アルバート美術館（Bequeathed by Rev. Chauncey Hare Townshend）
C170　ニューヨーク、メトロポリタン美術館（Gift of Irwin Untermyer, 1964）
C171　ティツィアーノ《扇を持った少女》1556年頃　ドレスデン美術館（アルテ・マイスター絵画館）
C172　ジョヴァンニ・バッティスタ・モローニ《女性の肖像》1556-60年頃　ロンドン、ナショナル・ギャラリー
C173　ロンドン、ヴィクトリア＆アルバート美術館（Given by Margaret Simeon）
C174　アレクサンダー・ロスリン《扇を手にした女性》1768年　ストックホルム、スウェーデン国立美術館
C175　ロンドン、ヴィクトリア＆アルバート美術館（Given by Sir Matthew Digby Wyatt and Lady Wyatt）
C176　ニューヨーク、メトロポリタン美術館（From the Collection of Ella Wolcott Clark Rogers, Gift of Ella Mabel Clark, 1948）
C177　ニューヨーク、メトロポリタン美術館（Brooklyn Museum Costume Collection at The Metropolitan Museum of Art, Gift of the Brooklyn Museum, 2009; Gift of F. R. McKenzie in memory of Mrs. George W. McKenzie, 1956）
C178　ニューヨーク、メトロポリタン美術館（Gift of Mrs. Albert Blum, 1953）
C179　アンゼルム・フォイエルバッハ《ローマの女性の肖像》1861年　ミュンヘン、ノイエ・ピナコテーク
C180　レオン＝パスカル・グレイン《女性の肖像》1755年　ワルシャワ、ポーランド国立美術館
C181　シャルル＝アントワーヌ・コワペル《フランス貴族シャルル・ド・ロアン＝ロシュフォール》1776年
C182　ロンドン、ヴィクトリア＆アルバート美術館

C183　ロンドン、ヴィクトリア＆アルバート美術館
C184　ウィリアム・シーガーに帰属《ウォルター・ローリー卿》1598年　ダブリン、アイルランド国立美術館
C185　《ウォルター・ローリー卿》1588年　ロンドン、ナショナル・ポートレート・ギャラリー
C186　《アストゥリアス公カルロス・デ・アウストリア》1564年　ウィーン美術史美術館
C187　ロンドン、ヴィクトリア＆アルバート美術館（Given by Dame Joan Evans）
C188　ロンドン、ヴィクトリア＆アルバート美術館
C189　ロンドン、ヴィクトリア＆アルバート美術館
C190　ジョセフ・ブラックバーン《ジョナサン・ワーナー大佐》1761年　ボストン美術館
C191　ロンドン、ヴィクトリア＆アルバート美術館
C193　ロンドン、ヴィクトリア＆アルバート美術館（Given by Mrs Barbara Gooddy）
C194　ロンドン、ヴィクトリア＆アルバート美術館
C195　ニューヨーク、メトロポリタン美術館（From the Hanna S. Kohn Collection, 1951）
C196　ニューヨーク、メトロポリタン美術館（From the Hanna S. Kohn Collection, 1951）
C197　ニューヨーク、メトロポリタン美術館（From the Hanna S. Kohn Collection, 1951）
C198　ニューヨーク、メトロポリタン美術館（From the Hanna S. Kohn Collection, 1951）
C199　ニューヨーク、メトロポリタン美術館（Gift of Mrs. Reginald P. Rose, 1976）
C200　ニューヨーク、メトロポリタン美術館（From the Hanna S. Kohn Collection, 1951）
C201　アレクサンドル・ロスラン《ウルリク・シェファー》1763年　スウェーデン、スコークロステル城博物館
C202　ロンドン、ヴィクトリア＆アルバート美術館
C203　ロンドン、ヴィクトリア＆アルバート美術館（Given by Lt Col A.D. Hunter from the Gorst Collection）
C204　ロンドン、ヴィクトリア＆アルバート美術館（Given by Mrs P. Sanguinetti）
C205　マークス・ヘラート（子）《フランシス・レイトン夫人マーガレット》1620年頃　ロンドン、ヴィクトリア＆アルバート美術館（Acquired with the assistance of the National Heritage Memorial Fund, The Art Fund, and contributors to the Margaret Laton Fund）
C206　ロンドン、ヴィクトリア＆アルバート美術館（Acquired with the assistance of the National Heritage Memorial Fund, The Art Fund and contributors to the Margaret Laton Fund）
C207　ロンドン、ヴィクトリア＆アルバート美術館
C208　ロンドン、ヴィクトリア＆アルバート美術館（Given by Miss Katharine Boyle）
C209　ロンドン、ヴィクトリア＆アルバート美術館（Given by Miss Louise Band）
C210　レブラント・ファン・レイン《マリア・テュルプ》1639年　アムステルダム国立美術館
C211　ロンドン、ヴィクトリア＆アルバート美術館（Given from the collection of Mary, Viscountess Harcourt GBE）
C212　ロンドン、ヴィクトリア＆アルバート美術館
C213　ロンドン、ヴィクトリア＆アルバート美術館
C214　ロンドン、ヴィクトリア＆アルバート美術館（Given by the Earl of Gosford）
C215　マークス・ヘラート（子）《レディー・スクダモア》1615年　ロンドン、ナショナル・ポートレート・ギャラリー
C216　ウィギリウス・エリクセン《デンマーク＝ノルウェー王フレデリク5世妃ユリアーネ・マリー》1776年　コペンハーゲン国立美術館

C217　ロンドン、ヴィクトリア＆アルバート美術館（Given from the collection of Mary, Viscountess Harcourt GBE）
C218　ロンドン、ヴィクトリア＆アルバート美術館
C219　ロンドン、ヴィクトリア＆アルバート美術館
C220　ロンドン、ヴィクトリア＆アルバート美術館
C221　ロンドン、ヴィクトリア＆アルバート美術館
C222　ロンドン、ヴィクトリア＆アルバート美術館
C223　アドルフ・ウルリク・ヴァルトミュラー《ふたりの子供を連れてトリアノン庭園を散歩するマリー・アントワネット》1785年　ストックホルム、スウェーデン国立美術館
C224　フランソワ＝ユベール・ドルーエ《マーキス・ド・コーモン・ラ・フォース》1767年　インディアナ州立ボールステイト大学デビッド・オウズリー美術館
C225　ロンドン、ヴィクトリア＆アルバート美術館（Given by Miss C. E. Gallini）
C226　ロンドン、ヴィクトリア＆アルバート美術館
C227　フランソワ・ブーシェ《ポンパドゥール夫人》1756年　ミュンヘン、アルテ・ピナコテーク
C228　アレクサンドル・ロスラン《女性の肖像》1753年　ストックホルム、スウェーデン国立美術館
C229　ロンドン、ヴィクトリア＆アルバート美術館
C230　ジョン・マイケル・ライト《アダレイのジョン・コルベット卿》1676年頃　コネチカット州、イェール大学イギリス美術研究センター
C231　アンジェイ・ステークに帰属《アレクサンダー・ザスワスキー＝オストロッグスキー》1670年頃　ミンスク、ベラルーシ国立美術館
C232　ジャン＝バティスト・グルーズ《ダンジヴィレ伯爵シャルル・クロード・ド・フラオー》1763年　ニューヨーク、メトロポリタン美術館（Gift of Edith C. Blum (et al.) Executors, in memory of Mr. and Mrs. Albert Blum, 1966）
C233　ニューヨーク、メトロポリタン美術館（Purchase, Irene Lewisohn Bequest and Polaire Weissman Fund, 1996）
C234　ニューヨーク、メトロポリタン美術館（Brooklyn Museum Costume Collection at The Metropolitan Museum of Art, Gift of the Brooklyn Museum, 2009; Gift of Amelia Beard Hollenback, 1966）
C235　ロンドン、ヴィクトリア＆アルバート美術館（Given by Mrs V. I. Lewin）
C236　ジャン・オーギュスト・ドミニク・アングル《モイテシエ夫人》1851年　ワシントン・ナショナル・ギャラリー
C237　フランソワ＝ユベール・ドルーエ《ルイ15世の王女ソフィー》1762年　ニューヨーク、メトロポリタン美術館（Gift of Barbara Lowe Fallass, 1964）

［第20章　靴］
20-3　ニューヨーク、メトロポリタン美術館（Rogers Fund and Edward S. Harkness Gift, 1922）
20-4　カイロ、エジプト考古学博物館
20-5　カイロ、エジプト考古学博物館
20-6　カイロ、エジプト考古学博物館
20-7　ニューヨーク、メトロポリタン美術館（Fletcher Fund, 1922）
20-12　ニューヨーク、メトロポリタン美術館（Fletcher Fund, 1925）

20-22 ニューヨーク、メトロポリタン美術館（Bashford Dean Memorial Collection, Funds from various donors, 1929）

20-23 『ジル・ブイエの紋章集』写本 1455年頃 パリ、フランス国立図書館

20-26 ニューヨーク、メトロポリタン美術館（Brooklyn Museum Costume Collection at The Metropolitan Museum of Art, Gift of the Brooklyn Museum, 2009; Gift of Herman Delman, 1955）

20-28 ハンス・ホルバイン（子）の作品に拠る《ヘンリー8世》1537年以降 リヴァプール、ウォーカー・アートギャラリー

20-30 トロント、バータ靴博物館

20-31 長さ24cm 幅8cm 高さ10cm ロンドン、ヴィクトリア＆アルバート美術館

20-32 アブラハム・ファン・ブライエンベルヒ《チャールズ1世》1616年頃 ロンドン、ナショナル・ポートレート・ギャラリー

20-34 アンソニー・ヴァン・ダイク《トマス・ウォートン》1639年 サンクト・ペテルブルク、エルミタージュ美術館

20-37 ニコラ・レネ・ジョラン《ルイ14世》18世紀初期 ヴェルサイユ宮殿美術館 © Réunion des musées nationaux

20-39 ジョージ・ナプトンの作品に拠る《ジョージ3世》1751年頃 ロンドン、ヴィクトリア＆アルバート美術館

20-42 ニューヨーク、メトロポリタン美術館（Rogers Fund, 1906）

20-43 ニューヨーク、メトロポリタン美術館（Gift of W.J. Baer, 1908）

20-44 モーリス・カンタン・ド・ラ・トゥール《ポンパドゥール夫人》1752-55年頃 パリ、ルーヴル美術館 © Musée du Louvre/Photo L. Chastel

20-48 ニューヨーク、メトロポリタン美術館（Rogers Fund, 1926）

20-49 ジョン・クインシー・アダムズ・ウォード《ピルグリム》（1884年）に拠る銅版画（『ハーパーズ・ウィークリー』1885年）

20-50 アントワーヌ＝ジャン・グロ《アウステルリッツの戦い後、ナポレオン1世とフランシス2世の出会い》1805-15年 ヴェルサイユ宮殿美術館 © Réunion des musées nationaux

20-53 ニューヨーク、メトロポリタン美術館（Brooklyn Museum Costume Collection at The Metropolitan Museum of Art, Gift of the Brooklyn Museum, 2009; Gift of Amelia Beard Hollenback, 1966）

20-54 ニューヨーク、メトロポリタン美術館（Purchase, Irene Lewisohn and Alice L. Crowley Bequests, 1982）

20-56 ニューヨーク、メトロポリタン美術館（Gift of Samuel Thorne, 1964）

20-58 ロンドン、ヴィクトリア＆アルバート美術館

20-61 ニューヨーク公共図書館

20-64 ニューヨーク、メトロポリタン美術館（Gift of Mrs. Herbert G. Lord, 1980）

20-66 ニューヨーク公共図書館

20-70 ニューヨーク、メトロポリタン美術館（Gift of Rodman A. Heeren, 1961）

20-71 ニューヨーク、メトロポリタン美術館（Brooklyn Museum Costume Collection at The Metropolitan Museum of Art, Gift of the Brooklyn Museum, 2009; Gift of Mercedes de Acosta, 1953）

20-74 アメリカ議会図書館

［第 21 章　バックル］

21-2　ニューヨーク、メトロポリタン美術館（Gift of Bashford Dean, 1920）

21-7　ニューヨーク、メトロポリタン美術館（Purchase, 1895）

21-8　ロンドン、ヴィクトリア & アルバート美術館

21-9　ニューヨーク、クーパー・ヒューイット国立デザイン博物館

21-10　ジュゼッペ・ペロヴァーニ《ジョージ・ワシントン》1796 年　マドリード、王立サン・フェルナンド美術アカデミー

21-11　ラルフ・アール《エライジャ・ボードマン》1789 年　ニューヨーク、メトロポリタン美術館（Bequest of Susan W. Tyler, 1979）

21-12　ロンドン、ヴィクトリア & アルバート美術館

21-13　ジョシュア・レノルズ《ヘンリー・アランデル》1765 年頃　オハイオ州、デイトン美術館

21-14　ニューヨーク、メトロポリタン美術館（Gift of Frederic E. Gibert, 1959）

21-15　Cabinet des Modes ou les Modes Nouvelles, 1 Mai 1786, Paris　アムステルダム国立美術館

21-16　ニューヨーク、メトロポリタン美術館（Gift of Miss Elizabeth R. Hooker, 1962）

21-17　ロンドン、ヴィクトリア & アルバート美術館

［第 22 章　ホーズ（靴下）］

22-1　『メアリー女王の詩篇』1310-20 年（Royal MS 2　B VII）大英図書館

22-7　ペルジーノ《聖ベルナルディノの奇跡》1473 年　ペルージア、ウンブリア国立美術館

22-8　オーストリア、クレムス・アン・デア・ドナウ、中世・近世物質文化研究所 ©Institut für Realienkunde des Mittelalters und der frühen Neuzeit

22-11　ローゼンバーグ & ヘイク『コスチュームの歴史』1905 年

22-12・13・14　ピントゥリッキオ作　1502-08 年　シエナ大聖堂ピッコロミニ家の図書館の壁画

22-17　スウェーデン王立武器庫博物館

22-18　《グスタフ 2 世アドルフ》1632 年　ストックホルム、スウェーデン国立美術館

22-20　ニューヨーク、メトロポリタン美術館（Rogers Fund, 1926）

22-21　ニューヨーク、メトロポリタン美術館（ Gift of Henri-Marcel Cadgene, 1955）

22-22　フランソワ・ブーシェ《化粧室》1742 年　マドリード、ティッセン＝ボルネミッサ美術館

22-26　アメリカ議会図書館

［第 23 章　ガーター］

23-4　ハンス・ホルバインの作品に拠る《ヘンリー 8 世》1600 年頃　ロンドン、ワイス・ギャラリー

23-8　ウィリアム・ラーキンに帰属《第 4 代ドーセット伯エドワード・サックヴィル》1613 年　ロンドン、ケンウッド・ハウス

23-9　エバード・クラインスゾーン・ファン・デル・マエス《ウィレム・ヤンスゾーン・コック》1617 年　ハーグ歴史博物館

23-12　ミシェル・ガルニエ《化粧室の若い女性》1780 年頃

23-13　ニューヨーク、メトロポリタン美術館（Anonymous Gift, 1924）

23-18　ロンドン、ヴィクトリア & アルバート美術館

［第 24 章　ゲイター］

24-6　ニューヨーク、メトロポリタン美術館（Brooklyn Museum Costume Collection at The Metropolitan

Museum of Art, Gift of the Brooklyn Museum, 2009）

［第25章　ブレスレット］

25-2　ニューヨーク、メトロポリタン美術館（Purchase, Edward S. Harkness Gift, 1926）
25-3　ニューヨーク、メトロポリタン美術館（Purchase, Edward S. Harkness Gift, 1926）
25-4　ライデン国立古代博物館
25-5　ブレスレット：幅8cm 長さ12.5cm　ニューヨーク、メトロポリタン美術館（Purchase, Rogers Fund and Henry Walters Gift, 1916）
25-6　ニューヨーク、メトロポリタン美術館（Rogers Fund, 1919）
25-8　ニューヨーク、メトロポリタン美術館（The Cesnola Collection, Purchased by subscription, 1874–76）
25-9　ニューヨーク、メトロポリタン美術館（The Cesnola Collection, Purchased by subscription, 1874–76）
25-10　ニューヨーク、メトロポリタン美術館（The Cesnola Collection, Purchased by subscription, 1874–76）Rogers Fund, 1922
25-11　ミュンヘン、グリュプトテーク
25-12　アテネ国立考古学博物館
25-13　ニューヨーク、メトロポリタン美術館（Rogers Fund, 1917）
25-15　ロンドン、大英博物館
25-16　ロンドン、英国王立コレクション © The Royal Collection Trust/Queen Elizabeth II
25-17　ロンドン、ヴィクトリア＆アルバート美術館
25-18　アントニス・モル《イングランドのメアリー1世》1554年　マドリード、プラド美術館
25-19　ヘルマン・トム・リングに帰属《29歳の女性の肖像》1582年　ロンドン、ヴィクトリア＆アルバート美術館
25-20　ロンドン、ヴィクトリア＆アルバート美術館
25-21　ロンドン、ヴィクトリア＆アルバート美術館（Bequeathed by A. M. R. Kenny）
25-22　ウィリアム・チャールズ・ロス《ベーコン夫人》1841年　ロンドン、ヴィクトリア＆アルバート美術館（Given by Mrs B. Calmar）
25-23　フランソワ・ニコラス・リス《T.V. ゴリチナ王女》1835-36年　モスクワ、ロシア国立歴史博物館
25-24　堺、アルフォンス・ミュシャ館
25-25　ロンドン、ヴィクトリア＆アルバート美術館（Given by the descendants of Auguste Pageot: Mrs Christine Johnson, Henri Pageot, Mrs Marianne Pratt, Mrs Jeanette Vazquez）
25-26　ロンドン、ヴィクトリア＆アルバート美術館（Given by the American Friends of the V&A through the generosity of Patricia V. Goldstein）
25-27　ロンドン、ヴィクトリア＆アルバート美術館

［第26章　指輪］

26-3　ニューヨーク、メトロポリタン美術館（Gift of Edward S. Harkness, 1922）
26-5　ニューヨーク、メトロポリタン美術館（Museum Accession）
26-6　ニューヨーク、メトロポリタン美術館（Purchase, Edward S. Harkness Gift, 1926）
26-8　アテネ国立考古学博物館

26-11　ニューヨーク、メトロポリタン美術館（Rogers Fund, 1924）
26-12　ニューヨーク、メトロポリタン美術館（Purchase, Mr. and Mrs. Christos G. Bastis Gift, 1999）
26-15　ニューヨーク、メトロポリタン美術館（Bequest of Rupert L. Joseph, 1960）
26-20　長さ 14.4cm　ニューヨーク、メトロポリタン美術館（Purchase, 1896）
26-22　ニューヨーク、メトロポリタン美術館（Purchase, Deanna Anderson Gift and funds from various donors, 2002）
26-24　ニューヨーク、メトロポリタン美術館（Gift of Guy and Valerie Tempest Megargee, 1992）
26-27　ロンドン、ヴィクトリア & アルバート美術館
26-28　6.4 × 3.8cm　ニューヨーク、メトロポリタン美術館（Gift of J. Pierpont Morgan, 1917）
26-31　ニューヨーク、メトロポリタン美術館（Griffin Collection）
26-32　ロンドン、ヴィクトリア & アルバート美術館
26-37　ニューヨーク、メトロポリタン美術館（The Lesley and Emma Sheafer Collection, Bequest of Emma A. Sheafer, 1973）
26-39　ハンス・ホルバイン（子）《ベネディクト・フォン・ヘルテンシュタイン》1517 年　ニューヨーク、メトロポリタン美術館（Rogers Fund, aided by subscribers, 1906）
26-41　ニューヨーク、メトロポリタン美術館（Given by Dame Joan Evans）
26-42　《ブルボン家のイサベル王女》1620 年頃　マドリード、プラド美術館
26-43　ルカス・クラーナハ（父）《女性の肖像》1525 年頃　ロンドン、ナショナル・ギャラリー
26-44　ハンス・ホルバイン（子）《アン・オブ・クレーヴス》1539 年　パリ、ルーヴル美術館 © Musée du Louvre
26-45　ハンス・ホルバイン（子）《イングランド王妃ジェーン・シーモア》1536 年　ウィーン美術史美術館
26-46　シェークスピア・バースプレイス・トラスト
26-47　ロンドン、ヴィクトリア & アルバート美術館（Given by Dame Joan Evans）
26-48　ロンドン、ヴィクトリア & アルバート美術館
26-49　スティーブン・ファン・デル・ミューレンの工房《エリザベス 1 世》1562 年頃
26-50　ルカス・クラーナハ（父）《ルカス・シュピールハウゼン》1532 年　ニューヨーク、メトロポリタン美術館（Bequest of Gula V. Hirschland, 1980）
26-52　ロンドン、ヴィクトリア & アルバート美術館
26-53　ロンドン、大英博物館
26-54　ロンドン、ヴィクトリア & アルバート美術館
26-55　ロンドン、サー・ジョン・ソーンズ美術館
26-57　ロンドン、ヴィクトリア & アルバート美術館（Bequeathed by the Revd. Chauncy Hare Townshend）
26-59　ニューヨーク、メトロポリタン美術館（Gift of Susan Dwight Bliss, 1941）

[第 27 章　手袋]
27-1　カイロ、エジプト考古学博物館
27-2　『ウィンチェスター詩篇』12 世紀中頃 -13 世紀中頃（Cotton MS Nero C IV）　ロンドン、大英図書館
27-4　オックスフォード大学ニュー・カレッジ

27-5 《ウィンチェスター司教ウィカムのウィリアム》16世紀　オックフォード大学ニュー・カレッジ
27-6 オックフォード、アシュモリアン美術館
27-7 ロンドン、ヴィクトリア & アルバート美術館
27-9 アントニス・モルの作品に拠る《イングランド女王メアリー1世》1554-59年　ロンドン、英国王立コレクション © The Royal Collection Trust/Queen Elizabeth II
27-10 オックフォード、アシュモリアン美術館
27-11 ファン・デル・メーデン《エリザベス1世（ハムデン・ポートレート）》1563年頃　ロンドン、テイト・ブリテン
27-12 オックスフォード、サフラン・ウォルデン博物館
27-15 イギリス、シェルドン・タペストリー工房製　ロンドン、ヴィクトリア & アルバート美術館
27-16 《スウェーデン王女エリサベト》1550年代　ストックホルム、スウェーデン国立美術館
27-17 ダニエル・マイテンス《チャールズ1世》1631年　ロンドン、ナショナル・ポートレート・ギャラリー
27-18 《ヘスター・クリスプ》17世紀
27-19 アムステルダム国立美術館
27-20 ダニエル・マイテンスの工房《オランダの初代伯爵ヘンリー・リッチ》1633年頃　ロンドン、ナショナル・ポートレート・ギャラリー
27-21 ロンドン、ヴィクトリア & アルバート美術館
27-22 ロンドン、ヴィクトリア & アルバート美術館
27-23 ロンドン、ヴィクトリア & アルバート美術館（Acquired with the assistance of the National Heritage Memorial Fund, The Art Fund and contributors to the Margaret Laton Fund）
27-24 ロサンゼルス、FIDM ミュージアム & ギャラリーズ
27-25 ジョルジュ・ルジェ《モリアン家の娘たち》1811年　パリ、ルーヴル美術館 ©Musée du Louvre / Erich Lessing
27-27 ジョン・シンガー・サージェント《ジョゼフ・チェンバレン夫人》1902年　ワシントン、ナショナル・ギャラリー
27-28 ロンドン、ヴィクトリア & アルバート美術館（Given by Brenda Bishop）
27-29 ロンドン、ヴィクトリア & アルバート美術館（Given by Brenda Bishop）

［第28章　時計］

28-1 ニューヨーク、メトロポリタン美術館（Gift of Mrs. Stephen D. Tucker, 1903）
28-2 ニューヨーク、メトロポリタン美術館（Gift of Mrs. Stephen D. Tucker, 1903）
28-3 ニューヨーク、メトロポリタン美術館（Gift of Mrs. Simon Guggenheim, 1929）
28-4 ニューヨーク、メトロポリタン美術館（Gift of J. Pierpont Morgan, 1917）
28-5 トマソ・マンズォーリに帰属《時計を手にした男性》1558年頃　ロンドン、科学博物館 © Science Museum / Science & Society Picture Library
28-6 ニューヨーク、メトロポリタン美術館（Gift of J. Pierpont Morgan, 1917）
28-7 ケースは19世紀初期　ニューヨーク、メトロポリタン美術館（Gift of J. Pierpont Morgan, 1917）
28-8 ニューヨーク、メトロポリタン美術館（Gift of J. Pierpont Morgan, 1917）

28-9　ニューヨーク、メトロポリタン美術館（Gift of J. Pierpont Morgan, 1917）
28-10　ニューヨーク、メトロポリタン美術館（Gift of J. Pierpont Morgan, 1917）
28-12　ロンドン、ヴィクトリア & アルバート美術館（Purchased with the assistance of Wartski Limited）
28-13　ロンドン、ヴィクトリア & アルバート美術館
28-14　ロンドン、ヴィクトリア & アルバート美術館（Given by Mr. Higford Griffiths）
28-15　ニューヨーク、メトロポリタン美術館（Gift of H. Cecilia Bailey, 1977）
28-18　ニューヨーク、メトロポリタン美術館（Gift of Polaire Weissman, 1986）

［第 29 章　ステッキ］
29-6　パリ、フランス国立図書館
29-7　パリ、ルーヴル美術館 © Musée du Louvre
29-11　ハンス・ホルバイン（子）の工房《ヘンリー 8 世》1542 年
29-12　シカゴ美術研究所
29-13　ロンドン、ヴィクトリア & アルバート美術館
29-14　銅版画シリーズ『フランス貴族の庭』1629 年　ニューヨーク、メトロポリタン美術館（Harris Brisbane Dick Fund, 1953）
29-17　オーガストス・セント・ゴーデンズ《ピューリタン》1887 年
29-18　ロンドン、ヴィクトリア & アルバート美術館（Bequeathed by John Jones）
29-19　アレクサンダー・ロスリン《ヌーブール＝クロミエール男爵》1756 年頃　ストックホルム、スウェーデン国立美術館
29-20　ポンペオ・バトーニ《初代タルボット伯ジョン・タルボット》1773 年　ロサンゼルス、J. ポール・ゲッティ美術館
29-21　ボストン美術館
29-22　ベルリン、ホーエンツォレルン美術館（モンビジュー宮殿）
29-23　ニューヨーク歴史協会
29-26　ジョヴァンニ・ボルディーニ《ロベール・ド・モンテスキュー・フンザック》1897 年　パリ、オルセー美術館
29-27　ジェームズ・ホイッスラー《肖像画家ウィリアム・メリット・チェイス》1885 年　ニューヨーク、メトロポリタン美術館（Bequest of William H. Walker, 1918）

［第 30 章　雨傘と日傘］
30-2　パリ、ルーヴル美術館 © Musée du Louvre
30-4　ニューヨーク、メトロポリタン美術館（Fletcher Fund, 1928）
30-7　ローマ、サンティ・クワトロ・コロナーティ
30-8　シャルル・ル・ブラン《ルイ 14 世の宰相セギエ》1661 年頃　パリ、ルーヴル美術館 © Musée du Louvre
30-9　ニューヨーク、メトロポリタン美術館（Gift of Mrs. Byron C. Foy, 1956）
30-10　ロンドン、ヴィクトリア & アルバート美術館（Given by Mrs F. Beddington）
30-12　ロンドン、ヴィクトリア & アルバート美術館（Bequeathed by Mr Henry Vaughan）
30-14　クラウディウス・フォン・シュラウドルフ《小さな花売り》1868 年
30-15　フランソワ・ボション《会話する女性》1848 年　ロンドン、ヴィクトリア & アルバート

美術館（Bequeathed by Rev. Chauncey Hare Townshend）
30-16　ジャン・ベロー《ヨーロッパ広場》1875 年
30-17　ロンドン、ヴィクトリア & アルバート美術館
30-18　ロンドン、ヴィクトリア & アルバート美術館（Given by Mrs Emma Kent）
30-19　ロンドン、ヴィクトリア & アルバート美術館（Given by Messrs Harrods Ltd.）
30-22　ロンドン、ヴィクトリア & アルバート美術館（Given by Major and Mrs Broughton）
30-23　アムステルダム国立美術館

［第 31 章　ハンドバッグ］
31-4　ニューヨーク、メトロポリタン美術館（Gift of Mrs. Edward S. Harkness, 1927）
31-5　ウジェーヌ・エマニュエル・ヴィオレ・ル・デュクのデザインによる
31-6　ニューヨーク、メトロポリタン美術館（Gift of Irwin Untermyer, 1964）
31-14　ニューヨーク、メトロポリタン美術館（The Cloisters Collection, 1952）
31-15　ルカス・クラーナハ（父）《不釣り合いなカップル》1522 年　ブダペスト国立西洋美術館
31-16　ロンドン、ヴィクトリア & アルバート美術館（Given by the descendants of Hannah Downes）
31-18　ニューヨーク、メトロポリタン美術館（Gift of Mrs. Charles Wrightsman, 1994）
31-19　ロバート・ダイトン（父）《3 月》1785 年頃　ロンドン、ヴィクトリア & アルバート美術館
31-20　ニューヨーク、メトロポリタン美術館（Rogers Fund, by exchange, 1929）
31-21　ニューヨーク、メトロポリタン美術館（Gift of Mrs. Edward Luckemeyer, 1910）
31-22　ロンドン、ヴィクトリア & アルバート美術館（Given by the House of Worth）
31-23　ニューヨーク、メトロポリタン美術館（Gift of Mrs. F. D. Millet, 1913）
31-24　ニューヨーク、メトロポリタン美術館（Gift of Mrs. F. D. Millet, 1913）
31-25　ロンドン、ヴィクトリア & アルバート美術館（Cyril W Beaumont Bequest）
31-26　ニューヨーク、メトロポリタン美術館（Brooklyn Museum Costume Collection at The Metropolitan Museum of Art, Gift of the Brooklyn Museum, 2009; Gift of Hope Jenvey, 1967）

［第 32 章　ハンカチーフ］
32-2　《モニケダムの少女》1550-74 年　アムステルダム国立美術館
32-3　アロンソ・サンチェス・コエーリョ《フェリペ 2 世妃アナ・デ・アウストリア》1571 年　ウィーン美術史美術館
32-4　サンティ・ディ・ティート《マリー・ド・メディシス》16 世紀後期　ブラチスラヴァ、スロヴァキア国立美術館
32-5　ニューヨーク、メトロポリタン美術館（Rogers Fund, 1939）
32-6　ロンドン、ヴィクトリア & アルバート美術館（Given from the collection of Mary, Viscountess Harcourt GBE）
32-7　ディエゴ・ベラスケス《少女時代のルイ 14 世妃マリア・テレサ》1652 年頃　ウィーン美術史美術館
32-8　ロンドン、ヴィクトリア & アルバート美術館
32-9　ニューヨーク、メトロポリタン美術館（Rogers Fund, 1921）
32-10　ニューヨーク、メトロポリタン美術館（Gift of Duchesse de Richelieu, in memory of the

Princess Alice of Monaco, 1963）
32-11 ピョートル・ベジン《ソフィア・クシュニコヴァ》1839年 ミンスク、ベラルーシ国立美術館
32-12 ジェームズ・ティソ《マージーでの別れ》1880年
32-13 ニューヨーク、メトロポリタン美術館（Brooklyn Museum Costume Collection at The Metropolitan Museum of Art, Gift of the Brooklyn Museum, 2009; Gift of Mrs. William Sterling Peters, 1925）

［第33章 扇］
33-5 マドリード、国立考古学博物館
33-6 ベルリン、旧博物館
33-7・8 フィレンツェ、バルジェッロ国立博物館
33-10 クリストフ・ワイディッツ『コスチュームブック』1530年代 ニュルンベルク、ゲルマン国立博物館
33-12 バイエルン国立博物館
33-13 ティツィアーノ《扇を持った少女》1556年頃 ドレスデン美術館（アルテ・マイスター絵画館）
33-15 パルミジャニーノ《若い女性の肖像》1532年頃 パルマ国立美術館
33-16 ジョヴァンニ・バッティスタ・モローニ《女性の肖像》1556-60年頃 ロンドン、ナショナル・ギャラリー
33-17 ジョヴァンニ・バッティスタ・モローニ《イソッタ・ブレンバティ・グルメッリ》1552年 ベルガモ、モローニ宮殿
33-18 《スウェーデン王女アンナ》16世紀後期 ストックホルム、スウェーデン国立美術館
33-19 《エリザベス1世》1585-90年頃 ロンドン、ナショナル・ポートレート・ギャラリー
33-21 アンソニー・ヴァン・ダイク《マリー＝ルイーズ・デ・タシス》1630年頃 リヒテンシュタイン美術館
33-22 トマス・ゲインズバラ《グラハム夫人》1777年 エディンバラ、スコットランド国立美術館
33-23 レンブラント・ファン・レイン《アガサ・バス》1641年 ロンドン、英国王立コレクション © The Royal Collection Trust/Queen Elizabeth II
33-24 ヴェンツェスラウス・ホラー《夏》1641年 ロンドン、英国王立コレクション © The Royal Collection Trust/Queen Elizabeth II
33-25 ニューヨーク、メトロポリタン美術館
33-26 ロンドン、英国王立コレクション © The Royal Collection Trust/Queen Elizabeth II
33-27 ニューヨーク、メトロポリタン美術館（The Moses Lazarus Collection, Gift of Josephine and Sarah Lazarus, in memory of their father, 1888-95）
33-28 ニューヨーク、メトロポリタン美術館（Gift of Miss Margaret H. Bronson, 1955）
33-29 ロンドン、ヴィクトリア＆アルバート美術館（Given by Sir Matthew Digby Wyatt and Lady Wyatt）
33-30 ニューヨーク、メトロポリタン美術館（Bequest of Mary Clark Thompson, 1923）
33-31 ロンドン、ヴィクトリア＆アルバート美術館（Purchased with the assistance of the National Association of Decorative and Fine Arts Societies）

33-32　ロンドン、ヴィクトリア & アルバート美術館（Given by the House of Worth）
33-33　ロンドン、ヴィクトリア & アルバート美術館（Given by Manuel de Terrero, Esq., ARSM）
33-34　アレクサンダー・ロスリン《扇を手にした女性》1768 年　ストックホルム、スウェーデン国立美術館
33-35　ジャン＝オーギュスト＝ドミニク・アングル《マダム・ドュヴシー》1807 年　フランス、コンデ美術館
33-36　フランク・ディクシー《象牙の扇》19 世紀末頃

[第 34 章　マフ]
34-2　ヴェンツェスラウス・ホラー画　ニューヨーク、メトロポリタン美術館（Gift of Theodore De Witt, 1923）
34-4　ヴェンツェスラウス・ホラー画　ロンドン、ヴィクトリア & アルバート美術館
34-5　アムステルダム国立美術館
34-6　《デンマーク王女アンリエット・スチュアート》1688-1729 年　アムステルダム国立美術館
34-8　ニューヨーク、メトロポリタン美術館（Purchase, Irene Lewisohn Bequest, 1978）
34-7　ニューヨーク、メトロポリタン美術館（Purchase, Judith and Gerson Leiber Fund, 1984）
34-11　ジャン＝エティエンヌ・リオタール《友人ジャン・ド・ラ・リーヴ》1758 年頃　ジュネーヴ、美術歴史博物館
34-12　トマス・ローレンス《エリザベス・ファレン》1790 年　ニューヨーク、メトロポリタン美術館（Bequest of Edward S. Harkness, 1940）
34-13　エリザベート＝ルイーズ・ヴィジェ＝ルブラン《モレ・レイモンド》1786 年　パリ、ルーヴル美術館 © Musée du Louvre
34-14　ニューヨーク、メトロポリタン美術館（Brooklyn Museum Costume Collection at The Metropolitan Museum of Art, Gift of the Brooklyn Museum, 2009; Gift of the Princess Viggo in accordance with the wishes of the Misses Hewitt, 1931）
34-15　ロンドンのファッションデザイナー、エリザベス・ハンドリー・シーモアのデザイン画（1915 年）

[第 35 章　鏡]
35-1　ニューヨーク、メトロポリタン美術館（Purchase, Edward S. Harkness Gift, 1926）
35-2　ニューヨーク、メトロポリタン美術館（Gift of Helen Miller Gould, 1910）
35-3　ニューヨーク、メトロポリタン美術館（Bequest of Walter C. Baker, 1971）
35-4　ニューヨーク、メトロポリタン美術館（Rogers Fund, 1907）
35-5　ニューヨーク、メトロポリタン美術館（Purchase by subscription, 1896）
35-6　ニューヨーク、メトロポリタン美術館（Rogers Fund, 1912）
35-7　ニューヨーク、メトロポリタン美術館（Purchase, 1896）
35-8　ニューヨーク、メトロポリタン美術館（Gift of Mrs. Edward S. Harkness, 1930）
35-9　ロンドン、ヴィクトリア & アルバート美術館
35-10　ロンドン、ヴィクトリア & アルバート美術館（Given by the House of Worth）

[第 36 章　ボタン]
36-1　ニューヨーク、メトロポリタン美術館（The Cesnola Collection, Purchased by subscription,

1874–76）
36-3　ニューヨーク、メトロポリタン美術館
36-5　ニューヨーク、メトロポリタン美術館（Gift of J. Pierpont Morgan, 1917）
36-6　タッデオ・ガッディ《聖ペトロの殉教》1334-66 年　フィレンツェ、サンタ・マリア・ノヴェッラ聖堂の壁画
36-7　フランス王妃ジャンヌ・ド・ブルボンの彫像　パリ、ルーヴル美術館 © Musée du Louvre
36-12　リヨン織物歴史博物館
36-13　ハンス・ホルバイン（子）《ヘンリー 8 世》1540 年頃　ローマ、国立古代美術館
36-14　《ウォルター・ローリー卿》1588 年　ロンドン、ナショナル・ポートレート・ギャラリー
36-18　《アストゥリアス公カルロス・デ・アウストリア》1564 年　ウィーン美術史美術館
36-19　アロンソ・サンチェス・コエーリョ《少女時代のイサベル・クララ・エウヘニア》1579 年　マドリード、プラド美術館
36-20　アントニス・モル《ポルトガル王妃カタリナ・デ・アウストリア》1552 年頃　マドリード、プラド美術館
36-21　ロンドン、ヴィクトリア & アルバート美術館
36-23　ロンドン、ヴィクトリア & アルバート美術館（Given by Dame Joan Evans）
36-24　ゴドフリー・ネラー《ジェームス・クラッグス 2 世》1708 年頃　ロンドン、ナショナル・ポートレート・ギャラリー
36-25　ジョセフ・ブラックバーン《ジョナサン・ワーナー大佐》1761 年　ボストン美術館
36-28　ロンドン、ヴィクトリア & アルバート美術館
36-29　ロンドン、ヴィクトリア & アルバート美術館
36-30　ロンドン、ヴィクトリア & アルバート美術館（Given by Mrs Barbara Gooddy）
36-31　ニューヨーク、メトロポリタン美術館（From the Hanna S. Kohn Collection, 1951）
36-32　アントニオ・マリア・エスキヴェル《マヌエル・ミ・グティエレス》1834 年　バルセロナ、カタルーニャ美術館
36-34　ニューヨーク、メトロポリタン美術館（From the Hanna S. Kohn Collection, 1951）
36-35　ロンドン、ヴィクトリア & アルバート美術館（Given by the designer）

［第 37 章　刺繍］
37-3　ロンドン、大英博物館
37-6　ミュンヘン、国立古代美術館
37-8　シオン（スイス）、バレル教会
37-9　ウィーン美術史美術館
37-10　ウィーン美術史美術館
37-16　ニューヨーク、メトロポリタン美術館（Fletcher Fund, 1946）
37-17　ロンドン、大英図書館
37-18　フランチェスコ・デル・コッサ《ミネルヴァの勝利》1469-70 年　フェッラーラ、スキファノイア宮殿の壁画
37-19　フランソワ・クルーエ《シャルル 9 世》1569 年頃　ウィーン美術史美術館
37-20　《女性の肖像》1567 年　コネチカット州、イェール大学イギリス美術研究センター
37-21　《エリザベス 1 世》1590 年　オックスフォード、ジーザス・カレッジ
37-22　ニューヨーク、メトロポリタン美術館（The Nuttall Collection, Gift of Mrs. Magdalena

Nuttall, 1908）
37-23　ロンドン、ヴィクトリア＆アルバート美術館
37-24　ニューヨーク、メトロポリタン美術館（ Gift of Margaret Taylor Johnstone, 1906）
37-25　ニューヨーク、メトロポリタン美術館（Anonymous Gift, 1879）
37-26　《デンマークのアン》1600 年頃　英国政府アート・コレクション
37-27　フランス・ポルビュス《オーストリア大公妃イサベル・クララ・エウヘニア》17 世紀 ブルッヘ（ベルギー）、グルーニング美術館
37-30　イギリス派《金襴の陣》1545 年頃　ロンドン、英国王立コレクション © The Royal Collection Trust/Queen Elizabeth II
37-31　ジョン・ド・クリッツ《イングランド王ジェームズ 1 世》1605 年頃　マドリード、プラド美術館
37-32　ニューヨーク、メトロポリタン美術館（Gift of Irwin Untermyer, 1964）
37-33　ニューヨーク、メトロポリタン美術館（Gift of Mrs. Edward S. Harkness, 1928）
37-34　ニューヨーク、メトロポリタン美術館（Gift of Henry G. Marquand, 1890）
37-35　ニューヨーク、メトロポリタン美術館（Rogers Fund, 1932）
37-36　ニューヨーク、メトロポリタン美術館（Brooklyn Museum Costume Collection at The Metropolitan Museum of Art, Gift of the Brooklyn Museum, 2009; Gift of Mrs. Peter T. Denker, 1961）
37-37　ニューヨーク、メトロポリタン美術館（Brooklyn Museum Costume Collection at The Metropolitan Museum of Art, Gift of the Brooklyn Museum, 2009; Gift of Mrs. Alvah E. Reed, 1965）
37-38　ニューヨーク、メトロポリタン美術館（Gift of Irwin Untermyer, 1964）
37-40　エリザベート＝ルイーズ・ヴィジェ＝ルブラン《ラ・シャトレ伯爵夫人》1789 年　ニューヨーク、メトロポリタン美術館（Gift of Jessie Woolworth Donahue, 1954）
37-41　ニューヨーク、メトロポリタン美術館（Gift of Lewis Einstein, 1954）
37-42　ニューヨーク、メトロポリタン美術館（Bequest of Duchesse de Richelieu, in memory of Captain Frederick May Wise, U.S.N., 1972）

[第 38 章　レース]
38-1　ロンドン、ヴィクトリア＆アルバート美術館
38-2　ソフォニスバ・アングイッソラ《フェリペ 2 世》1573 年　マドリード、プラド美術館
38-3　カスパル・ネッチェル《レースを編む女性》1662 年　ロンドン、ウォレス・コレクション
38-4　オットー・ヴァエニウス《パルマ公アレクサンドル・ファルネーズ》16 世紀後半　ブリュッセル、ベルギー王立美術館
38-5　フランス・ポルビュス（子）《フランス王妃マリー・ド・メディシス》1609 年頃　パリ、ルーヴル美術館 © Musée du Louvre
38-6　ニューヨーク、メトロポリタン美術館（Harris Brisbane Dick Fund, 1930）
38-7　イギリス派《女性の肖像（レディー・ポーレット）》1620 年頃　オックスフォード、アシュモリアン美術館
38-8　マークス・ヘラート（子）《レディー・スクダモア》1615 年　ロンドン、ナショナル・ポートレート・ギャラリー
38-9　アンソニー・ヴァン・ダイク《ロレーヌのアンリ 2 世》1634 年頃　ワシントン・ナショナル・ギャラリー

38-10　レブラント・ファン・レイン《マリア・テュルプ》1639年　アムステルダム国立美術館
38-11　ロンドン、ヴィクトリア＆アルバート美術館
38-12　アンソニー・ヴァン・ダイク《チャールズ1世》17世紀前半　ロンドン、ナショナル・ポートレート・ギャラリー
38-13　ニューヨーク、メトロポリタン美術館（Gift of Mrs. Edward S. Harkness, 1930）
38-14　ニューヨーク、メトロポリタン美術館（Gift of The Lady Reigate, in memory of her mother, Mrs. William Redmond Cross, 1979）
38-15　ディルク・ディルクスゾーン・ファン・サンフォールト《アガサ・ゲルヴィンク》1637-40年　アムステルダム国立美術館
38-16　ニューヨーク、クーパー・ヒューイット国立デザイン博物館
38-17　ロンドン、ヴィクトリア＆アルバート美術館（Given by Margaret Simeon）
38-18　ヤン・ファン・デル・ファールトの作品に拠る版画《イングランド女王メアリー2世》1690年　ワシントン・ナショナル・ギャラリー（Paul Mellon Fund）
38-19　ニューヨーク、メトロポリタン美術館（Brooklyn Museum Costume Collection at The Metropolitan Museum of Art, Gift of the Brooklyn Museum, 2009; Gift of Antoinette Graves Goetz and Marie Graves Bullock in memory of their mother, Florence Christmas Eno Grave, and of their grandmother, Harriet Ch）
38-20　アムステルダム歴史博物館
38-21　アムステルダム歴史博物館
38-22　ニューヨーク、メトロポリタン美術館（Anonymous Gift, 1879）
38-23　ロンドン、ヴィクトリア＆アルバート美術館
38-24　エリザベート＝ルイーズ・ヴィジェ＝ルブラン《自画像》1790年　フィレンツェ、ウフィツィ美術館
38-25　フランソワ＝ユベール・ドルーエ《チャールズ・サイモン・ファーヴァート夫人》1757年　ニューヨーク、メトロポリタン美術館（ Mr. and Mrs. Isaac D. Fletcher Collection, Bequest of Isaac D. Fletcher, 1917）
38-26　フランツ・ヴィンターハルターの作品に拠る《ナポレオン皇妃ウージェニー》1853年　パリ、オルセー美術館
38-27　フランツ・ヴィンターハルター《モンパンシエ公爵夫人ルイサ・フェルナンダ・デ・ボルボン》1847年　ヴェルサイユ宮殿美術館 © Réunion des musées nationaux
38-28　ロンドン、ヴィクトリア＆アルバート美術館（Bequeathed by Miss H. G. Bright）
38-29　『ラ・モード・イリュストレ』1871年（26号）
38-30　バラバス・ミクローシュ《ハンガリー貴族イローナ・シシィ》1877年
38-31　ニューヨーク、メトロポリタン美術館（Brooklyn Museum Costume Collection at The Metropolitan Museum of Art, Gift of the Brooklyn Museum, 2009; Ella C. Woodward Memorial Fund, 1922）
38-32　ニューヨーク、メトロポリタン美術館（Brooklyn Museum Costume Collection at The Metropolitan Museum of Art, Gift of the Brooklyn Museum, 2009; Gift of Amelia Beard Hollenback, 1966）
38-33　ロンドン、ヴィクトリア＆アルバート美術館（Given by Mrs R. Craggs）

[第39章　フリンジとタッセル]
39-1　テーベ、ネフェルタリの墓出土　ニューヨーク、メトロポリタン美術館（Rogers Fund,

1930）
39-2　ニューヨーク、メトロポリタン美術館（Gift of the Egyptian Research Account and British School of Archaeology in Egypt, 1914）
39-5　初代ティプトフト男爵夫人ジョイス（18 世紀末 -19 世紀初の版画）　ロンドン、ナショナル・ポートレート・ギャラリー
39-10　ハンス・ホルバイン（子）《ドロテア・マイヤー》1516 年　バーゼル市立美術館
39-11　ハンス・ミューリッヒ《バイエルン大公アンナ》1556 年　ウィーン美術史美術館
39-12　ロンドン、ヴィクトリア & アルバート美術館
39-13　ロンドン、ヴィクトリア & アルバート美術館
39-14　ロンドン、ヴィクトリア & アルバート美術館
39-16　バルトロメウス・ファン・デル・ヘルスト《自画像》1655 年　トレド美術館
39-17　ロンドン、ヴィクトリア & アルバート美術館（Given by Peter Barker-Mill）
39-19　ロンドン、ヴィクトリア & アルバート美術館（Given by John Sterling Williams）
39-20　ジャン＝バティスト・グルーズ《ダンジヴィレ伯爵シャルル・クロード・ド・フラオー》1763 年　ニューヨーク、メトロポリタン美術館（Gift of Edith C. Blum（et al.）Executors, in memory of Mr. and Mrs. Albert Blum, 1966）
39-21　ロンドン、ヴィクトリア & アルバート美術館（Given by Messrs Faulkner and Son）
39-23　ロンドン、ヴィクトリア & アルバート美術館（Given by Miss Louise Band）
39-24　ロンドン、ヴィクトリア & アルバート美術館（Given by Mme Tussauds）
39-25　ジャン＝シャルル・ワースによるデザイン画　ロンドン、ヴィクトリア & アルバート美術館（Given by the House of Worth）

［第 40 章　毛皮］
40-1　『12 世紀から 18 世紀のモード』（フランス、1903 年）
40-2　17 世紀のデッサン　パリ、フランス国立図書館
40-3　『12 世紀から 18 世紀のモード』（フランス、1903 年）
40-4　マスター･ジョンに帰属《ヘンリー 8 世妃キャサリン･パー》1545 年頃　ロンドン、ナショナル・ポートレート・ギャラリー
40-5　ミュンヘン、バイエルン国立博物館
40-6　ウィリアム・セガーに帰属《女性の肖像》1595 年頃
40-7　アントニオ・モロに帰属《女性の肖像》16 世紀中頃　ニューヨーク、アメリカ合衆国ヒスパニック協会
40-8　《ハードウィックのベス（後のシュルーズベリーのエリザベス伯爵夫人》1550 年代
40-9　イタリア人の画家《男性の肖像》1540 年頃　ニューヨーク、メトロポリタン美術館（Marquand Collection, Gift of Henry G. Marquand, 1890）
40-10　フランソワ＝ユベール・ドルエーに帰属《ルイーズ＝マリー・ド・フランス》18 世紀中頃　ヴェルサイユ宮殿美術館 © Réunion des musées nationaux
40-12　『キャビネット・デ・モード』1787 年　アムステルダム国立美術館
40-13　ロンドン、ヴィクトリア & アルバート美術館（Given by the House of Worth）
40-14　ロンドン、ヴィクトリア & アルバート美術館（The Royal Photographic Society Collection at the V&A, acquired with the generous assistance of the National Lottery Heritage Fund and Art Fund）
40-18　マドレーヌ･ウォリスのデザイン画　ロンドン、ヴィクトリア & アルバート美術館（Given

by the House of Worth）
40-19 ロンドン、ヴィクトリア & アルバート美術館
40-20 ロンドン、ヴィクトリア & アルバート美術館
40-22 アメリカ議会図書館

［第 41 章 リボン］
41-1 ネブアメンの狩猟図 前 1350 年頃 ロンドン、大英博物館
41-2 ロンドン、ヴィクトリア & アルバート美術館
41-3 レンブラント・ファン・レイン《マリア・テュルプ》1639 年頃 アムステルダム国立美術館
41-4 ジョージ・ゴーウァー《女性の肖像》1570 年頃 ロンドン、ワイス・ギャラリー
41-6 エドマンド・ヴァーニーの衣装 ロンドン、ヴィクトリア & アルバート美術館
41-7 ダニエル・マイテンス《アラン伯爵ジェームス・ハミルトン》1623 年 ロンドン、テート・ブリテン
41-8 ギルバート・ゾースト《第 3 代ハーバート男爵エドワード・ハーバート》1675 年頃 イギリス、ナショナル・トラスト（ポウィス城）
41-9 ロンドン、ヴィクトリア & アルバート美術館（Given by Miss C. E. Gallini）
41-10 ロンドン、ヴィクトリア & アルバート美術館
41-11 パリのファッションプレート アムステルダム国立美術館（Purchased with the support of the F.G. Waller-Fonds）
41-12 フランソワ・ブーシェ《ポンパドゥール夫人》1759 年 ロンドン、ウォーレス・コレクション
41-13 ジャン＝エティエンヌ・リオタール《サン＝ポル夫人》1757 年
41-14 ジョシュア・レノルズ《ルイス・トマス・ワトソン夫人》1789 年 ニューヨーク、メトロポリタン美術館（Bequest of Mrs. Harry Payne Bingham, 1986）
41-15 ロンドン、ヴィクトリア & アルバート美術館
41-17 ウィリアム・メリット・チェイス《リディア・フィールド・エメット》1892 年 ワシントン・ナショナル・ギャラリー
41-18 ジギスムント・フロイデベルク《リボン商人》18 世紀
41-19 エドガー・ドガ《帽子店にて》1881 年 ニューヨーク、メトロポリタン美術館（The Walter H. and Leonore Annenberg Collection, Gift of Walter H. and Leonore Annenberg, 1997, Bequest of Walter H. Annenberg, 2002）
41-20 ニューヨーク、メトロポリタン美術館（Gift of Marcel John Noé, 1965）

［第 42 章 ブレード］
42-1 ハンス・ホルバイン（子）《ヘンリー 8 世》1540 年 ローマ、国立古代美術館
42-2 《ブルボン家のイサベル王女》1620 年頃 マドリード、プラド美術館
42-3 イギリスの画家《エリザベス朝の女性の肖像》1600 年頃 ニューヨーク、メトロポリタン美術館（Gift of J. Pierpont Morgan, 1911）
42-4 ダニエル・マイテンス《チャールズ 1 世》1631 年 ロンドン、ナショナル・ポートレート・ギャラリー
42-5 ロサンゼルス郡美術館
42-6 アントワーヌ・ペーヌ《プロイセン王フリードリヒ 2 世妃エリーザベト・クリスティーネ・

フォン・ブラウンシュヴァイク＝ヴォルフェンビュッテル＝ベーヴェルン》1739年　ベルリン＝ブランデンブルク・プロイセン宮殿・庭園財団
42-7　ジョン・シングルトン・コプリー《セオドア・アトキンソン・ジュニア》1757-58年　ロード・アイランド・デザイン・スクール美術館
42-8　ジェレミア・セウス《バーナード・エリオット・ジュニア大佐》1766年　サウス・カロライナ州、ギブズ美術館
42-9　ポンペオ・バットニ《ジョン・ウォードハウス》1764年　オハイオ州、オーバリン大学アレン記念美術館
42-10　ニューヨーク、メトロポリタン美術館（Purchase, Irene Lewisohn Bequest, 1960）
42-13　ウィーン美術史美術館
42-20　ロンドン、ヴィクトリア＆アルバート美術館

［第43章　造花］
43-1　デビッド・リング画　ベルギー、アントワープ県モード・ミュージアム
43-2　アントワーヌ＝フランソワ・カレ《ランバル公妃マリー・テレーズ・ルイーズ》1776年頃　ヴェルサイユ宮殿美術館 © Réunion des musées nationaux
43-3　フランソワ・ブーシェ《ポンパドゥール夫人》1756年　ミュンヘン、アルテ・ピナコテーク
43-4　フランソワ＝ユベール・ドルーエ《ルイーズ＝マリー・ド・フランス》1763年　メルボルン、ヴィクトリア国立美術館
43-5　ロンドン、ヴィクトリア＆アルバート美術館
43-6　ジャン・オーギュスト・ドミニク・アングル《モイテシエ夫人》1851年　ワシントン・ナショナル・ギャラリー
43-8　ロンドン、ヴィクトリア＆アルバート美術館
43-9　ロンドン、ヴィクトリア＆アルバート美術館（Given by Juliet Reckitt）
43-10　ニューヨーク、メトロポリタン美術館（Brooklyn Museum Costume Collection at The Metropolitan Museum of Art, Gift of the Brooklyn Museum, 2009; Gift of Amelia Beard Hollenback, 1966）
43-11　ロンドン、ヴィクトリア＆アルバート美術館（Given by Mrs V. I. Lewin）
43-12　アメリカ議会図書館
43-13　ロンドン、ヴィクトリア＆アルバート美術館（Given by Mr M.J.C. Brocklehurst）

索 引

★カラー頁については図版番号を記した。

著者紹介

キャサリン・モリス・レスター

Katherine Morris Lester

アメリカの著述家。代表作に『コスチュームの歴史』(*Historic costume: a résumé of the characteristic types of costume from the most remote times to the present day.*, The Manual arts press, Peoria, Ill., 244 p., 1925) などがあり、版を重ねている。

ベス・ヴィオラ・オーク

Bess Viola Oerke

アメリカの著述家。代表作に大著『ドレス』(*Dress.* Chas. A.Bennett Co., Inc., Peoria, Ill., 575 p., 1956) があり、版を重ねている。

訳者紹介

古賀敬子（こが けいこ）

横浜生まれ。慶應義塾大学文学部哲学科美学美術史学専攻卒業。株式会社 和光勤務を経て、北欧織物、洋裁、インテリア・コーディネイト、写真撮影・暗室技術を修得。東京都文京区在住。
訳書：N. ペニー『額縁と名画』、J. エヴァンズ『ジュエリーの歴史』、B. ペイン『ファッションの歴史』(いずれも八坂書房)、『JEWELS：ムガール皇帝とマハラジャの宝石展』図録（共訳、MIHO MUSEUM）ほか。

アクセサリーの歴史事典［下］ 脚部・腕と手・携帯品

2020年 11月20日　初版第1刷発行
2023年 8月20日　初版第2刷発行

訳　者　古賀敬子
発行者　八坂立人
印刷・製本　シナノ書籍印刷(株)

発行所　(株)八坂書房

〒101-0064 東京都千代田区神田猿楽町 1-4-11
TEL.03-3293-7975 FAX.03-3293-7977
URL: http://www.yasakashobo.co.jp

ISBN 978-4-89694-279-8